船山遺書

第十册

读通鉴论（下）

〔清〕王夫之 著

中国书店

目录

读通鉴论（下）

读通鉴论（下）

读通鉴论卷十七

梁武帝

一

　　齐、梁之际，天下始有志节之士。马仙琕之不降也，何胤、何点之召而不赴也，颜见远之死也，梁武能容之，而诸君子者，森森自立于人伦，晋、宋以来顽懦之风，渐衰止矣，非待梁武之奖劝之也。夫齐之得国也，不义之尤者，东昏之淫虐亦殊绝，而非他亡国之主所齿，齐亦何能得此于天下士哉？

　　风教之兴废，天下有道，则上司之；天下无道，则下存之；下亟去之而不存，而后风教永亡于天下。大臣者，风教之去留所托也。晋、宋以降，为大臣者，怙其世族之荣，以瓦全为善术，而视天位之去来，如浮云之过目。故晋之王谧，宋之褚渊，齐之王晏、徐孝嗣，皆世臣而托国者也，乃取人之天下以与人，恬不知耻，而希佐命之功。风教所移，递相师效，以为固然，而矜其通识。故以陶潜之高尚，而王弘不知自愧，强与纳交，己不愧而天下孰与愧之？则非凛秋霜、悬白日以为心，亦且徜徉而有余地。至于东昏之世，尸大位、秉大政、传此鬻君贩国之衣钵者，如江祐、刘暄、沈文季、徐孝嗣之流，皆已死矣。东昏所任茹法珍、梅虫儿诸宵小，又皆为人贱恶而不足以惑人。其与梁武谋篡者，则沈约、范云，于齐无肺附之寄，而发迹于梁以乍起者也。于是而授受之际，所号为荐绅之领袖者，皆不与焉。则世局一迁，而夫人不昧之天良，乃以无所传染而孤露。梁氏享国五十年，天下且小康焉。旧习被除已尽，而贤不肖皆得自如其志意，不相谋也，不相溷也。就无道之世而言之，亦霈雨之旬，乍为开霁，虽不保于崇朝之后，而草木亦蓁蓁以向荣矣。

"人之云亡，邦国殄瘁"。故党锢兴而汉社移，白马沉而唐宗斩；世臣之重系安危也，继治之世然也。宿草不除，新黄不发，故宋、齐鬻君贩国之老奸绝，而齐有自靖之臣；世臣不足倚而亟用其新也，继乱之世然也。若夫豪杰之士，岂有位大权尊、名高族盛者在其目中哉？"八表同昏，平路伊阻"，陶令之风，不能以感当时，而可以兴后世，则又不可以世论者也。

二

谢朏与何点、何胤同征不赴，而朏忽自至，角巾白舆，拜谒以受司徒之命，人知丑之，亦知朏之不终其节者，何以冒天下后世之讥而不恤邪？朏于时老矣，且受三事之命，终不省录职事。当无所希冀之暮年，而未尝贪权利以自裕，朏何昧于名实哉？盖有迫之者也。孰迫之？子弟之迫之也。盖谢氏于此，历三姓而皆为望族，朓死而势衰，朏终隐而其族之气焰熄矣。当郁林且弑之日，朏戒弟瀹以勿与，齐明篡而不与推戴之功，子弟方且怪焉。迨东昏虐杀而幸保其宗，朏可以先见服其子弟。及梁篡而朏犹远引，子弟又不能弗怪也。已而梁位定，梁政行，粲然可观，则子弟观望之心释，而竞进之志不可遏。朏不出而见绝于当世，则闺门之内，相迫以不容，朏于此亦无可如何，而忍耻包羞，不惮以老牛为牺，而全其舐犊之恩也，是可悲也。

至尊者君，而或能抗之矣；至亲者父，而或且违之矣；琐琐禽犊，败人之名节，垂老而丧其本心，亦可畏也夫！悠悠天下，孰有如王思远之于兄晏，劝其自裁而免于逆死者乎？"母也天只，不谅人只"，父母之不谅，可形之歌叹，而子弟之相煎，其威更逾于天。白首扶筇，唯其所遣，一至此哉！陶令之子，不爱纸笔，幸也，而何叹焉？

三

晋武任贾充而乱其国，宋武任谢晦、傅亮而蔑其子，故梁废王亮为庶人，用徐勉、周舍而抑沈约，诚有鉴于彼也。充、晦、亮，魏、晋之世臣也，何怨于故君，而望风献款，屋其社，馁其鬼，歼其血胤，不问而可为寒心。晋、宋之主，举国而听之，何其愚邪？

或曰：人为我犯难以图，我因以得天下，既得而忘之，疑于寡恩。晋、宋之主所以沾沾而不忍，亦过之失于厚者也。汉高之斩丁公，则过之失于薄者也。失之厚而祸非所谋，亦奚必不可哉？

曰：此不可以小人怀惠之私为君子之厚也。乱人不死，天下不宁，怙恶相比，怀其私恩，则祸乱弗惩；岂区区较量于厚薄者乎？晋惠公杀里克，传《春秋》者，谓里克非惠公之所得杀，非也。乱臣贼子，天下无能正其罚，而假手于所援立之君，天道也，非人之所可用其厚薄之私者也。梁武之于此，天牖之，弗容自昧矣。沈约之于齐，仕未显也，故其罪轻于王亮。亮，大臣也，约虽抑而不废，亮永废而不庸，天理之差也。张稷逃于刑而死于叛民，恶尤烈于亮与约也。天之所罚，梁不逆焉，故得免于贾充、谢晦之祸。若不能免愧于己，因以恕人，相劝以恶，而祸乃不讫。以之为厚，自贼而贼世，庸有救乎？

四

缇萦、吉翂之事，人皆可为也，而无有再上汉阙之书、挝梁门之鼓者，旷千余年。坐刑之子女，亦无敢闻风而效之，何也？不敢也。不敢者，非畏也，父刑即不可免，弗听而已矣，未有反加之刑者，亦未有许之请代而杀之者，本无足畏，故知不畏也。不畏而不敢者，何也？诚也。平居无孺慕不舍之爱，父已陷乎罪，抑无惊哀交迫之实。当其挝鼓上书之日，而无决于必死之心，青天临之，皎日照之，万耳万目交注射之，鬼神若在其上而鉴观之，而敢饰说以欺天、欺鬼、欺人、欺己、以欺天子与法吏也，孰敢也？缇萦、吉翂之敢焉者，诚也；天下后世之不敢效者，亦诚也。诚者，天之道也，人之心也。天之道，其敢欺也乎哉！于是而知不敢之心大矣。

天有所不敢，故冬不雷而夏不雪；地有所不敢，故山不流而水不止；圣人有所不敢，故禹、汤不以天下与人，孔子述而不作。人皆有不敢之心，行于恻隐羞恶辞让是非之中，君子以立诚而居敬。昧其所不敢，而效人之为以欺天下，则违天而人理绝。王莽自以为周公，曹丕自以为舜、禹，敢也；扬雄以《法言》拟《论语》，王通以《元经》拟《春秋》，敢也。闻古有之，不揣而仿之，愚夫愚妇所不自欺之心，僻而辨、伪而坚者，无所惮而为之，皆自绝于天者也。然则有效缇萦、吉翂之为者，明主执而诛之可也。

五

惟以势利为心，则无所不至，故鄙夫而与事君，上以危国而下以亡身也，必矣。赵修得幸于元恪，甄琛、王显诡附之，高肇忌修，将发其奸，琛、显惧而背修附肇，助肇攻修，密加重刑，杀修以灭口，险而很也如是，亦可畏哉！虽然，无足怪也，鄙夫之情所必至也。小人之与鄙夫，气相翕而忘其相害，机相制而不畏其相倾，非异也；所异者，君子不审，见其反面相攻，而信以为悔过自新，抚而收之，则愚矣。过有可悔，有不可悔。沉溺佞幸膻秽之中，与相胶漆，过之不可悔者也，而何为听之？

《易》曰："君子豹变。"言豹文蔚纤切而不章，虽能变物，而小人之所革者，徒面而已，中固未革，莫之变也。蔡京不旬日而尽改新法，司马公何为而信之哉？工于面者忍于心，疾叛其所与交狎者，致之死亡而心不为之怃，斯人也，虽在胁从罔治之科，而防之也必严。故圣人之待人恕矣，而斥言其不可与事君，绝之唯恐其不至也。开以悔过之科，则鄙夫之悔也，捷于桴鼓，一无所不至之情耳。君子而为其所罔哉！

六

三代之教，一出于天子所立之学宫，而下无私学。然其盛也，天子体道之精，备道之广，自推其意以为教，而师儒皆喻于道，未尝画近小之规，限天下之聪明，以自画于章程之内。其道略见于《大学》，若是乎其渊深弘博，而不以登天为疑也！且自天子之子以降无异学，公卿大夫士之子弟，自以族望而登于仕，非以他日受禄，歆之以利而使学，故学者亦无苟且徇时，求合于章程以徼名利，则学虽统于上，而优游自得者，无一切之法以行劝惩，亦犹夫人之自为学焉而已也。乃流及于三季之末，文具存而精意日以泯忘，国家之教典，抑且为有志之士所鄙，而私学兴、庠序圮矣。非但其法之弛也，法存而以法限之，记问之科条愈密而愈偷也。以三代之圣王不能持之于五世之后，而况后之有天下者，道不本诸躬，教不尽其才，欲以齐天下之英才而羁络之，不亦难乎！

乃或为之说曰："先王以学域天下之耳目心思而使不过，然则非以明民而以愚民，学其桎梏乎？"后世之学，其始也为桎梏，而其后愈为君子所不忍言，故自周衰而教移于下。夫孔子岂为下而倍，尸天子之道统乎？教亡于天下，圣人之所重忧，不容不身任之，亦行天子之事，作《春秋》而任知罪之意也。教移于下，至秦而忌之，禁天下以学，而速丧道以自亡。然则后之有天下者，既度德、量力、因时，而知不足以化成天下，则弘奖在下之师儒，使伸其教，虽未足以几敬敷五教、典胄教乐之盛，而道得以不丧于世。梁武帝既置五经博士于国学，且诏州立学矣，而不敢自信为能培养天下之俊士，一出于乡国之教也，又选学士往云门山就何胤受业，知教之下移而不锢之于上，亦贤矣哉！

三代以还，道莫明于宋，而溯其所始，则孙明复、胡安定实开其先，至于程、朱而大著，朱子固尝推孙、胡之功矣。夫宋于国学郡县之学，未尝不详设而加厉也，而教之所自兴，必于孙、胡；道之所自明，必于程、朱；何也？国家以学校为取舍人才之径，士挟利达之心，桎梏于章程，以应上之求，则立志已荒而居业必陋。天子虽欲游学者之志于昭旷之原而莫由，固不如下之为教为学也，无进退荣辱之相禁制，能使志清而气亦昌也。韩侂胄、张居正亟起而埋塞之，呜呼！罪浮于桀、纣矣。

或曰："教出于下，无国家之法以纠正之，则且流于异端而为人心之害。"是固然也，即如何胤者，儒而诡于浮屠氏者也。然所恶于异端者，为知有学而择术不审者言耳。若夫坏人心、乱风俗、酿盗贼篡弑危亡之祸者，莫烈于俗儒。俗儒者，以干禄之鄙夫为师者也，教以利，学以利，利乃沁入于人心，而不知何者之为君父，固异端之所不屑者也。即如何胤者，以浮屠乱道矣，然王敬则欲召与同反而不敢召，武帝征与谋篡而终不就，大节固不逾矣。若彼守国家教术之章程，桎梏于仕进之捷径者，则从乱臣贼子而得显荣，亦曰："吾之所学求利达者本无择也，诵诗读书以徼当世之知而已矣。"则其清浊之相去，不已天地悬隔哉！故孟子之论杨、墨曰："归斯受之。"归而可受者，所学非、而为己之初心可使正也。俗儒奉章程以希利达，师鄙夫而学鄙夫，非放豚也，乃柙虎也，驱之而已矣，又何受焉？教移于下而异端兴，然逃而归焉可俟也，非后世学宫之教，柙虎而傅之翼者比也。上无礼，下无学，而后贼民兴，学之统在下久矣。

七

弛盐禁以任民之采，徒利一方之豪民，而不知广国储以宽农，其为稗政也无疑。甄琛，奸人也，元恪信之，罢盐禁，而元飏、邢峦之言不用。夫琛之欺主而恪听其欺，固以琛为利民之大惠，而捐己以从之也。人君之大患，莫甚于有惠民之心，而小人资之以行其奸私。夫琛之言此，非自欲乾没，则受富商豪民之赂而为之言尔。于国损，于民病，奚恤哉？

呜呼！民之殄瘁也，生于窃据之世，为之主者，惠民之心，其发也鲜矣。幸而一发焉，天牖之也。天牖之，小人蔽之，蔽焉而尼之不行，虽有其心，如无有也，犹可言也。蔽焉而借之以售其奸私，则惠民之心于以贼民也，无可控告也。上固曰："吾以利民也，其以我为非者，必不知恩者也，必挠上而使不得有为者也，必怀私以牟利者也。"而小人之藏匿，终不觉其为邪。哀此下民，其尚孰与控告哉？不信仁贤，而邪佞充位，仁而只以戕，义而只以贼，毒流天下，而自信为无过。于是而民之死积，而国之危亡日迫而不知。太平之歌颂盈于耳，而鸿雁之哀鸣遍于郊。其亡也，不足恤也。民亦何不幸而生斯世也！

八

将不和，则师必覆，将岂易言和者哉？武人之才不竞，则不足以争胜，有功而骄，其气锐也；无功而忮，其耻激也；智者轻勇者而以为爪牙，勇者藐智者而讥其啸诺，气使之然也。呴呴然易与，而于物无争，抑不足称武人之用矣。韩信任为大将，而羞伍樊哙；关羽自命亲臣，而致忿黄忠；不和也而导之以和，非君与当国大臣善为调驭，安能平其方刚之气乎？汉高能将将矣，而不能戢韩信之骄，无以得信之情也。武侯、费诗能消关羽之戾，能得羽之情也。

曹景宗，骁将也，韦叡执白角如意、乘板舆以麾军，夫二将之不相若，固宜其相轻矣。武帝豫敕景宗曰："韦叡，卿之乡望，宜善敬之。"得将将之术矣。敕叡以容景宗易，敕景宗以下叡难。然而非然也，叡能知景宗之鸷，而景宗不能知叡之弘，景宗之气敛，而何患叡之不善处景宗邪？且其诏之曰"韦叡，卿之乡望"，动之以情，折之以礼，而未尝有所抑扬焉。叡以景宗之下己，而让使先己告捷，景宗乃以叡之不伐，而变卢雉以自抑。如其不然，叡愈下而景宗愈亢，叡抑岂能终为人屈乎？武帝曰："二将和，师必济。"自信其御之之道得也。钟离之胜，功侔淝水，岂徒二将之能哉！挪虑作塞，系韦叡事，篇中属景宗，误。

九

梁制：尚书令史，并以才地兼美之士为之，善政也，而亦不可继也。何也？掾史之任，凡簿书期要，豪毛委琐，一或差讹，积之久则脱漏大，而下行于州郡吏民者争讼不已，其事亵矣。故修志行者，不屑问焉。刑名钱谷工役物料之纷乱，无赏罚以督其后，则不肖者纵以行私，贤者抑忽而废事，若必核以赏罚，则以细故而伤清流之品行，人士终厌弃而不肯为；其屑为之者，必其冒昧而不惜廉隅者也。则其势抑必于令史之下，别委簿书之职于胥役，而令史但统其纲。是以今之部郎，仍置吏书以司案籍，则令史虚悬而权仍下替。盖自有职官以来，皆苦胥吏之奸诡，而终莫之能禁。夫官则有去来矣，而吏不易，以乍此乍彼之儒生，仰行止于习熟之奸吏，虽智者不能胜也。于是而吏亦有三载考成、别迁曹署之例，然而无补也。官者，唯朝廷所命，不私相授受者也；吏虽易，而私相授受者无从禁止。且其繁细之章程，必熟尝而始悉，故其练达者，欲弗久留其司而不得；易之，而欲禁其授受也，抑必不能；则其玩长上以病国殃民，如尸蛔之在腹，杀之攻之，而相续者不息。此有职官以来不可革之害，又将奚以治之邪？

夫奸吏亦有畏焉，诃责非所畏也，清察非所畏也，诛杀犹非所畏也，而莫畏于法之简。法简而民之遵之者易见，其违之者亦易见，上之察之也亦易矣。即有疏漏，可容侵罔者，亦纤微耳，不足为国民之大害也。唯制法者，以其偶至之聪明，察丝忽之利病，而求其允协，则吏益争以繁密诘曲炫其慎而售其奸。虽有明察之上官，且为所惑蔽，而昏窳者勿论矣。夫法者，本简者也，一部之大纲，数事而已矣，一事之大纲，数条而已矣。析大纲以为细碎之科条，连章累牍，援彼证此，眩于目而荧于心，则吏之依附以藏慝者，万端诡出而不可致诘。惟简也，划然立不可乱之法于此，则奸与无奸，如白黑之粲然。民易守也，官易察也，无所用其授受之密传；而远郊农圃之子，苟知书数，皆可抱案以事官。士人旦絃诵而暮簿领，自可授以新而习如其故，虽间有疏脱，而受其愚蔽，不亦鲜乎！则梁以士流充令史之选，治其末而不理其本，乍一清明而后必淆乱，故曰不可继也。语曰："有治人，无治法。"人不可必得者也，人乃以开治，而法则以制乱，安能于令史之中求治人乎？简为法而无启以乱源，人可为令史也，奚必士哉？

十

圣王之教，绝续之际大矣哉！醇疵之小大，姑勿苛求焉，存同异于两间，而使人犹知有则，功不可没已。其疵也，后之人必有正之者矣。故君子弗患乎人之议己，而患其无可议也。周公而后，至汉曹褒始有礼书；又阅四姓，至齐伏曼容始请修之；梁武帝乃敕何佟之、伏暅终其事，天监十一年而五礼成。其后嗣之者，唯唐开元也。宋于儒者之道，上追东鲁，而典礼之修，下无以继梁、唐，是可惜也。朱子有志而未逮焉，盖力求大醇而畏小疵，慎而葸，道乃息于天下矣。夫以彝伦攸叙之张孚敬而小有厘定，抑可矫历代之邪诬而反之于正。若惧其未尽物理而贻后人之摘发，则又何所俟而始可惬其心乎？有其作之，不患其无继之者。秦灭先王之典，汉承之而多固陋之仪，然叔孙通之苟简，人见而知之，固不足以惑天下于无穷也。若叔孙通不存其仿佛，则永坠矣。曹褒之作，亦犹是也，要其不醇，亦岂能为道病哉？至于梁而人知其谬，伏曼容诸儒弗难革也。如封禅之说成于方士，而诸儒如许懋者，正名其为《纬书》之邪妄，辨金泥玉简之诬，辟郑玄升中之误。由此推之，梁之五礼，其贤于汉也多矣。然非有汉之疵，则亦无据以成梁之醇。故患其绝也，非患其疵也，疵可正而绝则不复兴也。

夫礼之为教，至矣大矣，天地之所自位也，鬼神之所自绥也，仁义之以为体，孝弟之以为用者也；五伦之所经纬，人禽之所分辨，治乱之所司，贤不肖之所裁者也；舍此而道无所丽矣。故夷狄蔑之，盗贼恶之，佛、老弃之，其绝可惧也。有能为功于此者，褒其功、略其疵可也。伏曼容诸子之功伟矣，梁武帝不听尚书庶务权舆欲罢修明之议，固君子之所重嘉，而嗣者其谁邪？

十一

与人同逆而旋背之，小人之恒也。利其同逆而亲任之，比于匪人，必受其伤，则晋于贾充、宋于谢晦是已。己谋逆而人成之，因杀其人以掩己之恶，其恶愈大，杨广杀张衡，朱温杀氏叔琮，而死亡旋踵，天理之不可诬也。使司马昭杀贾充以谢天下，天下其可谢，而天其弗亟绝之邪？己谋逆而人成之，事成而恶其人，心之不昧者也。存人心于百一者，恶其人则抑且自恶，坐恶其影，梦恶其魂，乃于同逆者含恶怒之情，而抑有所禁而不能发，心难自诬，无可如何而听其自毙，则梁武之于沈约、张稷是已。

沈约非齐之大臣，梁武辟之，始与国政，恶固轻于贾充、谢晦矣。然和帝方嗣位于上流，梁武犹有所疑，而约遽劝之以速夺其位；梁武欲置和帝于南海，而约劝梁以决于弑；盖帝犹有惮于大逆之情，而约决任天下之恶以成之，是有人心所必愤者也。若张稷者，自以己私与王珍国推刃其君，固梁武之所幸，而实非为梁武而弑，若赵穿之于赵盾，贾充之于司马昭也。故此二逆者，梁武深恶之，而果其所宜恶者也。

虽然，梁武抑岂能伸罪以致讨于约与稷哉？徒恶之而已。恶之深，因以自恶也；于恶之深，知其自恶也。置稷于青、冀，而弗任约以秉均，抑安能违其不可尽泯之秉彝乎？不杀稷而稷失志以死于叛民，不杀约而约丧魄以死于断舌之梦。帝语及稷而怒形于色，约死而加以恶谥。推斯情也，帝之自疚自赧于独知之隐，虽履天子之贵，若无尺地可以自容也可知矣。然而终不能杀稷与约者，则以视杨广、朱温为差矣，己有慝而不能伸讨于人矣。己有慝而杀助逆之人，然后人理永绝于心。均之为恶，而未可以一概论，察其心斯得之矣。

十二

　　壅水以灌人之国邑，未闻其能胜者也，幸而自败，不幸而即以自亡，自亡者智伯，败者梁武也。智伯曰："吾今而知水之可以亡人之国。"前乎智伯者，未之有也，而赵卒不亡，智自亡耳。后乎智伯者，梁人十余万漂入于海，而寿阳如故；宋太祖引汾水以灌太原，而刘氏终未有损。天下后世至不仁者，或以此谋献之嗜杀之君，其亦知所鉴乎！

　　人有相杀之具，而天不废之；天有杀物之用，人不得而用之。虎豹犀象，天之所产，于人为害者也，纣用之，王莽用之，而皆以速亡。彼其以势用而不可以情使，能激之以势，而不能感其情以为我用，一发而不听人之收，自且无如之何，而可使如我之志以效功乎？水无择湮，兽无择噬，以其无择也，故禹与周公抑之驱之，为功烈矣。从而狃之，因而自毙，恶孰甚焉？且夫人之相杀，一与一相当而已，曲直因乎理，强弱因乎势，杀戮虽多，固一与一相当也。阻滔天之浸，不择顺逆，而逞其欲以使奸焉，方谓我能杀彼而彼不能加我也，然而还自杀矣。志憯而行逆，岂有生理哉？

　　或曰："以水灌城而城不坏，退水而城必圮，后世必有行是谋者，引师退水以进攻，彼城圮而我无漂溺之忧。"乃军行泥淖之中，樵苏无备，以攻必死之敌，城虽圮，终不能入，而先为敌禽矣。残忍之谋，愈变而愈左，勿惑其说，尚自免于败亡乎！

十三

债帅横于边而军心离，赇吏横于边而民心离，外有寇则速叛，外无寇则必反。边任之重，中主具臣必轻之。袁翻、李崇忧六镇之反，请重将领守令之选，匪特验于拓跋氏，亦万世之永鉴已。

均是将领也，而在边之将，贪残驽阘者，甚于腹里；均是守令也，而在边之守令，污墨冒昧者，甚于内地。夫将领或挟虏寇以恣其所为，犹有辞也。守令之理民也无以异，而贪虐甚焉，无他，才望有余之士，据善地以易奏成劳，则清华之擢，必其所捷得，而在边者途穷望尽，姑偷利以俟归休也。于是而边方郡邑永为下劣之选，才望之士且耻为之，亦恶望其有可任之人乎？且也大帅近而或挫于武人矣，监军出而或辱于中涓矣，刍粮庤而或疲于支给矣，重臣临而或瘁于将迎矣。非夫涂穷望尽不获已而姑受一命者，固不屑为也。人士之习见既然，司铨者遂因之以为除授之高下，于是沿边之守令，莫非士流不齿之材，其气苶，其情偷，苟且狼戾，至于人之所不忍为而为之不耻。及边民之憔悴极、反叛起，然后思矫其弊，重选人才以收拾之，祸已发而非旦夕可挽矣。

唯开国之始，无长虑以持其终，愈流愈下而极重难回也，故袁翻、李崇危言之而不能动当事之心。至于破六韩拔陵、胡琛、莫折大提称戈竞起，而后追用崇言，改镇为州，徒以残危之地，强才臣而致之死地，何嗟及矣！大河以北，人狎于羯胡；五岭以南，民习于寇攘；无人以治之，而中华愈蹙。但此荆、扬、徐、豫之土，蚁封其垤，雀安于堂，不亦悲乎！

十四

武帝之始，崇学校，定雅乐，斥封禅，修五礼，六经之教，蔚然兴焉，虽疵而未醇，华而未实，固东汉以下未有之盛也。天监十六年，乃罢宗庙牲牢，荐以疏果，沉溺于浮屠氏之教，以迄于亡而不悟。盖其时帝已将老矣，畴昔之所希冀而图谋者皆已遂矣，更无余愿，而但思自处。帝固起自儒生，与闻名义，非曹孟德、司马仲达之以雄豪自命者也；尤非刘裕、萧道成之发迹兵间，茫然于名教者也。既尝求之于圣人之教，而思有以异于彼。乃圣人之教，非不奖人以悔过自新之路；而于乱臣贼子，则虽有丰功伟绩，终不能盖其大恶，登进于君子之途。帝于是彷徨疚愧，知古今无可自容之余地，而心滋戚矣。浮屠民以空为道者也，有心亡罪灭之说焉，有事事无碍之教焉。五无间者，其所谓大恶也，而或归诸宿业之相报，或许其忏悔之皆除，但与皈依，则覆载不容之大逆，一念而随皆消陨。帝于是欣然而得其愿，曰唯浮屠之许我以善而我可善于其中也，断内而已，绝肉而已，捐金粟以营塔庙而已，夫我皆优为之，越三界，出九地，翛然于善恶之外，弑君篡国，沤起幻灭，而何伤哉？则终身沉迷而不反，夫谁使之反邪？不然，佞佛者皆愚惑失志之人，而帝固非其伦也。

呜呼！浮屠之乱天下而遍四海垂千年，趋之如狂者，唯其纳天下之垢污而速予之以圣也。苟非无疚于屋漏者，谁能受君子之典型而不舍以就彼哉？淫坊酒肆，佛皆在焉，恶已贯盈，一念消之而无余愧，儒之驳者，窃附之以奔走天下，曰无善无恶良知也。善恶本皆无，而耽酒渔色、罔利逐名者，皆逍遥淌漾，自命为圣人之徒，亦此物此志焉耳。

十五

元魏神龟二年，其吏部尚书崔亮始立停年格以铨除，盖即今之所谓资也。当时讥其不问贤愚而选举多失。夫其时淫后乱于宫闱，强臣恣于政府，贿赂章，廉耻丧，吏道杂而奸邪逞，用人之失，岂亮立法之不善专尸其咎哉？停年之格，虽曰不拣，然必历年无过而后可以年计，亦未为大失也。国家有用人之典，有察吏之典，不可兼任于一人明矣。吏部司进者也，防其陵躐而已。竞躁者不先，濡滞者不后，铨选之公，能守此足矣。以冢宰一人而欲知四海之贤不肖，虽周公之圣弗能也。将以貌、言、书、判而高下之乎？貌、言、书、判末矣。将以毁誉而进退之乎？毁誉不可任者也。以一人之耳目，受天下之贤愚，错乱遗忘，明者弗免，偶然一誉，偶然一毁，谨识之而他又荧之，将何据哉？唯夫挟私罔利者，则以不测之恩威售其贪伪，而借口拔尤，侈非常之藻鉴，公而慎者弗敢也。故吏部唯操成法以奖恬抑躁，而不任喜怒以专己行私，则公道行而士气静，守此焉足矣。若夫大贤至不肖之举不崇朝、惩弗姑待，自有执宪之司，征事采言，以申激扬之典，固非吏部之所能兼也。考无过以积年，升除惟其成法；察贤奸而荐劾，清议自有特操；并行不悖，而吏道自清。停年之格，何损于治理，而必欲以非常之典待寻常守职之士乎？

或曰：周官黜陟，专任冢宰，非与？曰：此泥古而不审以其时者也。周之冢宰，所治者王畿千里，俭于今之一省会也，其政绩易考，其品行易知，岂所论于郡县之天下，一吏部而进退九州盈万之官乎？停年以除吏，非一除而不可复退也，有纠察者随其后也。责吏部者，以公而已矣，明非所可责也。

十六

莫折念生反于秦州，元志亟攻之，李苗上书请勒大将坚壁勿战，谓"贼猖狂非有素蓄，势在疾攻，迟之则人情离沮"。此万世之长策也。

天下方宁而寇忽起，勿论其为夷狄、为盗贼，皆一时僄悍之气，瞥不畏死者也。譬如勇戾之夫，忿起而求人与斗，行数里而不见与斗者，则气衰而思遁矣。故乍起之兵，所畏者莫甚于旷日而不见敌。其资粮几何也？其器仗几何也？其所得而掳掠者几何也？称兵已久，而不能杀吾一卒，则所以摇惑人心而人从之者又几何也？乃当事者轻与急争也，其不肖之情有二：一则畏怯，而居中持议者，唯恐其深入，则必从臾人以前御而冀缓其忧；一则乘时徼利，而拥兵柄者欲诧其勇，轻用人以试，而幸其有功。且不但此也，司农惮于支给，郡邑苦于输将，顽民吝其刍粟，不恤国之安危，唯思速竟其事，于是而寇之志得矣。冒突以一逞，乘败而进，兵其兵也，食其食也，地其地也，气益锐，人益附，遂成乎不可扑灭之势。然后骄懦之帅，反之以不战，坐视其日强，而国因以亡。

呜呼！以天下敌一隅，以百年之积、四海之挽敌野掠，坐以困之，未有不日消月萎而成擒者，六镇岂能如魏何哉！魏自亡耳。强弱众寡虚实之数较然也，强可以压弱，众可以制寡，实可以困虚，而亟起以授之掠夺，惴惴然惊，悻悻然起，败军杀将，破国亡君，愚者之情形，古今如一，悲夫！

十七

　　人士之大祸三，皆自取之也。博士以神仙欺嬴政而谤之；元魏之臣阿淫虐之女主而又背之；唐臣不恤社稷，阴阳其意于汴、晋，恶朱全忠而又迎之；故坑于咸阳，歼于河阴，沉于白马，皆自取之也。

　　君子有必去以全身，非但全其生之谓也，全其不辱之身也。拓跋氏以伪饰之诗书礼乐诱天下之士而翕然从之，且不徒当世之士为所欺也，千载而下，论史者犹称道之而弗绝。然有信道之君子，知德而不可以伪欺，则抑岂可欺邪？而鄙夫无识，席晏安，规荣利，滔滔不反，至于一淫妪杀子弑君，而屏息其廷，怀禄不舍。则相率以冥行，蹈凶危而不惜，其习已浸淫胶固而不解，欲弗群趋于死地，其可得乎？

　　河阴之血已涂郊原，可为寒心甚矣。尔朱荣奉子攸入洛，而山伟孑然一人趋跄而拜赦，吾不知伟之不怖而欣然以来者何心也？盖不忍捐其散骑常侍而已。则二千余人宾宾秩秩奉法驾以迎子攸于河阴者，皆山伟也。廉耻丧而祸福迷，二千余人，岂有一人焉，戴发含齿血在皮中者乎？如其道，则日游于兵刃之下而有余裕；丧其耻，则相忘于处堂之嬉，白刃已加其脰而赴之如归。挟诗书礼乐之迹而怙之，闻声望影而就之，道之贼也，德之弃也。蛾蚁之智，死之徒也，自取之也。

十八

　　奸雄之相制也，互乘其机而以相害，然而有近正者焉；亦非徒托于名以相矫而居胜也，仪度其心，固有正者存焉，见为可据而挟之以为得也。乃其机则险矣，险则虽有正焉而固奸雄之为也，特其祸天下者则差焉耳。

　　尔朱荣挟兵肆虐，狂暴而不足以有为，高欢、贺拔岳皆事之，而欢与岳之意中固无荣也。荣拘子攸于幕下，高欢遽劝荣称帝，欢岂欲荣之晏居天位，而己徼佐命之功以分宠禄乎？荣称帝而速其亡，欢之幸。乃荣恍惚不自支而悔曰：“唯当以死谢朝廷。”贺拔岳劝荣杀欢，岳岂果欲荣之忠魏以保荣之身名乎？知欢之纳荣于死地而己借以兴，欢兴而己且为欢下，杀欢而荣在岳之股掌也。欢之权力不如荣，岳之诈力不如欢，荣败而欢可逞，欢死而岳可雄，相忌相乘以相制，亦险矣哉！此机一动而彼机应之，丛毒矢利刃于一堂，目瞬心生，针锋相射。庄生曰："其发也如机括。"此之谓也。

然而岳之言为近正矣，为魏谋，为荣谋，执大义以诛欢，则他日之叛尔朱兆、陷洛阳、走元修之祸亦息。岳即为欢，固不如欢之狡悍以虔刘天下于无穷也。何也？岳之心犹有正焉者存也。

十九

张骏伤中原之不复，而曰："先老消谢，后生不识，慕恋之心，日远日忘。"呜呼！岂徒士民之生长于边远之地者不知有中国之君哉？江左君臣自忘之，自习而自安之，固不知中原为谁氏之土，而画河山以不相及之量矣！拓跋氏封刘昶为宋王、萧赞为齐王，以为宋、齐之主，使自争也，梁亦以元颢为魏王而使之争。拓跋氏遣将出兵，助刘昶、萧宝寅以南侵，梁亦使陈庆之奉元颢而北伐。相袭也，相报也，以洛阳为拓跋氏固有之洛阳，唯其子孙应受之，而我不能有也。呜呼！梁之丧心失志一至此哉！

六镇乱，冀、并、雍皆为贼薮，胡后弑主，尔朱荣沉其幼君，分崩离析，可乘而取也，梁之时也。下广陵，克涡阳，郢、青、南荆南向而归己，元悦、元彧、羊侃相率而来奔，梁之势也。时可乘，势可振，即未能尽复中原，而洛阳为中国之故都，桓温、刘裕两经收复，曾莫之念，而委诸元颢，听其自王，授高欢以纳叛之词，忘晋室沦没之恨，恬然为之，漫不知耻。浸令颢之终有中原也，非梁假之羽翼以授之神州也哉？洛阳已拔，子攸已走，马佛念劝庆之杀颢以据洛，而庆之犹不能从，则其髡发以逃，固丧心失志者之所必致也。君忘其为中国之君，臣忘其为中国之臣，割弃山河，恬奉非类，又何怪乎士民之视衣冠之主如寇贼，而戴殊族为君父乎？至于此，而江左之不足自立决矣。幸宇文、高氏之互相吞龁而不暇南图也，不然，岂待隋之横江以济而始亡邪？

二十

宗国危而逡巡畏死以堕其忠孝，是懦夫也。而更有甚焉者，懵不惩而乘之以徼非望，如蛾之自赴于火，相逐而唯恐后也。夫人不知义矣，或知害矣；心不能知，目能见矣；目荧于黑白，耳能闻矣；目见之，耳闻之，然且不知害焉，贪夫之恮不畏死，其将如之何哉！

尔朱荣之暴横，不择而狂噬，有目皆见，有耳皆闻也。立元子攸以为君，而挟之犯阙。以荣之势如彼，而子攸其能自许为荣之君乎？孑然一身，孤危无辅，而尔朱天光一往告，子攸遽欣然潜渡，谓荣之且以己为君也，荣已目笑之矣。然犹曰荣恶未著而不察也。荣伏诛，而尔朱兆修怨于其主，兆之凶横又倍于荣矣。子攸废死，元晔以疏远之族，又欣然附兆以立，立未数月，兆又废之，而元恭以阳暗幸免之身，褰裳而就之恐后。高欢之狡，又倍于荣与兆者也。欢起兵，而元朗以一郡守急起而为欢之君，立之数月，元修已闻斛斯椿"变态百端，何可保也"之语，曾不惧而又起而夺朗之位。五年之中，子攸也、晔也、恭也、朗也、修也，或死、或幽、或废，接迹相仍，而前者覆，后者急趋焉。元颢且倚梁七千之孤旅，相谋相猜之陈庆之，高拱洛阳，为两月之天子，卒以奔窜而死。元氏之欲为天子，自信其能为天子，信人之以己为天子者何其多也？

呜呼！欲为天子者多，而民必死；欲为将相大臣者多，而君必危；欲为士大夫者多，而国必乱。其乱也，始于欲为士大夫者之多也。士大夫不厌其欲，而求为将相大臣矣；爵禄贱，廉耻躐，其苟可为天子者，皆欲为天子矣。是以先王慎之于士大夫之途，而定民之志，所以戢躐等猖狂之心而全其躯命，义之尽，仁之至也。

二十一

国无与立，则祸乱之至，无之焉而可，虽有智者，不能为之谋也。元修畏高欢之逼，将奔长安就宇文泰以图存，裴侠曰："虽欲投之，恐无异避汤入火。"王思政再问之，而侠亦无术以处，虽知之，又何裨焉？高欢者，尔朱荣之部曲也；宇文泰，葛荣之部曲也。拓跋氏有中原数世矣，而其挟持天下者，唯秀容之裔夷，六镇之残胡，此外更无一人焉，而其主舍此而更将何依？尔朱荣河阴之杀，魏之人殚矣。虽然，彼骈死于河阴者，皆依违于淫后女主之侧，趋赴逆臣戎马之间，膻以迷心，柔若无骨，上不知有君国，内不惜其身名者也。即令幸免而瓦全，亦恶有一人焉可倚为社稷之卫哉？

夫拓跋氏之无人也，非但胡后之虐，郑俨、徐纥之奸，耗士气于淫昏也，其由来渐矣。自迁洛以来，涂饰虚伪，始于儒，滥于释，皆所谓沐猴而冠者也。糜天下于无实之文，自诧升平之象，强宗大族，以侈相尚，而上莫之惩，于是而精悍之气销矣，朴固之风斫矣。内无可用之禁兵，外无可依之州镇，部落心离，浮华气长；一旦群雄揭竿而起，出入于无人之境，唯其所欲为，拓跋氏何复有尺土一民哉？此亦一寇雠也，彼亦一寇雠也，舍此而又奚之也！

诗书礼乐之化，所以造士而养其忠孝，为国之桢干者也。拓跋氏自以为能用此矣，乃不数十年之间，而君浮寄于无人之国，明堂辟雍，养老兴学，所为德成人、造小子者安在哉？沐猴之冠，冠敝而猴故猴矣，且并失其为猴矣，不亦可为大笑者乎！高欢、宇文泰适还其为猴，而跳梁莫制，冠者欲复入于猴群，而必为其所侮，不足哀而抑可为之哀也！

故鬻诗书礼乐于非类之廷者，其国之妖也。其迹似，其理逆，其文诡，其说淫，相帅以嬉，不亡也奚待？虞集、危素祇益蒙古之亡，而为儒者之耻，姚枢、许衡实先之矣。虽然，又恶足为儒者之耻哉？君子之道，《六经》《语》《孟》之所详，初不在文具之浮荣、谈说之琐辩也。

二十二

元修依宇文泰而居关中，元善见依高欢而居邺，将以何者为正乎？曰：君子所辨为正不正者，其义大以精，而奚暇为修与善见辨定分邪？拓跋氏以夷而据中原，等窃也，不足辨，一也。修之在关中，宇文泰之赘疣也；善见之在邺，高欢之赘疣也；不足辨，二也。乃即置此而尤有大不足辨者焉，就拓跋氏之绪而言之，亦必其可为君者而后可嗣其世，非但其才之有为与否也。修之淫乱，不齿于人类，善见孱弱，而其父亶以躁薄为高欢所鄙，等不可以为君。而尤非此之谓也，修之立，岂其分之所当立者？即令当立，而岂如光武之起南阳，晋元帝、宋高宗之特为臣民所推戴者哉？魏有君矣，修徼宠于高欢，乘时以窃位，晔也、恭也、朗也，皆修所尝奉以为君者，而皆弑之，修亦元氏之贼而已矣。修入关中，未死也，未废也，元亶固修之臣，介高欢之怒而亟欲自立其子，君存而自立，其为篡贼也无辞，是善见又修之贼也。两俱为贼，而君子屑为之辨哉？

凡乱臣之欲攘夺人国也，其君以正而承大统，则抑不敢蔑天理以妄干之；其蔑理以妄干者，则速以自灭，王莽、朱泚是已。刘彧乘君弑而受命于贼，萧鸾与萧衍比而弑其君，皆贼也，而后贼乘之以进。由此言之，则汉献帝之所以终见胁于权臣者，董卓弑其君兄而已受之，则亦贼之徒也；故袁绍、韩馥欲不以为君，而曹操姑挟挟以为自篡之资。"其身不正，虽令不从"，承平无事之日，天子不能行之于匹夫，而况权奸之在肘腋乎？己为贼，而欲弭人之弗贼也不能。贼者，互相利而互相害者也。修之于泰，善见之于欢，且不足辨其孰君而孰臣，况修与善见而屑为之轩轾哉？假修以正而绌善见者，隋人得国于宇文，宇文得国于修，因推以为统，而君子奚择焉？

二十三

梁武之始立也，惩齐政之鄙固，而崇虚文以靡天下之士，尚宽弛以佚天下之民，垂四十年，而国政日以偷废。于时拓跋衰乱，高欢、宇文泰方争哄于其穴，梁多收其不守之土、不服之人，高欢西掣而请和，盖中原大有可图之机矣。帝知其可图，亟思起而有事，而吏治荒，军政弛，举目无可共理之人才，乃拣何敬容、朱异簿领之才而授之以国。敬容、异之不可大受，固也；然舍之而又将谁托也？徐勉、周舍称贤矣，以实求之，一觞一咏，自谓无损于物，而不知其损之已深者也。敬容勤于吏事，而"持荷作柱持荷作镜"之诮，已繁兴于下。自非贪权嗜利之小人如异者，谁甘犯当世之非笑而仆仆以为国效功。大弛之余，一张而百害交生，则勉与舍养痈不治，而敬容、异亟用刀针以伤其腠理，交相杀人，而用刀针者徒尸其咎也。

史称晋、宋以来，宰相皆以文义自逸，岂其然哉？王导、谢安勿论已，王华、王昙首、谢弘微，夫岂无文义者，而政理清严，一时称治，虔矫苛细之小人，又何足以乘埤而攻之？有解散纪纲以矜相度者，而后刻核者以兴，老、庄之弊，激为申、韩；庸沓之伤，反为躁竞；势也。一柔一刚，不适有恒，而小狐济矣。思患而豫防之，岂患至而急反之哉？

二十四

梁分诸州为五品，以大小为牧守高下之差，而定升降之等，立此法者朱异也。然唐制：州县有畿、赤、望、紧、雄、上、中、下之别，垂及于今，亦有腹、边、冲、疲、繁、简。调除之法，皆祖此焉。夫异之为此，未可以其人而尽非之也。古者诸侯之国，以提封之大小，差五等之尊卑；以疆域之远近，定五服之内外；固不名之为诸侯而一之矣。州郡亦犹是也，政有劳逸，民有淳浇，赋役有多寡，防御有缓急，而人才有长短，恶容不为之等邪？顾其为法，为治之求得其理也，非为人之求遂其欲而设也。大非以宠，小非以辱也。腹里之安，虽大而非安危之寄；边方之要，虽小而固非菲薄所堪。大而繁者以任才臣，而非以裕清流而使富；小而简者以养贞士，而非以窜罝议者而使偷。而不然者，人竞于饶，而疲者以居孤陋无援之士，则穷乡下邑，守令挟日暮途远之心，倒行逆施，民重困而盗以兴，职此由矣。

朱异之法，以异国降人边陲之地为下州，则乱政也。以安富遂巧宦之欲，而使顽懦之夫困边民、开边衅，日蹙国而国因以危。后世北鄙南荒，寇乱不息，莫不自守吏召之，非分品之制不善，而所以分之者逆其理也。边之重于腹也，瘠之重于饶也，拔边瘠之任置之腹饶之上，以劝能吏，以贱贪风，是在善通其法而已矣。

二十五

武帝以玄谈相尚，陶弘景作诗以致讥，何敬容对客而兴叹，论者皆谓其不能谏止而托之空言。非可以责二子也。弘景身处事外，可微言而不可切谏，固已。彼其沉溺已深，敬容虽在位，其能以口舌争乎？至谓二子舍浮屠而攻老、庄，则尤非也。自晋以来，支、许、生、肇之徒，皆以庄生之说缘饰浮屠，则老、庄、浮屠说合于一久矣。尝览昭明太子二谛义，皆以王弼、何晏之风旨诠浮屠之说。空玄之说息，则浮屠不足以兴，陶、何之论，拔本之言也。夫浮屠之祸人国，岂徒糜金钱、营塔庙、纵游惰、逃赋役已乎，其坏人心、斁治理者，正在疑庄疑释、虚诞无实之淫辞也。

盖尝论之，古今之大害有三：老、庄也，浮屠也，申、韩也。三者之致祸异，而相沿以生者，其归必合于一。不相济则祸犹浅，而相沿则祸必烈。庄生之教，得其泛滥者，则荡而丧志，何晏、王衍之所以败也；节取其大略而不淫，以息苛烦之天下，则王道虽不足以兴，而犹足以小康，则文、景是已。若张道陵、寇谦之、叶法善、林灵素、陶仲文之流，则巫也。巫而托于老、庄，非老、庄也。浮屠之修塔庙以事胡鬼，设斋供以饲髡徒，鸣钟吹螺，焚香呗咒，亦巫风尔；非其创以诬民，充塞仁义者也。浮屠之始入中国，用诳愚氓者，亦此而已矣。故浅尝其说而为害亦小，石虎之事图澄，姚兴之奉摩什，以及武帝之糜财力于同泰，皆此而已。害未及于人心，而未大伤于国脉，亦奚足为深患乎？其大者求深于其说，而西夷之愚鄙，猥而不逮。自晋以后，清谈之士，始附会之以老、庄之微词，而陵蔑忠孝、解散廉隅之说，始熺然而与君子之道相抗。唐、宋以还，李翱、张九成之徒，更诬圣人性天之旨，使窜入以相乱。夫其为言，以父母之爱为贪痴之本障，则既全乎枭獍之逆，而小儒狂惑，不知恶也，乐举吾道以殉之。于是而以无善无恶、销人伦、灭天理者，谓之良知；于是而以事事无碍之邪行，恣其奔欲无度者为率性，而双空人法之圣证；于是而以廉耻为桎梏，以君父为萍梗，无所不为为游戏，可夷狄，可盗贼，随类现身为方便。无一而不本于庄生之绪论，无一而不印以浮屠之宗旨。萧氏父子所以相戒相噬而亡其家国者，后世儒者，沿染千年，以芟夷人伦而召匪类。呜呼！烈矣！是正弘景、敬容之所长太息者，岂但饰金碧以营塔庙，恣坐食以侈罢民，为国民之蟊螣矣哉！

夫二氏固与申、韩为对垒矣，而人之有心，犹水之易波，激而岂有定哉？心一失其大中至正之则，则此倡而彼随，疾相报而以相济。佛、老之于申、韩，犹鼙鼓之相应也，应之以申、韩，而与治道弥相近矣。汉之所谓酷吏，后世之所谓贤臣也，至是而民之弱者死、强者寇，民乃以殄而国乃以亡。呜呼！其教佛、老者，其法必申、韩。故朱异以亡梁，王安石、张商英以乱宋。何也？虚寂之甚，百为必无以应用，一委于一切之法，督责天下以自逸，而后心以不操而自遂。其上申、韩者，其下必佛、老。故张居正蹙天下于科条，而王畿、李贽之流，益横而无忌。何也？夫人重足以立，则退而托于虚玄以逃咎责，法急而下怨其上，则乐叛弃君亲之说以自便，而心亡罪灭，抑可谓叛逆汩没，初不伤其本无一物之天真。由此言之，祸至于申、韩而发乃大，源起于佛、老而害必生，而浮屠之淫邪，附庄生而始滥。端本之法，自虚玄始，区区巫鬼侈靡之风，不足诛也。斯陶、何二子所为舍浮屠而恶玄谈，未为不知本也。

二十六

苏绰之制治法，非道也，近乎道矣。宇文泰命绰作《大诰》，为文章之式，非载道之文也，近乎文矣。其近焉者，异于道方明而袭之以饰其邪伪也，谓夫道晦已极，将启其晦，不能深造，而乍与相即也。天下将向于治，近道者开之先，此殆天乎！非其能近，故曰近道。天开之，使以渐而造之，故曰乍与相即也。

治道自汉之亡而晦极矣。非其政之无一当于利病也，谓夫言政而无一及于教也。绰以六条饬官常，首之以清心，次之以敷化，非其果能也，自治道亡，无有以此为天下告者，而绰独举以为治之要领。自是而后，下有王仲淹，上有唐太宗，皆沿之以起，揭尧、舜、周、孔之日月而与天下言之，绰实开之先矣。文章之体，自宋、齐以来，其滥极矣。人知其淫艳之可恶也，而不知相率为伪之尤可恶也。南人倡之，北人和之，故魏收、邢子才之徒，与徐、庾而相仿佛。悬一文章之影迹，役其心以求合，则弗论其为骈丽、为轻虚，而皆伪。人相习于相拟，无复有由衷之言，以自鸣其心之所可相告者。其贞也，非贞也；其淫也，亦非淫也；而心丧久矣。故弗获已，裁之以《六经》之文以变其习。夫苟袭矣，则袭《六经》者，亦未有以大愈于彼也，而言有所止，则浮荡无实之情，抑亦为之小戢。故自隋而之唐，月露风云未能衰止，而言不由衷、无实不祥者，盖亦鲜矣，则绰实开之先矣。宇文氏灭高齐而以行于山东，隋平陈而以行于江左，唐因之，而治术文章咸近于道，生民之祸为之一息，此天欲启晦，而泰与绰开先之功亦不可诬也。非其能为功也，天也。

呜呼！治道之裂，坏于无法；文章之敝，坏于有法。无法者，惟其私也；有法者，惟其伪也；私与伪横行，而乱恶乎讫！胡元之末，乱极矣，而吴、越之俊士，先出其精神以荡涤宋末淫靡繁乱之文，文章之系亦大矣哉！六代之敝，敝于淫曼；淫曼者，花鸟锦绮为政，而人无心。宋之敝，亦敝于淫曼；淫曼者，多其语助，繁其呼应，而人无气。无心而人寻于篡弑，无气而人屈于禽狄。徐、庾、邢、魏之流波，绰挽之矣。孰有能挽苏洵、曾巩之流波者乎？俟之来哲。

二十七

贺琛上书论事，其他亦平平耳，最要者，听百司莫不奏事，使斗筲诡进，坏大体以窃威福，此亡国败家必然之券也。妄言干进者，大端有二：一则毛举小务之兴革也，一则钩索臣下之纤过也。若此者，名为利国，而实以病国；名为利民，而实以病民；害莫烈焉。

法虽善，久而必有罅漏矣，就其罅漏而弥缝之，仍一备善之法也。即听其罅漏，而失者小，全者大，于国民未伤也。妄言者，指其罅漏以讥成法，则必灭裂成法而大反之，歆之以斯须之小利，亦洋洋乎其可听矣。不知百弊乘之，蠹国殃民而坏风俗，此流毒于天下而失民心之券也。贤者之周旋视履而无过者亦鲜矣，刚柔之偏倚，博大谨严之异志，皆有过也。贪廉之分，判于云泥，似必不相涉矣，而欲求介士之纤微，则非夷、惠之清和，必有可求之瑕纹。君天下者，因其材，养其耻，劝进于善，固有所覆盖而不章，以全国体、存士节，非不审也，乃小人日伺其隙，而纠之于细微，言之者亦凿凿矣，士且侧足求全而不逸于罪罟，则人且涂饰细行以免咎，曲徇宵小以求容，而锲刻之怨，独归于上，此流毒于荐绅而失士心之券也。民心离，士心不附，上有余怨，下有溢怒，国家必随之以倾。

故非舜之智，不能取善于耕徒钓侣也；非孔子之圣，不能择善于同行之三人也。是以垂纩塞耳，垂旒蔽目，心持天下之大公，外杜辩言之邪径，然后润色先型，甄别士品，民安于野，吏劝于廷。至治之臻，岂其察小辨微之琐琐者哉！周德长而秦祚短，非千秋之永鉴与？武帝不纳琛之格言，而为之辞曰："专听生奸，独任成乱。乃二世之委赵高，元后之付王莽。"抑岂知秦法密而后赵高得志，王莽秉国，颂功德者皆疏贱之吏民邪？琛言未冷，梁社旋亡，图存保国者，尚以察察为戒哉！

二十八

神智乘血气以盛衰，则自少而壮，自壮而老，凡三变而易其恒。贞于性者正，裕于学者正，则藏之密，植之固，而血气自盛，智不为荡；血气自衰，智不为耗；卫武公之所以为睿圣也。

梁武帝之初，可谓智矣。裴叔业要之北奔，则知群小之害不及远；萧颖胄欲请救于魏，则知示弱戎狄之非策；萧渊藻诬邓元起之反，则料其为诬；敕曹景宗下韦叡，则知师和必克。任将有功，图功有成，虽非宋武之习兵而制胜，而其筹得丧也，坚定而无回惑，于事几亦孔晰矣。至其受侯景之降，居之内地，萧介危言而不听；未几，听高澄之绐，许以执景，傅岐苦谏而不从；旋以景为腹心，旋以景为寇雠，旋推诚而信非所信，旋背约而徒启其疑，茫乎如舟行雾中而不知所届，截然与昔之审势度情者，明暗杳不相及；盖帝于时年已八十有五矣，血气衰而智亦为之槁也。智者，非血气之有形者也，年愈迈，阅历愈深，情之顺逆，势之安危，尤轻车熟路之易为驰也，而帝奚以然也？其智资于巧以乘时变，而非德之慧，易为涸也。且其中岁以后，薰染于浮屠之习，荡其思虑。夫浮屠既已违于事理矣，而浮慧之流，溢为机变，无执也，可无恒也；无碍也，可无不为也；恍惚而变迁，以浪掷其宗社人民而无所顾恤，斯岂徒朱异、谢举之茨之哉？抑非老至耄及之神智衰损之为也，神不宅形，而熟虑却顾之心思，荡散而不为内主矣。夫君子立本于仁义，而充之以学，年虽迈，死则死矣，智岂与之俱亡哉！

二十九

　　父子兄弟之恩，至于武帝之子孙而绝灭无余矣。唯萧综凶忍而疑于东昏之子，其他皆非蜂目豺声如商臣，帝亦未有蔡景之慝，所以然者，岂非慈过而伤慈之致哉？正德之逆也，见帝而泣；萧纶之悖也，语萧确亦泣。绎也、范也、誉也、詧也，虽无致死以救君父之心，而皆援戈以起。然而迁延坐视，内自相图，骨肉相吞，置帝之困饿幽辱而不相顾也。且其人非无智可谋，无勇可鼓；而大器之笃孝以安死，方等之忘身而自靖，咸有古烈士之风焉。叙之以礼，诲之以道，约之以法，掖之以善，皆王室之辅也；抑岂若晋惠之愚、刘劭之凶，不可革易也乎？慈而无节，宠而无等，尚妇寺之仁，施禽犊之爱，望恩无已，则挟怨益深，诸子之恶，非武帝陷之，而岂其不仁至此哉？

　　而不但此也，人主之废教于子者，类皆纵之于淫声美色狗马驰逐之中。而帝身既不然，教且不尔，是以诸子皆有文章名理之誉，而固多智数。然而所习而读者，宫体之淫词；所研诸虑者，浮屠之邪说；二者似无损于忠孝之大节，而固不然也。子不云巧言鲜仁？则言巧而仁忘，仁忘而恩绝矣。若浮屠者，以缘生为种性，自来自去于分段生死之中，父母者，贪欲痴爱之障也，以众生平等视之，见其危亡，悲愍而已，过此又奚容捐自有之生缘以殉其难乎？二者中于人心，则虽禽呴鱼沫，相合以相亲；而相离以相叛，不保之于势穷力蹷之日矣。然则谓帝慈之已过者，非果慈也，视其子无殊于虎，以大慈普摄投身饲之而已。其学不仁，其教无父，虽得天下，不能一旦居，岂有爽与！

简文帝

一

　　至治之世无请托，至乱之世无请托，故嘱托之禁，虽设于律而不严，以其非本治也。汉灵帝立三互之法，高洋赏房超棓杀赵道德请托之使，命守宰设梏以捶杀属请之使，盖其时请托公行，狱讼大乱，有激而然也。

至乱之世，守宰专利于己，恶民之行赂属请而不荐贿于己，则假秉公守法以总货贿于一门。上既为之严禁矣，虽致怨于人，而可弗惧，无有敢挢举其污者也。刘季陵不与公府之事，而陈蕃诮之，季陵正也，蕃非正也。然蕃且有辞于季陵矣，其时请托盛行，而季陵孤也。至治之世，在官有养廉之典，退居有尸祝之尊，贤士大夫亦何忍以身纳于垢浊。而乱世不能也。于是而擅利淫刑之守，尣厉以为能，请托绝而贿赂益滥，况乎绝其所绝而不能绝其所不绝者哉？任守宰而重其廉隅，教行而俗美，请托不足禁也。禁之而民之枉也益甚，灵帝之世是也。若高洋乐杀人以逞威，又无足论已。

二

唐之府兵，言军制者竞称其善，盖始于元魏大统十六年宇文泰创为之。其后籍民之有才力者为兵，免其身租、庸、调，而关中之强，卒以东吞高民，南并江陵。隋、唐因之，至天宝而始改。人胥曰府兵改而边将骄，故安、史乱，河北终不能平，而唐迄以亡。而不知其不然也。府兵不成乎其为兵，而徒以厉民，纩骑虽改，而莫能尽革其弊，唐乃无兵而倚于边将。安、史之乱，府兵致之也，岂府兵不改而安、史不乱，安、史乱而府兵能荡平之也哉！

三代寓兵于农，封建之天下相承然也。周之初，封建亦替矣，然其存者犹千八百国也，外无匈奴、突厥、契丹之侵逼，兄弟甥舅之国，以贪愤相攻而各相防尔。然忿忮一逞，则各驱其负耒之愿民以蹀血于郊原。悲夫！三代之季，民之瘅以死者，非但今之比也。禹、汤、文、武之至仁，仅能约之以礼而禁其暴乱，而卒无如此斗农民以死之者何也！上古相承之已久矣，幸而圣王善为之法，以车战而不以徒战，追奔斩馘，不过数人，故民之死也不积。然而农民方务耕桑、保妇子，乃辍其田庐之计，奔命于原野；斫其醇谨之良，相习于竞悍；虔刘之，爣乱之，民之憔悴，亦大可伤矣！至于战国，一战而斩首者至数十万，岂乐为兵者哉？皆南亩之农夫，欲免而不得者也。汉一天下，分兵民为两途，而寓兵于农之害乃息。俗儒端居占毕而谈军政者，复欲踵而行之，其不仁亦惨矣哉！身幸为士，脱耒耜之劳，不耕而食农人之食，更欲驱之于白刃之下，有人心者，宜于此焉变矣。

宇文泰之为此也，则有说也。据关中一隅之区，欲并天下，乃兴师以伐高洋，不战而退，岂畏洋哉？自顾寡弱而心早寒也。南自洛、陕，西自平阳，北极幽、蓟，东渐青、兖，皆洋之有，众寡之形，相去远矣。且梁氏方乱，抑欲起而乘之以吞襄、郢，而北尚不支，势不足以南及。虽前乎此者，屡以寡而胜众，而内顾终以自危。故其所用者，仍恃其旧所习用之兵，而特欲多其数以张大其势。且关中北拥灵、夏，西暨河、湟，南有武都、仇池、羌、氐之地，虽耕凿之氓，皆习战斗，使充行伍，力足而情非不甘，泰可用权宜以规一时之利，未尽失也。若夫四海一，战争休，为固本保邦之永计，建威以销夷狄盗贼之萌，则用武用文，刚柔异质，农出粟以养兵，兵用命以卫农，固分途而各靖。乃欲举天下之民，且稼穑而夕戈矛，其始也，愚民贪免赋免役之利，蹶起而受命；迨其后一著于籍，欲脱而不能。故唐之府兵业更为旷骑矣，乃读杜甫《石壕》《三别》之诗，流离之老妇，宛转于缧绁；垂死之病夫，负戈而道仆；民日蹙而兵日窳，徒死其民，而救如线之宗社者，朔方边卒、回纥援兵也。然则所谓府兵者，无益于国而徒以殃民，审矣。

不能反三代封建之制，幸而脱三代交争之苦，农可安农，兵可安兵，天别之以材，人别之以习，宰制天下者，因时而利用，国本坚而民生遂，自有道矣。占毕小儒，称说寓兵于农而弗绝，其愚以祸天下，亦至此哉，农之不可兵也，厉农而祇以弱其国也；兵之不可农也，弱兵而祇以芜其土也。故卫所兴屯之法，销天下之兵而中国弱，以坐授洪图于异域，所由来久矣。且所谓屯田者，鲁莽灭裂，化肥壤为硗土，天下皆是也，可弗为永鉴乎！

三

魏、晋以降，廉耻丧而忠孝泯。夫岂无慷慨之士，气堪一奋者哉？无以自持，而因无以自继，则虽奋而终馁也。持其廉耻以养其忠孝于不衰者，自归诸从容蹈义之君子，非慷慨之能也。于梁之亡而得二君子焉，太子大器及吴兴太守张嵊是已。

吴兴兵力寡弱，而嵊不闲于军旅，然矫举自奋，以弱抗强，岂不足以自暴其忠哉？既无畏死之心，自可与贼争一旦之命，而嵊不为也；虑夫为之而不继，则气挫而志以摇也。侥幸于俄胜俄败之间，神无定守而不能保其必死之心；知死矣，知死之外无所容心矣，整服安坐，待执而捐生已矣，此嵊之所守也。

侯景之不能容简文与太子明矣，太子可去而不去，不忍离其父也。于景之党未尝屈意，而曰："若必见杀，虽百拜无益也。"神色怡然，及于难而不改其度。死生其命也，忠孝其性也，端凝尊重其道也。既知必死，则崛起于中，若献帝衣带之诏，高贵乡公援戈之举，夫岂不可？而太子不为也。既不欲为，则养晦以冀免于凶逆以俟外援，亦一道也，而太子抑不为也。臣子之道，居身之节，若是焉止矣，过此则乱矣。不欲自乱以丧己，犹张嵊也，此太子之守也。

二子之守，君子之守也，乐天者也，安土者也，俟命者也，求诸己而不愿乎外者也。呜呼！使太子早正乎位，而得若嵊者以为之辅，朱异何能惑之，侯景何能欺之，高澄何能绐之。而武帝耄以荒，简文弱而忌，同姓诸侯叛君亲而戕骨肉，太子拥储贰之虚名，张嵊守贫弱之僻郡，居无可为之地，虽有可君可相之道而无能为也，天亡梁也。

无能为，则不丧己而永为君子焉已耳。君子者，知之审而居之安也。生死也，成败也，居之安者所不为时势乱也。不乱，而后可以安死；可以安死，而后可以贵生；贵生，而后可以善其败；善其败，而后可以图其成。故晋明帝可以折王敦，谢安可以制桓温，气先定、神先凝也。太子未履晋明之位，张嵊不秉谢安之权，而梁亡必矣。下此则武陵、湘东、邵陵而已矣，柳仲礼、韦粲而已矣，虽矫举以兴，徒速其亡，而何裨焉？国无君子，则无以立，信夫！

元帝

一

　　元帝忌岳阳王詧而欲灭之，遂失襄阳，襄阳失而江陵之亡可俟矣。及武陵王纪称帝于成都，复请于宇文泰使袭纪，而成都又入于周，则江陵未有不亡者。非宇文能取之，皆自亡也。蜀亡，江陵陷，襄阳北折而为宇文之先驱，江左之能延数十年者，幸也。高齐未灭，关中之势未固，宇文之篡未成，故犹幸而存也。夫地利非有为者之所恃，固已，曹操据兖州四战之地而制群雄，李势、谯纵据蜀而江东不为动摇。虽然，得地利而人不和，地未可恃；人不和以内溃，未有能保其地利者；失地之利，而后其亡也必也。故非英雄特起，视天下无不可为者，则地利亦其所必争。梁元残忍忿戾，捐地利以授人，而卒以自灭，其明验矣。

　　梁之不和以内溃，非武陵、岳阳之罪也，元帝一起而即杀其弟慥矣，杀其兄之子誉矣，袭其兄纶矣，杀其从孙栋矣；武陵遣子圆照入援，听其节度，而阻之于白帝；圆正合众以受署而囚之；岳阳起兵而尽力以攻之；舍侯景之大仇，而亟戕其骨肉，皆帝挟至不仁之情以激之使不相下也。呜呼！帝即不念一本之爱而安忍无亲，抑思夫二王者，一处襄阳，一处成都，为江陵生死之所自操者乎？故不仁者，未有能保其地利者也。一念之乖，而上流失、咽吭夺，困孤城以自毙，举刘弘、陶侃以来经营百年之要地委之鲜卑，亦憯矣哉！江东四易主而不亡，刘子业、萧宝卷之凶顽，犹知地之不可弃，而帝弃之如赘疣。至不仁之人，至于弃地利而极矣，不恤己之死亡，而奚有于兄弟邪？

二

　　江陵陷，元帝焚古今图书十四万卷，或问之，答曰："读书万卷，犹有今日，故焚之。"未有不恶其不悔不仁而归咎于读书者，曰书何负于帝哉？此非知读书者之言也。帝之自取灭亡，非读书之故，而抑未尝非读书之故也。取帝之所撰著而观之，搜索骈丽、攒集影迹以夸博记者，非破万卷而不能。于其时也，君父悬命于逆贼，宗社垂丝于割裂，而晨览夕披，疲役于此，义不能振，机不能乘，则与六博投琼、耽酒渔色也，又何以异哉？夫人心一有所倚，则圣贤之训典，足以锢志气于寻行数墨之中；得纤曲而忘大义，迷影迹而失微言，且为大惑之资也。况百家小道，取青妃白之区区者乎！

呜呼！岂徒元帝之不仁，而读书止以导淫哉？宋末胡元之世，名为儒者，与闻格物之正训，而不念格之也将以何为？数《五经》《语》《孟》文字之多少而总记之，辨章句合离呼应之形声而比拟之，饱食终日，以役役于无益之较订，而发为文章，侈筋脉排偶以为工，于身心何与邪？于伦物何与邪？于政教何与邪？自以为密而傲人之疏，自以为专而傲人之散，自以为勤而傲人之惰，若此者，非色取不疑之不仁、好行小慧之不知哉？其穷也，以教而锢人之子弟；其达也，以执而误人之国家；则亦与元帝之兵临城下而讲老子、黄潜善之虏骑渡江而参圆悟者，奚别哉？抑与萧宝卷、陈叔宝之酣歌恒舞、白刃垂头而不觉者，又奚别哉？故程子斥谢上蔡之玩物丧志，有所玩者，未有不丧者也。梁元、隋炀、陈后主、宋徽宗，皆读书者也；宋末胡元之小儒，亦读书者也；其迷均也。

或曰："读先圣先儒之书，非雕虫之比，固不失为君子也。"夫先圣先儒之书，岂浮屠氏之言书写读诵而有功德者乎？读其书，察其迹，析其字句，遂自命为君子，无怪乎为良知之说者起而斥之也。乃为良知之说，迷于其所谓良知，以刻画而仿佛者，其害尤烈也。

夫读书将以何为哉？辨其大义，以立修己治人之体也；察其微言，以善精义入神之用也。乃善读者，有得于心而正之以书者，鲜矣。下此而如太子弘之读《春秋》而不忍卒读者，鲜矣。下此而如穆姜之于《易》，能自反而知愧者，鲜矣。不规其大，不研其精，不审其时，且有如汉儒之以《公羊》废大伦，王莽之以讥二名待匈奴，王安石以国服赋青苗者，经且为蠹，而史尤勿论已。读汉高之诛韩、彭而乱萌消，则杀亲贤者益其忮毒；读光武之易太子而国本定，则丧元良者启其偏私；读张良之辟谷以全身，则炉火彼家之术进；读丙吉之杀人而不问，则怠荒废事之陋成。无高明之量以持其大体，无斟酌之权以审于独知，则读书万卷，止以导迷，顾不如不学无术者之尚全其朴也。故子曰："吾十有五而志于学。"志定而学乃益，未闻无志而以学为志者也。以学而游移其志，异端邪说，流俗之传闻，淫曼之小慧，大以蚀其心思，而小以荒其日月，元帝所为至死而不悟者也，恶得不归咎于万卷之涉猎乎？儒者之徒而效其卑陋，可勿警哉！

敬帝

一

义以生勇，勇以成义，无勇者不可与立业，犹无义者不可与语勇也。

王僧辩非不知义者，元帝使之攻湘州杀萧栋而不从。身建平贼之大功，受大任而镇京邑，可以有为之资也。高洋遣邢子才帅一旅纳萧渊明使为梁主，渊明非武帝之子孙，而挟异类以阑入，使其成也，则萧詧附庸于宇文，渊明述职于高氏，中分梁国，效臣妾于二虏，此王僧辩肝脑涂地以报宗社，而为中原留一线之日也。僧辩既遣裴之横御之于东关，亦已知敬帝已正位为君，而渊明为贼矣。乃之横败死，遽屈节而迎渊明以入，何其馁也！

夫高氏方与宇文争存亡之命，不能乘衅以窥梁，明矣。其以偏师奉渊明而入，直戏焉耳。邢子才雕虫之士，据长江而待其毙也有余。顾乃震掉失守，废君奉贼，唯虏志之是殉，卒以此受大恶之诛，授首于陈霸先，为千古笑，则何如仗节临江，以与高洋争一旦之生死乎？无勇之夫，义不能固，而身名俱毁，不亦伤哉！

故未知义者，可使之知也，知有义而勇不足以决之，然后明君不能为之鼓厉，信友不能为之奖掖，陷于大恶以亡身。故曰：勇者天德也，与仁、智并峙而三也。

二

法先王者以道，法其法，有拂道者矣；法其名，并非其法矣。道者因天，法者因人，名者因物。道者生于心，法者生于事，名者生于言。言者，南北殊地，古今殊时，质文殊尚：各以其言言道、言法，道法苟同，言虽殊，其归一也。法先王而法其名，唯王莽、宇文泰为然。莽之愚，刘歆导之；泰之伪，苏绰导之。自以为《周官》而《周官》矣，则将使天下后世讥《周官》之无当于道，而谓先王不足法者，非无辞也，名固道法之所不存者也。泰自以为周公，逆者丧心肆志之恒也；绰以泰为周公，谄者丧心失志之恒也。李弼、赵贵、独孤信、于谨、侯莫陈崇，何人斯而与天地四时同其化理，悲夫！先王之道，陵夷亦至此哉！

高洋之篡也，梁、陈之偷也，宇文氏乃得冠猴舞马于关中，而饰其膻秽以欺世。非然，则王莽之首，剚于渐台，泰其免乎？以道法先王而略其法，未足以治；以法法先王而无其道，适足以乱；以名法先王而并失其法，必足以亡。泰之不亡，时不能亡之也。至于隋，革泰之妄，因时以命官，垂千余年，有损益而弗能改，循实之效可睹矣。《周礼》六官，有精意焉，知之者奚有于法，而况名乎？

三

权臣，国之蠹也，而非天下之害也，小则擅而大则篡，圣人岂不虑焉，而《五经》之文无防制权臣之道。胡氏传《春秋》，始惴惴然制之如槛虎，宋人猜忌之习，卒以自弱，而授天下于异族。使孔子之意而然也，则为司寇摄相事之日，必以诛三桓为亟，而何恶乎陪臣执国命？何忧乎庶人之议也？故知胡氏之传《春秋》，宋人之私，非圣人之旨也。岳侯之死，其说先中于庸主之心矣。

自晋东渡以来，王敦始逆，桓温继之，代有权臣，而司马、刘、萧之宗社以移。其逆未成，而称兵构乱者，王恭、殷仲堪、刘毅、沈攸之、萧颖胄，皆愤起以与京邑相竞。然而兵屡乱、国屡危，而百姓犹能相保，乱民无掠夺之恶，羸弱无流离之苦，则祸止于上，而下之生遂不惊也。非其世族与其大勋，不秉朝权；非秉朝权，不生觊觎；草野非无桀骜之雄，慑伏下风而固不敢骋也。至于侯景之乱，羊侃卒，韦粲死，柳仲礼无能而败，萧氏子孙分典州郡，相寻自贼，而梁无虎臣，于是而陈霸先以吴下寒族，岭表卑官，纠合粤峤之民，起救国难，王僧辩资之成功；于是而建业、荆江、北府、三吴之牧守，皆倒授其权于山溪峒壑之豪。国无世族尊贵居中控外之大臣，而崛起寒微如霸先者，骎骎为天子矣；其次则分州典郡，握符分阃，为重臣矣；然后权移于下，穷乡下邑之中，有魁磊枭雄之士，皆翘然自命曰：丈夫何所为而不可成哉？故周迪、留异、熊昙朗、陈宝应奋臂以兴；乃至十姓百家稍有心机膂力者，皆啸聚其闾井之人，弃农桑、操耰锄以互相掠夺。于斯时也，强者自投于锋刃，弱者坐受其刀钚，而天下之乱极矣。弗待有建威销萌、卫社稷、安生民之大臣，如刘弘、陶侃、谢玄、檀道济、沈庆之之流也；即有王敦、桓温、刘裕、萧道成之权奸，执魁柄以临之，亦安至是哉？

以在下之义而言之，则寇贼之扰为小，而篡弑之逆为大；以在上之仁而言之，则一姓之兴亡，私也，而生民之生死，公也。故明王之莅臣民也，定尊卑之秩，敦忠礼之教，不失君臣之义，而未尝斤斤然畏专擅以削将相之权。子孙贤，何畏于彼哉？其不肖也，则宁丧天下于庙堂，而不忍使无知赤子窃窃弄兵以相吞啮也。鲁之末造，三桓之子孙既弱，阳虎、公山不狃狂兴，而鲁国多盗，孔子伤之矣！徒以抑强臣为《春秋》之大法乎？故以知胡氏之说，宋人之陋习也。

《读通鉴论》卷十七终

读通鉴论卷十八

陈高祖

一

　　自曹魏以迄于宋，皆名为禅而篡者也。盖尝论之，本以征诛取天下，狃于习而假迹于篡者，唐高祖也，其名逆，其情未诈，君子恶其名而已。以雄桀之才起而图功，其图功也，以觊得天下为心，功既立而遂攘之，曹魏、刘宋也，而刘宋之功伟于曹魏矣。受推诚托孤之命，遂启逆心，非不立功，而功不在天下，以威福动人而因窃者，司马氏也。无固获之心，天下乱而无纪，一旦起而攘之者，宋太祖也。无功于天下，天下已乱，见为可夺而夺之者，梁武帝也。既无功矣，蓄奸谋以从人于弑逆，因而夺之者，萧齐也。本贼也，而名为禅者，朱梁也。

　　若夫陈氏之篡梁，功劣于曹、刘，而抑有功焉。天下之乱已极，可攘而攘之，亦无固获之心，如是，则不足以颉颃于刘宋，而优于赵宋，有讨平侯景之义；愈于曹、马者，无素蓄之奸；贤于梁武者，无犯顺之兵也。是故其为君也虽微，而其罪亦轻矣。却渊明而复辟于敬帝，非果念武帝之子孙而固立之，然当其时，江左之不能自立甚矣。萧詧称藩于宇文，以杀叔父而保一隅，以号为君；渊明称藩于高氏，以蔑君之遗孙，而拥虚号以为君；皆非君也，宇文、高氏守藩之臣也。使渊明得立，则举江东以属服于高洋，尤惨也。陈高非忠于萧氏，而保中国之遗民，延数十年以待隋之一统，则功亦伟矣哉！

夫陈高始起岭表之日，逮乎入讨侯景之初，固知其未有妄干天位之志也，萧氏子孙自相戕贼，天下莫适为主，而后思攘之，其罪既轻，虽无赫赫之功，而功亦不可泯，视隋之居中狐媚以夺宇文氏者远矣。若夫君子之有恕于隋者，则以中国代夷狄，得之不以其道，而终不可名为篡也。此陈、隋之后，天下所以定也。惜乎唐之不正名为诛弑父虐民之独夫，而托之乎禅，以自居乎篡也。

二

君子之善善也，豪毛必取，唯其豪毛之果善也。若夫赫然著一善之名而实无，非恶役于其名而取之，则受罔于非其道，为愚而已矣。

陈氏篡梁，王琳起兵至溓城以伐陈，赫然讨贼之义举也。自君子论之，子之篡燕，齐宣王兴师伐之，而孟子曰："以燕伐燕。"若琳者，岂但以陈伐陈哉？琳起兵以救元帝于江陵，正也。萧詧导宇文氏以戕元帝，而毁其宗社，詧者，琳之仇雠也；而詧不能独成其恶，元帝死于宇文氏之刃，则宇文氏尤琳之不共戴天者也。侯平不受琳之指麾，琳遂奉表于高洋，去华即夷，恶已大矣，犹曰高氏非吾仇也；以妻子陷入于关中，复奉表称臣而西向，身为盟主，二三其德，茬苒妻子之私爱，北面稽颡于杀吾君、亡吾国之索虏鲜卑；斯人也，陈主所蜂虿视之，不以为人类者也，而何能奉词以讨陈邪？萧詧，琳之仇也，敬帝非琳之仇也，元帝死亡，敬帝以武帝之孙、元帝之幼子，立于建业，琳既两奉表于二虏，复称臣于敬帝，以縻系于梁，梁征之为司空而不至，何为者也？使琳果有匡复之心，则身既为上流之盟主，应司空之召，人奉敬帝，折陈氏之邪心，夫岂不能？既怀贰心，亲高齐而忘故国，及陈之篡，乃窃讨贼之名，以与陈氏争，倚高氏之援，求萧庄以借为主，一人之身，倏彼倏此，廉耻荡然，而尚可许为讨贼之师乎？幸而陈氏胜矣，陈而败也，高洋乘乱而取江东，琳不能禁，固琳之所不恤也。假令萧庄得入建业而君梁，琳因起而夺之，势所必然，抑琳志之固然者也。无恒之小人，且夕莫测，而许之以讨贼之义乎？即后事而观之，陈遣谢哲往说，而琳又还湘州，陈高祖殂，复背约而奉萧庄屯溢城以称帝，大败于侯瑱，而奔齐之志决矣，此琳始终变诈之情形也。故曰非但以陈伐陈也。

呜呼！人至于无恒而极矣，无恒者，于善无恒也，于恶亦无恒也；于恶无恒，而有时乎善，其果善与，犹不可据也，况乎其徒以名邪？为君也忠而死，为父也孝而死，非为君父而忠孝也，吾臣吾子不忍自废者也，岂忍以忠臣孝子为可猎取之浮名乎？失身于异类，则已无身矣，无身而君谁之君，父谁之父，遑及忠孝哉！且若琳者，则又失身于异类而亦无据也，倏而禽，倏而人，妖魅而已矣。今有妖魅于此，衣冠粉泽，而遂乐推之以为人，非至愚者不然。然则假琳以梁臣之名，而嘉予其伐陈之义，又何以异于是？人之别于禽兽，恒而已矣。君子之观人，絜其初终以定其贞邪，持论之恒也；乍然见其袭义之虚声而矜异之，待其恶已败露而又贬之，亦持论之无恒者也；无恒则其违琳也不远矣。善善而无一定之衡，可不鉴与！

三

被征不屈，名为征士，名均也，而实有辨。守君臣之义，远篡逆之党，非无当世之心，而洁己以自靖者，管宁、陶潜是也。矫厉亢爽，耻为物下，道非可隐，而自旌其志，严光、周党是也。闲适自安，萧清自喜，知不足以经世，而怡然委顺，林逋、魏野之类是也。处有余之地，可以优游，全身保名而得其所便，则韦夐、种放是也。考其行，论其世，察其志，辨其方，则其高下可得而睹矣。

夐者，孝宽之兄，放者，世衡、师道之族也，故二子者尤相肖。其家，赫然著显名、居厚实于天下，而己得以高卧，邀人主之尊奖，则亦何求于一命之荣哉？二子者尤相肖也，此为逍遥公、豹林处士而已矣。

文帝

一

文帝既以从子继高祖而立，宇文氏遣高祖之子昌归陈，文帝与侯安都毙之于江，帝之贪位安忍，其恶无所逃矣。所可重伤者，昌之愚而为犾夷投之死地以乱陈也。

昌在关中，高祖屡请之，而宇文氏不遣，持重质以胁陈。高祖殂，乃亟遣之归，知其兄弟必争，则己乘之以收其利。萧纪争而得巴蜀，萧詧争而得江陵，其术两售，复以试之建业，其情晓然易见，而何昌之不觉也！侯安都之戕贼行而昌死于道，丧一夫公子耳；宇文氏无一旅之援，一使之逆，于己无损也。昌不死，而陈有奉之者，则必求援于己，卷土而奉藩，昌不能违，不复有陈矣。昌何利于此，而徒为宇文氏怅乎？昌不听而终老于关中，虽居异域，自以梁亡被虏，非投身幽谷如刘昶、萧宝寅之迷也。仲雍断发文身以全孝友而大周祚，则委赘于宇文氏，其又何伤？晋文公谢秦伯得国于斯之命，岂忘君晋哉？秦奉己以入，而己制于秦，惠公之所以见获于韩原，文公不屑为也。父死之谓何，而忍利其国，秦人之谋折矣，故晋以宁，而文公终以霸。天命在己，恶知其不为晋文，其不然也，以亡公子优游于南山、渭水之间，可以全身而不贻祸于宗国，又何怨乎？

或曰："此仁者之事，非昌之所及也。"道二：仁与不仁而已矣。出乎仁则入乎不仁；危其国，亡其身，不仁不可与言，而为人所颠倒，一间而已。身死则为陈昌，国危则为萧詧，昌不仁而文帝、安都以不仁应之，昌先之矣。

二

国破君危，志士奋兴以图匡复，此决起一朝，无暇豫计其始终者也，豫计则不果矣。虽然，亦有不容不豫计者。乱一起而不知所届，事会之变，未可测矣，所可豫计者，己有其初心，道有其大常也。或死乎？或弗死乎？死有所为死，生有所为生，变虽生于始谋之外，而心自依乎其初，此之谓豫计。志不定，义不明，以义始，以乱终，利害乱其中，从违失其则，则为王琳而已矣。

孙瑒之始，与琳俱起，本以萧詧引宇文攻元帝于江陵，急于入援，以拯元帝之危，而存梁之宗社；不及而江陵陷，元帝死，事虽不克，而为吾大仇者，宇文氏也。陈氏攀敬帝以立而又篡之，则其意计不及，忽然之变也，于是而琳志乱矣。外既逼而内复溃，琳乃首施两端，遍奉表于二夷，观望以拒陈，遂受高齐骠骑之命，终为异类矣。而瑒异是，宇文氏授瑒以刺史，瑒誓死以拒，守孤城而不降，使城陷而死焉，瑒得死所矣。乃陈兵至，周围解，兵力已疲，民情已释，旁徨四顾，故国已亡，而无可托足，乃集将佐而告之曰："吾与王公同奖梁室，勤亦至矣，时事如此，岂非天乎！"乃举州以降陈。非降也，不降而无所归也。救江陵拒宇文者，瑒之初心也；陈之篡，梁之亡，非瑒始计所及也。瑒非敬帝之臣，陈高有篡弑之逆，而敌怨不在后嗣，文帝非躬篡之主，不辱其身于加刃吾君之狡夷，瑒可以无死，而又为谁死邪？若此者，瑒不能豫计于先，而抗宇文以全郢城，则其素所立之志，终始初无异致，瑒何病哉？

无他，王琳虽名为义，而图功侥幸之心胜，则遇变而不知所择；瑒义在心，而不仅以名，事虽不济，而义终不坠也。决死一旦，而挟功利以为心，物必败之，亦恶知变之所生而早计之哉？

三

《诗》云："大风有隧，贪人败类。"类之已败，则虽非贪人，相习于乱，大风之隧，当其隧者，无不靡也。贪人之所吹拂成乎风，而类无不败，且不自知其为大恶，捐名义以成乎乱贼，而后人道绝矣。

华歆、贾充、刘穆之、谢晦、沈约、褚渊、崔季舒，胥贪人也，扶人为乱贼，居篡弑之功，而身受佐命之赏，弗足责也。王晞曰："非不好作要官，但思之烂熟耳。"高演报其翼戴之功，使为侍郎，苦辞不受，知贪人之不保令终，而静退以全身，非华歆辈之匹也。乃首倡逆谋，力为赞画，夜入帷幕，忘生蹈险，以夺高殷而弑之。晞不自为荣肷也，徒焦肺困心不恤族诛之祸，唯恐演之不成乎篡，何为者邪？功成而不受赏，安下位以终身，使移此心以尽诚于君父，而奖掖人于忠孝之途，则于诸葛公桑株八百、薄田十顷之节，又奚让焉？然而晞憯不畏疢，以为乱贼之腹心者，何也？篡夺之风，已成乎隧，当其隧者靡焉，习以为安，而不知其动摇之失据也。

民彝泯矣！天理绝矣！百年之内，江东、河北视弑君父如猎麋鹿，篡国如掇蜩蝉，无有名此为贼而惊心动魄者。晞固曰：吾为其所应为，而不受佐命之赏，则道在是矣。悲哉！华歆辈之败人类，而人类无能更存也！士不引千秋之公义以自择所趋，习染时风以为固然，从后而观之，恶岂有瘳？而一曲之操，其能掩不赦之辜哉！

四

以乱人为可畏者，懦夫也；以乱人为不可畏者，妄人也。庄周氏自谓工于处乱人矣，一以为猛虎，一以为婴儿，一以为羿之彀中而不可避也，一以为大浸稽天而可不溺也。懦夫闻之，益丧其守，妄人闻之，益罹于凶；则唯失己，而谓轻重之在物也。

虞寄侨处闽海，陈宝应连周迪、留异以作乱，寄着居士服，屏居东山寺，危言不屈，宝应纵火焚寺以胁之，威亦燂矣，而寄愈危，责宝应也愈厉。如寄者，岂不戒心于乱人之锋刃，而任气以行邪？乃终岳立千仞而不以宝应之凶悖为疑，非妄以轻生、狎暴人而姑试也，求诸己者正而已矣。浸令不然，心非之，抑诡随之；私议之，而面讳之；亟于求去，而多方以避之；放言毁度，佯狂惘默以顺之；皆庄周所谓缘督之经也。而早为乱人之所测，祇以自辱而无补于祸难。妄之兴，懦之变也。夫君子正己而已矣，可为者奚惴而不为？可言者奚惮而不言？乱人虽逆，凋丧之天良未尽绝于梦寐，天可恃也；即不可恃，而死生有命，何所用吾术哉？是以知虞寄之可为君子矣。

欧阳纥反于广州，流寓人士，惶骇失措，而萧引恬然曰："管幼安、袁曜卿亦安坐耳，直己以行义，何忧惧乎？"寄近宝应而危，引远纥而安，寄直己之道行，引直己之志定，其归一也。反是，则韦思祖以畏葸为赫连勃勃所恶而死，赵崇以轻薄为朱温所怒而死，崇呼橐驼为山驴王以诮温。

刚柔无据而可，惟其处己者未正也。

五

儒为君子者也，君子不可欺者也。儒而受欺于人，则不惟无补于世教，而其自立也，亦与欺为徒，因以欺人而自欺也。甚矣！养老之典，儒者重言之，不审于何以养也；则宇文邕胡孙而优俳，遂谓其可登箫韶之缀兆也！

汉儒饰文而迷其本，于是桓荣、李躬受割牲躬馈之荣施。今且未知明帝之果可以养老，而荣、躬之果可为老更否邪？虽然，当东汉之初，天下可无捐瘠离散之苦，而荣与躬非从弑父与君之臣，犹可尸此而无大渐也。宇文氏日糜烂其民以与高齐、陈氏争，丁壮捐尸于中野，农人没命于挽运，父老孤茕无告者不知几千万，而于谨以机诈倾危之士，左袒宇文护以弑其君，乃靦然东面登降，坐食于太学，掇拾陈言，如乐人之致语，遂施施然曰：此文王敦孝尊贤之道也。儒者荣之，称说于来今，为君子儒者其然乎？文王之养老，孟子言之备矣，非饰衣冠、陈尊俎、赞拜兴于伯夷、太公之前也。且其为伯夷、太公而后为国老，桓荣、李躬何足以称，而况于谨者，固伯夷所与言而视如涂炭者乎？

先王之政，纪于《尚书》歌于《雅》《颂》，论定于孔、孟，王者之所宜取法，儒者之所宜讲习，无得而或欺，亦无得而自欺者也。语虽略，而推之也，建天地、考三王、质鬼神、俟后圣，无不在矣。汉儒之说，欲以崇道，而但侈其荣利，宾宾然，夫我则不暇也。

临海王

观于陈氏之代，抑不知当世之无才，何以至此极也！侯安都、周文育、程灵洗战而获，获而囚，囚而系以长锁，鼠窃而逃，仍为大将而不惭，其武人可知矣。刘师知、到仲举奉诏辅政，忌安成王之逼上，乃使殷不佞孤衔口敕入相府，麾王使退，内不令太后幼主知，外不与群臣谋，而不虑其拒命，五尺之童所不为者，身为托孤大臣，谋君国之安危而漫同儿戏，其为执政者，又可知矣。夫当世岂遂无才，而至此极者，何也？

人主者，以臭味养贤，以精神感众者也。道以导之，德以得之，道德者，即其臭味；导之得之者，其精神也。陈高祖一偏裨之才耳，任之为大将而固不胜者也，而使为天子，其仅足以致拳勇无廉之武夫，文墨不害之文吏，非是臭味莫相亲，精神不相摄矣。遍求其时而无其人，仅一虞寄，而出为藩王之记室，天下之士，相帅以趋于偷，天生之，人主不成之，当世不尚之，何怪其不碌碌哉？故江东王气之将尽也，为之主者气先疲也。所知、所志、所好、所恶，不出于颖，则人胥奔走于颖中，夕阳之照，晨星之光，趋于尽而已矣。

宣帝 自太建十三年以前，论高齐、宇文周事皆附陈下；自太建十三年隋文帝纪号开皇，凡论隋事皆附隋下，唯论陈事则列卷中；陈、隋皆中国之君南北分疆，义无偏胜也。

一

小人之争也，至于利而止矣；而更有甚焉者，始见为利而争之，非必利也，争之以不相下，气竞而不能止。有国家者，毒众连兵、暴骨如莽而不止；匹夫匹妇，讦讼操戈，两败交伤而不止；乃不知因此而害不弭，舍此而固有利也。明于计者，方争之顷，一念旁及而早知改图矣。

晋悼公与楚争郑，用兵十年，连十二国之诸侯，三分四军以疲于道路，仅服一郑，而中国之力已瘳。当其时，若舍郑而无可以制楚者，乃服郑而晋遂不竞，楚亦恶能制哉？幸楚之不觉而亦相竞于郑耳，使其舍郑而他图，三川危、天下裂矣。夫晋与楚，非择利而趋也，气不相下，捐躯命以求赢，匹夫匹妇之情也。

宇文氏与高齐相持于宜阳，经年不解，韦孝宽以宜阳一城不足损益，彼若弃之来图汾北，我必丧地，欲罢宜阳之兵以防汾、晋，力穷于所争之地，而流念以旁营，孝宽可谓智矣。宇文护不能从，斛律光果弃宜阳而筑十三城于汾北之西境，拓地五百里，孝宽撤宜阳之兵以奔命，而大败于汾北，定阳失，杨敷擒，而其所争者亦败，悁悁忿戾之情，亦恶足以逞哉？孝宽之机甫动，斛律光之情已移，所争者俄顷之间耳，迷于一往者，固不觉也。

夫孝宽、光皆趋利之徒也，然于忿戾相乘之顷，返念以自谋成败，思以免无益之死伤，而不徒糜烂生灵于尺寸之土，则又岂徒工于计利哉？利不可竟也，忿尤不可不戢也。固执必胜以快其忿，幸而败，不幸而亡；两俱迷，则徒为斯人之困以自困，将有旁起者坐而收之。匹夫之乘潮竞渡以身饱鱼腹而不惩，事有大于此者，为千古笑。不知不仁，君子之所深恶也。

二

为五行之说者曰："荧惑之精，降为童谣。"言虽非实，而固有指也。荧惑者，以荧荧之光，荧荧之智惑人者也。火之光，荧荧而已，炀之而兴，撤其膏薪而息矣，然当晦也，则暗行者依之以求明，故日月固不胜火。大明有耀，不足以荧荧矣。故智者求明于日月，而不求明于火，恶其有炀之者也。童谣者，荧荧而惑人者也，是之谓荧惑之精，非必天之星降为童之谣也。善通其义者，可以垂鉴。

祖珽欲杀斛律光而无其隙，韦孝宽密为童谣以间之，而光坐诛。夫天下之为童谣者，皆奸人之造也，岂果祸福之几，鬼神早泄其秘于童稚之口哉？鹳鹆之谣，师己造之，为季氏解逐君之恶也。故童谣者，必有造之之人；即其果中于事理，若河间姹女、千里草之属，亦时有志疾恶而蕙弱畏祸，师妇姑诅咒之智，喋喋于烓瓮之间而已。若灵帝之国必亡，董卓之身必戮，又岂待童谣而知邪？晋文公城濮之师，势不容于姑已者也，"原田每每"之诵，恶知非楚人之反间哉？故曰："先民有言，询于刍荛。"刍荛可询也，出其所不意而对以公也。民之讹言，不可听也，先为之成言，必其荧荧而惑人者也。祖珽之奸，高纬之愚，孝宽之诡，一童谣而光以死，高氏以亡，可畏也哉！

上愈察，下愈谣，诉谮不行，而童谣兴，惑乃益不可解。王洽、李邦华以死、窜于小竖之口，可为痛哭者，岂徒高纬之愚乎？崇祯己巳，都城被围，兵部尚书王洽、戎政李邦华搜简军政，宦官忌之，为童谣曰："杀了王洽，敌人容易杀，杀了李邦华，走破敌人靴。"播令上闻，洽被诛，邦华削夺，军政益紊，以底于亡。

三

中国输岁币于夷，自宇文氏始。突厥挟两端以与宇文、高氏市，宇文畏其为高氏用也，岁给缯絮锦彩十万以縻之，高氏亦畏其为宇文氏用而厚赂焉。夫宇文与高于突厥，何中外高卑之有哉？弱役于强，屈者其常也，而突厥固曰：宇文、高氏，中国之君也，中国之奉我，常也。此骄夷狄之始祸也。宇文、高氏朘削中国以奉于其类，非其土，非其民，无不可也。而后世驽窳之君臣，且曰：宇文、高氏，中国之君也，不惜悉索之于民以奉突厥而国以安，吾亦奚不可邪？此启惰君陋臣之祸始也。

地之力，民之劳，男耕女织之所有，殚力以营之，积日以成之，委输以将之，奉之异域，而民力尽、民怨深矣。无财无以养兵，无人无以守国，坐困而待其吞吸，日销月铄，而无如之何，自亡而已矣。而不但此也，方其未入中国之日，已习知中国之富而使朵颐久矣。中国既自亡，而揖之以入为主，其主臣上下皆固曰：此畇畇之原隰，信天地之沃壤也，肥甘之悦口，轻暖之适体，锦彩佳丽之炫目，繁声冶奏之娱耳，求焉而即得，取焉而即盈，昔之天子奉我而如不及，今为我之臣妾，而何求不克邪？故淫虐婪取，川吸舟吞，而禹甸为荒郊，周黎为道殣，皆宇文氏之毒，延及千年而益烈。悠悠苍天，其如此皮骨空存之赤子何也！所为推祸始而为之痛哭者也。

四

度德量力相时以沮有为之气，君子弗取。而当积衰已久，立本未坚，求自保以徐图有为也，则度德量力相时之说伸矣。高纬不道，亡在旦夕，陈与接壤于淮右，宣帝决策遣吴明彻帅师北伐，庸讵非所宜为、非所可为者？顾使陈深计而思其所竟，纬虽必亡，吴明彻能以积弱之孤军捣邺、并而灭之，如宋武之于姚泓否邪？用兵三年而不能越吕梁一步，与高氏一彼一此，交敝于两淮，徒为宇文氏掣高氏之肘而利其吞龁耳。

宇文之决于灭纬也，韦孝宽固曰："齐自长淮之南，悉为陈氏所取，与陈氏共为犄角，必当所向摧殄。"则其用陈而陈为所用可知矣。巴蜀失，江陵陷，陈之大患在宇文而不在高氏。为高氏犄角而拒宇文，不可为而尚可为也。为宇文犄角而灭高氏，宇文无北顾之忧，而地益广，兵益众，气益张，昔者齐为陈蔽，而今则陈受周冲，去狐狸而邻豺虎，则他日者，既下巴、荆以乘上流，临江介而捣建业，旁无所挠而势无不便，是灭齐适以自灭，不待智者而知也。

当斯时也，天下之势，在宇文而不在高氏明矣。陈所急者，在江、郢、庸、蜀而不在淮右明矣。即无能奋兴以决图荆、襄，抑惟固境辑民、治兵积粟，听二虏之争，而我以暇豫图久远之计，悉三吴、湘、广之力，尚可为也。计不出此，乘人之危，收旷莽难守之地以自居功，殆犹鼠也，潜出而掠人之余也。高氏为己之捍卫而急撤之，陈何恃以抗宇文哉？高氏亡而明彻败。金人告宋曰："吾亡而蒙古之祸移于宋。"其愚同，其祸同也。舍周无虑，贪得以逞，有可为而不可为，为其所不可为以自诧，祸已及，乃蹢躅而自缩，晚矣。高氏不灭，陈氏不亡，叔宝虽不足以固存，尚可俟他姓之兴以延江左衣冠之统，刘子业、萧宝卷不灭，而叔宝灭乎？

五

谅暗不言，孔子曰："古之人皆然。"古谓殷也。周公定礼，于此阙焉，意者其不然邪？故孔子但言古。夫周公推至孝以立极，岂三年之爱不逮古人哉？时有易而道有诎也。殷道立弟，国恒有长君，则冢宰虽非伊、傅，而不能擅命以乱天下；周道立子，而冲人践阼，冢宰持权，则苟非其人，固不可托也。即其人可托矣，而小子同未在位，以周公之忠，二叔之流言且不可遏，非贪权罔恤之奸，未有不惩周公之难，而敢于自危以危天下者也。故殷道至周而易，道大易，则一端不得以独存，时诎之矣。

若后世之天下，尤非三代之比也。三代有天下者，名而已矣，其实则亦一国也。王畿千里，政教号令所及，今之一大省会耳，诸侯固自为治也，则其事简。诸侯受制于天子，而无所诎于天子之大臣，天子之卿视侯，视云者，仰而跻及之之谓也，则其任轻。诸侯入相，自有宗社，而不敢尝试，非诸侯而相，则夹辅之公侯可入正之，而相臣不敢自恣，则其权分。郡县之天下，统四海于一人，总己则总天下矣，其事繁，其任重，其权壹。冢宰已总天下之职官，司农已总天下之田赋，司马已总天下之兵戎，司寇已总天下之刑罚，而又总而归之一人。此魏、晋以降，录尚书事辅政之所以篡夺相仍也。州牧郡守待命而不能仰诘，四海无谁何者，三年之内，以收人心而移宗社，后虽挽之，祸已发于肘腋矣。人子受先王之托，而委之他人，庸讵可以为孝，此后世之诎于时者，尤非仅如周而已也。

夫法有常而人无常。当周之季，皇甫、尹氏之流，君亲政而犹为天下傮，讵可不言而唯其所为？容容自保者，且以误国而召疑叛，况其为窦宪、梁冀之跋扈者乎？又况其为司马懿、傅亮、徐羡之、杨坚也乎？乃先王既使之在大臣之位矣，欲别委而弗使之总己也不得，陶侃且怨，不徒祖约也。茕茕在疚之孺子，岂能求侧陋之忠贤，拔起而授之大任，其不畀宗社生民于奸邪也，鲜矣。故匹夫不能逮天子之养，天子不能尽庶民之哀，情无已而量有涯，虽圣人不能尽满人子之心，亦无如之何也。故孟子诏滕文公行三年之丧，而未有命戒者五月尔，于此见《周礼》之既葬而亲政也。宇文邕之令曰："衰麻之节，苫庐之礼，遵前典，申罔极；军国务重，须自听朝。"庶乎其情理之两得与！五服之内依《礼》，百僚既葬而除，亦称其情也。虽然，此唯天子而不得不诎尔，翟方进妄自尊以短丧，李贤、张居正怙权而丧其心，岂能托以为辞哉？

六

贼圣人之道，以召异端之侮，而坚其邪辟者，小人儒也。异端则既与我异为端矣，不相淆也；然异端亦固有其端，非沉溺于流俗之利欲而忘其君父以殉其邪者也。若杨朱、墨翟、庄周、列御寇，以及乎陆子静、王伯安，苟自有其端，则卑污趋利、瞀不畏死、而尽捐其恻隐羞恶之行，固醉梦之余念所不屑及者也。君子小人之大辨，人禽之异，义、利而已矣。小人之趋利而无耻，君子恶之，异端亦从乎君子之后而恶之，不敢谓君子之恶非正也。唯小人而托于儒，因挟儒以利其小人，然后异端者乃挟以讥吾道之非，而曰为小人资者儒也。夫异端之始念，未至于无父无君，而君子穷其所归，斥为禽兽。乃小人冒儒者之迹，挟诗书礼乐为宠利之资，则顽鄙残忍，公然忘君父而不恤，以诧于天下曰：为道卫也。其可贱而可恶，又奚但异端之比哉？故曰："无为小人儒。"小人儒者，异端之所不屑为也。

桓荣耀车服之荣以劝门人曰："稽古之力。"君子贱之，以其侈乎利而有禽心也。况如熊安生者，业以儒术为高氏国子博士矣，于高氏固有君臣之义也；宇文灭齐，邺城方破，安生遽令埽门，语家人曰："周帝重道尊儒，必将见我。"悲夫！其所事之君已走，其所从班行以奉祀之宗社且毁且屋，其同列之官僚且死且窜，其比间连居之妇子且杀且俘，漠然无一念之悲悯，乞高氏之余不足，又顾而之宇文氏之墦间，以是为儒之道也，异端之徒，稍知自好者，鄙夷之如犬豕，况君子哉？不绝小人于儒，不正儒者之谊，以使小人不敢干，君子之责也。无他，义、利而已矣。议者苛求于吴康斋、陈公甫，而引姚枢、许衡于同类，不亦慎乎！

七

强敌在前而以轻军试之，非徒败也，其国必亡。故吴明彻一溃于彭城，而江东有必亡之势，其幸而延之十年者，宇文邕殂，宇文赟无道，杨氏谋篡而不暇及也。不然，亡之亟矣。为兵家之言者曰"知彼知己，百战百胜"，未然也。诚知彼而知己，则有不战者矣。吴明彻可以当宇文宪、韦孝宽乎？萧摩诃、任忠、周罗睺可以当梁士彦、王轨乎？宣帝可以当宇文邕乎？宇文氏其如高纬、祖珽、穆提婆之君臣，可以姑试而幸获乎？己不自知，知之而又何以战邪？不可以战而何以胜邪？

然则坐而待其相加与？曰：善为国者不师，非不师而即善也，为国善，则可以不师也。江东至是而无可取中原之势矣。固本靖民，养兵择将，迟之数十年，而不轻挑之以益其势，则尚可为也。故孙绰、王羲之之论，在东晋之初则为自弃，在陈之末造则善矣。东晋虽草创，人咸愤激以图存，有死之心则有生之气也。至于陈，而江东之生气，齐涴之、梁萎之、侯景摧之、萧詧、王琳中起而灭裂之，陈氏偷存而销铄之；刘宋吞广固、捣长安之锋颖，荡尽无余矣。然使固本图安而尚可为者，以高纬之淫昏，宇文邕迟之又久、再进再退而始决，陈能自立而不授以俘大将、覆全军之势，宇文君臣慎动者也，且以苻坚、拓跋佛狸为大戒，而遽轻试席卷之雄心乎？陈仅一蔡景历而不能用，一溃而举国之人皆靡，引领以望北师之渡而已矣。

八

奚以辨大奸而必覆人之邦家者乎？则劝其主以杀人者是也。至于劝人以杀其兄弟子孙而甚矣。仁绝于心，心绝于天，而后劝人以杀其兄弟子孙；欺其人之终迷不复，而后敢劝人以杀其天性之亲。不然，虽怀忮忌而挟私怨，不忍也，抑不敢也。

郑译初用，而导宇文赟杀其叔父，则于灭宇文以戴杨坚也，何靳而不为？而坚知之矣，摘其不孝之罪，不比数之于人类，而后译之恶穷。宇文赟之不肖也，宇文孝伯对其君曰："父子之际，人所难言，臣知陛下不能割爱，遂尔结舌。"孝伯之可托也，宇文邕之不可导以不慈也，于斯言验之矣。晁错忠于袁盎，而居心之厚薄，则不若盎也，不顺于父，而父亟去之，其于父子可知矣。故求可托之臣，求之于根本之地，而思过半矣。

九

宇文邕之政，洋溢简册，若驾汉文、景、明、章而上之，乃其没也甫二年，而杨氏取其国若掇。赟虽无道，然其修怨以滥杀，唯宇文孝伯、王轨而止，其他则固未尝人立于鼎镬之上也。淫昏虽汰，在位两浃岁而已。邕果有德在人心，讵一旦而遽忘之？乃其大臣如韦孝宽、杨惠、李德林、高颎、李穆皆能有以自立者，翕然奉杨氏而愿为之效死。坚虽有后父之亲，未尝久执国柄，如王莽之小惠遍施也；抑未有大功于宇文，如刘裕之再造晋室、灭虏破贼也；且未尝如萧道成仅存于诛杀之余，人代为不平而思逞也；坚女虽尸位中宫，而失宠天元，不能如元后之以国母久秉朝权也。然而人之去宇文也如恐不速，邕骨未冷而宗社已移，则其为君也可知矣。德无以及人，而徒假先王之令名以欺天下，天下其可欺乎？

史之侈谈之也，记其迹也。论史者之艳称之也，为小人儒者，希冀荣宠，而相效以袭先王之糟粕，震矜之以藻悦其门庭也。故拓跋弘、宇文邕几于圣，而禹、汤、文、武之道愈坠于阱而不能自拔。试思之，恶有盛德如斯，不三岁而为权奸所夺，臣民崩角以恐后者乎？

十

尉迟迥可以为宇文氏之忠臣乎？宇文阐称帝已二年矣，父死而正乎其位，杨氏虽逼，阐未有失德也，迥乃奉赵王招之少子以起兵。曹操所不敢奉刘虞以叛献帝者，而迥为之不忌，迥之志可知矣。迥可为忠臣，则刘裕之讨刘毅，萧道成之拒沈攸之，使其败而死也，亦晋、宋仗节死义之臣乎？杨坚无功而欲夺人之国，于是乎有兵可拥者，皆欲为坚之为，迥亦一坚也，司马消难亦一迥也，王谦亦一消难也。志相若，事相竞，则以势之强弱、谋之工拙、所与之多寡分胜败矣。胜者，幸也；败者，其常也；抑此而伸彼，君子而受奸雄之罔矣。

君子不逆诈，而未尝不先觉，以情度之，以理衡之而已矣。王凌、诸葛诞不保其不为司马懿，况迥辈之纭纭者乎？宇文氏之亡，虏运之衰已讫也。杨坚无德以堪，而迥、谦、消难愈不可以君天下，"民亦劳止，汔可小康"。三方灭而杨氏兴，民之小康，岂迥之所能竞乎？自此以后，北朝事归隋《论》。

十一

高颎南侵，而陈宣帝殂，陈请和于隋，高颎以不伐丧班师。陈之愚而必亡，隋之智而克陈，皆于此征之矣。

陈、隋强弱不相敌明矣，宣帝殂，叔陵狂逞，嗣子伤，内不靖而未遑外御，权下隋以纾难，何言愚也？弱者示人以弱，则受陵乘也无已。高颎之兵，固不足畏者也。隋主初篡而位未固，以司马消难之在陈，有戒心焉。颎之南侵，聊以御陈，非能有启疆之志也。既分兵以南侵，千金公主、高宝宁又挟沙钵略以入寇，隋固急欲辍南军而防北塞。陈于此，正可晏坐以全力固封守，待其疲敝而空返；乃葸怯柔巽，暴其虚枵惶遽之情实，使隋得志以班师，而测其不自振之隐，使洋洋而盗名以去；故愚甚也。

颎不伐丧，义也，而何但言智也？夺人之国而无惭，欺人之孤而不恤，以女事人而因攘其宗社，不以为耻，隋之君臣岂能守规规之义，悯人之丧而不伐也哉？乘丧而急攻之，固败道也，非胜术也。陈虽弱，江东之立国久矣，非其可以必得，未易倾也。庸人之情，当危而惧，稍定而忘。君蒙，嗣子初立，内难方作，而强敌压境，君臣皆惴惴焉，外虽请和，而内固不自宁也。知其且亡，而迫于不容已，则人有致死之心，以争存亡于一决。颍以偏师深入，撄必死之怨愤，而吾军欺其茕弱，挟骄以侥幸，猝与困兽相当于其内地，未有不败者也。幸而请和之使至矣，假不伐丧之美名以市陈，实收全师不败之功，以养威而俟时，故隋智甚也。

不伐丧矣，许之和矣，陈之廷，愚者曰"隋有仁义之心，不吾并也"；黠者曰"隋有隙而不能乘，无能为也"。于是而君骄臣怠，解散其忧惧，枵然以自即于安，信使往来，礼文相匹，縻其主于结绮临春赋诗行乐之中，则席卷而收之也，易于拾芥。善胜敌者，不乘其忧危，而乘其已定之情、已衰之气，隋之智，非陈之所能测也。自弛于十年而国必亡，姑待之十年而必举其国，一智一愚，一兴一亡，于此决矣。

故善谋国者，不忧其所忧，而忧其所不忧，不震掉失守于一朝，不席安自弛于弥日，孰得而乘之哉？而庸人不能也。庸人之愚，智人之资。向令陈人请和之使不出，高颍且进退无据，而茶然以返，隋气挫而陈可以不亡。夫岂陋君具臣之所及哉！

后主

一

大臣不言，而疏远之小臣谏，其国必亡。小臣者，权不足以相正，情不足以相接，骤而有言，言之婉，则置之若无，言之激，则必逢其怒，大臣虽营救而不能免，能免矣，且以免为幸，而言为徒设，况大臣之媢忌以相排也乎？大臣者，苟非穷凶极悖之主，不能轻杀也，故言可激也；苟非菽麦不辨之主，从容乘牖以入，故言可婉也；大臣秉正于上，而小臣亦恃之以敢言，然后可切言之，以曲成大臣之婉论，交相须也，而所恃者终大臣也。大臣不言，小臣乃起而有言，触昏昏者之怒，以益其恶，未有不亡矣。

夫大臣既导君以必亡矣，则为小臣者将何如而可哉？去而已矣。陈后主国垂危而纵欲以败度，傅縡、章华危言而见杀，陈之亡，迟之十年而犹晚，而二子者，亦舍身饲虎之仁，君子所弗尚也。《春秋》书陈杀其大夫泄冶，说《经》者谓"泄冶失语默之节，不如高哀之全身"，非也。微者名姓不登于《春秋》，曰杀其大夫而著其名，泄冶贵大夫也，谏而死，允矣；高哀名姓登于史策，亦贵大夫也，而去之，失臣节矣。縡与华非泄冶比也，胡为其以身试醒人之暴怒邪？其情忿，其言讦，唯恐刃之不加于项，而无救于陈之亡，何为也哉？

诚不忍故国之沦没，而耻为隋屈，山之涯，水之涘，庸讵无洁身之所，而必于刑人之市以置此父母之遗体乎？于是而江总之邪益成；于是而施文庆、沈客卿之势益张；于是而盈廷之口益钳；于是而隋人问罪之名益正。故陈必亡者也，杀二子而更速。羸瘵者浮火方张，投以梔芩而毙逾速，二子之以自处而处人之宗社，无一可者也。

二

名教之于人甚矣！国虽破，君虽降，而下犹以降为耻，不能死而不以死为忧，行其志以免于惭，名教未亡于心也。

陈亡，袁宪侍后主而不忍去；许善心奉使未返，而衰服以临；周罗睺大临三日，而后放兵散仗；陈叔慎置酒长叹，而谢基伏而流涕；任环劝王勇求陈后立之，不听而弃官以隐；于仕节死义未能决也，而皆有可劝者焉。慕容、姚、苻、高氏之灭，未有此也。其或拥兵而起，则皆挟雄心以徼利者尔。晋南渡而衣冠移于江左，贤不肖之不齐，而风范廉隅养其耻心者，非暴君篡主之能销铄也。诸子之不死，隋不杀之耳，皆无自免于死之道也；无求免于死之道而不死，不死不足以为其节累。且陈氏之为君微矣，其得国也不以义，非有不可解君臣之分也；所不忍亡者，永嘉以来，中原士大夫之故国，先代仅存之文物，不忍沦没于一旦也。虽然，陈不能守，而隋得之，固愈于五胡之种多矣。诸子者，视家铉翁、谢枋得而尤可不死，然而毅然以名教自尽也，不尤贤乎！

《读通鉴论》卷十八终

读通鉴论卷十九

隋文帝

一

圣人之道：有大义，有微言。故有宋诸先生推极于天，而实之以性，核之心得，严以躬修，非故取其显者而微之、卑者而高之也。自汉之兴，天子之教，人士之习，亦既知尊孔子而师《六经》矣，然薄取其形迹之言，而忘其所本，则虽取法以为言行，而正以成乎乡原，若苏威、赵普之流是已。

苏威曰："读《孝经》一卷，足以立身治世。"赵普曰："臣以半部《论语》佐太祖取天下。"而威之柔以丧节，普之险以致偷，不自知也，不自愧也。以全躯保妻子之术，为立身扬名之至德；以篡弑夺攘之谋，为内圣外王之大道；窃其形似，而自以为是，歆其荣宠者，众皆悦也。挟圣言以欺天下，而自欺其心，阉然求媚于乱贼而取容，导其君以欺孤寡、戕骨肉而无忌。呜呼！微有宋诸先生洗心藏密，即人事以推本于天，反求于性，以正大经、立大本，则圣人之言，无忌惮之小人窃之以侥幸于富贵利达，岂非圣人之大憾哉？

普之于《论语》，以夺人为节用，以小惠为爱人，如斯而已，外此无一似也。威则督民诵五教，而谓先王移风易俗之道，毕于此矣。子曰："乡原，德之贼也。"托于道，所以贼德也。正人心，闲先圣之道，根极于性命，而严辨其诚伪，非宋诸先生之极微言以立大义，《论语》《孝经》为鄙夫之先资而已矣。

二

可以行之千年而不易，人也，即天也，天视自我民视者也。民有流俗之淫与偷而相沿者矣，人也，非天也，其相沿也，不可卒革，然而未有能行之千年而不易者也。天不可知，知之以理，流俗相沿，必至于乱，拂于理则违于天，必革之而后安，即数革之，而非以立异也。若夫无必然之理，非治乱之司，人之所习而安焉，则民视即天视矣，虽圣人弗与易矣。而必为一理以夺之，此汉儒之所以纤曲涂饰而徒云云也。

改正朔，易服色，汉儒以三代王者承天之精意在此，而岂其然哉？正朔之必改，非示不相沿之说也。历虽精，而行之数百年则必差。夏、商之季，上敖下荒，不能厘正，差舛已甚，故商、周之兴，惩其差舛而改法，亦犹汉以来至于今，历凡十余改而始适于时，不容不改者也。若夫服色，则世益降，物益备，期于协民瞻视，天下安之而止矣。彼三王者，何事汲汲于此，与前王相竞相压于染绘之间哉？小戴氏之记《礼》杂矣，未见《易》《书》《诗》《春秋》《仪礼》《周官》之斤斤于此也。其曰夏尚玄、殷尚白、周尚赤，吾未知其果否也。莫尊于冕服，而周之冕服，上玄而下纁，何以不赤也？牲之必骍也，纯而易求耳，非有他也。夫服色者，取象于天，而天之五色以时变，无非正矣；取法于地，而地之五色以土分，无非正矣。自非庞奇艳靡足以淫人者，皆人用之不可废，理无定，吾恶从知之？其行之千余年而不易者，民视之不疑，即可知其为天视矣。

开皇元年，隋主服黄，定黄为上服之尊，建为永制。以义类求之，明而不炫，韫而不幽，居青赤白黑之间而不过，尊之以为事天临民之服可矣，迄于今莫之能易，人也，即天也。于是而知汉儒之比拟形似徒为云云者，以理律天，而不知在天者之即为理；以天制人，而不知人之所同然者即为天。凡此类，《易》《书》《诗》《春秋》《周官》《仪礼》之所不著，孔、孟之所不言，诎之斯允矣。

三

今之律，其大略皆隋裴政之所定也。政之泽远矣，千余年间，非无暴君酷吏，而不能逞其淫虐，法定故也。古肉刑之不复用，汉文之仁也。然汉之刑，多为之制，故五胡以来，兽之食人也得恣其忿惨。至于拓跋、宇文、高氏之世，定死刑以五：曰磬、绞、斩、枭、磔，又有门房之诛焉，皆汉法之不定启之也。政为隋定律，制死刑以二：曰绞、曰斩，改鞭为杖，改杖为笞，非谋反大逆无族刑。垂至于今，所承用者，皆政之制也。若于绞、斩之外，加以凌迟，则政之所除，女真、蒙古之所设也。

夫刑极于死而止矣，其不得不有死刑者，以止恶，以惩恶，不得已而用也。大恶者，不杀而不止，故杀之以绝其恶；大恶者，相袭而无所惩，故杀此以戒其余；先王之于此也，以生道杀人也，非以恶恶之甚而欲快其怒也。极于死而止矣，枭之、磔之、轘之，于死者又何恤焉，徒以逞其扼腕啮龈之忿而怖人已耳。司刑者快之，其仇雠快之，于死者何加焉，徒使罪人之子孙，或有能知仁孝者，无以自容于天地之间。一怒之伸，惨至于斯，无裨于风化，而祇令腥闻上彻于天，裴政之泽斩，而后世之怒淫，不亦憯乎？隋一天下，蠲索虏鲜卑之虐，以启唐二百余年承平之运，非苟而已也；盖有人焉，足以与于先王之德政，而惜其不能大用也。

四

周制：六卿各司其典，而统于天子，无复制于其上者，然而后世不能矣。《周礼》曰："惟王建国。"言国也，非言天下也。诸侯之国，唯命之也，听于宗伯；讨之也，听于司马；序之也，听于司仪行人。若治教政刑，虽颁典自王，而诸侯自行于国内，不仰决于六官。如是，则千里之王畿，政亦简矣，其实不逾今一布政使之所理也。郡县之天下，揽九州于一握，卑冗府史之考课，升斗铢累之金粟，穷乡下邑之狱讼，东西万里之边防，四渎万川之堙泄，其繁不可胜纪，总听于六官之长，而分任之于郎署。其或修或废，乃至因缘以售私者，无与举要以省其成，则散漫委弛而不可致诘。故六卿之上，必有佐天子以总理之者，而后政以绪而渐底于成，此秦以下相臣之设不容已也。

乃相臣以一人而代天子，则权下擅而事亦冗，而不给于治；多置相而互相委，则责不专，而同异竞起以相挠；于是而隋文之立法为得矣。左右仆射皆相也，使分判六部，以各治三官，夫然，则天子统二仆射，二仆射统六卿，六卿统庶司，仍《周官》分建之制，而以两省分宰相之功，殆所谓有条而不紊者乎！由小而之大，由众而之寡，由繁而之简，揆之法象，亦太极生两仪，两仪生四象八卦，以尽天下之至赜，而曲成乎亹亹者也。法者非必治，治者其人也；然法之不善，虽得其人而无适守，抑末由以得理，况乎未得其人邪？以法天纪，以尽人能，以居要而治详，以统同而辨异，郡县之天下，建国命官，隋其独得矣乎！不可以文帝非圣作之主而废之也。

五

开河以转漕，置仓以递运，二者孰利？事固有因时因地而各宜，不能守一说以为独得者，然其大概，则亦有一定之得失焉。其迹甚便，其事若简，其效若速，一登之舟，旋运而至，不更劳焉，此转漕之见为利者也。然而其运之也，必为之期，而劳甚矣。闸有启闭，以争水之盈虚，一劳也；时有旱涝，以争天之燥湿，二劳也；水有淤通，以勤人之浚治，三劳也；时有冻沍，以待天之寒温，四劳也；役水次之夫，夺行旅之舟以济浅，五劳也。而又重以涉险飘沉、重赔补运之害，特其一委之水，庸人偷以为安，而见为利耳。

夫无渐可循，而致之一涂，以几速效，政之蟊稗也。岁月皆吾之岁月，纡徐之，则千钧之重分为百，而轻甚矣。置仓递运者，通一岁以输一岁之储，合数岁以终一岁之事，源源相因，不见有转输之富，日计不足，岁计有余，在民者易登于仓，在仓者不觉而已致于内，无期会促迫之苦，而可养失业之民、广马牛之畜，虽无近功，而可经久以行远，其视强水之不足，开漕渠以图小利，得失昭然矣。

隋沿河置仓，避其险，取其夷，唐仍之，宋又仍之，至政和而始废，其利之可久见矣。取简便而劳于漕挽者，胡元之乱政也。况乎大河之狂澜，方忧其泛滥，而更为导以迂曲淫漫，病徐、兖二州之土乎？隋无德而有政，故不能守天下而固可一天下。以立法而施及唐、宋，盖隋亡而法不亡也，若置仓递运之类是已。

六

有名美而非政之善者，义仓是也。隋度支尚书长孙平始请立之，家出粟麦一石，储之当社，凶年散之，使其行之而善，足以赈之也。抑一乡一社，有君子长者德望足以服乡人，而行之十姓百家焉可矣。不然，令之严而祇以病民，令之不严，不三岁而废矣。且即有君子长者主其事，行乎一乡，亦及身而止耳。恶有一乡之事，数十年之规，而可通之天下，为一代之法也哉？

行之善，而犹不足以赈荒者，假使社有百家，岁储一石，三年而遇水旱，曾三百石之足以济百家乎？倘水旱在三年之外，粟且腐坏虫蚀，而不可食也。且储粟以一石为率，将限之邪？抑贫富之有差邪？有差，而人诡于贫，谁尸其富？家限之，则岁计不足，而遑计他年？均之为农，而有余以资义仓，其勤者也，及其受粟而多取之者，其惰者也；非果有君子长者以仁厚化其乡，而惰者亦劝于耕，以廉于取，则徒取之彼以与此，而谁其甘？不应，抑将刑罚以督之，井里不宁而讦讼兴，何义之有？而惰窳不节之罢民，且恃之以益其骄怠。况乎人视为不得已而束于法以应令，糠核湿腐杂投而速蠹，仅以博好义之虚名，抑何为者邪？况行之久而长吏玩为故常，不复稽察，里胥之乾没，无与为治，民大病而勾免不能，抑其必致之势矣。

夫王者之爱养天下，如天而可以止矣，宽其役，薄其赋，不幸而罹乎水旱，则蠲征以苏之，开棨以济之。而防之平日者，抑商贾，禁赁佣，惩游惰，修陂池，治堤防，虽有水旱，而民之死者亦仅矣。赋轻役简，务农重谷，而犹有流离道殣者，此其人自绝于天，天亦无如之何，而何事损勤苦之民，使不轨之徒悬望以增其敖慢哉？故文王发政施仁，所先者鳏、寡、孤、独，所发者公家之廪，非取之于民而以饱不勤不节之惰农也。孟子曰："惠而不知为政。"捐己以惠民，且不知养民之大经，况强以义胁民而攘之为己惠乎？夫义仓者，一乡之善士，当上失其道、横征困民之世，行之十姓百家以苟全一隅者可也。为人上者而行之，其视梁惠王之尽心奚愈哉？

七

立教之道，忠孝至矣，虽有无道之主，未有不以之教其臣子者，而从违异趣，夫亦反其本而已矣。以言教者，进人子而戒之曰"尔勿不孝"；进人臣而戒之曰"尔勿不忠"；舌敝颖秃，而听之者藐藐，悖逆犹相寻也。弗足怪也，教不可以言言者也。奖忠孝而进之，抑不忠不孝而绝之，不纳叛人，不恤逆子，不怀其惠，不歆其利，伸大义以昭示天下之臣子，如是者，殆其好也，非其令也，宜可以正于家，施于国、推于天下而消其悖逆矣。然而隋文帝于陈，郢州之叛而请降，则拒而弗纳；突厥莫何可汗生擒阿波归命于隋，请其死生，高颎曰："骨肉相残，教之蠹也，存养之以示宽大。"帝则从之，而禁勿杀；吐谷浑妻子叛其主请降，帝则曰："背夫叛父，不可收纳。"夫帝之欲并陈，而服二虏，其情也；抑且顾君臣、父子、夫妇之大伦，捐可乘之利而拒之已峻，以是风示臣子，俾咸顺于君父，而蠲其乖悖，夫岂不能。然制于悍妻，惑于逆子，使之兄弟相残，终以枭獍之刃加于其躬，一室之内，戈矛逞而天性蔑，四海之称兵，不旋踵而蜂起，此又何也？由此而知忠孝者，非可立以为教而教人者也。以言教者不足道，固已；徒以行事立标准者，亦迹而已矣。

夫忠孝者，生于人之心者也，唯心可以相感；而身居君父之重，则唯在我之好恶，为可以起人心之恻隐羞恶，而遏其狂戾之情。文帝以机变篡人之国，所好者争夺，所恶者驯谨也。制之于外，示彝伦之则；伏之于内，任喜怒之私；其拒叛臣、绝逆子也，一挟名教以制人者也。幽暗之地，鬼神瞰之，而妻子尤熟尝之。好恶之私，始于拂性而任情，既且违情而殉物。悍妻逆子，或饵之，或胁之，颠倒于无据之胸，则虽日行伤正人伦之事，而或持之，或诱之，终以怨毒而贼害之。无他，心之相召，好恶之相激也。呜呼！方欲以纲常施正于裔夷，而溅血之祸起于骨肉，心之几亦严矣哉！好恶之情亦危矣哉！故藏身之恕，防情之辟，立教之本，近取之而已。政不足治，刑赏不足劝惩，况欲以空言为求亡子之鼓乎？

八

《周礼》：乡则比、闾、族、党，遂则邻、里、酂、鄙，各有长司其教令，未详其使何人为之也。就农民而为之，则比户之中，朴野之氓非所任也，其黠而可为者，又足为民害者也。且比邻之长虽微，而列于六官之属，则既列于君子而别于野人矣，舍其耒耜而即与于班联，不已媟乎？意者士之未执贽以见君而小试之于其乡，凡饮射宾兴所进于君之士，皆此属也，固不耕而有禄食，士也，非民也。唯然，则可士、可大夫，而登进之途远，则当其居乡而任乡之教，固自爱而不敢淫泆于其乡，庶几不为民病，而教化可资以兴。然《周礼》但记其职名，而所从授者无得而考焉，则郡县之天下，其不可附托以立乡官也，利害炳然，岂待再计而决哉？

成周之治，履中蹈和，以调生民之性情，垂为大经大法以正天下之纲纪者，固不可以意言求合也；故曰：人也，非政也。但据缺略散见之文，强郡县之天下，铢累以肖之，王莽之所以乱天下也。而苏威效之，令五百家而置乡正，百家而置里长，以治其辞讼，是散千万虎狼于天下，以攫贫弱之民也。李德林争之，而威挟《周礼》以钳清议之口，民之膏血殚于威占毕之中矣。悲夫！

封建之天下分而简，简可治之以密；郡县之天下合而繁，繁必御之以简。春秋之世，万国并，五霸兴，而夫子许行简者以南面，况合中夏于一王，而欲十姓百家置听讼之长以燫乱之哉？周之衰也，诸侯僭而多其吏，以渔民而自尊，蕞尔之邹，有司之死者三十三人，未死者不知凡几，皆乡里之猾，上慢而残下者也。一国之提封，抵今一县耳，卿大夫士之食禄者以百计。今一县而百其吏，禄入已竭民之产矣。卿一行而五百人从，今丞尉一出而役民者五百，其徭役已竭民之力矣。仁君廉吏且足以死民于赋役，污暴者又奚若也？况使乡里之豪，测畜藏以侧目，挟恩怨以逞私，拥子弟姻亚以横行，则孤寒朴拙者之供其刀俎又奚若也？《易》曰："通其变，使民不倦。"君子所师于三代者，道也，非法也。窃其一端之文具以殃民，是亦不容于尧、舜之世者也。

九

声音之动，治乱之征，《乐记》言之，而万宝常以验隋之必亡。顾其说非可一言竟也。有声动而导人心之贞淫者，有心动而为乐之正变者，其感应之几，相为循环，而各有其先后。谓声动而心随之，则正乐急矣；谓心动而乐随之，则乐固不能自正而待其人矣。倘于无道之世，按韶、夏之音而奏之，遂足以救其亡乎？不可得也。虽然，未有无道之世，不崇淫声、侈哀响，而能以韶、夏之音为乐者。于是而知志气之交相动，而天人之互为功矣。且以宝常之言，直斥何妥之乐为亡国之音，隋文何以不悦，终废宝常，而谓何妥之乐曰"滔滔和雅，与我心会"，则盛世之音，必不谐于衰世之耳。其谐不谐者，天也，非人也。乃唯帝任诈以取天下，昵悍妻，狎逆子，任其好恶于非僻，则心流于邪，而耳从心尔。然则治心而后可以审音，心者其本也，音者其末与！乃何妥衰乱惉淫之乐作，遂益以导炀帝邪淫无厌之心，而终亡其国，则乐之不正，流祸无涯，乐又本而非末矣。

古先王之作乐也，必在盛德大业既成之后，以志之贞者斟酌于声容之雅正，而不先之于乐，知本也。然必斟酌于声容之雅正，以成一代之乐，传之子孙，而上无淫慝之君，流之天下，而下无乖戾之俗，则德立功成，而必正乐，亦知本也。呜呼！自秦废先王之典而乐乱，自契丹、女真、蒙古入中国毁弃法物而乐永亡。唯声音之自然者，流露于人心、耳、手、口之间，时亦先兆其治乱兴亡之理。于是乐唯天动以感人，而人不能以乐治心，召和平之气。凡先王所以治，圣人所以教，俱无可为功于天下，固有心者所留憾事于无穷也。天不丧道，又恶知无圣人者兴，无师而得天之聪明，以复移风易俗之大用乎？

古之教士也以乐，今之教士也以文。文有咏叹淫泆以宣道蕴而动物者，乐之类也。苏洵氏始为虔矫桎梏之文，其子淫荡以和之，而中国遂沦于夷，亦志气相召之几也。取士者有权，士之以教以学也有经，舍其大经，矜其小辨，激清繁绕，引哀怨以趋偷薄，亦恶知其所底止哉！

十

以德化民至矣哉！化者，天事也，天自有其理气，行乎其不容已，物自顺乎其则而不知。圣人之德，非以取则于天也，自修其不容已，而人见为德。人亦非能取则于圣人也，各以其才之大小纯驳，行乎其不容已，而已化矣。故至矣、尚矣、绝乎人而天矣。谓其以德化者，人推本而为之言也；非圣人以之，如以薪炀火，以勺水，执此而取彼之谓也。夫以德而求化民，则不如以政而治民矣。政者，所以治也。立政之志，本期乎治，以是而治之，持券取偿而得其固然也，则犹诚也。持德而以之化民，则以化民故而饰德，其德伪矣。挟一言一行之循乎道，而取偿于民，顽者侮之，黠者亦饰伪以应之，上下相率以伪，君子之所甚贱，乱败之及，一发而不可收也。

夫为政者，廉以洁己，慈以爱民，尽其在己者而已。至于内行之修，则尤无与于民，而自行其不容已，夫岂持此为券以取民之偿哉？自汉龚、黄、卓、鲁之见褒于当代，于是有伪人者，假德教以与民相市，民之伪者应之，遂以自标于物，榜之曰此德化之效也。东汉之末，矫饰之士不绝于策。至于三国，迄乎梁、陈，岂无循良之吏，而此风阒然；时君之所不尚，褒宠不及，伪人苶然而返耳。至隋而苏威剽袭《六经》之肤说以干文帝，帝利其说以诧治定功成之盛，始奖天下以伪，而辛公义、刘旷诡激饰诈之为，艴然表见以徼荣利。公义则露坐狱中以听讼，讼者系狱，则宿厅事，不归寝阁；旷则称说义理，晓谕讼者，而不决其是非，遂以猎无讼之虚名，迁美官而传于史册。呜呼！当是时也，君臣相戕，父子相夷，兄弟相残，将相相倾，其上若此，则闾巷之民，相慝、相仇、相噬、相螫，不知其何若，而公义与旷取美誉、弋大官而止，后无闻焉。无讼者，孔子之所未逮；德化者，周公之所不敢居；区区一俗吏，以掉舌于公庭，暴形于寝处，遂胜其任而愉快乎？何易由言而重为伪人之欺邪？

夫德者，自得也；政者，自正也。尚政者，不足于德；尚德者，不废其政；行乎其不容已，而民之化也，俟其诚之至而动也。上下相蒙以伪，奸险戕夺，若火伏油中，得水而焰不可扑，隋之亡也，非一旦一夕之致也。其所云德化者，一廉耻荡然之为也。

十一

天下分争之余，兵戈乍息，则人民之生必蕃，此天地之生理，屈者极，伸者必骤，往来之数，不爽之几也。当其未定，人习于乱，而偷以生，以人之不足，食地之有余，民之不勤于自养也，且习以为常。迨其乱定而生齿蕃，后生者且无以图存，于斯时而为之君者将如之何？蕃庶而无以绥之则乱，然则人民之乍然而蕃育也，抑有天下者之忧也。虽然，王者又岂能他为之赐哉？抑岂容作聪明、制法令以为之所哉？唯轻徭薄赋，择良有司以与之休息，渐久而自得其生，以相忘而辑宁尔。

五代南北之战争，民之存者仅矣。周灭齐而河北定，隋灭陈而天下一，于是而户口岁增，京辅、三河地少人众，且无以自给，隋乃遣使均田，以谓各得有其田以赡生也。唯然，而民困愈亟矣。

人则未有不自谋其生者也，上之谋之，不如其自谋；上为谋之，且弛其自谋之心，而后生计愈蹙。故勿忧人之无以自给也，藉其终不可给，抑必将改图而求所以生，其依恋先畴而不舍；则固无自毙之理矣。上唯无以夺其治生之力，宽之于公，而天地之大，山泽之富，有余力以营之，而无不可以养人。今隋之所谓户口岁增者，岂徒民之自增邪？盖上精察于其数以敛赋役者之增之也。人方骤蕃，地未尽辟，效职力于为工为贾以易布粟，园林畜牧以广生殖者未遑，而亟登之版籍，则衣食不充。非民之数盈，地之力歉，而实籍其户口者之无余，而役其户口者不酌其已盈而减其赋也。乃欲夺人之田以与人，使相倾相怨以成乎大乱哉？故不十年而盗贼竞起以亡隋。民之不辑也久矣，考其时，北筑长城，东巡泰岳，作仁寿宫，而丁夫死者万计，别宫十二，相因营造，则其搜剔丁壮以供土木也，不待炀帝之骄淫，而民已无余地以求生矣。乃姑为均田以塞其匄免之口，故曰唯然而民困愈亟也。

夫王者之有其土若无其土也，而后疆圉以不荒；有其民若无其民也，而后御众而不乱；夫岂患京辅、三河地少而人贫哉？邓禹之多男子也，各授以业，而宗以盛，不夺此子之余以给彼子也。宽之恤之，使自赡之，数十年而生类亦有序，而不忧人满。汉文、景得此道也，故天下安而汉祚以长。隋之速亡也，不亦宜乎！均田令行，狭乡十亩而籍一户，其虐民可知矣，则为均田之说者，王者所必诛而不赦，明矣。

十二

开皇十四年，诏给公卿以下职田。其时天下已定，民各守其先畴，不知何所得田以给之，史无所考，大抵其为乱政无疑矣。先是官置公廨钱，贷民收息，诚稗政也，于是苏孝慈请禁止之，给地以营农，意且谓此三代之法，可行无弊者，而岂其然哉？三代之国，幅员之狭，直今一县耳，仕者不出于百里之中，而卿大夫之子恒为士，故有世禄者有世田，即其所世营之业也，名为卿大夫，实则今乡里之豪族而已。世居其土，世勤其畴，世修其陂池，世治其助耕之氓，故官不侵民，民不欺官，而田亦不至于污莱。郡县之天下，合四海九州之人以错相为吏，官无定分，职无常守，升降调除，中外南北，月易而岁不同，给以田而使营农，将人给之乎？贵贱无差，予夺无恒，而且不胜给矣；将因职而给之乎？有此耕而彼获者矣。而且官不习于田，一授其权于胥隶，胥隶横于阡陌，务渔猎而不恤其荒瘠，阅数十年而农非其农，田非其田，徒取沃土而灭裂之，不足以养士，而徒重困乎民也。故职田者，三代以下必不可行之法也。

放公廨钱以收息，所以毁官箴而殃民，在所必禁者，君子与小人义利之疆畛，不可乱耳。力耕者，亦皇皇求利之事也，故夫子斥樊迟为小人，而孟子以不耕而食为不素餐之大。有天下者，总制郡县之赋税，领以司农，而给百官之禄入，俾逸获而不与民争盈缩，所以靖小人而迪君子于正，道之不易者也。禄入丰而士大夫无求于民，犹恐其不廉也，乃导之与被襏之夫争升斗于秉穗乎？苏孝慈者，知公廨钱之非道，胡不请厚其禄以止其贪，而非三代之时，循三代之迹，以徒乱天下为邪？隋文帝锱铢之主也，以为是于国无损，而可以益吏，且可窃师古之美名，遂歆然从之，溺古之士，且以为允。后世有官田，有学田，有藩王勋戚之庄田，皆沿此以贻害于天下。创制宜民者，尽举以授民而作赋，庶有瘳乎！

十三

文帝畜疑御下，芟夷有功于己者不遗余力矣。郑译、卢贲、柳裘或黜或死，防其以戴己者戴人，固也。其戮力以混一天下者，若史万岁、王世积、虞庆则诬讦一加，而斧锧旋及。至于贺若弼、高颎、李德林倚为心膂，不在杨素之下，而弼下吏几死，颎除名，德林终废。徒于杨素投胶漆之分，举天下以托之，何坦然无疑而尽易其猜防之毒也？乃素卒比附逆广以推刃于帝，夫岂天夺其衷与？不然，何疑其所可不疑，信其所必不可信，如斯之甚也！

隋之诸臣，唯素之不可托也为最，非但颎、弼、德林之不屑与伍，即以视刘昉、郑译犹有悬绝之分。何也？素者，天下古今之至不仁者也。其用兵也，求人而杀之以立威，使数百人犯大敌，不胜而俱斩之，自有兵以来，唯尉缭言之，唯素行之，盖无他智略，唯忍于自杀其人而已矣。其营仁寿宫也，丁夫死者万计，皆以杀人而速奏其成，旷古以来，唯以杀人为事者更无其匹。呜呼！人之不仁至于此极，而犹知有君之不可弑乎？犹知子之不可弑父而己弗与其谋乎？文帝之项领日悬于素之锋刃而不知，岂徒素之狐媚以结独孤后而为之覆翼乎？抑帝惨毒之性、臭味与谐而相得也！

故曰：君不仁，则不保其国；臣不仁，则不保其身；不仁者乐与不仁者狎而信之笃，虽天子不保其四体。素之族至其子而乃赤，犹晚矣。故恻隐之心，存亡生死之几也。夫人性之弗醇，习之不顺，恻隐之心不足以发。唯好恶之不迷，不乐与不仁者处而利赖之，恶其可损、祸其可轻乎！

十四

太子勇耽声色、狎群小，而逆广立平陈之功，且矫饰恭俭以徼上宠、钓下誉，声施烂然。文帝废勇而立广，虽偏听悍妻，致他日有独孤误我之叹，然当广恶未著、勇德有愆之日，参互相观，亦未见废立之非社稷计也，而奚以辨之哉？广之所以惑独孤者，曰阿摩大孝耳。妇人喜嗫嚅呴沫之爱，无足怪者，帝固熟察人情者，而何亦懵焉？天下有孝于父母而忍贼害其兄弟者乎？勇虽不德，然知广之陷己，终未尝求广之过暴之父母之前。广则伏地流涕曰："不知何罪，失爱东宫。"勇无言，而广亟于潜，勇犹自处于厚，而广之不仁不可掩矣。

故人之甚不仁也易见也，父子兄弟之不若，夫人所无可如何者也。非其懿亲与其执友，则虽祸且相及，而固不可讦之相告，使触其怒以伤天性之恩；即其懿亲与其执友不容不告，而必谋其曲全之术；若直讦其阴私以激吾之谴责，则必其人天性固绝于己，而忿戾以求快其私者也。夫人且然，而况同生兄弟，均为父母之子，而浸润肤受交致以激吾之怒，尚可信为大孝而可以生死存亡托之者乎？

勇于见废之日，再拜泣下，舞蹈而出，终不讼广之见诬而摘其隐慝，然则使勇嗣立，隋尚可以不亡，藉令不然，亦何至逞枭獍之凶如广之酷邪？故勇与广之贤不肖未易辨也，而广诉勇，勇不诉广，其仁心之仅存与其澌灭，则灼然易知也。天下未有忍夺其兄之孝子，古今无有馋毁我子弟，劝令杀戮屏弃而为可托之人，两言而决之有余矣。

十五

《传》曰："俭，德之共也；侈，恶之大也。"所谓德之共者，谓其敛耳目口体之淫纵，以范其心于正也，非谓吝于财而积之为利也。所谓恶之大者，谓其荡心志以外荧，导天下于淫曼也，非谓不留有余以自贫也。俭于德曰俭，俭于财曰吝，俭吝二者迹同而实异，不可不察也。吝于财而文之曰俭，是谓贪人。谚曰："大俭之后，必生奢男。"贪吝之报也。若果节耳目、定心志、以恭敬自持，勿敢放逸，则言有物、行有恒，即不能必子之贤，亦何至疾相反而激以成侈哉？隋文帝之俭，非俭也，吝也，不共其德而徒厚其财也。富有四海，求盈不厌，侈其多藏，重毒天下，为恶之大而已矣。

奚以明其然邪？仁寿宫成，赏封德彝而擢为内史，耳目之欲，力制而不能制也；盗边粮者升以上皆斩，积聚之贪，夸富强而唯恐不丰也。宋武藏农服以示子孙，齐高欲黄金与土同价，皆此而已矣。是下邑穷乡铢积丝累以豪于闾井者之情，而奚足为俭哉？视金粟也愈重，则积金粟也愈丰；取之于人也愈工，而愈不忧其匮；而后不肖之子孙无求弗获，而以为天下之可以遂吾志欲者，莫财若也。太子勇之饰物玩、耽声色，逆广之离宫别馆，涂金堆碧，龙舟锦缆，翦采铺池，裂缯衣树，皆取之有余，而仓粟陈红，以资李密之狼戾，一皆文帝心计之所聚，而以丰盈自侈者也。只速其亡，又何怪乎？

若夫贤者之俭，岂其然哉？视金玉若尘土，锦绮若草芥，耳目不淫，心志不惑，淡然与之相忘，而以金粟给小人之欲，君臣父子相竞于义以贱利，其必不以为海奢之媒审矣。夫唯大吝之后，乃生奢男，岂俭之谓哉！

十六

文帝之察也，肘腋有杨素之奸而信之笃，宫闱有逆广之凶而爱之专，卒以杀身而亡国。无他，以涂饰虚伪笼天下，情以移，志以迁，而好恶皆失其本心，乐与伪人相取，狎焉而不自知也。

王伽者，天下古今之伪人也，罢遣防送之卒，纵流囚李参等七十余人，与约期至京，而曰："如致前却，当为汝受死。"参等皆如期而至。夫参等身蹈重法，固桀骜不轨之徒也，伽何恃而以死尝试其诚伪？前乎此者，未闻伽有盛德至行足以孚豚鱼也，一旦而以父母之身与罪人市，岂其愚至此哉？且李参等已至京而待配于有司矣，孰使帝闻之而惊喜？则伽与参等探知帝之好虚伪以饰太平，而相约以成诡异之行，标榜自炫于帝之左右，俾得上闻。帝果为之下诏曰："官尽如王伽，刑措其何远哉！"伽乃擢为雍令矣，参等乃予宴而赦矣。帝已为伽持券而取偿，而帝不知也；非不知也，知之而固喜其饰平康以昭吾治功之盛，而欺天下也。是其为情，与王劭上《灵感志》而焚香歌诵以宣示之无以异。唯然，故杨素伪忠，而帝且曰吾有忠臣；逆广伪孝，而帝且曰吾有孝子；情与之相得，心与之相习，不复知此外之有心理。亦将曰：文王之孝亦广，周公之忠亦素而已矣；孔子之绥来动和，亦伽而已矣。古今恶有圣贤哉？饰以为之而即可传之万世，则怀奸畜逆者，方伏刃以拟其项领，固迷而不觉。始以欺人，终于自罔，身弑国亡，若蹈火之必灼，狎水之必溺也，岂有爽哉？

夫圣人者，同于人者也；为创见之事，举世惊之，必有伪焉，秉正者所弗惑也。若伽者，固不容于尧、舜之世；唯不容焉，斯以为尧、舜之智与！

炀帝 凡六代不肖之主，皆仍其帝称，篇内独称炀帝曰逆广，以其与刘劭同其覆载不容之罪，且时无夷狄割据，不必伸广以明正统。

一

　　牛弘问刘炫以《周礼》士多府史少而事治，后世令史多而事不济，炫答以古之文案简而今繁，事烦政弊，为其所由。此得其一于末，而失其一于本也。文繁而覆治重叠，追证荒远，于是乎吏求免纤芥之失，而朦胧游移，上下相蔽，不可致诘，此治道之所以敝，教令之所以不行，民人之所以重困，奸顽之所以不戢者，而非府史之劳也。苟求无摘而粗修文具，一老吏任之而有余矣。乃府史之所以冗多而不理者，权移贿行而役重，民之贪顽求利与窜名避役者，竞趋于府史胥役之一途，则固有目不识文案、身不亲长官者篡入其中，而未尝分理事之劳，事恶得而理也。

　　《周礼》之所以可为万世法者，其所任于府者谨其盖藏，所任于史者供其篆写，而法纪典籍一委之士，士多而府史固可少也。士既以学为业，以仕为道，则苟分任于六官之属者，皆习于吏事而娴于典故，政令虽繁，无难给也。周之所以久安长治，而政不稗、官不疵、民不病者，皆由于此。士则既知学矣，学则与闻乎道矣，进而为命士，进而为大夫，皆其所固能致者，则名节重而官坊立，虽有不肖，能丧其廉隅而不能忘情于进取，则吏道不污，而冒法以售奸者，十不得一。

　　且夫国家之政，虽填委充积，其实数大端而已：铨选者，治乱之司也；兵戎者，存亡之纽也；钱谷者，国计之本也；赋役者，生民之命也；礼制者，人神之纪也；刑名者，威福之权也。大者举其要，小者综其详，而莫不系于宗社生民纲纪风俗之大。其纤微曲折，皆淳浇仁暴之机也。而以委之刀笔之猥流，谋尽于私，而智穷于大，则便给于一时，而遗祸于久远，虽有直刚明皙之大臣，未能胜也。如唐滑涣一堂后小吏耳，郑余庆一斥其奸，而旋即罢相，其可畏而不可挽也如此。乃举国家之事，不属之名义自持之清流，而委之鄙贱乾没之宵小，岂非千金之堤溃于蚁壤哉？参佐清谈而浊流操柄，愈免小失而愈酿大忧，然后知《周礼》之法，卓然非后世所及。炫，儒者也，何不曙于先王立教之本而长言之，以垂为永鉴？区区以文之繁简为言，九州混一之世，文法何易言简也！

二

人以才自旌，以智先人，功亦立，名亦著，所行亦不大远于正，而及其成局已终，岁时已过，则猥末踤踏，名节不立，而抑不保其身，则汉朱俊、皇甫嵩，隋之高颎、贺若弼是已。呜呼！士苟无卓然自立之志以辅其气，而禄位子孙交集而萦之，则虽以俊与嵩秉正以匡乱者，尚困于董卓而不能立义以捐生，况颎与弼乎？当其盛也，智足以见事几，才足以济险阻，年力方强，物望方起，又遇可与有为之主，推奖以尽其用，则亿而中，为而成，心无顾恤而目空天下，可为也，则为也，于是而功名赫然表见于当世；曾不知其时迁世易，智尽才枯，而富贵已盈，子孙相累，暗为销谢，茶然一翁姬之妹暖，则诛夷已及，既不能奋起以蹈仁，复不能引身而避祸，昔之所为英豪自命者安往哉！此志士之所深悲，而君子则早知其衰气先乘，莫能自胜也。

杨广之弑君父，杀兄弟，骄淫无度，其不可辅而不相容，涂之人知之矣。颎之料敌也，目悬于千里而心喻若咫尺，弼轻杨素、韩擒虎而自诩以大将，夫岂不能知此，而遂无以处此者？乃不能知也，不能处也。嚅嗫于李懿、何稠佞幸之侧，以讦广之失，其所指摘而重叹之者，又非广之大恶必致败亡者也；征散乐而已，厚遇启民可汗而已。舍其大，讦其小，进不能抒其忠愤，退不能守以缄默，骈首以就狂夫之刃。悲哉！曾颎与弼之铮铮，而仅与王胄、薛道衡雕虫之腐士同膏铁锧乎？其愚不可警，其懦不可扶，还令颎与弼自问于十年之前而岂屑尔哉？高堂曲榭，金玉纨绮，老妻弱子，系累相婴，销耗其丈夫之气，则虽有忧世之心，徒喁喁啧啧于匪人之侧，祸之已及，则暗死屠门，如在胎之羔犊矣。故曰："血气既衰，戒之在得。"血气之刚，足以犯难而立功者，岂足恃哉？俊与嵩扶义以行，且不能保于既衰之后，况二子之区区者乎？衰矣而不替其盈，唯方刚而豫谨其度，制其心于田庐妻子之中，身轻而志不靡，则迨其老也，伏枥不忘千里之心，以皦皦垂光于白日，而亦奚至此哉！君子者，非以英豪自见者也，然于道义名节之中自居于大矣。年弥逝而气弥昌，非颎与弼之所与也，然观于颎与弼而益知所戒已。

三

高丽，弱国也，隋文攻之而不克，逆广复攻之而大败，其后唐太宗征之而丧师。广虽不道，来护儿、宇文述虽非制胜之将，而北摧突厥、吐谷浑之强，南渡海俘杀流求，则空国大举以加高丽，亦有摧枯拉朽之势焉；况唐太宗以英武之姿，席全盛之天下，节制兴兵以加蕞尔之小邦；然而终不可胜者，非隋、唐之不克，而丽人之守固也。隋方灭陈，高丽闻之而惧，九年而隋文始伐之，二十二年而广复伐之，则前此者，皆固结人心、择将陈兵、积刍粮、修械具之日也，故不可克也。何以知其然邪？陈非高丽之与国，恃之以相援而固圉者；乃闻陈亡而惧，惧于九年之前，机发于九年之后，效著于二十三年之余，而施及，于五十余年之久，其君臣之惧以终始，则能抗强大以保邦也，不亦宜呼！

《易》曰："其亡其亡，系于苞桑。"孰系之？能惧之心系之也。夫既有其国，即有其民，山川城郭米粟甲兵皆可给也。尊俎之谋臣，折冲之勇士，役息以求，激奖以进，抑不患其无才，不知惧者莫与系之耳。蜀汉亡。而孙皓不惧；高纬亡，而叔宝不惧；孟昶亡，而李煜不惧，迨及兵之已加，则惴惴然而莫知所应，彷徨四顾，无所谓苞桑矣。朽索枯椿，虽系之，其将何济焉？虽然，惧者，自惧也，非惧人也。智者警于心以自强，愚者夺其魄以自乱，突厥之震慑，而降服争媚以交攻，抑不如其无惧也。谯周畏魏而挠姜维之守，蜀汉以亡，亦惧者也；宋高畏女真而忍称臣之辱，大雠不雪，亦惧者也；惧而忘其苞桑，与不惧者均，闻丽人之已事，尚知愧夫！

四

秦与隋虐民已亟，怨深盗起，天下鼎沸而以亡国，同也。然而有异焉者，胡亥高居逸乐于咸阳，销兵孤处，而陈胜、吴广起于江、淮，关中悬远，弗能急为控制，迨其开关出击，而六国之兵已集，势不便也。隋方有事于高丽，九军之众一百一十三万人连营渐进，首尾千余里，会于涿郡，而王薄拥众于长山，刘霸道集党于平原，张金称、高士达、窦建德群起于漳南、清河之间，去涿数百里耳，平芜相属，曾无险隘之隔；此诸豪者，不顾百万之师逼临眉睫，而纠乌合之众，暴立于其旌麾相耀、金鼓相闻之地，则为寇于秦也易，而于隋也难。夫岂隋末诸豪之勇绝伦而智不测乎？迨观其后，亦如斯而已，而隋卒无如之何，听其自起自灭、旋灭旋起、以自毙于江都。且逆广非胡亥匹也，少长兵间，小有才而战屡克，使与群雄角逐于中原，未必其劣于群雄也，则隋末之起兵者尤难也。然而群雄之得逞志以无难者，无他，上察察以自圣，下师师以自容，所急在远而舍其近，睨盗贼为疥癣，而自倚其强，若是者，乘其所忽而回翔其间，进可以徼功，退固有余地以自藏，而又何惴焉？

虎之猛也，而制于猸；即且之毒也，而困于蜗；其所轻也。故杨玄感、李密以公侯之裔，世领枢机，门生将吏半于朝右，金钱衣币富将敌国，而兵起两月，旋就诛夷，唯隋之忌之也夙而防之也深，一闻其反，全力以争生死，而山东诸寇起自草莱，不在独夫心目之中，夫且曰"以玄感之势倾天下而可如韩卢之搏兔，此区区者其如予何哉！"故群雄败可以自存，而连兵不解，卒无如之何也。高颎、贺若弼而既诛夷矣，正逆广骄语太平、鞭笞六寓之日也，群雄不于此而兴，尚奚待哉？于是而王薄等之起兵二年矣，仅有一张须陀者与战而胜，逆广君臣直视不足畏而姑听之。然则诸起兵者，无汉高、项羽耳，藉有之，岂待唐公徐起太原，而后商辛自燔于牧野哉？

至不仁而敛天下之怨，非所据而踞天位之尊，起而扑之，勿以前起者之败亡，疑其强不可拔也。杨玄感死，而隋旋以亡，大有为者，知此而已。

五

圣人之大宝曰位，非但承天以理民之谓也，天下之民，非恃此而无以生，圣人之所甚贵者，民之生也，故曰大宝也。秦之乱，天下蜂起，三国之乱，群雄相角，而杀戮之惨不剧，掠夺之害不滋，唯王莽之世，隋氏之亡，民自相杀而不已。王莽之末，赤眉、尤来、铜马诸贼遍于东方，延于西陇，北极赵、魏，南迤江、淮，而无有觊觎天步僭名号以自雄者，赤眉将败，乃拥刘盆子以盗名，而盆子不自以为君，贼众亦不以盆子为君也。

大业之乱，自王薄、张金称起于淄、济，窦建德、刘元进、朱燮、管崇、杜伏威、刘苗王、王德仁、孟让、王须拔、魏刀兒、李子通、翟让，攘臂相仍，凡六年矣，无有以帝王自号者。其尤妖狂者，则有知世郎、历山飞、漫天王、迦楼罗王之号，非徒无定天下之心，而抑无草窃割据之志，非徒不为四海所推奉，而抑不欲为其类之雄长，于是而淫掠屠割，举山东、河北、淮左、关右之民，互相吞齕，而愿弱者缩伏以枕藉，流血于郊原，其惨也，较王莽之末而加甚焉。至大业十二年，而后林士弘始称帝于江南，窦建德、李密踵之，自命为王公，署官僚，置守令，虽胥盗也。民且依之以延喘息。而捋采既刘，萌蘖稍息，唐乃起而收之，人始知得主之为安，而天下以渐而定矣。

夫盗也，而称帝王，悖乱之尤，名实之舛甚矣，然而虚拥其名，尚不如其无名也。既曰帝矣，曰王矣，为之副者，曰将相矣，曰牧守矣，即残忍颠越，鄙秽足乎讪笑，然且曰此吾民也，固不如公然以蛇豕自居、唯其突而唯其螫也。故位也者，名也，虽圣人有元后父母之实，而天下之尊之以位者，亦名而已。君天下而天下保之，君天下而思保其天下，盗窃者闻风而强效焉，则名位之以敛束暴人之虔刘，而翕合离散之余民者，又岂不重哉？宝也者，保也，人之所自保也。天下有道，保以其德；天下无道，保以其名；故陈胜起而六王立，汉室沦而孙、曹僭，祸且为之衰减。人不可一日而无君，天佑下民，作之君，作之师，伪者愈于无，况崛起于厌乱之余以乂安四海者哉！

六

忌天下之强，而奖之以弱，则以自弱而丧其天下，赵宋是已。然弱者，暴之反也，故外侮不可御，而内不失民也。忌天下之贤，而驱之不肖，于是而毒流天下，则身戮国亡，不能一朝居矣。逆广之杀高颎、贺若弼也，畏其贤；薛道衡、王胄、祖君彦一词章吟咏之长耳，且或死或废，而无以自容，非以天子而求胜于一夫也，谓贤者之可轧己以夺己，而不肖者人望所不归，无如己何也。故虞世基、宇文述、裴矩、高德儒之猥贱，则委之腹心而不疑；乃至王世充之凶顽，亦任之以土地甲兵之重；无他，以其耽淫嗜利为物之所甚贱，而无与戴之者也。唐高祖以才望见忌，几于见杀，乃纵酒纳贿，托于污行，则重任之使守太原，以为崛起之资。夫人君即昧于贤不肖之分，为小人之所挠乱，抑必伪为节制之容，饰以贞廉之迹，而后可以欺昏昏者以售其奸；未有以纵酒纳贿而推诚委之者，此岂徒逆广之迷乱哉？自隋文以来，欲销天下之才智，毁天下之廉隅，利百姓之怨大臣以偷固其位者，非一朝一夕之故矣。

呜呼！为人君者，唯恐人之修洁自好，竭才以用，择其不肖而后任之，则生民之荼毒，尚忍言乎？以宇文化及之愚劣，可推刃以相向，夫岂待贤于己者而后可以亡己哉？只以贼天下，使父子离而为涂殍。故天下之恶，莫有甚于恶天下之贤而喜其不肖者也。天子以之不保天下，士庶人以之不保其身，斩宗灭祀、鬼祸不解者，皆此念为之也，可不畏哉！

七

语曰："明君贵五谷而贱珠玉。"五谷之所以贵者，不可不务白也，迷其所以贵，而挟之以为贵，则违天殃人而祸必及身。所以贵者何也？人待之以生也。匹夫匹妇以之生，而天子以生天下之人，故贵；若其不以生天下之人而奚贵焉？积则不可以约为藏，藏则易以腐败而不可久，不能如珠玉之韫千金于一椟，数百年而缄之如新也。故聚之则不如珠玉远矣，散之则以生天下而贵莫甚焉。《传》曰："财聚则民散，财散则民聚。"谓五谷也。若夫钱布金银之聚散，犹非民之甚急者也。聚钱布金银于上者，其民贫，其国危；聚五谷于上者，其民死，其国速亡。天之生也，不择地而散，而敛之以聚，是违天也；人之需之也，不终日以俟，而积之以久，是殃民也；故天下之恶，至于聚谷以居利而极矣。

为国计者曰："九年耕，必有三年之蓄。"此谓诸侯有百里之封，当水旱而告籴于邻国，一或不应，而民以馁死，故导民以盖藏，使各处有余以待匮也。四海一王，舟车衔尾以相济，而敛民之粟，积之窖窌，郁为麹法，化为蛾蚁，使三旬九食者茹草木而咽糠秕，睨高廪大庾以馁死，非至不仁，其忍为此哉？

隋之毒民亟矣，而其殃民以取灭亡者，仅以两都六军宫官匠胥之仰给，为数十年之计，置洛口、兴洛、回洛、黎阳、永丰诸仓，敛天下之口食，贮之无用之地，于是粟穷于比屋，一遇凶年，则流亡殍死，而盗以之亟起，虽死而不恤，旋扑旋兴，不亡隋而不止。其究也，所敛而积者，只为李密聚众、唐公得民之资，不亦愚乎！隋之富，汉、唐之盛未之逮也，逆广北出塞以骄突厥，东渡海以征高丽，离宫遍于天下，锦绮珠玉狼戾充盈，给其穷奢，尚有盈余以供李密、唐公之执散，皆文帝周于攘聚之所积也。粟者财之本也，粟聚则财无不聚，召奢诲淫，皆此粟为之也。贵五谷者，如是以为贵，则何如无贵之为愈哉？

天子有四海之赋，可不忧六军之匮；庶人有百亩之田，可不忧八口之饥。靳枵腹者之饔飧，夺勤耕者之生计，居贱籴贵，徒以长子弟之骄奢，召怨家之盼望，何如珠玉者，非人之所待以生，而思夺之者之鲜也。上好之，下必甚焉，粟朽于仓，人殣于道，豪民逞，贫民毙，争夺兴，盗贼起，有国破国，有家亡家，愚惛不知，犹托之曰莫贵于五谷，悲夫！

八

隋之得天下也逆，而杨广之逆弥甚，李氏虽为之臣，然其先世与杨氏并肩于宇文之廷，迫于势而臣隋，非其所乐推之主也，则递相为王，惩其不道而代兴，亦奚不可？且唐公幸全于猜忌而出守太原以避祸，未尝身执朝权，狐媚以欺孤寡，如司马之于魏、萧氏之于宋也。奉词伐罪，诛独夫以正大位，天下孰得而议其不臣？然其始起，犹托备突厥以募兵，诬王威、高君雅以反而杀之，不能揭日月而行吊伐，何也？自曹氏篡汉以来，天下不知篡之为非，而以有所授受为得，上习为之，下习闻之，若非托伊、霍之权，不足以兴兵，非窃舜、禹之名，不足以据位，故以唐高父子伐暴君、平寇乱之本怀，而不能舍此以拔起。呜呼！机发于人而风成于世，气之动志，一动而不可止也如此夫！

自成汤以征诛有天下，而垂其绪于汉之灭秦；自曹丕伪受禅以篡天下，而垂及于宋之夺周。成汤秉大正而惧后世之口实，以其动之相仍不已也，而汉果起匹夫而为天子。若夫曹丕之篡，则王莽先之矣，莽速败而机动不止者六百余年，天下之势，一离一合，则三国之割裂始之，亦垂及于五代之瓜分而后止。金、元之入窃也，沙陀及掠枭鸡先之也，不一再传之割据耳，乃亘五百余年而不息，愈趋愈下，又恶知其所终哉？夫乘唐高之势，秉唐高之义，以行伐暴救民之事，唐高父子固有其心矣，而终莫能更弦改辙也，数未极也。非圣人之兴，则俟之天运之复，王莽、沙陀之区区者，乃以移数百年之气运而流不可止。自非圣人崛起，以至仁大义立千年之人极，何足以制其狂流哉！

九

唐起兵而用突厥，故其后世师之，用回纥以诛安、史，用沙陀以破黄巢，而石敬瑭资契丹以篡夺，割燕、云，输岁币，亟病中国而自绝其胤；乃至宋人资女真以灭辽，资蒙古以灭金，卒尽沦中原于夷狄，祸相蔓延不可复止。夫唐高祖则已早知之矣，既已知之，而不能不用突厥者，防突厥为刘武周用以袭己于项背，可与刘文静言者也；假突厥之名以恐喝河东、关中，而遥以震惊李密，则未可与刘文静言者也。乃所资于突厥者数百人，而曰"无所用多"，则已灼见非我族类者之不可使入蹭中国以戕民而毁中外之防，故康鞘利仅以五百人至，而高祖喜，其破长安，下河东，上陇以击薛仁杲，出关以平王世充，皆不用也，则高祖岂疏于谋而不忧后患者？然而机一发而不可止，则大有为于天下者，一动一静之际，不容不谨，有如是哉！

勿恃势之盈而可不畏也，勿恃谋已密而可不虞也，勿恃用之者浅而祸不足以深也。矢之发也，脱于彀者毫末，而相去以寻丈；三峡之漩，投以勺米而不息，则大舟沉焉；事会之变，不可知而不可狎，固若此也。能用突厥者高祖耳，不能用者相习而用之，无其慎重而贪其成功，又恶容辞千古祸媒之罪乎？若夫唐之用突厥而终未尝用者，则固难一二与庸人言也。

十

言生乎心者也，成乎言而还生其心。由心而生言，心之不贞，发于言而渐泄矣，其害浅；由言而成事，由事而心益以移，则言为贞邪之始几，而必成乎事，必荡其心，其害深；故曰"生于其心，害于其政"。卒然言之，以为可为而为之，未有不害于政者也。故君子之正天下，恒使之有所敬忌而不敢言。小人之无忌惮也，卒然言之，而祸不可戡也。

李密之与唐公，皆隋氏之世臣也，逆广虽不道，俱尝北面事之，未尝如嵇绍之于晋，有父母之雠也。逆广不可以君天下，密欲夺之，唐公欲夺之，一也。唐公起，明知掩耳盗铃之不足以欺天下，而必令曰："犯七庙及代王宗室者，夷三族。"密则任祖君彦怨怼之私，昌言之曰："殪商辛于牧野，执子婴于咸阳。"于是而唐公得挟义以折之曰："所不忍言，未敢闻命。"呜呼！密与唐之兴丧，自此决矣。夫唐岂不以逆广为纣，而睨代王侑为怀玺面缚之子婴乎？然令其遽出诸口而有所不能也。其不能者何也？不敢与不忍也。非畏逆广与微弱之代王也，自畏其心之鬼神也。故人至于言之不怍，而后人无可如何矣；人无可如何，而鬼神之弗赦必矣。

故圣人欲正人心，而亟正者人之言。心含之，口不能言之，则害止于心；心含之，口遂言之，则害著于外；心未必信之，口遽言之，则还以增益其未至之恶，而心与事猖狂而无所讫止。言之有怍，而心有所忌，事有所止，则事虽不顺，鬼神且谅其不敢不忍之犹存，而尚或佑之。心叛于理，言叛于心，可言则言，以摇动天下于蔑彝伦、逞志欲之大恶，然后恶满于天下，而天之殛之也不爽。故唐之报密而折之也，非果有不忘隋之忱悃也，挈不敢不忍以告天下，而还自警其心，卒以保全杨氏之族而宾之。其享有天下，而李密授首于函谷，言不可逞，天不可欺，不亦信夫！

十一

徐洪客者，不知其为何许人，即其言而察之，大要一险陂无忌之游士，史称莫知所之，盖亦自此而死耳，非能蠖屈鸿飞于图功徼利之世者也。其上书李密曰："米尽人散。"以后事验之，人服其明矣。乃曰："直向江都，执取独夫。"密为隋氏世臣，假令趋江都执杨广，又将何以处之哉？项羽，楚之世族，秦其仇也，而杀子婴、掘骊山之墓，则天下叛之。杨广俨然君天下者十三载，密以亲臣子弟侍于仗下，一旦屠割之如鸡豚，以密之很，于是乎固有踌躇而不敢遽者。故殪商辛、执子婴，乃祖君彦忿怼之谰言，非密之所能任也。天下之大难，以身犯之者死；业已为人君，而斩刈之者凶；业已为人臣，而直前执杀其君者，必歼其类。夫密亦知捣江都，杀杨广，徒受天下之指数而非可得志也。洪客险陂而不恤名义之小人，恶足以知此乎？

或曰：杨广之逆，均于刘劭，非但纣匹也，执杀之也何伤？曰：密之起也，乘其乱而思夺之乎？抑愤其覆载不容之罪，为文帝讨贼子如沈庆之之援戈而起乎？此密所不能自诬其心而可假以为名者也。

或曰：慕容超、姚泓亦尝君其国矣，宋武直前破其国而俘斩之都市，又何也？曰：宋武未尝臣彼，而鲜卑与羌不可以君道予之者也。徐魏公之纵妥欢，拘此义而不知通，而岂以例隋氏哉？悬纣首于太白，未知其果否也？即有之，而三代诸侯之于天子，不纯乎臣，非后世之比也。君彦忿戾以言之，洪客遂欲猖狂而决行之，自绝于天，窜死草间而无以表见，宜矣。或乃跻之鲁仲连之高谊，不已过与！

十二

择君而后仕，仕而君不可事则去之，君子之守固然也。失身于不道之君而不能去，则抑无可避之名义矣。徒人费、石之纷如、贾举、州绰之不得为死义，以其从君于邪也；苟不从君于邪，则其死也，不可更责以失身。故宋殇、宋闵皆失德之君，而无伤乎孔父、仇牧之义。当凶逆滔天、君父横尸之日，而尚可引咎归君，以自贷其死乎？

杨广之不道而见弑于宇文化及，许善心、张琮抗贼以死，当斯时也，虽欲不死而不得。麦孟才、沈光讨贼而见擒，麾下千人无一降者；李袭志保始安，闻弑哭临，坚守而不降于萧铣；岂隋氏之能得人心，而顿异于宋、齐以来王谧、褚渊恬不知愧之习者，何也？十三载居位之天子，人虽不道，名义攸存，四海一王，人无贰心，苟知自念，不忍目击此流血宫庭之大变也。唐高祖闻变而痛哭，岂杨广之泽足以感之，而又岂高祖之伪哀以欺世乎？臣主之义，生于人心，于此见矣。故庄周曰："无所逃于天地之间。"君子恶其贼人性之义，有以夫！

《读通鉴论》卷十九终

读通鉴论卷二十

唐高祖

一

《易》曰:"汤、武革命,应乎天而顺乎人。"圣人知天而尽人之理,《诗》《书》所载,有不可得而详者,千世而下,亦无从而知其深矣。乃自后世观之,承天之佑,受人之归,一六字而定数百年之基者,必有适当其可之几,盖亦可以知天、可以知人焉。得天之时则不逆,应人以其时则志定。时者,圣人之所不能违也。唐之取天下,迟回以起,若不足以争天下之先,而天时人事适与之应以底于成,高祖意念之深,诚不可及也。

天之理不易知矣,人之心不易信矣,而失之者恒以躁。杨广之播虐甚矣,而唐为其世臣,受爵禄于其廷,非若汤之嗣契、周之嗣稷,建国于唐、虞之世,元德显功,自有社稷,而非纯乎为夏、商之臣也。则隋虽不道,唐未可执言以相诘。天有纲,则理不可逾,人可有辞,则心不易服也。故杨广惎高祖而屡欲杀之,高祖处至危之地,视天下之分崩,有可乘之机,以远祸而徼福,然且敛意卑伏而不遽起;天下怨隋之虐,王薄一呼,而翟让、孟海公、窦建德、李密、林士弘、徐圆朗、萧铣、张金称、刘元进、管崇、薛举、刘武周、梁师都、朱粲群起以亡隋,唐且安于臣服，为之守太原、御突厥而弗动。至于杨广弃两都以流荡于江都，李密已入洛郛，环海无尺寸之宁土，于斯时也，白骨邱积于郊原，孤寡流离于林谷，天下之毒痛又不在独夫而在群盗矣。唐之为余民争生死以规取天下者，夺之于群盗，非夺之于隋也。隋已亡于群盗，唐自关中而外，皆取隋已失之宇也。然而高祖犹慎之又慎，迟回而不迫起，故秦王之阴结豪杰，高祖不知也，非不知也，王勇于有为，而高祖坚忍自持，姑且听之而以静镇之也。不贪天方动之几，不乘人妄动之气，则天与人交应之而不违。故高祖以五月起，十一月而入长安立代王侑，其明年二月，而宇文化及遂弑杨广于江都。广已弑，代王不足以兴，越王侗见逼于王世充，旦夕待弑，隋已无君，关东无尺寸之土为隋所有，于是高祖名正义顺，荡夷群雄，以拯百姓于凶危，而人得主以宁其妇子，则其视杨玄感、李密之背君父以反戈者，顺逆之分，相去悬绝矣。

故解杨广之虐政者，群盗也，而益之深热；救群盗之杀掠者，唐也，而予以宴安。惟唐俟之俟之，至于时至事起，而犹若不得已而应，则叛主之名可辞；而闻江都之弑，涕泗交流，保全代王，录用隋氏宗支，君子亦信其非欺。人谓唐之有天下也，秦王之勇略志大而功成，不知高祖慎重之心，持之固，养之深，为能顺天之理、契人之情，放道以行，有以折群雄之躁妄，绥民志于来苏，故能折箠以御枭尤，而系国于苞桑之固，非秦王之所可及也。

呜呼！天子之尊，非可志为拟也；四海之大，非可气为压也。相时之所疾苦，审己之非横逆，然后可徐起以与天下休息，即毒众临戎，而神人罔为怨恫；降李密，禽世充，斩建德，俘萧铣，皆义所可为、仁所必胜也，天下不归唐，而尚谁归哉？慎于举事，而所争者群盗也，非隋也；非恶已熻而将熄之杨广也，毒方兴而不戢之伪主也。有唐三百载之祚，高祖一念之慎为之，则汤、武必行法以俟命，其静审天人之几者，亦可仿佛遇之矣。

二

李密以杀翟让故，诸将危疑，一败于邙山，而邴元贞、单雄信亟叛之；密欲守太行、阻大河以图进取，而诸将不从，及相帅以降唐，则欣然与俱，而密遂以亡。项羽杀宋义，更始杀伯升，皆终于败，其辙一也。然则令项羽杀汉王于鸿门，犯天下之忌，愈不能以久延，而昧者犹称范增为奇计，鄙夫之陋，恶足以知成败之大纲哉？

夫驭物而能释其疑忌者，虽未能昭大信于天下，而必信之于己。信于己者，谓之有恒，有恒者，历乎胜败而不乱。己有以自立，则无惧于物，而疑忌之情可以不深。李密者，乘人以斗其捷，而无能自固者也。密，隋之世臣也，无大怨于隋，而己抑无可恃之势，无故而畜乱志以干杨玄感，玄感败，亡命而依翟让。隋有恨于密，密固无恨于隋，而橄数其君之罪，斥之如仆隶，且既已欲殪商辛执子婴矣，则与隋不两立，而君臣之义永绝。乃宇文化及弑立，而趋黎阳以逼之于河上，密惧洛阳之议其后，又幸盖琮之招己，奉表降隋，以缓须臾之困，而受太尉尚书令之命。夫炀帝，密之所欲殪之于牧野者也，而责化及曰"世受隋恩，反行弑逆"；越王侗，密之所欲执之于咸阳者也，而北面称臣，受其爵命；则诸将视之如犬豕，而知其不足有为，尚谁为之致死以冀其得天下哉？其降隋也，非元文都之愚，未有信之者也；其降唐也，唐固不信其果降也。反而自问，唐公见推之语而不惭，念起念灭，而莫知所据，匹夫无志，为三军之帅而可夺，其何以自立乎？《易》曰："不恒其德，或承之羞。"咎可补也，凶可贞也，人皆可承以羞，而死亡不可逸矣。故诸将之亟于背密而乐于归唐也，羞其所为而莫之与也。密死而不能掩其羞，岂有他哉？无恒而已矣。

三

制天下有权，权者，轻重适如其分之准也，非诡重为轻、诡轻为重，以欺世而行其私者也。重也，而予之以重，适如其数；轻也，而予之以轻，适如其数；持其平而不忧其忒，权之所审，物莫能越也。

李密弃土释兵，拥二万人以降唐。密之乱天下也，有必诛之罪，而解甲以降，杀之则已重矣。北有建德，东有世充，密独间关来归，为天下倡，当重奖之以劝天下者也；而本为隋之乱臣，天下之残贼，厚待之，则又已重矣。密之狙诈乐祸而骄，虽降唐而无固志，缓之须臾，则跳梁终逞，宜乎厚防以制其奸，不可遽抑而激之怨。而众叛援孤，力穷智屈，疑之重则又本轻，视为轻而又若重，审其所适然之数者，权也。高祖授之以光禄卿，一闲冗之文吏，而司进食之亵事，使执臣节于殿陛，一若不知其狡黠凶狠者然，此之谓能持权以制天下者也。非故扬之，非故抑之，适如其稽颡归命之情形，而淡然待之若进若退之间。呜呼！此大有为者之所以不可及也。

于是而密无可怙之恩，抑无可讼言之怨，诈无所售，恶无所施，不得已而孤骑叛逃，一有司之禽捕而足矣。使其志悛而终顺与？则饱之以禄，安之以位，一如孟昶、刘继元之在宋，而不至如黥布、彭越之菹醢以伤恩也；密之不然，自趋于死，而抑无怨矣。于是而知天下之至狠者，无狠也；至诈者，无诈也；量各有所止，机各有所息，以固然者待之而适如其分，则于道不失而险阻自消。天下定于一心之平，道本易也；而非大有为者，不足以与于斯。

四

徐世勣始终一狡贼而已矣。其自言曰"少为亡赖贼"，习一定而不可移者也。夫为盗贼而能雄长于其类者，抑必有似信似义者焉，又非假冒之而欺人亡实也；相取以气，相感以私，亦将守之生死而不贰。如萤之光，非自外生，而当宵则耀，当昼则隐。故以其似信似义者，予之以义之能执、信之能笃、而重任之，则一无足据，而适以长乱。其习气之所守者在是，适如其量而止，过此则颠越而不可致诘。其似信似义者亦非伪也，愈真而愈不足任也。

世勣受李密之命守黎阳，魏征安集山东，劝之降唐，而世勣籍户口士马之数，启密使献之，己不特修降表，高祖称之曰："不背德，不邀功，真纯臣也。"遂宠任之，以授之于太宗，而终受托孤之命。世勣之于此，亦岂尽出于伪以欺高祖而邀其宠遇乎？其所见及是，其所守在是，盖尝闻有信义而服膺焉，以为是可以卓然自命为豪杰也，故以坦然行之，而果为高祖之所矜奖。若其天性之残忍，仅与盗贼相乎，而智困于择君，心迷于循理，可以称英君之任使，不可以折暗主之非僻，则只以铮铮于群盗之中，而遽许之以纯臣，高祖、太宗知人之鉴，穷于此矣。夫不见其降于窦建德，质其父而使为将，遂弃父而欲袭曹旦以归唐乎？故其为信义也，盗贼之信义也，察于利以动，任于气以逞，戕性贼恩，亦一往而不恤，遽信其为纯臣而任以安定国家之大，鲜不覆矣。曾子曰："临大节而不可夺，君子人也。"惟君子而后可以履信而守义，非小人之所能与，殆鱼跃之不可出沼，鸟步之不可越域也矣。

五

拔魏征于李密，脱杜淹、苏世长、陆德明于王世充，简岑文本于萧铣，凡唐初直谅多闻之士，皆自僭伪中被濯而出者也。封德彝、宇文士及、裴矩不伏同昏之诛，而犹蒙宠任。盖新造之国，培养无渐渍之功，而隋末风教陵夷，时无岩穴知名之士可登进之以为桢干，朝仪邦典与四方之物宜，不能不待访于亡国之臣，流品难以遽清，且因仍以任使，唐治之不古在此，而得天下之心以安反侧者亦此也。乃何独至于苏威而亟绝之？盖苏威者，必不可容于清明之世，苟非斥正其为匪人，则风教蔑，廉耻丧，上下乱，而天下之祸不可息也。

隋文之待威也，固以古大臣之任望之；威之所以自见者，亦以平四海、正风俗为己功，天下翕然仰之以为从违，隋可亡，而威不可杀。故宇文士及、王世充、李密皆倚威以收人望，威亦倚其望以翱翔凶竖之庖俎，锋镝雨集，膏血川流，而威自若也。是则兵不足以为强，险不足以为固，天子之位不足以为尊，而无有如威之重者，士亦何惮而不学威，迁行腐步、纍岸以逍遥邪？媚于当世也似慎，藏于六艺也似正，随时迁流也似中，以老倨骄而肆志也似刚，杀之无名，远之不得，天下且以为道之莫尚者，而导世以偷污，为彝伦之大贼，是可容也，孰不可容也？明王之所必诛勿赦者，唐姑拒之而弗使即刑，其犹姑息怜老、仁过而柔乎！若德彝、士及、裴矩之流，天下知贱恶之矣，虽复用之，不足以惑人心而坏风化，杀之可也，赦之而器使之，亦讵不可哉？

六

薛仁杲、萧铣、窦建德或降或杀而皆斩，唯王世充赦而徙蜀，此不可解之惑也。唐高君臣当大法可伸之日，而执生杀之权，夫岂茫焉而罔正如此。世充，隋之大臣也，导其主以荒淫，立越王而弑夺之，其当辜也，固也；乃世充力守东都，百战以扞李密，而其篡也，在炀帝已弑之后，使幸而成焉，亦无以异于陈霸先。而唐立代王，旋夺其位，有诸己者不可非诸人，唐固不能正名以行辟也。且取世充与仁杲、建德、萧铣较，世充者，操、懿以后之积习也。建德、仁杲以匹夫，铣以县令，忽乘丧乱，遂欲窃圣人之大宝以自居，则张角、黄巢之等匹，尤不可长之乱，而无可原之情矣。

《春秋》于里克，宁喜弑其君而其伏诛也，书曰"杀其大夫"；齐豹杀公兄，阳虎窃玉弓，未有弑逆之大恶也，而书曰"盗"。贵近之臣，或以亲，或以旧，或以才，为国之柱石，先有成劳于国，而人心归之，然后萌不轨之心以动于恶，欲效之者，固未易也。且人主与之相迩，贤奸易辨，而可防之于早也；辨之弗明，防之不夙，渐酿坚冰之至，人主亦与有罪焉。若夫疏远小臣如萧铣，亡赖细民如建德、如仁杲，始于掠夺，攫穷民而噬之，乌合势成，遂敢妄窥天位，则四海之广，枭桀饮博之徒，苟可为而无不可为，人君居高而莫察，有司拘法而难诛，决起一旦而毒流天下，则虽人主之失道有以致之，而蚁穴一穿，金堤不保，祁寒暑雨之怨咨，皆可为欀粗棘矜之口实；及其溃败乞降，犹可以降王之礼恣其徜徉，则人何惮而不杀越平人以希富贵；况当初定之天下，众志未宁，此扑而彼兴，岂有艾乎？

自东汉以后，权臣之篡者，成而为曹魏、六朝；未成而败，为王敦、桓温、刘毅、沈攸之、萧颖胄、王僧辩；俭成而速败，为桓玄、侯景；乃及隋之亡，而天下之势易矣，人皆可帝，户皆可王，是匹夫狂起之初机也。唐及早惩之，正草泽称尊之大罚，然且有黄巢之祸，延于朱温而唐以亡；使弗惩焉，则暗主相承，政刑无纪，闾井之匹夫，几人帝而几人王，生民之流血，终无已日矣。若权臣受将相之托，为功于国，而逼夺孤幼，则不待正钺铖于世充而无有继之者也。高祖相世运之迁，大权之移，祸萌之变，而贯世充、诛三僭，其亦审矣，而岂贸贸以张弛乎？已天下之乱者义也，而义固随时以制宜者也。世充可诛也，建德、铣、仁杲尤不可贷者也，非昧于治乱之几者，可执一切之义以论得失也。

七

言有不可以人废者，封德彝之策突厥是已。突厥拥众十五万寇并州，郑元璹欲与和，德彝曰："不战而和，示之以弱，击之既胜，而后与和，则恩威并著。"斯言也，知兵筹国相时之善术也。唐之不能与突厥争，始于刘文静之失策，召之入而为之屈，权一失而弗能速挽矣。中国初定，而突厥席安，名有可挟，机有可乘，唐安能遽与突厥争胜哉？然当百战之余，人犹习战，故屡挫于刘黑闼而无脑缩之心，则与战而胜可决也；所难者，锐气尽于一战，而继此则疲耳。奋起以亟争，而藏拙于不再，速与战而速与和，则李神符、萧颙之功必成，而郑元璹，之说必售矣。

夫夷狄者，不战而未可与和者也，犬縶项而后驯，蛇去齿而后柔者也。以战先之，所以和也；以和縻之，所以战也；惜乎唐之能用战以和，而不用和以战耳。知此，则秦桧之谋，与岳飞可相辅以制女真，而激为两不相协以偏重于和，飞亦过矣。抗必不可和之说，而和者之言益固，然后堕其所以战而一恃于和，宋乃以不振而迄于亡。非飞之战，桧亦安能和也；然则有桧之和，亦何妨于飞之战哉？战与和，两用则成，偏用则败，此中国制夷之上算也。夫夷狄者，诈之而不为不信，乘之而不为不义者也，期于远其害而已矣。

八

唐初定官制，三公总大政于上，六省典机务于中，九寺分庶政于下；其后沿革不一，而建国之规模，于此始基之矣。一代兴，立一代之制，或相师，或相驳，乃其大要，分与合而已。周建六官，纯乎分也，奉统以一相一尉而合，汉承之而始任丞相，后任大将军，专合于一，而分职者咸听命焉。唐初之制，三公六省与九寺之数相匹，所重在合，而所轻在分。于九寺之上，制之以六省，六省之上，莅之以三公，统摄之者层累相仍，而分治者奉行而已，长短以时移，得失各有居也。然而唐多能臣，前有汉，后有宋，皆所不逮，则劝奖人才以详治理，唐之斟酌于周者，非不审也。

国家之务，要不出于周之六官，分其事而各专其职，所以求详于名实也；因名责实，因实课功，无所诿而各效其当为，此综核之要术也，然而有未尽善者存焉，官各有司，司各有典，典各有常，而王之听治，综其实，副其名，求无过而止；因循相袭，以例为师，苟求无失，而敬天勤民、对时育物、扬清激浊、移风善俗之精意，无与消息以变通之。实可稽也，不必其顺乎理；名可副也，不必其协于实；于是而任国家之大政者，且如府史之饰文具以求免谪，相为缘饰，以报最于一人之听睹，而人亦不乐尽其才。故周制使冢宰统六典以合治之，而冢宰既有分司，又兼五典，则大略不失，亦不能于文具之外，斟酌人情、物理、天时、事变之宜，与贤不肖操心同异之隐，以求详于法外，自非周公之才，亦画诺坐啸而已。于是而知唐初之制，未尝不善也。

六省者，皆非有执守者也，而周知九寺之司；三公者，虽各有统也，而兼领六省之治；九寺各以其职循官守、副期会、依成法以奉行，而得失之衡，短长之度，彼此相参以互济。与夫清浊异心，忠佞异志，略形迹以求真实之利病，则既以六省秉道而酌之，又有三公持纲而定之，互相融会以求实济于宗社生民之远图。岂循名按实、缘饰故例、以苟免于废弛之诛者，所能允协于宗社生民之大计哉？故责名实于分者，详于法而略于理；重辨定于合者，法或略而理必详。不责人以守法拘文之故辙，而才可尽；能会通于度彼参此之得失，而智日生。于是乎人劝于天下之务，而耻为涂饰，以下委于谙习法律之胥史，致令天下成一木偶衣冠、官厨酒食之吏治，则唐之多能臣也，其初制固善也。

夫郡县之天下，其治九州也，天子者一人也，出纳无讽议之广，折中无论道之司，以一人之耳目心思，临六典分司之烦冗，即有为之代理者，一二相臣而止，几何不以拘文塞责、养天下于痿痹，而大奸巨猾之胥史，得以其文亡害者、制宗社生民之命乎？国家之事，如指臂之无分体也；夫人之才，如两目之互用，交相映而合为一见也。取一体而分责之，无所合以相济，将司农不知司马之缓急，司马不知司农之有无，竟于廷而偾于边，所必然者。刑与礼争而教衰，抚字与催科异而政乱，事无以成，民无以靖，是犹鼻不择味，口不择香，背拥重纩而不恤胸之寒，虽有长才，徒为太息，固将翱翔于文酒琴弈之中，而不肖者持禄容身，不复知有清议，贤愚无别，谁复戮力以勤王事哉？是故三公六省无专职，而尽闻国政以佐天子之不逮，国多才臣，而虽危不亡，唐之所以立国二百余年，有失国之君，而国终存，高祖之立法持之也。

后世合六官而闻政者，臺省也，乃职在纠参，则议论失平，而无先事之裁审；联六官而佐治者，寺监也，乃仰承六官，则任愈析，而专一职之节文；故言愈梦而才愈困。鉴古酌今，以通天下之志而成其务，非循名责实泥已迹者之所与知久矣。

九

租、庸、调之法，拓跋氏始之，至唐初而定。户赋田百亩，所输之租粟二石，其轻莫以过也；调随土宜，庸役两旬，不役则输绢六丈。重之于调、庸，而轻之于粟，三代以下郡县之天下，取民之制，酌情度理，适用宜民，斯为较得矣。

地之有稼穑也，天地所以给斯人之养者也。人之戴君而胥匡以生也，御其害，协其居，坊其强以淫，抚其弱以萎，君子既劳心以治人，则有力可劳者当为之劲也。地产之有余者，桑麻金锡茶漆竹木棕苇之属，人不必待以生，而或不劳而多获，以资人君为民立国经理绸缪之用，固当即取于民以用者也。酌之情，度之理，租不可不轻，而庸、调无嫌于重，岂非君以养民、民以奉公之大义乎？故曰"明君贵五谷"。谷者，民生死之大司也。箕敛以聚之上，红朽盈而多豢不耕之人，下及于犬马，则贱矣；开民之利，劝之以耕，使裕于养，而流通其余，以供日用之需，所以贵之也；示民以不爱其力以事上，而重爱其粟，虽君上而不轻与，则贵之也至矣。故惟重之于庸，而轻之于租，民乃知耕之为利，虽不耕而不容偷窥以免役，于是天下无闲田，而田无鲁莽，耕亦征也，不耕亦征也，其不劝于耕者鲜矣。

且按唐开元户数凡九百六十一万九千有奇，户租二石，为租千九百二十三万有奇，以万历清丈所定，夏秋税粮二千六百六十三万有奇较之，其差无几也。田百亩而租二石，几百而取一矣，而可给二百二十万人之食以饟兵，而不止三年之余一。粟之取也薄，而庸、调之取绢绵土物也广，则官吏胥役百工之给，皆以庸、调之所输给之，使求粟以赡其俯仰，皆出货贿以售粜于农民，而耕者盐酪医药婚丧之用，粟不死而货贿不腾。调、庸之职贡一定于户口而不移，勿问田之有无，而责之不贷，则逐末者无所逃于溥天率土之下，以嫁苦于农人。徭不因田而始有，租以薄取而易输，污吏猾胥无可求多于阡陌，则人抑视田为有利无害之资，自不折入于强豪，以役耕夫而恣取其半。以此计之，唐之民固中天以后乐利之民也；此法废而后民不适有生，田尽入于强豪而不可止矣。

役其人，不私其土，天之制也；用其有余之力，不夺其勤耕之获，道之中也；效其土物之贡，不敛其待命之粟，情之顺也；耕者无虐取之忧，不耕者无幸逃之利，义之正也。若夫三代之制，田税十一，而二十取一，孟子斥之为小貉，何也？三代沿上古之封建，国小而君多，聘享征伐一取之田，盖积数千年之困敝，而暴君横取，无异于今川、广之土司，吸龁其部民，使鹄面鸠形，衣百结而食草木；三代圣王，无能疾出其民于水火，为撙节焉以渐苏其生命，十一者，先王不得已之为也。且天子之畿，东西南北之相距，五百里而已，舟车之挽运，旬日而往还，侯国百里之封，居五十里之中，可旦输而夕返。今合四海以供一王，而馈饷周于远塞，使输十一于京边，万里之劳，民之死者十九，而谁以躯命殉一顷之荒瘠乎？弗获已而折色轻赍之制以稍宽之，乃粟之贵贱无恒，而定之以一切之准，墨吏抑尽废本色，于就近支销而厚取其值，且使贱粜以应非时之诛求，自非奸诡豪强，未有敢名田为己有者。若且不察而十一征之，谁为此至不仁之言曰中正之制，以剿绝生民之命乎？

乃若唐之庸，重矣，以后世困农而恣游民之逋役则重也，以较三代则尤轻。古者七十二井而出长毂一乘，步卒七十二人，九百亩而一人为兵。亩百步耳，九百亩，今之四百亩而不足也。以中则准之，凡粮二十石有奇而出一兵。无岁不征，无年不战，死伤道殣，复补伍于一井之中。唐府兵之未尽革也，求兵于免租免庸之夫，且读杜甫《无家》《垂老》《新婚》三别之诗，千古犹为堕泪。则三代之民，其死亡流离于锋矢之下，亦惨矣哉！抑且君行师从，卿行旅从，狩觐、会盟、聘问、逆女、会葬，乃至游观、畋猎，皆奔走千百之耕夫于道路，暑暍冻痿、饥渴劳敝而死者，不知凡几，而筑城、穿池、营宫室、筑苑圃之役不与焉，其视一岁之庸，一户数口而折绢六丈者，利害奚若也？论者不体三代圣王因时补救不得已之心，而犹曰十一取民，寓兵于农之可行于今也，不智而不仁，学焉而不思，亦忍矣哉！后王参古以宜民，唐室租、庸调、画一仁民之法，即有损益，无可废矣。

十

古者士各仕于其国，诸侯私其土，私其人，既禁士之外徙，而羁旅之臣，新君有其情不固之疑，三代圣王欲易之而不能也。乃其为卿大夫者，类以族升，则役于相习之名分，而民帖然以受治，农之子恒为农，虽有隽才，觊望之情不生，赏罚施于比邻，而恩怨不起。乃逮周之季，世禄之家迭相盛衰，于是陈、鲍、高、国、栾、郤、赵、范且疑忌积而起寻戈矛，兄弟姻亚互修怨于顾盼之间，而蹀血覆宗，亦人伦之大致矣。法与情不两立，亦不可偏废者也。闾井相比，婚媾相连，一旦乘权居位，而逮系之、鞭笞之，甚且按法以诛戮之，憯焉不恤，曰"吾以奉国法也"，则是父子、昆弟、夫妇、朋友之恩义，皆可假君臣之分谊以摧抑之，而五伦还自相贼矣。于是乎仁心牿丧，而民竞于权势以相离散，非小祸也。若欲曲全恩义，而戕法以伸私，则法抑乱，而依倚以殃民者不可胜诘。然则除诸侯私土私人之弊政于九州混一之后，典乡郡、刺乡州、守乡邑，其必不可，明矣。

张镇周，舒州人也，为其州都督，召亲故酣饮十日，贻以金帛，泣与之别，曰："今日得与故人欢饮，明日都督治百姓耳。"此何异优人登场，森然君臣父子之相临，而歌舞既阕，相聚而食，相狎而笑邪？恻隐不行，而羞恶之心亦渐灭尽矣。故官于其乡，无一而可者也。君欲任贤以治民也，奚必其乡；欲为民以择吏也，奚必其乡之人；士出身事主而效于民也，又岂易地之无以自效。君不为士谋安，士抑不自谋其安，致法与情之两掣，甚矣其昧于理也。韩魏公以守乡郡而养老，亦朱买臣衣绣之荣耳，况如镇周之加刑罚于父老子弟而憯莫之恤乎！

十一

谓高祖之立建成为得适长之礼者，非也。立子以适长，此嗣有天下，太子诸王皆生长深宫，天显之序，不可以宠嬖乱也。初有天下，而创制自己，以贤以功，为天下而得人，作君师以佑下民，不可以守法之例例之矣。抑谓高祖宜置建成而立世民者，抑非也。睿宗舍宋王成器而立隆基，讨贼后以靖国家，隆基自冒险为之，事成乃奉睿宗以正位，睿宗初不与闻，而况宋王？则宋王固辞，而睿宗决策可也。太原之起，虽由秦王，而建成分将以向长安，功虽不逮，固协谋而戮力与偕矣。同事而年抑长，且建成亦铮铮自立，非若隋太子勇之失德章闻也，高祖又恶得而废之？故高祖之处此难矣，非直难也，诚无以处之，智者不能为之辩，勇者不能为之决。君子且无以处此，而奚翅高祖？

处此而无难者，其唯圣人乎！泰伯之成其至德者，岂徒其仁孝之得于天者厚乎？太王、姜女以仁敬孝慈敦彝伦修内教于宫中者，其养之也久矣。《诗》之颂王季也，曰"则友其兄"。王季固不以得国而易其兄弟之欢也。王季无得国之心，而泰伯可成其三让之美，一门之内，人修君子长者之行，而静以听夫天命。故王季得国，犹未得也；泰伯辞国，犹未辞也；内教修而礼让兴，让者得仁，而受者无疑于失义。邻人之称太王，曰"仁人也"，岂一朝一夕之故哉！

唐高祖之守太原，纵酒纳贿以自蔽，宫人私侍而尝试生死以殉其嗜欲，则秦王矫举以奋兴，一唯其才之可以大有为，而驰骋侠烈之气，荡其天性，固无名义之可系其心，建成尤劣焉，而以望三后忠厚开国之休，使逊心以听高祖之命，其可得乎？高祖之不能式谷其子，既如此矣；而所左右后先者，又行险侥幸若裴寂之流而已。东宫天策士各以所知遇为私人，目不睹慈懿之士，耳不闻孝友之言，导以争猎而亟夺其恻隐，高祖若木偶之尸位于上，而无可如何，诚哉其无可如何也！源之不清，其流孰能澄汰哉？

后世之不足以法三代者，此也，非井田封建饰文具以强民之谓也。王之所以王，霸之所以霸，圣之所以圣，贼之所以贼，反身而诚，不言而喻。保尔子孙，宁尔邦家，岂他求之哉？自非圣人，未有能免于祸乱者。立适之法，与贤之权，皆足以召乱，况井田封建之画地为守者乎！

十二

魏征、王珪必死于建成之难乎？曰：未见其可也。事太宗而效忠焉，有以异于管仲之相桓公乎？曰：有异焉，而未为殊异也。《传》曰"食焉不辟其难"，非至论也。君子之身，天植之，亲生之，生死者，名义之所维，性情之所主，而仅以殉食乎？君臣之义，生于性者也，性不随物以迁，君一而已，犹父之不可有二也。管仲，齐之臣，齐侯其君也；征、珪，唐之臣，高祖其君也。仲之事子纠，齐侯命之；征、珪之事太子，高祖命之。天之所秩，性之所安，义之所承，君一而已。即以食论，仲食齐侯之食，征、珪食高祖之食，子纠、建成弗与焉，而况君子之死，必不以殉食乎？故无知者，齐襄之贼，管仲不共戴天之仇也。使唐高而蒙篡弑之祸，征、珪有死有亡，而必不可一日立于其廷，子纠、建成，君臣之分未定，奚足为之死邪？为之死，是一日而有二君矣。胥为君之子也，或废或立，君主之，当国之大臣引经衷道以裁之，为宫僚者，不得以所事者为适主，而随之以争。建成以长，世民以功，两俱有可立之道，君命我以事彼，则事彼而已矣；君命我以事此，则事此而已矣；高祖初未尝以苟息之任任征与珪，使以死拒世民也。则建成死，高祖立世民为太子，非敌国也，非君仇也，改而事之，无伤乎义，无损乎仁，奚为其不可哉？

然则征、珪之有异于管仲者，何也？襄公弑，纠与小白出亡于外，入而讨贼，不幸而兄弟争，仲之所不谋也。子纠败，仲因于鲁，桓公释之而使相，仲未尝就公求免以自试也。建成、世民之含毒以争久矣，知其必有蹀血宫门之惨，不能弭止其慝，抑不能辞宫僚以去之，欲侥幸以观变，二子之志偷矣。太子死，遽即秦王而请见，尤义之所不许也，斯则其不得与管仲均者也。夫魏征起于群盗之中，幸自拔以归唐，功名之士耳。"介于石，不终日"，而后可以知几。亦恶足以及此哉！

太宗

一

《书》曰："能自得师者王，谓人莫己若者亡。"夫人即丧心失志迷惑之尤者，长短、虚实、大小、有无、清浊、得失、明暗，皎然分画于前，知则知之，能则能之，眇者穷于视，跛者困于趋，恶得诬其心之所未喻，而谓多闻善虑者之不若己哉！然则谓人不己若者，抑实有不己若者在也。太宗曰："炀帝文辞奥博，是尧、舜，非桀、纣，行事何其相反。"魏征曰："恃其隽才，骄矜自困，以至覆亡。"然则炀帝之奥博，固有高出于群臣之上者，不己若，诚不若己矣，而人言又恶足以警之哉？

夫人主之怙过也，有以高居自逸而拒谏者矣，有以凭势凌人而拒谏者矣。然忠直之士，卓然不挠，虽斥窜诛夷而不恤，以言黜而暴君不能夺其理，则身虽诎而道固伸也。且恃位而骄，恃威而横，浮气外张，而中藏惄缩，迨乎虚憍稍息，追忆前非，固将曰：是吾所不知不能，而终不可诬者也。则谏者之言，或悔而见庸矣。唯夫多闻广识而给于辩者，知是其所是而非其所非，则言者不惮其威，而惮其小有才之辩慧。言之大，则以为夸也；言之切，则以为隘也；察情审理，拟议穷年，而彼已一览而见谓无余；引古证今，依类长言，而时或旁征之有误；则自非明烛天日，断若雷霆者，恒惴惴焉恐言出而反为所折，抱忠而前、括囊而退者，十且八九矣。

且夫尧、舜之是，彼且是之矣，吾恶得以尧、舜进之；桀、纣之非，彼且非之矣，吾恶得以桀、纣戒之。彼固曰：使我而为人臣，以称说干人主，吾之琅琅凿凿以敷陈者，更辩于此也，彼诚不我若，而爱我若父，责我若子，为笑而已矣。天下虽大，贤人君子虽众，谁肯以强智多闻见屈于我而不扪舌以自免于辱乎？故人不己若，危亡之媒也；谓人不己若，而其危亡必矣。太宗君臣之知此也，是以兴。不然，太宗之才，当时之臣无有能相项背者，唯予言而莫违，亦何所不可乎？

呜呼！岂徒人主哉？士而贤智多闻，当世固出其下，则欲以取择善之益也难矣。"以能问于不能，以多问于寡"，颜子之所以大也。虽然，人知其能与多矣，问之虽勤，且欲告而中讷，则问为虚设，而只益其骄；惟若无若虚之情发于不容已，而问必以诚，然后人相忘于寡与不能，以昌言而不怯。太宗之问孔颖达也，几知学矣，乃固以多能有实自居，而矜其能问，亦何足以测颜子之心哉？孔颖达不能推极隐微以格君心，太宗之骄所由未戢也。

二

宗室人才之盛，未有如唐者也，天子之保全支庶而无猜无忮，亦未有如唐者也。盖太宗之所以处之者，得其理矣。高祖欲强宗室以镇天下，三从昆弟之属皆封王爵，使循是而不改，则贵而骄，富而溢，邪佞之士利赖之而导以放恣，欲强之，适以贻其灾而必至于弱，晋、宋之所以自相戕灭而终于孤立也。太宗从封德彝之言，而曰天子养百姓，岂劳百姓以养己之宗族乎？以公天下者，即以安本支而劝进其贤能。德彝，佞人也，于此而几乎道矣。

为天子之懿亲，姜媵广，生养遂，不患其不蕃衍也；远于十姓百家鸡犬锥刀之鄙猥，不患其无可造之材也。而强慧者得势而狂，愿朴者温饱而自废，于是乎非若刘濞、司马伦之自龁以亡，则菽麦不分，如圈豚之待饲而已矣。夫节其位禄之数，登之仕进之途，既免于槁项无闻之忧，抑奖之于德业文章吏治武略之美，使与天下之英贤汇进而无所崇替，固将蒸蒸劝进而为多士之领袖以藩卫天家。故唐宗室之英，相者、将者、牧方州守望郡者，臻臻并起，而耻以纨绔自居，亦无有梦天吠日、觊大宝而干旬师之辟者。施及于今，陇西之族犹盛焉，不亦休乎！孟子曰："亲之欲其贵也，爱之欲其富也。"富贵者，其可以非所宜而长有之乎？制之有等，授之有道，而后欲贵者之果能贵，欲富者之果能富也，义之至、仁之尽也，大公行而私恩亦遂矣。

然则周道亲亲，而文昭武穆，施及邢、茅、蒋、胙与毕、召之裔，皆分茅土，岂非道与？曰：此武王、周公定天下之微权，而千古之未喻者也。古之天下，人自为君，君自为国，百里而外，若异域焉，治异政，教异尚，刑异法，赋敛惟其轻重，人民唯其刑杀，好则相昵，恶则相攻，万其国者万其心，而生民之困极矣。尧、舜、禹、汤弗能易也；至殷之末，殆穷则必变之时，而犹未可骤革于一朝；故周大封同姓，而益展其疆域，割天下之半而归之姬氏之子孙，则渐有合一之势；而后世郡县一王，亦缘此以渐统一于大同，然后风教日趋于画一，而生民之困亦以少衰。

故孔、孟之言治详矣，未尝一以上古万国之制欲行于周末，则亦灼见武王、周公绥靖天下之大权，而知邱民之欲在此而不在彼。以一姓分天下之半，而天下之瓦合萍散者渐就于合，故孟子曰"定于一"。大封同姓者，未可即一而渐一之也。春秋之战亟矣，而晋、鲁、卫、蔡、曹、滕之自相攻也鲜，即相攻而无掬指舟中、焚茨侵海之虐。当其时，异姓庶姓犹错立于外，而同姓者不能绝援以自戕，此周之所以亲亲；而亲亲者非徒亲也，实以一姓之兴，定一王之礼制，广施于四海，而渐革其封殖自私、戕民构乱之荼毒也。

至于汉，六国废，韩、彭诛，而欲以周道行之，则七国、衡山、淮南之祸，骨肉喋血而不容已。然则人主即欲建本支以镇天下，亦无如节其位禄、奖其仕进、公其黜陟之足以育才劝善，而佑子孙之令祚以巩固维城，奚必侈予以栈枥之豢养，假借以优俳之衮黼，使之或债而狂，或葺而萎哉？邓禹享大国之封，且使诸子各分一艺以自立，曾有天下者以公天下为道，将使人竞于姱修，而授子孙以沉溺之具，亦仁过而流于不仁矣。是故亲亲之杀，与尊贤互用而相成，唯唐为得之，宜其宗室之多才，独盛于今古也。

三

太宗制谏官随宰相入阁议事，故当时言无不尽，而治得其理。然则以是为尽听言行政之理乎？抑有未尽然者。治惟其人，不惟其法。以王珪、魏征为谏议大夫，房玄龄、杜如晦为宰相，而太宗之明，足以折中群论而从违不爽，则可矣。必恃此以立为永制，又奚可乎？命官图治之道，莫大乎官各明其守，而政各任于其人。庶务分治于六官，其属详其目，其长持其纲，皆有成宪之可准也。或举、或废，或倚法而挟奸私，或因时而为斟酌，各以其所效之成能为得失；然而有待于天子宰相之裁成者，则太宗之制，令五品以上宿内省，以待访问，固善术也。下有利病得达于上，而上得诘其勤怠公私以制其欺；若夫小有过误，则包含教戒而俟其改。如使谏官毛举细过以相纠，则大体失而争党起于细微，乱世之所以言愈梦而事愈圮也。

宰相者，外统六官，内匡君德，而持可久可大之衡，以贞常而驭变者也。君心之所自正，国体之所自立，国本之所自固，民生之所自安，非弘通于四海万民数百年之规而不役于一时之利病者，不足以胜其任。故古者三公论道，所论者道耳，不能与任气敢言之士，争一言一事之可否；而论道于君，抑不在摘人间细政，绳举动之小愆，发深宫之纤过，以与君竞，徒自媟而与天子不亲；故与谏官同者未必是，而其异者未必非也。诡随谏官而避其弹射，则可以应一事而不可以规大全；逆折谏官而伸其独见，则几事不密，而失其正色立朝之度。若夫宰相而果怀私以病国，固谏官所必抗正以争，而非可使与辩讼于一堂，竞偶然之得失者也。

夫谏官职在谏矣，谏者，谏君者也，征声逐色，奖谀斥忠，好利喜功，狎小人，耽逸豫，一有其几而必犯颜以诤；大臣不道，误国妨贤，导主贼民，而君偏任之，则直纠之而无隐。若夫群执事之修坠，则六官之长核其成，执宪之臣督其失，宰相与天子总大纲以裁其正，初不借谏官之毛举鸷击、搜剔苛求、以矜辨察；老成熟虑之讦谟，非繁称曲说、矫举异同于俄顷者，所可诧风裁以决定者也。

故天子诚广听以求治，则宰相有坐论之时，群臣有待问之时，谏官有请对之时，而不可有聚讼一堂、道谋筑舍之时。官各有其守，政各任其人，分理而兼听之，惟上之虚衷以广益，岂立一成法以启争端，可为不易之经乎？

四

旱饥而赦，以是仁民，非所以仁之也。太宗曰："赦者，小人之幸，君子之不幸"，亦既知之矣；而贞观二年以旱赦天下，信道不笃，知不可而复为，非君师之道矣。

夫赦亦有时焉而可者，夷狄盗贼僭据上国，蚩蚩之氓胁从以侥幸，上不能固保其民，使群陷于逆，则荡涤而矜全之耳。旱饥之民，流离道殣者，类不能为奸恶；而奸恶之徒，虽旱饥而固不至于馁瘠者也。如曰衣食不足，而非僻以起，则夫犯者在未饥以前，固非为饥所迫，而奚所恤哉？省囚系以疏冤滞，宥过误以恤愚，止讼狱以专农务，则君上应行之政，无岁不宜，而不待旱饥。至于旱饥之岁，豪民擅粟以掠市子女，游民结党以强要氽贷，甚且竞起为盗以攘杀愿懦；非法不惩，非刑不戢；而更纵不轨之徒，使无所创艾以横行郊邑，又岂非凶年之大蠹哉？

蠲逋欠，减租庸，所以救荒也。困于征输者，朴民也。蠲免与赦罪并行于一纸，则等朴民于奸宄，名不正，实不符，亦重辱吾衽席之赤子矣。不杂赦罪之令于蠲租之诏，尤人君扶正人心之大权，而时君不察，曰"以此答上天好生之心"，天其乐佑此顽民以贼凋零之子遗乎？体天心以达民隐，非市恩之俗吏所得与焉，久矣。

五

唐制：军国大事，中书舍人各陈所见，谓之五花判事，而宰相审之，此会议之始也；敕旨既下，给事中黄门侍郎驳正之，则抄参封驳之始也。夫六官之长贰，各帅其属、庀其事、以待军国之用，乃非体国如家者，则各炫所长、匿所短，互相推移而避其咎。使无总摄而通计之者，将饰文具以应，而不恤国事之疏以倾也，此不可听庶司之泛应，而无与折中之者也；统之以宰相，而推诿自私之弊去矣。然宰相之贤者，且虑有未至而见有或偏，不肖者之专私无论也；先以中舍之杂判，尽群谋以迪其未达，而公论以伸，则益以集而权弗能擅，其失者庶乎鲜矣。犹且于既审之余，有给事之驳正以随其后，于是而宰相之违以塞，而人主之恣以绳，斯治道之至密，而恃以得理者也。

虽然，杂判者，陈于其先也；驳正者，施于其后也；中舍之议已集，宰相之审已定，始起而驳之，自非公忠无我之大臣，纯白知通之给谏，参差相左，而给事与宰相争权，则议论多、朋党兴，而国是以乱。然则驳正之制，当设于杂判陈而宰相方审、敕旨未下之际，以酌至当之宜，是非未著，而从违皆易，斯群臣之能尽，而宰相之体不伤。唯公议已允，而宰相中变以舞法者，然后给事封还而驳正之，不尤可达人情、定国是而全和衷之美乎？太宗谓王珪曰："论难往来，务求至当，舍己从人，亦复何伤，或护己短，遂成怨隙。"盖虑此矣。立法欲其彻乎贤不肖而俱可守，法不精研，而望人之能舍己从人也，亦不可得之数也。中舍各抒所见，而给事折之以从违，宰相持衡而断之，天子裁成以行之，合人心于协一，而宫省息交竞之情，事理得执中之用，酌古鉴今，斯可久之良法与！

近世会议遍及九卿，而唐之杂判专于中舍，其得失也孰愈？夫九卿各有典司者也，既与其属参议其所修之职以待举行，固有一成之见而执为不可易者，假有大兵大役，司马、司空务求其功之成，而司农务求其用之省，则其不相协而异同竞矣。唐、宋之给舍，皆历中外、通众理、而待枚卜之选者也，兼知盈诎成败之数，以酌时之所可行，则彼此不相妨而以相济，杂判而驳正之足矣，何用询及专司之官以生嚚讼哉？如有议成敕下，而九卿不可奉行者，自可复陈利病以更为酌改，无容于庙议未审之前，豫为异论以相掣。国事之所由定，惟其纲纪立以一人心而已；会议者，大臣免咎之陋术，其何利之有焉。至于登进大臣、参酌大法、裁定大礼，则惟天子之乾断，与宰相之赞襄，而参以给舍之清议；六官各守其典章，而不可有越位侵官之妄。如使采纷呶之说，以模棱而求两可，则大臣偷，群臣竞，朋党兴，机密泄，其弊可胜言哉？

不周知天下之务，不足以决一事之成；宰相给舍无所偏私，以周知为道者也。不消弭人情之竞，不可以定国事之衡；杂判驳正慎之于前，而画一必行于后，议论虽详而不至于争竞者也。太宗曰："或成怨隙，或避私怨，顺一人之情，为兆民之患，亡国之政，炀帝之世是也。"斯言韪矣。

六

读太宗论治之言，我不敢知曰尧、舜之止此也，以视成汤、武王，其相去无几矣。乃其致彝伦，亏至德，杂用贤奸，从欲规利，终无以自克，而成乎大疵。读史者鉴之，可以知治，可以知德，可以知学矣。

气者，发以嘘物，而敛以自摄其心者也。闻见之善，启其聪明，而随气以发敛，其发也，泄其藏以加于物。故言者，所以正人，而非以正己也。己有余，而不忍物之不足，则出其聪明以迪天下之昏翳而矫之以正，子不忍于父，臣不忍于君，士不忍于友，圣人君子道不行而不忍于天下后世，于是而言之功大矣。若夫受天命作君师，臣民之责，服于躬、载于一心，则敛气以摄聪明，而持天下于心，以建中和之极，故曰"汤、武身之也"。身正而天下正，不以言也。故《仲虺之诰》，仲虺言之也；《咸有一德》，伊尹言之也；《旅獒》，召公言之也；《无逸》，周公言之也；而汤、武无言以自鸣其道而诏群臣。推而上之，大禹、皋陶、益、稷各尽言以进尧、舜，而尧、舜执中之训，迨及倦勤逊位之日，道不在己，而后以诏舜、禹。然则尧、舜惟不忍于后世，禹、皋、益、稷、伊、莱、周、召惟不忍于君，而不容已于言。下此者，虽躬行未逮，而进忠于上，亦不必以言过其行责之，其忠也，即其行也。今太宗之言，非尧、舜、汤、武之言，而伊、莱、周、召之言也。任尧、舜、汤、武之任，而夺伊、莱、周、召之言以为己言，则下且何言之可进，而闻善之路穷。盖太宗者，聪明溢于闻见，而气不守中，以动而见长者也。其外侈，其中枵，其气散，其神瞀，其精竭，其心驰，迨乎彝伦之攸斁，至德之已亏，佞幸外荧，利欲内迫，而固无以自守，及其衰年而益以泛滥，所必然矣。

呜呼！岂徒帝王为然哉？自修之士，有见而亟言之，德不崇，心不精，王通之所以不得为真儒也。况扬雄、韩愈之利欲熏心者乎？故《鲁论》之言言也，曰慎、曰后从、曰讷、曰切、曰耻、曰怍，圣狂之辨，辨于笔舌，可畏也哉！

七

夷狄之势，一盛一衰，必然之数也。当其衰而幸之，忘其且盛而无以御之，故祸发而不可止。夫既有其土，则必有其人以居之，居之者必自求君长以相保，相保有余而必盛，未有数千里之土，旷之百年而无人保之者也。已盛者而已衰矣，其后之能复盛者鲜矣，而地已旷，人必依之，有异族、有异类，而无异土。衰者已衰，不足虑也，继之以人，依其土而有之，则族殊类异，而其逼处我边徼也同。突厥之盛，至颉利而衰，既分为二，不能相比，于是乎突厥以亡，迄于五代而遂绝。夫岂特夷狄为然哉？五帝、三王之明德，汉、唐、宋之混一，今其子孙仅存者不再兴，而君天下者不一姓，况恃强不逞之部落乎！

夫其人衰矣亡矣，其土则犹故也，天不能不为之生种姓，地不能不为之长水草，后起者不能戢止其戎心；曾无虑此，而可以其一族之衰为中国幸邪？其族衰，其地无主，则必更有他族乘虚而潜滋暗长于灌莽之中。故唐自贞观以后，突厥之祸渐息矣，而吐蕃之害方兴，继之以契丹，皆突厥两部之域也。颉利禽而御楼受俘，君臣交庆，其果以是为中国永安之祚哉？

西突厥种落散在伊吾，太宗命李大亮安抚之，贮粮碛口以赈之，未尝非策也，而大亮之不奉行也何居？施之以德者，制之以威也。已衰者，存之不足为忧，存已衰者，则方兴者不能乘无主以擅其地，则前患息而后衅可弭。盛衰之形，我得而知，而无潜滋暗长之祸，虽暂劳暂费，而以视糜财毒众以守边，割地纳贿以丐免，其利害奚若邪？株守安内之说为迂谟，岂久远之大计哉！

八

魏征之折封德彝曰："若谓古人淳朴，渐至浇讹，则至于今日，当悉化为鬼魅矣。"伟哉其为通论已。

立说者之患，莫大乎忿疾一时之流俗，激而为不必然之虑，以鄙夷天地之生人，而自任以矫异；于是刻核寡恩成乎心，而刑名之术，利用以损天地之和。荀卿性恶之说，一传而为李斯，职此故也。且夫乐道古而为过情之美称者，以其上之仁，而羡其下之顺；以贤者匡正之德，而被不肖者以淳厚之名。使能揆之以理，察之以情，取仅见之传闻，而设身易地以求其实，则尧、舜以前，夏、商之季，其民之淳浇、贞淫、刚柔、愚明之固然，亦无不有如躬阅者矣。唯其浇而不淳、淫而不贞、柔而疲、刚而悍、愚而顽、明而诈也，是以尧、舜之德，汤、武之功，以于变而移易之者，大造于彝伦，辅相乎天地。若其编氓之皆善邪？则帝王之功德亦微矣。

唐、虞以前，无得而详考也，然衣裳未正，五品未清，婚姻未别，丧祭未修，狉狉榛榛，人之异于禽兽无几也。故孟子曰："庶民去之，君子存之。"舜之明伦察物，存唐、虞之民所去也，同气之中而有象，况天下乎？若夫三代之季，尤历历可征焉。当纣之世，朝歌之沉酗，南国之淫奔，亦孔丑矣。数纣之罪曰"为逋逃萃渊薮"，皆臣叛其君、子叛其父之枭与豺也。至于春秋之世，弑君者三十三，弑父者三，卿大夫之父子相夷、兄弟相杀、姻党相灭、无国无岁而无之，蒸报无忌，黩货无厌，日盛于朝野，孔子成《春秋》而乱贼始惧，删《诗》《书》，定《礼》《乐》，而道术始明。然则治唐、虞、三代之民难，而治后世之民易，亦较然矣。

封德彝曰："三代以还，人渐浇讹。"象、鲧、共、骓、飞廉、恶来、楚商臣、蔡般、许止、齐庆封、鲁侨如、晋智伯，岂秦、汉以下之民乎？子曰："斯民也，三代之所以直道而行也。"春秋之民，无以异于三代之始。帝王经理之余，孔子垂训之后，民固不乏败类，而视唐、虞、三代帝王初兴、政教未孚之日，其愈也多矣。战国之末，诸侯狂逞，辩士邪诬，民不知有天性之安，而趋于浇，非民之固然也。秦政不知而疾之如寇，乃益以增民之离叛。五胡之后，元、高、宇文骍戾相踵，以导民于浇，非民之固然也。隋文不知而防之若仇，乃益以增民之陷溺。逆广嗣之，宣淫长佞，而后民争为盗。唐初略定，凤习未除，又岂民之固然哉？伦已明、礼已定、法已正之余，民且愿得一日之平康，以复其性情之便，固非唐、虞以前茹毛饮血、茫然于人道者比也。以太宗为君，魏征为相，聊修仁义之文，而天下已帖然受治，施及四夷，解辫归诚，不待尧、舜、汤、武也。垂之十余世而虽乱不亡，事半功倍，孰谓后世之天下难与言仁义哉？

邵子分古今为道、德、功、力之四会，帝王何促而霸统何长？霸之后又将奚若邪？泥古过高，而菲薄方今以蔑生人之性，其说行而刑名威力之术进矣，君子奚取焉？腥风扇，民气伤，民心之待治也尤急，起而为之，如暑之望浴也，尤易于隋、唐之际哉！

九

太宗曰："未能受谏，安能谏人。"此知本之论也。夫唯穷凶之主，淫虐无择，则虽以虚衷乐善之君子，陈大公无我之言，而亦只以危身；非此者，君之拒谏而远君子，洵失德矣，谏者亦恶能自反而无咎哉？凡能极言以谏者，大抵其气胜者也；自信其是，而矜物以莫及，物莫能移者也。其气胜；则其情浮；自矜而物莫能移，则其理窒。上以事君，下以莅众，中以交于僚友，可其所可，而否其所否，坚于独行，而不乐物之我违；唯如是也，乃以轻宠辱、忘死生、而言之无忌。其贤者，有察理未精、达情未适之过，而执之也坚；其次则气动而不收，言发而不止，攻异己而不遗余力，以堕于娟忮，而伤物已甚；则人主且窥其中藏，谓是晓晓者之但求利己也。其言不可夺，而心固不为之感，奚望转石移山于片语乎？

惟虚则公，公则直；惟明则诚，诚则动；能自受谏者，所以虚其心而广其明也，谏者之能此者鲜矣。事上接下，其理一也。君不受谏，则令焉而臣民不从；臣不受谏，则言焉而天子不信。位不可恃，气不可任，辩不可倚，理不可挟，平情好善、坦衷逊志者，早有以动人主之敬爱，而消僚友之疾忌，圣而周公，忠而孔明，用此道也。婞直予智，持一理以与当宁争得失，自非舜、禹以勹莬之道待之，其不以启朋党而坏国是也，难矣哉！

十

唯大人为能格君心之非。君心之非，亦易见也；所以格之者，天理民彝之显道，人皆与知，亦易能也。然而断之于大人之独得，而谏诤之臣不足与焉，于魏征、马周见之矣。君心无过，而过在事，则德不足而言有当，下逮于工瞽而言无不效。若夫心，则与心相取者也，心之有非，必厚自匿而求以胜物。进言者，其言是也，其人非也，其人虽无大非，而心不能自信于是，则匿非求胜者，将曰旁观而言之，吾亦能为此言，试以此言于汝，汝固不受也。言还其言，而心仍其心，交相谪而只益其怨恶。如能隐忍以弗怨恶足矣，奚望格哉？

唐太宗不恤高祖之温清视膳，处之卑湫之大安宫，而自如九成宫以避暑，嫁其女长乐公主，敕资送倍于长公主。此岂事之失哉？其懵不知恤者，仁孝忘于心也。马周言之，魏征言之，皆开陈天理民彝之显教，以思动其恻怵也。乃周言不听，决驾以行，于征之言，则入谋之长孙皇后而后勉从，使后而如独孤、武、韦也，征死矣。人自有父子，人自有兄弟，一念之蔽，忽焉不觉，直辞以启之，以自亲其亲，岂难知而难从者乎？而二子者，君所信受者也，卒不能得此于君，则其故可思矣。征之起也，于群盗之中，事李密而去之，事隐太子而去之；周则挟策干主，余于才而未闻其修能之自洁者也；以此而欲警人子之心于不容已之愧疚，奚可得哉？

夫大人者，苟以其言格君心之隐慝，贤主乐之，中主愧之，庸主弗敢侮之，何至以太宗之可与言而斥为田舍翁邪？不幸而遇暴主以杀身，亦比干之自靖自献于先王，而非滕口说以听凶人之玩弄，岂易言哉？大人者，正己而物正，己之正非一旦一夕之功矣。

十一

言治者而亟言权，非权也，上下相制以机械，互相操持而交售其欺也。以仪、秦之狙诈，行帝王之大法，乱奚得而弭！人心风俗奚得而不坏哉？王伽之诈也，与李参朋奸而徼隋文之赏，唐太宗师之，以纵囚三百九十人，而三百九十人咸师参之智，如期就死。呜呼！人理亡矣。好生恶死，人之情也，苟有可以得生者，无不用也。守硁硁之信，以死殉之，志士且踌躇而未决，况已蹈大辟之戮民乎？

太宗之世，天下大定，道有使，州有刺史，县有令尉，法令密而庐井定，民什伍以相保，宗族亲戚比间而处，北不可以走胡，南不可以走粤，囚之纵者虽欲逋逸，抑谁为之渊薮者？太宗持其必来之数以为权，囚亦操其必赦之心以为券，纵而来归，遂以侈其恩信之相孚，夫谁欺，欺天乎？夫三百九十人之中，非无至愚者，不足以测太宗必赦之情，而侥幸以逃；且当纵遣之时，为此骇异之举，太宗以从谏闻，亦未闻法吏据法以廷争；则必太宗阴授其来归则赦之旨于有司，使密谕所纵之囚，交相隐以相饰，传之天下与来世，或惊为盛治，或诧为非常，皆其君民上下密用之机械所笼致而如拾者也。

古所未有者，必有妄也；人所争夸者，必其诈也。王道平平，言僻而行诡者，不容于尧、舜之世。苏洵氏乐道之，曰"帝王之权"，恶烈于洪水矣。

十二

《传》曰："为人君而不知《春秋》之义，前有谗而不见，后有贼而不知。"《春秋》之义何义也？适庶明，长幼序，尊卑别，刑赏定，重农抑末，进贤远奸，贵义贱利，端本清源，自治而物正之义也。知此，则谗贼不足以逞，而违此者之为谗贼，不待摘发而如观火。舍是，乃求之告讦以知之，告谗告贼，而不知告者之为谗贼也，宜其迷惑失守，延谗贼于肘腋，而以自危亡也。

人主明其义于上以进退大臣，大臣奉此义以正朝廷，朝廷饬此义以正郡邑，牧之有守令，核之有观察采访之使，裁之有执宪之大臣，苟义明而法正，奸顽不轨者恶足以恣行而无忌；即有之，亦隐伏于须臾，而终必败，奚事告讦乎？告讦兴，则赏罚之权全移于健讼之匹夫，而上何贵有君，下何贵有执宪之臣哉？

且夫为人告讦者，洵不道矣，而愿朴柔懦之民，能奋起以与奸顽争死命者，百不得一也。非夫险诐无惮之徒，恶有暇日以察人之隐慝而持短长，操必胜之术，以与官吏豪强角逐忘尊卑，轻祸福，背亲戚，叛朋友，吏胥胁其长官，奴隶制其主伯，正《春秋》之义所斥为谗贼，必杜绝其萌蘖者也。知其害而早绝之，则谗无不见，贼无不知，昭昭然揭日月以与天下相守于法纪，吞舟漏网之奸，其得容于政简刑清之日者，盖亦寡矣。太宗曰："朕开直言之路，以利国也，上封事者讦人细事，当以谗人罪之。"而其时吏不殃民，民不犯上，趄矣哉！

十三

银之为用，自宋以上，用饰器服，与黄金珠玉等，而未得与钱、布、粟、帛通用于民间。权万纪请采银宣、饶，而太宗斥之，亦犹罢采珠以惩侈耳。后世官赋民用以银为主，钱、布、粟、帛皆受重轻之命于银。夫银，藏畜不蚀，炼铄不减，藏之约而赍之也易，人习于便利，知千百年之无以能易之矣。则发山采矿，无大损于民，而厚利存焉，庸讵不可哉？然而大害存焉者，非庸人之所知也。

奚以明其然邪？银之为物也，固不若铜、铁为械器之必需，而上类黄金，下同铅、锡，亡足贵者。尊之以为钱、布、粟、帛之母，而持其轻重之权，盖出于一时之制，上下竞奔走以趋之，殆于愚天下之人而蛊之也。故其物愈多，而天下愈贫也。采之自上，而禁下之采，则上积其盈，以笼致耕夫红女之丝粟，而财亟聚于上，民日贫馁而不自知。既以殚民之畜积矣。且大利之孔，未可以刑法禁塞之也。严禁民采，则刑杀日繁，而终不可戢。若其不禁而任民之自采乎？则贪惰之民，皆舍其穑事，以侥幸于诡获，而田之污莱也积；且聚游民于山谷，而唯力是视以取盈，则争杀兴而乱必起。一旦山竭泽枯，游民不能解散，而乱必成；即幸不乱也，耕者桑者戮力所获，养游民以博无用之物，银日益而丝粟日销，国不危，民不死，其奚待焉？自非参百年之终始以究利病者，奚足以察此哉？

呜呼！自银之用流行于天下，役粟帛而操钱之重轻也，天下之害不可诘矣。钱较粟帛而赍之轻矣，藏之约矣，银较钱而更轻更约矣；吏之贪墨者，暮夜之投，归装之载，珠宝非易致之物，则银其最便也。不然，泛舟驱车，衔尾载道，虽不恤廉隅者不敢也。民之为盗也，不能负石粟、持百缣，即以钱而力尽于十缗矣，穴而入、箧而肱者，其利薄，其刑重，非至亡赖者不为，银则十余人而可挟万金以去。近自成化以来，大河南北单骑一矢劫商旅者，俄顷而获千缗之值。是银之流行，污吏箕敛、大盗昼攫之尤利也，为毒于天下，岂不烈哉？无已，杜塞其采炼之源，而听其暗耗，广冶铸以渐夺其权，而租税之入，以本色为主，远不能致而后参之以钱，行之百年，使银日匮而贱均铅锡，将耕桑广殖，墨吏有所止而盗贼可以戢，尚有瘳乎？

天地之产，难得而不易贸迁者，以安民于所止而裕之也；帝王之政，繁重而不取便安者，以息民之偷而节其溢也。且斸诸山，夕煅诸冶，径寸而足数十人之衣食，奸者逞，愿者削，召攘夺而弃本务，饥不可食，寒不可衣，而走死天下者，唯银也。采矿之禁，恶可不严哉？权万纪之削夺，有余辜矣。

十四

贞观十年，定府兵之制，大约与秦、隋销兵，宋罢方镇之意略同。府兵者，犹之乎无兵也，而特劳天下之农民于番上之中，是以不三十年，武氏以一妇人轻移唐祚于宫闱，李敬业死而天下靡然顺之，无有敢伸义问者，非必无忠愤之思兴，力不能也。唐之乱亟矣，未有三十年而无大乱者，非能如汉、宋守成之代，晏安长久也。非玄宗罢府兵，改军制，则安、史、怀恩、朱泚、河北、西川、淮、蔡之蜂起，唐久为秦、隋，恶能待懿、僖之昏乱，黄巢起而始亡哉？

府军之制，散处天下，不论其风气之柔刚、任为兵与否也；多者千二百人，少者百人，星列棋布于陇亩，乃至白首而不知有行陈，季冬习战，呼号周折，一优人之戏而已。三百人之团正，五十人之队正，十人之火长，编定而代袭之，无问其堪为统率否也。尤可嗤者，兵械甲装，无事则输之库，征行而后给之，刃锈不淬，矢屈不檠，晴燥不润，雨溽不暴，甲龃胄穿，刀刓弓解，典守之吏，取具而止，仓猝授之而不程以其力，莫能诘也。甲与身不相称，攻与守不相宜，使操不适用之顽金，衣不蔽身之腐革，甚则剡挠竹以为戈矛，漆败纸以为盾橹，其不覆军陷邑者几何也？狃为故事，而应以虚文，徒疲敝其民于道路，一月而更，而无适守者无固志，名为有兵六百三十四府，而实无一卒之可凭；故安、史一拥番兵以渡河，而两都瓦解。盖天宝初改府兵易彍骑，而因循旧习，未能蠲积玩之弊以更张也。

后世论者，泥古而不知通，犹曰兵制莫善于唐，则何如秦、隋之尽销弭而犹不驱农民以沦死地乎？详考府兵之制，知其为戏也，太宗之以弱天下者也。欲弱天下以自弱，则师唐法焉可尔。

十五

太宗以荆王元景、长孙无忌等为诸州刺史，子孙世袭，而无忌等不愿受封，足以达人情矣。夫人之情，俾其子孙世有其土，世役其民，席富贵于无穷，岂有不欲者哉？知其适以殄绝其苗裔而祸天下，苟非至愚，未有不视为陷阱者也。周之大封同姓与功臣也，圣如周公，贤如吕、召，而固不辞，其余非不知居内之安，而无不利有其国以传之弈世，何至于无忌等之以免受茅土为幸乎？时为之，则人安之，时所不可为，非贪叨无已、怀奸欲叛者，固永终知敝而不愿也。

马周曰："孩童嗣职，万一骄愚，兆庶被殃，国家受败。"则不忍毒害见存之百姓，宁割恩于已亡之一臣；稍有识者，固闻之而寒心也。故夫子之论治，参《鲁论》而居其一，而不及于封建，作《春秋》，明王道，而邾、郳之受爵不登于策，城卫迁杞皆不序其功。然则当春秋之世，固有不可复行者矣，况后世乎？柳宗元之论出，泥古者犹竞起而与争；勿庸争也，试使之行焉，而自信以必行否也？太宗曰："割地以封功臣，古今通义，而公薄之，岂强公以茅土邪？"强人而授之国，为天下嗤而已矣，恶足辩！

十六

贞观改服制，嫂、叔、夫之兄、弟之妻，皆相为服，变周制也。古之不相为服者，《礼》《传》言之详矣。嫂不可以母道属，弟之妻不可以妇道属，所以定昭穆之分也。嫂叔生而不通问，死而不为服，所以厚男女之别也。唐推兄之敬，而从兄以服嫂；推弟之爱，而从弟以服其妻；所以广昆弟之恩也。周谨乎礼之微，唐察乎情之至，皆道也，而周之义精矣。

虽然，抑有说焉。礼以定万世之经，则必推之天下而可行，尽乎事之变而得其中者也。有人于此，少而失其父母，抑无慈母乳母之养，而嫂养之，长而为之有室，则恩与义两不得而忘也。生借之以生，死则恝然而视若行道之人，心固有所不安矣。在《礼》，舅之妻、从母之夫、无服者也，而或曰："同爨缌，鞠我之恩而不如同爨乎？"其不忍不为服，必也。有人于此，少孤而兄养之，已而为之纳妇，自纳采以至于请期，称主人者皆兄也，既娶而兄犹为家政之主，未异宫而兄死，其妇视夫之兄有君道焉。且兄而居长，则固小宗之宗子也；合小宗之男女为之服，而弟之妻独否，一家之所统尊，顾可傲岸若宾客乎？继父，无服者也，同居而为之成室家、立亲庙，则服期。夫之兄可为小宗，而成其家室，以视继父之同居而异姓者奚若？抑义之不得不为服者也。《礼》有之，子思之哭嫂也，为位而哭，不容已于哭也。可为之哭，则可为之服。君子恶夫涕之无从，而服之，不亦可乎！

上古之世，男女之别未正，昭穆之序未审，故周公严之于此而辨之精。后世男女正而恩礼暌，兄弟之离，类起于室家之猜怨，则使相为服以奖友睦之谊，亦各因其时而已。《礼》曰："时为大。"百王相承，所损益可知也。圣人许时王以损益，则贞观之改周制，可无疑已。

十七

自言兵者有使贪之说，而天下之乱遂不可弭。岑文本引黄石公之言，以请释侯君集私高昌珍宝之罪，用此说也。乃阿史那社尔以降虏而独能不受君集之贿，边外之法，严于中国，中国安能不为边外屈哉！败其军，拔其城，灭其国而贪其所获，武人之恒也。然而君以之怒其臣，臣以之叛其君，主帅以之恶其偏裨，偏裨以之怼其主帅，兵以之恋剽获而无战心，民以之受掠夺而争反畔，功已成，乱已定，不旋踵而大溃，古今以此而丧师失地、致寇亡国者不一也。贪人败类，而可使司三军之命以戡乱宁民而定国乎？

汉高之于项羽，非其偏裨也；其于怀王，君臣之分未定也；而封府库以待诸侯，樊哙屠狗者能明此义，乃以平项羽之怒，而解鸿门之厄。项羽不知，终以取怨于天下。海盗而人思夺之，大易岂欺我哉？唐下侯君集于狱，宋征王全斌而使之待罪，法所必饬也；终释君集而薄罚全斌，示不与争利也；两得之矣。故言兵者之言，皆乱人之言尔，岑文本恶足以知此哉！

十八

太宗诏诸州有犯十恶罪者勿劾刺史，则前此固有劾之之法，而戴州所部有犯者，御史以劾刺史贾崇，亦循例以劾之也。此法不知所自昉，意者苏威当隋之世，假儒术、饰治具以欺世，其创之乎？

曾子曰："上失其道，民散久矣。"久者，周失道而后鲁失之，鲁君失而后卿大夫无不失也；上者，端本清源，归责于天子之辞也。民有大逆，君逾月而后举爵，自艾而已。治之不隆，教之不美，天子不自惭恶而以移罪于刺史乎？民犯大逆，而劾及刺史，于是互相掩蔽，纵枭獍以脱于网罟，天下之乱，风俗之坏，乃如河决鱼烂而不可止。隋末寇盗遍天下，而炀帝罔闻，刃加于颈，尚不知为谁氏之贼，皆苏威之流，置苛细之法，自诩王道，而以涂饰耳目、增长逸贼者致之也。

惩贪而责保荐之主，戡盗而严漏捕之诛，详刑而究初案之枉，皆教之以掩蔽，而纵奸以贼民之法也。必欲责之上，以矜民之散，亦自天子之自为修省而已，下者其何责焉！

十九

小道邪说，惑世诬民，而持是非以与之辩，未有能息者也，而反使多其游词，以益天下之惑。是与非奚准乎？理也，事也，情也。理则有似是之理，事则有偶然之事，情则末俗庸人之情，易以歆动沉溺不能自拔者也。以理折之，彼且援天以相抗，天无言，不能自辩其不然。以事征之，事有适与相合者，而彼挟之以为不爽之验。以情夺之，彼之言情者，在富贵利达偷生避死之中，为庸人固有之情，而恻隐羞恶之情不足以相胜。故孟子之辩杨、墨，从其本而正其罪，曰“无父无君”，示必诛而不赦也；若其索隐于心性，穿凿于事理者，不辩也。君子之大义微言，简而文，温而理，固不敌其淫词之曼衍也。

太宗命吕才刊定阴阳杂书，欲以折其妄而纳民于正，然而妄终不折，民终不信，流及于今，日以增益，且托为吕才之所定以疑民者；折之于末，而不拔其本，宜其横流之不止矣。夫此鄙猥不经之说，何足定哉？定之而孰必信之？乍信之而孰与守之？且托于所定以乱人道之大经，如近世择婚以年命，而使配耦非其类者，金曰才所定也，历官乃以赘敬授民时之简末。呜呼！祸亦烈哉！

夫才所据理、征事、缘情以折妄者，宅经也，葬法也，禄命也。三者之不可以妖妄测阴阳，而贼民用、蔑彝伦、背天理、干王制，不待智者而洞若观火。先王虑愚民之受罔而迷也，为著于《礼经》曰："假于时日卜筮以疑众，杀。"刑当其辜，勿与辩也。然且贪懦之俗，侥幸锋端之蜜，苟延螟蚰之生，日向术人而谋行止，忘亲蔑性，暴骨如莽而不收，争夺竞讼以求得，为君师者，尚取其言而删定之，不亦偾乎！

夫王者正天下之大经，以务民义，在国则前朝后市，在野则相流泉、度夕阳，以利民用，而宅经废矣。贤者贵，善人富，有罪者必诛，诡遇幸逃之涂塞，而禄命穷矣。慎终追远，导民以养生送死之至性，限以时，授以制，则葬法诎矣。然而有挟术以鬻利者，杀其首，窜其从，焚其书，而藏之者必诛不赦，以刚断裁之，数十年而可定。舍此不图，屑屑然与较是非于疑信之间，咸其辅颊舌以与匪人争，其以感天下，亦已末矣。吕才之定，适以长乱，言虽辩，谁令听之？

二十

立子以适，而适长者不肖，必不足以承社稷，以此而变故起于宫闱，兵刃加于骨肉，此人主之所甚难，而虽有社稷之臣，不能任其议也。魏王泰投太宗之怀，曰："臣今日始得为陛下子。"褚遂良即以此折泰之奸，伟矣；而唐几亡于高宗，遂良致命以自靖，弗能靖国焉。故曰人主之甚难，而社稷臣不能任其议也。

丹朱不肖，尧以天下与舜，圣人创非常之举，非后世所可学也。舜立而丹朱安虞宾之位，魏王不窜，能帖然于高宗之世哉？太宗能保高宗之容承乾与泰，而不能必泰安于藩服以承事高宗，则抑情伸法以制泰，事有弗获已者；自投于床，抽刀欲刭，呜呼！英武如太宗，而欷歔以求死也，亦可悲矣哉！

或曰："立适长而不能贤，择人以辅之，勿忧矣，"似也；太宗之世，忠直老臣，无有过魏征者，固以师保之任任之矣。乃征尝为建成之宫僚，效既可睹。征以正月卒，而承乾以四月反，征即不死，固无能改于其德。大难兴，征为袁淑而已，纥干、承基之流，于征何惮焉？

教者，君父之反身也，非可仅责之师保也。光武废东海，立明帝，而汉道昌，东海亦保其福禄，不待窜也，光武之为君父者无愧也。太宗蹀兄弟之血于宫门，早教猱以升木，窜逐其所宠爱，以徇长孙无忌之请，知高宗之不能克家而姑授之，置吴王恪之贤以陷之死，夫亦反身不令，故无以救其终也。汉文守藩代北，际内乱而无窥觊之心，迎立已定，犹三让焉，然有司请建太子，犹迟久而不定，诚慎之也，非敢执嫡长以轻天位，况太宗之有惭德也乎？

二十一

长孙无忌曰："太子仁恕，实守文之德。"此佞者之辩也。太宗不能折之，遽立治而不改，唐几以亡。仁恕者，君德之极致，以取天下而有余，况守文乎？无忌恶知仁恕哉！不明不可以为仁，不忠不可以为恕。

仁者，爱之理也，而其发于情也易以动，故在下位而易动于利，在上位而易动于欲。君子之仁，廓然曙于情之贞淫，而虚以顺万物之理，与义相扶，而还以相济。故仁，阴德也，而其用阳。若遇物而即发其不忍之情，则与嚅呢呴沫者相取，而万物之死生有所不恤。阴德易以阴用，而用以阴，乃仁之贼，此高宗之仁也。

恕者，推己以及人，仁之牖也。以己之欲，推之于物，难之难者也。难之难者，以其所推者己之欲也。故君子之恕，推其所不欲以勿施于人，而不推其欲以必施，以所欲者非从心而不逾矩，未可推也。然而不欲者，亦难言矣。

夺己之声色臭味，而使不集于康，固人之所不欲也；以此而不欲夺人，则屈己之道，屈天下之情，以求免于人之快悒，皆可曰恕，而以纵女子小人金壬谗佞者弥甚。忠也者，发己自尽之谓。尽己之所可为，尽己之所宜为，尽己之所不为而弗为，而后可以其不欲者推于物而勿施。不然，人且呼吁以请，涕泣以干，陈其媟狎之私，以匍伏而待命，女子小人金壬谗佞未能得志之日，方挟此术以怵我，而己于义利理欲之情未定，则见为不可拂而徇之，以恣其奸邪，皆曰是不可欲者勿施焉，恕也。

故仁恕者，君子之大德，非中人以下所能居之不疑者也。高宗竟以此而不庇其妻子，不保其世臣，殃及子孙，祸延宗社。长孙无忌恶足以知仁恕哉？挟仁恕之名以欺太宗，而太宗受其罔，故曰佞者之辩也。太宗明有所困，忠有所诎，遂无以折佞人之口而使雠其邪，此三代以下，学不明，德不修，所以县绝于圣王之理也。

二十二

负慝而畏人知，掩之使不著，以疑天下，小人之伪也。其犹畏人知也，有不敢著、不忍著之心，则犹天良之未尽亡也。抑不著而使天下疑，则使天下犹疑于大恶之不可决为，而名教抑以未燔。无所畏，无所掩，而后恶流于天下，延及后世，而心丧以无余。太宗亲执弓以射杀其兄，疾呼以加刃其弟，斯时也，穷凶极惨，而人之心无毫发之存者也。史臣修高祖实录，语多微隐，若有怵惕不宁之情焉，夫人皆有之心也，且以示后世，与宋太宗烛下斧影之事同其传疑，则人固谓天伦之不可戕也。而太宗命直书其事，无畏于天、无惮于人而不掩，乃以自信其大恶之可以昭示万世而无惭，顾且曰"周公诛管、蔡以安周，季友鸩叔牙以存鲁"，谁欺乎？周公之诛管、蔡，周公不夺管、蔡之封也；季友鸩叔牙，季友不攘叔牙之位也。建成、元吉与己争立，而未尝有刘劭之逆，贻唐室以危亡，而杀之以图存，安忍无亲，古人岂其口实哉？

且周公之不得已而致天讨也，《鸱鸮》之怨，《东山》之悲，有微辞，有隐痛，祸归于商、奄，而不著二叔诛窜之迹；东人之颂公者，亦曰四国是皇，不曰二叔是诛也。过成于不忍疑，事迫于不获已，志窘于不能遂，言讪于不忍明，天下后世勿得援以自文其恶，观过而知仁，公之所以无惭于夙夜也。若夫过之不可掩，而君子谓其如日月之食者，则惟以听天下后世之公论，而固非己自快言之以奖天下于戕恩。况太宗之以夺大位为心，有不可示人之巨慝乎？至于自敕直书，而太宗不可复列于人类矣。

既大书特书以昭示而无忌矣，天子之不仁者，曰吾以天下故杀兄弟也；卿大夫之不仁者，亦曰吾以家故杀兄弟也；士庶人亦曰吾以身故杀兄弟也。身与家之视天下也孰亲？则兄弟援戈矛以起，争田庐丝粟之计，而强有力者得志焉，亦将张胆瞋目以正告人曰：吾亦行周公、季友之道也。蛇相吞，蛙相唼，皆圣贤之徒，何惮而弗为哉？史者，垂于来今以作则者也，导天下以不仁，而太宗之不仁，蔑以加矣。万世之下，岂无君子哉？无厌然之心，恻隐羞恶，两俱灰烬，功利杀夺横行于人类，乃至求一掩恶饰伪之小人而不易得也，悲夫！

二十三

隋之攻高丽而不克也，君非其君，将非其将，士卒怨于下，盗贼乱于内，固其宜矣。唐太宗百战以荡群雄，李世勣、程名振、张亮，皆战将也，天下抑非杨广狼戾以疲敝之天下，太宗自信其必克，人且属目以待成功，乃其难也，无异于隋，于是而知王者行师之大略矣。

太宗自克白岩，将舍安市不攻，径取建安，策之善者也，而世勣不从。高延寿、高惠真请拔乌骨城，收其资粮，鼓行以攻平壤，而长孙无忌不可。乃以困于安市城下，而狼狈班师。夫世勣、无忌岂不知困守坚城之无益，而阻挠奇计，太宗自策既审，且喜闻二高之言，而终听二将以迁延，何也？唯天子亲将，胜败所系者重，世勣、无忌不敢以万乘尝试，太宗亦自顾而不能忘豫且之戒也。向令命将以行，则韩信之度井陉、刘裕之入河、渭，出险而收功；即令功堕师挠，固无系于安危之大数，世勣、无忌亦何惮而次且哉？

苻坚不自将以犯晋，则不大溃以启鲜卑之速叛；窦建德不自将以救洛，则不被擒而两败以俱亡；完颜亮不自将以窥江，则不挫于采石，而国内立君以行弑；佛狸之威，折于盱眙；石重贵之身，擒于契丹；区区盗贼夷狄之主，且轻动而召危亡，况六宇维系于一人而轻试于小夷乎？怯而无功，世勣、无忌尚老成持重之谋也。不然，土木之祸，天维倾折，悔将奚及邪？王钦若诋寇准以孤注，钦若诚奸，准亦幸矣；鼓一往之气，以天子渡河为准之壮猷，几何而不误来世哉？《春秋》书从王伐郑，讳其败以讥之，射肩而后，王室不可复兴，桓王自贻之也。故曰天子讨而不伐。

二十四

刘洎之杀，谓褚公遂之者，其为许敬宗之污诬，固已。乃使褚公果以洎之言白于太宗，亦讵不可哉？太宗征高丽，留守西京者，房玄龄也；受命辅太子于定州者，高士廉、张行成、高季辅、马周，而洎以新进与焉，非固为宗臣，负伊、周之独任也。兵凶战危，太宗春秋已高，安危未决也，太子柔弱，固有威福下移之防。洎于受命之日，遽亢爽无忌而大言曰："大臣有罪，臣谨即行诛。"然则不幸而太宗不返，嗣君在疚，玄龄之项领，且悬于洎之锋刃，而况士廉以下乎？又况其余之未尝受命者乎？

人臣而欲擅权以移国者，必立威以胁众，子罕夺宋公之柄，用是术也。而曹操之杀孔融，司马懿之杀曹爽，王敦之杀周颛、戴渊，无所禀承，犹无择噬；矧洎已先言于当宁，挟既请之旨，复何所忌以戢其专杀乎？魏王泰未死，吴王恪物望所归，洎执生杀之权以诛异己，欺太子之柔，唯其志以逞，何求而不得？然则伊、霍之事，洎即不言，抑必有其情焉；且又恶知洎之狂悖，不果有是言哉？

或曰：洎谨即行诛之对，刚而戆耳，非能有不轨之情也。曰：所恶于强臣者，唯其很耳。戆者，很之徒也。无所忌而函之心，乃可无所忌而矢诸口，遂以无所忌而见之事。司马师、高澄、朱温、李茂贞唯其言之无忌者，有以震慑乎人心，而天下且诧之曰：此英雄之无隐也。当其曰"谨即行诛"，目无天子，心无大臣，百世而下，犹不测其威之所底止，而可留之以贻巽软之冲人乎？使褚公果劝太宗以杀洎，亦忠臣之效也。

或曰：唐处方兴之势，而长孙无忌、房玄龄、李世勣以开国元臣匡扶王室，洎虽狂，无能为也。曰：人之可信以无妄动者，唯其慎以言、虑以动而已。不可言而言之，则亦不可为而为之。朱泚孤军无助而走德宗，苗傅、刘正彦处张浚、韩世忠之间，而废宋高，皆愚戆而不恤祸福者也。藉曰洎为文吏，兵柄不属焉，范晔、王融亦非有兵之可恃，又孰能保洎之无他乎？使伏其辜，非过计而淫刑，审矣。

二十五

星占术测，乱之所自生也。史言《秘记》云："唐三世之后，女主武王，代有天下。"谁为此《秘记》者，其由来不可考也。太白之光，群星莫及，南北之道去日近，则日夺其光，去日远，则日不能夺而昼见。五纬之出入，历家所能算测，而南北发敛，历法略而古今无考，使有精于步测者，亦常耳。而太史守其曲说，曰"女主昌"，与所谓《秘记》者相合，太宗不能以理折之，而横杀李君羡以应之；李淳风又曰"天之所命，人不能违"，以决其必然，武氏之篡夺，实斯言教之也。

凡篡夺之祸，类乘乎国之将危，而先得其兵柄，起而立功以拯乱，然且迟回疑畏而不敢骤；抑有强干机智之士，若荀攸、郗虑、刘穆之、傅亮、李振、敬翔之流，赞其逆谋，而多畜虎狼之将佐，为之爪牙，然后动于恶而人莫能御。今武氏以一淫姬处于深宫，左右皆傅粉涂朱猥媟之贱士，三思、懿宗、承嗣辈，固耽酒嗜色之纨绔，一强项之邑令可鞭笞而杀之庸竖也。乃以炎炎方兴之社稷，淫风一拂，天下归心，藏头咋舌于枷楛薰灼之下，莫之敢抗，武氏何以得此于臣民哉？天下固曰：前圣之《秘记》然也，上天之垂象然也；先知如淳风者，已曰"天之所命，人不能违"也。淳风曰：当王天下，武氏曰：吾当王也；淳风曰：杀唐子孙殆尽，武氏曰：吾当杀也。呜呼！摇四海之人心，倾方兴之宗社，使李氏宗支骈首以受刃，淳风一言之毒，滔天罔极矣。

甚哉！太宗之不明也，正妖言之辟，执淳风而诛之，焚《秘记》、斥太史之妄，武氏恶足以惑天下而成乎篡哉？有天下而不诛逐术士、敬授民时以定民志，则必召祸乱于无穷。人有生则必有死，国有兴则必有亡，虽百世可知也，恶用此哓哓者为？

二十六

以利为恩者，见利而无不可为。故子之能孝者，必其不以亲之田庐为恩者也；臣之能忠者，必其不以君之爵禄为恩者也；友之能信者，必其不以友之车裘为恩者也。怀利以孝于亲、忠于君、信于友，利尽而去之若驰，利在他人，则弃君亲、背然诺，不旋踵矣，此必然之券也。故慈父不以利畜其子，明君不以利饵其臣，贞士不以利结其友。

太宗迁李世勣为叠州都督，而敕高宗曰："汝与之无恩，我死，汝用为仆射，以亲任之。"是已明知世勣之唯利是怀，一夺予之间而相形以成恩怨，其为无赖之小人，灼然见矣；而委之以相柔弱之嗣君，不亦愚乎？长孙无忌之勋戚可依也，褚遂良之忠贞可托也，世勣何能为者？高祖不察而许为纯臣，太宗不决而托以国政。利在高宗，则为高宗用；利在武氏，则为武氏用，唯世勣之视利以为归，而操利以笼之，早已为世勣所窥见，以益歆于利，"家事"一言，而社稷倾于武氏，所必然矣。若谓其才智有余，任之以边陲可矣，锢之于叠州，唐恶从而乱哉！

《读通鉴论》卷二十终

读通鉴论卷二十一

高宗

一

房遗爱狂骏，与妇人谋逆以自毙，而荆王元景、吴王恪骈首就戮，李道宗亦坐流以死。呜呼！元景之长而有功，恪之至亲而贤，道宗之同姓而为元勋，使其存也，武氏尚未能以一妇人而制唐之命也。夫长孙无忌之决于诛杀，固非挟私以争权，盖亦卫高宗而使安其位尔。乃卫高宗而不恤唐之宗社，则私于其出，无忌之恶也。原其所自失，其太宗之自贻乎！

承乾废，魏王绌，太宗既知恪之可以守国也，则如光武之立明帝，自决于衷，而不当与无忌谋。如以高宗为嫡子而分不可紊，则抑自决于衷，而尤不当与无忌谋。疑而未决，则在廷自有可参大议之臣，如德宗之于李泌，宋仁宗之于韩琦，资其识以成其断。唯无忌者，高宗之元舅也，而可与辨高宗与恪之废立乎？乃告无忌曰："雉奴弱，恪英果类我，我欲立之。"事既不果，无忌所早作夜思以疑恪、忌恪、畏恪之怨己而欲剿绝其命者，终不忘矣。唐无夹辅之亲贤，而己以先后已谢之威灵，不能敌房帷之亲宠，终亦必亡者，皆其所懵焉不顾者矣。太宗一言之失，问非其人，而不保其爱子，不永其宗祧。《易》曰："君不密，则失臣。"岂徒君臣，父不密，且失其子矣。无忌怙外戚以为擘固之图，太宗不察焉，顾谓无忌曰："公以恪非己之甥邪？"愈发其隐，而无忌之志愈憯矣。房玄龄、褚遂良之赞立高宗，义之正也；太宗之疑于立恪，道之权也；无忌之固请立高宗，情之私也。挟私而终之以戕杀，无忌之恶稔，而太宗不灼见而早防之，不保其子，不亦宜乎！

或曰：褚公受顾命辅国政，不能止无忌之奸，且道宗之窜，公实与谋，岂亦挟私以翦宗子乎？夫房遗爱已探无忌之意旨，诬恪以求自免，言已出而若有征，褚公未易任其无患，恪且死，骂无忌而不及公，则谓公之陷道宗者，亦许敬宗之诬，史无与正之与？

二

刘文成公自言"疾恶太甚，不可为相"。相者贤不肖之所取裁，以操治乱之枢机者也，好善不笃，恶恶不严，奚可哉？刘公之言何以云邪？今绎其语而思之，太甚云者，非不能姑纵之谓也，谓夫恶之而不如其罪之应得，不待其恶之已著，而擿发之已亟也。形于色，发于言，无所函藏，而早自知其不容，一斥为快，而不虑其偾兴以旁出也；如是以赞人主赏罚之权，而君志未定，必致反激以生大乱。赵高邑为总宪，欲按崔呈秀之贪，而考核未速，瞋恨先形，乃使投权阉以杀善类，古今之如此者多矣，然后知刘公之自知明而审几定也。

长孙无忌之恶李义府，正矣；既熟察其凶险之情，则不宜轻示以机而使之自危。乃不待其罪之著见而无可逃，而遽欲谪之于蜀徼；抑不能迅发以决行，而使得辗转以图侥幸。于是义府之奸，迫以求伸，用王德俭之谋，请立武氏，一旦超擢相位，而无忌不能不坐受其穷。然则为相臣者，不能平情以审法，持法以立断，徒挟恶恶之心，大声疾呼，頳颜奋袂，与小人争邪正，以自祸而祸国也有余。好恶赏罚，治乱之枢机，持之一念，岂易易哉！

韩魏公之处任守忠也，其气不迫，而后其断不疑，函之从容，而决之俄顷，故守忠弗能激出以反噬。申屠嘉一失之邓通，再失之晁错，皆疾恶甚而无持重之断，以一泄而易穷也。刘公之言，为万世大臣之心法允矣。

三

至弱之主，必有暴怒；至暗之主，必有微明。使弱以暗者必无偶见之明、无恒之怒，则巨奸犹不测其所终，而未敢凌乘以逞；明乍启而可蔽，怒忽动而旋移，然后伎俩毕见，可迫驾其上而无所复忌，君子之欲辅之以有为也，难矣。而抑有道焉：苟知其明之不审，而怒之易移，则豫防其明与威之不可继，而因间抵隙，徐以养之，使积之厚而发之以舒，庶乎其有济矣。即其不济，而在我有余地，以待他日之改图；在彼无增长之威，以成不可拔之势。故惟慎重以持权者，能事昏主、宰乱朝，而消其险阻，斯大臣之所以不易得也。

高宗以厌祷故怒武氏而欲废之，使其废也，社稷之福也。虽然，废后大事也，恶有倏然怒之，倏然言之，而即倏然废之者乎？倏然言之，即可倏然废之，则其人虽不废，亦无能害于国凶于家矣。悍狡如武氏，而可以偶然之忿黜之须臾乎？懦夫之懦也，惟其忿怒偶发而悻悻不能俄顷待也，暴雨之盈沟浍，操舟而泛之以指江海，上官仪之不审，愚亦甚矣哉！使于此持重以处而渐导以机，从容谓帝曰：后之不可为天下母，臣等固知之而未敢言也，今幸上知之矣，而固未可轻也，姑宽之以观其骄，渐疏之以观其怨，斟酌于心，而正告群臣，悔前此之过，然后正祖宗之家法，与天下共黜之，臣且达上意于公忠体国之大臣，咸使昌言以昭天下之公论，今未可以一纸诏书快须臾之怒也。如此，则高宗之志可渐以定，武氏之恶可察而著，忠直之言可庸而纳，佞幸之党可次而解，而懦夫易消之怒，以无所发而蕴于中，武氏之涕泣无所施，而危机自阻。其终废也，社稷以宁，即不终废也，亦何至反激其搏噬、劫群臣以使风靡哉？上官仪之不及此也，识不充，守不固，躁率而幸成于一朝，丧身殄国，仪欲辞其咎而不能矣。

虽然，论者曰："彼昏不知，不可与言，仪之不智以亡身，与京房等，"则非也。身为大臣，有宗社之责焉，缄口求容，鄙夫而已矣，仪忠而愚者也，未可以苛求也。

四

张公艺以百忍字献高宗，论者谓其无当于高宗之失，而增其柔懦。亦恶知忍之为道乎！《书》曰："必有忍，乃克有济。"忍者，至刚之用，以自强而持天下者也。忍可以观物情之变，忍可以挫奸邪之机，忍可以持刑赏之公，忍可以畜德威之固。夫高宗乍然一怒，听宦者之辞，而立命上官仪草诏以废武氏，是惟无激，激之而不揣以愤兴，不忍于先，则无恒于后，所以终胁于悍妇者正此也。

夫能忍者，岂桎梏其羞恶是非之心以使不行哉？不任耳而以心殉之而已矣。任耳而以心殉之者，如急水之触矶、沸膏之蘸水，潜诉甫及而颜颏耳热，若高天厚地之无以自容，正哲妇奸人所乘之以制其命者也。故王后伉俪之恩，太子贤、太子忠毛里之爱，长孙无忌渭阳之情，闻谮即疑，而死亡旋及，一激即不能容，他日悔之而弗能自艾，不忍于耳，即不忍于心，高宗之绝其天良，恶岂在忍哉？

公艺之忍而保九世之宗，唯闻言不信而制以心也，威行其中矣。不然，子孙仆妾噂沓背憎以激人于不可忍，日盈于耳，尺布斗粟，可操戈戟于天伦，而能饬九世以齐壹乎？

五

居重驭轻，先内后外，三代之法也。诸侯各君其国，势且伉乎天子，故县内之选，优于五服，天子得人以治内，而莫敢不正，端本之道也。郡县之天下，以四海为家，奚有于远近哉？

畿辅之内与腹里尚文之郡邑，去朝廷也近，吏之贤不肖易以上闻，且其人民近天子之光而畏法深，名教兴而风俗雅，虽中材莅之，亦足以戢其逸志，而安其恒度。至于荒远杂夷之地，其民狃于顽陋犷戾，而诗书礼乐之文，非所喻也，其吏欺其愚而渔猎之，民固不知有天子，而唯知有长吏，则贪暴之吏，唯其所为，而清议不及；乃民夷积怨，一激以兴，揭竿冒死，而祸延于天下。如是，则轻边徼长吏之选，就近补调，使充员数，善不加擢，恶不降罚，俾其贪叨恣日暮途穷之倒逆，离叛相寻，兵戈不戢，内治虽修，其能遥制之哉？前之定天下者，芟箐棘，夷溪峒，威服而恩抚之，建郡县以用夏变夷，推行风教，力甚勤、心甚盛也。乃割弃不理，授之卑茸狼戾之有司，以驱之于乱，溥天之下，特有此蟊贼之区宇，是亦可为长太息矣！故与其重内也，不如其重外也。内虽不綦乎重，而必不轻也；外不重，则永轻之矣。

唐初桂、广等府，官之注拟，一听之都督，而朝廷不问，治之大累也。边徼之稍习文法者，居其土，知其利，则贪为之，而不羡内迁；中州好名干进之士，恶其陋，而患其绝望于清华，则鄙夷之而不屑为。仪凤元年，始遣五品以上同御史往边州注拟，庶得之矣，犹未列于吏部之选也，后世统于吏部，以听廷除，尤为近理。然而悬缺以处劣选，且就地授人，而虽有廉声，不得与内擢之列，吏偷不警，夷怨不绥，民劳不复，迨其叛乱，乃勒兵以斩刈之，亦惨矣哉！千年之积弊，明君良相弗能革也，可胜悼哉！

八闽、东粤，昔者亦荒陋之区也，重守令之选，而贤才往牧，今已化为文教之邦，何独邕、桂、滇、黔、阶、文、邛、雅之不可使为善地乎？不勒兵而服远，不劳中国而化夷俗，何所嫌而弗为也？人士厌薄之私心，假重内轻外之说以文之，明主之所弗徇，而尚奚疑焉！

六

赈饥遣使，民有迎候之劳，如刘思立所言者，未尽然也，所遣得人，则民不劳矣。若其不可者，饥非一邑，而生死之命悬于旦夕，施之不急，则未能速遍，而馁者已死矣；施之急，则甫下车而即发金粟，唯近郭之人得逾分以沾濡，而远郊不至。且府史里胥，党无籍之游民，未尝饥而冒受；大臣奉使，尊高不与民亲，安能知疾苦之为何人，而以有限之金粟专肉白骨邪？此徒费国而无救于民之大病也。

且不特此也。饥民者，不可聚者也。饵之以升斗锱铢，而群聚于都邑以待使者，朴拙之民，力羸而恤其妇子，馁死而不愿离家以待；豪捷轻狷之徒，则如跋扈之鱼，闻水声而鼓鬣，弃其采橡栮、捕禽鱼，可以得生之计，而希求自至之口实，固未能厌其欲而使有终年之饱也。趋使者于城郭，聚而不散，失业以相尊沓，掠夺兴以成乎大乱，所必然已。

夫亦患无良有司耳。有良有司者，就其地，悉其人，行野而进其绅士与其耆老，周知有无之数，而即以予之，且给夕归，仍不废其桑麻耕种、采山渔泽之本计，则惠皆实而民奠其居，仁民已乱之道，交得而亡虞也。故救荒之道，蠲租税，止讼狱，禁掠夺，通籴运，其先务也；开仓廪以赈之，弗获已之术也。两欲行之，则莫如命使巡行，察有司之廉能为最亟。守令者，代天子以养民者也，民且流亡，不任之而谁任乎？授慈廉者以便宜之权，而急逐贪昏敖惰之吏，天子不劳而民以苏，舍是无策矣。

七

李世勣之安忍无亲也：置父于窦建德之刃下而不恤；强其婿杜怀恭与征高丽，而欲杀之以立法；付诸子于其弟，而使怒则挝杀之。顾于其姊病，为之煮粥燎须，而曰："姊老勣亦老，虽欲为姊煮粥，其可得乎？"蔼然天性之言，读之者犹堪流涕。由此言之，则世勣上陷其父于死，而下欲杀其子与婿，非果天理民彝之绝于心也。天下轻率寡谋之士，躁动而忘其天性之安，然其于不容已之慈爱，是惟弗发，发则无所掩遏而可遂其情。唯夫沉鸷果决者，非自拔于功利之陷溺，则得丧一系其心，而期于必得，心方戚而目已怒，泪未收而兵已操，枭獍之雄心不可复戢，彼固自诧为一世之雄也，而岂其然哉？盖无所不至之鄙夫而已。刚则不恤其君亲，柔则尽捐其廉耻，明知之而必忍之，虽圣人亦无如之何也。有时而似忠贞矣，有时而似孝友矣，非徒似也，利之所不在，则抑无所吝而用其情也。世勣之于单雄信，割肉可也，为姊而燎须，何所吝邪？利无可趋，害无可避，亦何为而不直达其恻隐之心，以发为仁者之言哉？

籍甲兵户口上李密而使献，知高祖之不以为己罪也；太宗问以建成、元吉之事而不答，事未可知，姑为两试，抑知太宗之不以此为嫌也；年愈老，智愈猾，高宗问以群臣不谏，而曰"所为尽善，无得而谏"，知高宗之不以己为佞也。则以党义府、敬宗，赞立武氏，人自亡其社稷，己自保其爵禄，恻隐羞恶是非之心，非不炯然内动，而力制之以护其私，安忍者自忍其心，于人何所不忍乎？故一念之仁，不足恃也，正恶其有一念之仁而矫拂之也。夫且曰吾岂不知忠孝哉？至于此而不容不置忠孝于膜外也。为鄙夫，为盗贼，为篡弑之大逆，皆此而已矣。

八

魏玄同上言欲复周、汉之法，命内自三公省寺，外而府州，各辟召僚属，而不专任铨除于吏部，其言辩矣，实则不可行也。一代之治，各因其时，建一代之规模以相扶而成治，故三王相袭，小有损益，而大略皆同。未有慕古人一事之当，独举一事，杂古于今之中，足以成章者也。王安石惟不知此，故偏举《周礼》一节，杂之宋法之中，而天下大乱。

周之所以诸侯大夫各命其臣者，封建相沿，民淳而听于世族，不可得而骤合并以归天子也。故孔子之圣，天子不得登庸，求、路之贤，鲁、卫之君不能托国，三代之末流亦病矣。汉制：三公州郡各辟掾曹，时举孝廉以贡于上，辟召一听之长官，朝廷不置冢宰，盖去三代未远，人犹习于其故，而刺史太守行法于所部，刑杀军旅赋役祀典皆得以专制，则势不得复为建属吏以掣之。其治也，刑赏之施于三公州郡者，法严明，而诬上行私者不敢逞；迨其乱也，三公州郡任非其人，而以爱憎黜陟其属吏，于是背公死党之习成，民之利病不得上闻，诛杀横行，民胥怨激，而盗贼蜂起，则法敝而必更，不可复矣。

汉之掾吏，视其长官犹君也，难而为之死，死而为之服衰，各媚其主，而不知有天子。然则使为公敛处父之据成不堕，祝聃之射王中肩，皆可自命为忠而无忌，大伦不明，倒行逆施，何所不可哉？且其贡于天子者，一唯长吏之市恩，而天子无以知其贤奸，抑无考核之成宪以衡其愚哲，三公之辟召，则唯采取名誉于州郡，于是虚誉日张，雌黄在口，故处士之权日重，朋党兴而成乎大乱。故曹孟德惩其敝而改之，总其任于吏部，此穷则必变之一大机会也，既变矣，未有可使复穷者矣。

法无有不得者也，亦无有不失者也。先王不恃其法，而恃其知人安民之精意；若法，则因时而参之礼乐刑政，均四海、齐万民、通百为者，以一成纯而互相裁制。举其百，废其一，而百者皆病；废其百，举其一，而一可行乎？浮慕前人之一得，夹粿之于时政之中，而自矜复古，何其窒也！

魏、晋以下，三公牧守不能操生杀兵农之权，教化不专司于己，而士自以其学业邀天子之知；乃复使之待辟于省寺府州之众吏，取舍生乎恩怨，奔竞盛于私门，于此不雠，自媒于彼，廉耻丧，朋党立，国不能一日靖矣。唐之乱也，藩镇各树私人以为爪牙，或使登朝以为内应，于是敬翔、李振起而亡唐。他如罗隐、杜荀鹤、韦庄、孙光宪之流，皆效命四方，而不为唐用，分崩瓦解，社稷以倾，亦后事之明验矣。

夫吏部以一人而周知士之贤否，诚所不能，如玄同之虑者。然士之得与于选举也，当其初进，亦既有诸科以试之矣。君子不绝人于早，而士之才能亦以历事而增长，贪廉仁暴，亦以束于法而磨砺以劝于善。其有坏法乱纪、蠹政虐民者，则固有持宪之臣，操准绳以议其后。若夫偏材之士，有长此短彼之疑，则因事旁求，初不禁大臣之荐举。然则吏部总括登进之法，固魏、晋以下人心事会之趋，而行之千年不可更易者也。

读古人之书，以揣当世之务，得其精意，而无法不可用矣。于此而见此之长焉，于彼而见彼之得焉，一事之效，一时之宜，一言之传，偏据之，而曰：三代之隆、两汉之盛恃此也。以固守而行之者王安石，以假窃而行之者王莽而已。何易由言哉？知人安民，帝王之大法也，知之求其审也，安之求其适也，所以知、所以安，非一切之法窜乱于时政变迁之中，王不成王，霸不成霸，而可不偾乱者也。庸医杂表里、兼温凉以饮人，强者笃，弱者死，不亦伤乎！

中宗 伪周武氏附于内

一

中宗嗣位两月，失德未著，而武氏与裴炎亟废而幽之。三叶全盛之天子，如掇虚器于井灶之间，任其所置，百官尸位，噤无敢言者，武氏何以得此于天下哉？国必有所恃以立，大臣者，所恃也。大臣秉道，而天子以不倾，即其怀奸，而犹依天子以自固，唯其任重而望隆，交深而位定，休戚相倚而情不容不固也。而高宗之世，大异于是。高宗在位三十四年，尚书令仆左右相侍中同平章事皆辅相之任，为国心膂者也，而乍进乍退，尸其位者四十三人，进不知其所自，退不知其所亡，无有一人为高宗所笃信而固任者，大臣之贱，于此极矣。长孙无忌、褚遂良、于志宁、高季辅、张行成，太宗所任以辅己者也，贬死黜废，不能以一日安矣。保禄位以令终，唯怀奸之李勣耳。自是而外，若韩瑗、来济、杜正伦、刘仁轨、上官仪、刘祥道，较无覆悚之伤，而斥罪旋加，幸免者亦托于守边以免祸。若其他窃位怀禄之宵小，勿论李义府、许敬宗之为通国所指数；即若宇文节、柳奭、崔敦礼、辛茂将、许圉师、窦德玄、乐彦玮、孙处约、姜恪、阎立本、陆敦信、杨弘武、戴至德、李安期、张文瓘、赵仁本、郝处俊、来恒、薛元超、高智周、张大安、崔知温、王德真、郭待举、岑长倩、魏玄同者，皆节不足以守笾库，才不足以理下邑，或循次而升，或一言而合，或趋歧径而诡遇，竞相踵以赞天工。至其顾命托孤委畀九鼎者，则裴炎、刘景先、郭正一二三无赖之徒也。呜呼！恶有任辅弼大臣如此之轻，而国可不亡者乎？

夫高宗柔懦之主也，柔者易以合，然而难以离也。乃合之易而离之亦易者，何也？惟其疑而已矣。疑者，己心之所自迷，人情之所自解者也。刚而责物已甚也，则疑；柔而自信无据也，则疑；两者异趣同归，以召败亡一也。刚不以决邪正，而以行猜忮；柔不以安善类，而以听谗谀；猜忮生于心，谗谀兴于外，于是乎人皆可相，人皆不可相也，人皆可斥而可诛也。为大臣者，视黄阁为传舍，悠悠于来去，而陌路其君亲，不亦宜乎！孟子曰："王无亲臣矣。"无亲臣，则不可以为父母，裴炎片语之失意，而废中宗如扪虱于裈中，复奚恤哉？夫相代天工，天之所畀、人之所归也；天下不能知其姓字，逆臣不屑奉为蓍龟，艳妻宵小，怙长存之势，以役骤进骤退之鄙夫，谈笑而移宗社，一多疑之所必致也。审察乱源，可以知所由来矣。

二

伸天下之大义，而执言者非其人，适以堕义，而义遂不可复伸。齐桓公不责楚之僭王，自反其不足以伸大义，宁阙焉而若有所俟，虽无可俟，楚终惴惴然疑且有责之者，天下亦颙颙然几有责之者，故曹、桧之大夫，犹敢秉公论以讴吟，而楚终不敢灭宗周、迁九鼎，义以不袭而未遽堕也。夫齐桓，方伯也，固执言伸义之人也，奚为不可？然而不可者，内省其情，求以雄长诸侯而霸之，非果恤宗周、欲以复宗周之绪也。非其情则非其人矣，自问而知之，天下皆知之，乱贼亦具知之。其情不至，其人不足畏，乃徒号于天下曰："吾以伸大义也。"天下弗与，乱贼弗惮，孤起无援，终以丧败，则乱贼之焰益炎，而天下之势一扑而不可复张。义之不可袭取，而必本于夫人之心，亦严矣哉！

李敬业起兵讨武氏，所与共事者，骆宾王、杜求仁、魏思温，皆失职怨望，而非果以中宗之废为动众之忧也。敬业以功臣之裔，世载其奸，窥觎间隙，朝权不属，怀忿以起，观其取润州、向金陵，以定霸基而应王气，不轨之情，天地鬼神昭鉴而不可欺，徒建鼓以号于天下曰："吾为霍子孟、桓君山之歌哭也。"内挟代唐之私，外假存唐之迹，义可取也，则宵人之巧谲，但能淋漓慷慨为忠愤之言，而即佑于天、助于人，天其梦梦、人其胥有耳而无心乎？于是兵败身死，而嗣是以后，四海兆人之众，无有一夫焉为唐悲宗社之沦没，皆曰"义不可伸，贼不可讨"。天移唐祚，抑将如之何哉！

大义之堕，堕于敬业之一檄也，无情之文，巧言破义，贞人之泪，为奸人之诽笑，而日月昏霾，妖狐昼啸，复谁与禁之哉？故敬业之败，武氏之资也；敬业之起，宾王之檄，必败之符也。忠臣孝子以无私之志伸不容已之义，虽败虽歼，不患无继我以兴者，唯孤情之在两间，煹蒿絪缊，百衄百折，流血成川，积骸如莽，而不能夺也。群不逞之徒，托义以求盈，而后义绝于人心，悲夫！

三

自霍光行非常之事，而司马懿、桓温、谢晦、傅亮、徐羡之托以售其私，裴炎赞武氏废中宗立豫王，亦其故智也。不然，恶有嗣位两月，失德未彰，片言之妄，而为之臣者遽更置之如仆隶之任使乎？炎之不自揣也，不知其权与奸出武氏之下倍蓰而无算，且谓豫王立而己居震世之功，其欲仅如霍氏之乘权与懿、温之图篡也，皆不可知；然时可为，则进而窥天位，时未可，抑足以压天下而永其富贵；岂意一为武氏用，而豫王浮寄宫中，承嗣、三思先己而为捷足也哉？其请反政豫王也，懿、温之心，天下后世有目有心者知之，而岂武氏之不觉邪？家无甔石之储，似清；请反政于豫王，似忠；从子仙先忘死以讼冤，似义；以此而挟滔天之胆，解天子之玺绂以更授一人，则其似是而非者，视王莽之恭俭诚无以过。而武氏非元后，己非武氏之姻族，妄生非分之想，则白昼攫金，见金而不见人，其愚亦甚矣。

自炎奸不仇而授首于都市，而后权奸之诈穷，后世佐命之奸，无有敢借口伊、霍以狂逞者，刘季述、苗傅、刘正彦以内竖武夫骤试之而旋就诛夷，不足以动天下矣。炎之诛死，天其假手武氏以正纲常于万世与！

四

将各有其军而国强，将各有其军而国乱，唐之季世，外夷之祸浅，国屡破、君屡奔而不亡，然天下分裂，以终于五代，皆此由也。

将各有其军，于是监军设焉。中人监军，唐之大蠹也，其始以御史监之，较中人为愈矣，然即以御史监军，而军不败者亦鲜矣。既命将以将兵，而必使御史监之者，亦势之不容已也。将各有其军，而骄悖以僭叛者勿论已；即其不然，朝廷之意指不行于疆场，而养寇以席权，恶缩以失机，迁延以糜饷，情事之所必有，而为国之大患。天子大臣不能坐受其困，则委之监军以决行上意，故曰不容已也。然而其军必败，未有爽焉者矣。

监军者而与将合，则何取于监军，而资将以口实？曰：夫监军者，目击心知而信以为必然矣。监军者而与将异，于是将不能自审其进止，以听之与兵不习、于敌不审之人。《传》有之曰："将得其人，而使刚愎不仁者参焉，则败。"监军者，非必刚愎不仁也，而御史者，以风裁无惮于大吏，持文法以责功效者也。责功效者必勇于进，则刚；持文法而无所惮，则愎；居朝端、习清晏而不与士卒之甘苦相喻，则不仁。业任之以刚愎不仁之任，虽柔和之士，亦变其素尚而勉为决裂。且柔和之士，固不乐受监军之任；其乐任者，必其喜功好竞以尝试为能者也。

且夫朝廷之使监军，其必有所属意矣。天子有欲速之心，宰相有分功之志，计臣恤馈饷之难，近寇之荐绅冀驱逐之速；将虽无养寇畏敌之情，而在廷固疑其前却；操此为虑，则自非少年轻锐、挟智自矜以傲忽元戎者，固莫之使也。无敢死之心，无必胜之谋，无矜全三军之生死以固邦本之情，抑无军覆受诛之法以随其后，如是而不挠将以取败也，必不得矣。乃其设之之由，则惟将各有其军，而天子大臣不能固信之也。

唐初府兵方建，军政一统于天子，授钺而军非其军，振旅而众非其众，故虽武氏之猜疑，而任将以勿贰，李孝逸、程务挺以分阃立效之元戎，杀之流之而不敢拒命，则亦无所用监军为矣。非武氏之能将将也，府兵定、军政一、而指臂之形势成也。然其始府兵初建于用武之余，而兵固竞，则将可无兵，而唯上之使。一再传而府兵之死者死、老者老矣，按籍求兵而弱不堪用矣，势必改为招募，不得不授将以军矣；故监军复设而中人任之，庸主忮臣所不容已之乱政也。夫任将以军，而精于择将，慎于持权，天子之明威行于万里，而不假新进喜功之徒、挠长子之权，夫乃谓之将将；唯西汉为能然，岂武氏所可逮哉？

五

涉大难，图大功，因时以济，存社稷于已亡而无决裂之伤，论者曰"非委曲以用机权者不克"，而非然也，亦唯持大正以自处于不挠而已矣。以机权制物者，物亦以机权应之，君子固不如奸人之险诈，而君子先倾；以正自处，立于不可挠之地，而天时人事自与之相应。故所谓社稷臣者无他，唯正而已矣。孔融之不能折曹操以全汉者，慷慨英多，而荡轶于准绳者不少，操有以倒持之也。周顗、戴渊密谋匡主而死于王敦，几以亡晋，夫亦自有咎焉。愤而或激，智而或诡，两者病均，而智之流于诡者，其败尤甚。虽有奇奸巨慝杀人如莽之气焰，而至于山乔岳峙守塞不变之前，则气为之敛，而情为之折。呜呼！斯狄梁公之所以不可及也。

或曰："公之所以得武氏之心而唯言是听，树虎臣于左右而武氏不疑，此必有异人之深机，以得当于武氏，而后使为己用。"考公之生平，岂其然乎？当高宗时，方为大理丞，高宗欲杀盗伐昭陵柏者，公持法以抗争，上怒洊加而终不移；及酷吏横行之际，为宁州刺史，以宽仁获百姓之心；

再刺豫州，按越王贞之狱，密奏保全坐斩者六七百家，当籍没者五千余口免之；此岂尝有姑尚委随而与世推移以求曲济之心乎？其尤赫然与日月争光者，莫若安抚江南而焚淫祠一千七百余所。是举也，疑夫轻率任气者亦能为之，而固不能也。鬼神者，即人心而在者也，一往而悍然以兴，气虽盛，心之惴惴者若或掣之，昧昧之士民，竞起而挠之，非心服于道而天下共服其心者，未有不踟蹰而前却者也，故曰赫然与日月争光者也。由此思之，唯以道为心，以心为守，坦然无所疑虑，其视妖淫凶狠之武氏，犹夫人也，不见可忧，不见可惧。请复庐陵，而树张柬之等于津要，武氏灼见其情而自不能违，岂有他哉？无不正之言，无不正之行，无不正之志而已矣。

或曰："公苟特立自正，无所用其机权，则胡不洁身不仕，卓然而无能浼辱；乃姑事之而后图之，则抑权也，而非正也。"曰：武氏无终篡之理，唐无可亡之势，天下愦愦弗之察耳。三思、承嗣以无赖小人淫昏醉梦而结市井椎埋之党，逐声狂吠，庸人视之，如推车于太行之险，大人君子视之，一苇可杭之浅者也，秉正治之而有余，何为弃可为之时，任其燋乱，以待南阳再起，始枭王莽于渐台，而贻中原之流血乎？天下无正人而后有妖乱，丛狐山獠足以惑人之视听，武氏亦犹是而已。范我驰驱，无求不获，公亦坦然行之，而何机权之足云！

六

夷狄之蹂中国，非夷狄之有余力，亦非必有固获之心也，中国致之耳。致之者有二，贪其利、贪其功也。贪其货贿而以来享来王为美名，于是开关以延之，使玩中国而羡吾饶富，以启窃掠之心。故周公拒越裳之贡，而曰："德不及焉，不享其贡。"谓德能及者，分吾利以赉之，使受吾豢养，而父老子弟乐役使以不忍叛也。不然，贪其利而彼且以利为饵，惑吾臣民之志，则猝起而天下且利赖之以不与争；且其垂涎吾锦绮珍华而不得遂者，畜毒已深，发而不可遏也。契丹、女真皆始以贡来，而终相侵灭，其必然者一也。贪不毛之土，而以辟土服远为功名，于是度越绝险，逾沙碛、梯崇山、芟幽箐以徼奇捷；不幸而败，则尾之以入，幸而胜，而馈饷相寻，舟车相接，拔木夷险，梁水凌冰，使为坦道。芇贾曰："我能往，寇亦能往。"推此言之，我能往，寇固能来，审矣。故光武闭关，而河、湟巩固。天地设险以限华夷，人力不通，数百里而如隔世，目阻心灰，戎心之所自戢也。中国之形势，东有巨海，西有崇山，山之险，不敌海之十一也。然胡元泛舟以征倭，委数万生灵于海岛，而示以巨浪之可凌，然后倭即乘仍以犯中国；垂至于嘉靖，而东南之害为旷古所未有。巨海且然，况山之蹊实以行，相躐以进者乎？铲夷天险以启匪类之横行，其必然者又一也。二者害同，而出于贪君佞臣不知厌足之心，一而已矣。

吐蕃之为唐患，祸止于临洮，则专力以捍之也犹易。武氏欲发梁、凤、巴、蜑，自雅州开道以击之，陈子昂曰："乱边羌，开隘道，使收奔亡之众为乡导以攻蜀，是借寇兵而为贼除道，举全蜀以遗之也。"其言伟矣！事虽暂止，而此议既出，边臣潜用之以徼功，严武、韦皋虽小胜而终贻大害。明而熟于计者，见终始之全局，洞祸福之先几，可为永鉴。然而后世君臣犹不悟焉，天维倾，地极坼，有自来矣。

七

陈子昂以诗名于唐，非但文士之选也，使得明君以尽其才，驾马周而颉颃姚崇，以为大臣可矣。其论开间道击吐蕃，既经国之远猷；且当武氏戕杀诸王凶威方烈之日，请抚慰宗室，各使自安，撄其虓怒而不畏，抑陈酷吏滥杀之恶，求为伸理，言天下之不敢言，而贼臣凶党弗能加害，固有以服其心而夺其魄者，岂冒昧无择而以身试虎吻哉？故曰以为大臣任社稷而可也。

载观武氏之世，人不保其首领宗族者，蔑不岌岌也，而子昂与苏安恒、朱敬则、韦安石皆犯群凶、持正论而不挠；李昭德、魏元忠、李日知虽贬窜，而终不与傅游艺、王庆之、侯思止、来俊臣等同受显戮。由是言之，则武氏虽怀滔天之恶，抑何尝不可秉正以抑其妄哉？而高宗方没、中宗初立之际，举国之臣，缩项容头，以乐推武氏，废夺其君，无异议者。向令有子昂等林立于廷，裴炎、傅游艺其能售奸慝以移九鼎乎？

夫人才之盈虚，视上之好恶。无以作之，其气必萎；无以縶之，其体必戾。乃武氏以嗜杀之淫妪，而得人之盛如此；高宗承贞观之余泽，有永徽之初治，而流俗风靡，不能得一骨鲠之士，何也？善善而不用，恶恶而不去，目塞而暗，耳塞而聋，其足以挫生人之气，更甚于诛杀也。人之有心，奖之而劝，故盛世之廷多正士；激之而亦起，故大乱之世有忠臣；废针石以养痈，而后成一痿痹之风俗，则高宗之柔暗，以坏人心、毒天下，剧于武氏之淫虐，不亦宜乎！灭唐者，文宗也；灭宋者，理宗也。唐之复兴于开元，尚太宗未斩之泽与！不然，何以堪高宗三十余年曀曀之阴邪？

八

策贡士于殿廷，自武氏始。既试之南宫，又试之殿廷，任大臣以选士，不推诚以信，而以临轩易其甲乙，终未见殿廷之得士优于南宫，徒以市恩遇于士，而离大臣之心。故至于宋而富郑公欲请罢之，其说是已。虽然，勿谓贡士之策异于汉武之策问贤良也。贡士之取舍，人才进退之大辨，轻于其始，则不得复重之于后。天子以天之职求天之才而登进之，使委之有司，弗躬亲以莅之，则玩人而以亵天，其弊也，士愈轻而贡举愈滥，又奚可哉？有道于此，付试事于南宫，而所拔者缄其文以献之上，上与大臣公阅而定其甲乙，庶乎不疑不亵得进贤之中道，惜乎富公之言不及此也。

士之应科而来者，贤愚杂而人数冗，故授之所司，以汰其不经不达之冒昧；而天子亲定其甲乙，则以崇文重爵，敬天秩，奖人才，而示不敢轻。此亦易知易行之道，而自武氏以来，迄千余年，议选举者，言满公车，而计不及此者，后世人主之心，无以大异于武氏也。夫武氏以妇人而窃天下，唯恐士心之不戴己，而夺有司之权，鬻私惠于士，使感己而忘君父，固怀奸负慝者之固然也。后世人主，承天命，缵先猷，作君作师，无待私恩以固结，而与大臣争延揽以笼络天下，顾使心膂猜疑，互相委卸，不亦悖乎！天子而欲收贡士为私人，何怪乎举主门生怀私以相市也。此朋党之所以兴，而以人事主之谊所由替也。

九

王莽之后，合天下士民颂功德劝成篡夺者，再见于武氏，傅游艺一授显秩，而上表请改唐为周者六万人，功若汉、唐，德若汤、武，未闻有此也。孟子曰："得乎邱民为天子。"其三代之余，风教尚存，人心犹朴，而直道不枉之世乎！若后世教衰行薄，私利乘权，无不可爵饵之士，无不可利罔之民，邱民亦恶足恃哉？盗贼可君，君之矣；妇人可君，君之矣；夷狄可君，君之矣。孔子曰："天下有道，则庶人不议。"后世庶人之议，大乱之归也。且与之食，而旦讴歌之；夕夺之衣，而夕诅咒之；恩不必深，怨不在大，激之则以兴，尽迷其故。利在目睫而祸在信宿，则见利而忘祸；阳制其欲，而阴图其安，则奔欲而弃安。赘婿得妻，而谓他人为父母；猾民受贿，而讼廉吏之贪污。上无与惩之，益进而听之，不肖者利其易惑而蛊之，邱民之违天常、拂至性也，无所不至，而可云得之为天子哉？

以贤治不肖，以贵治贱，上天下泽而民志定。泽者，下流之委也，天固无待于其推崇也，斯则万世不易之大经也。

十

逸民之名，君子所甚珍也。商、周历年千岁，而《鲁论》授以其名者七人，则固与汤、武颉颃，为不世出之英，流风善世，立清和之极，非其人岂胜任哉？辞禄归老，保身家，要美名，席田园之乐，遂许之为逸民，则莽可为周公，操可为文王，朱泚、黄巢逐无道之君可为汤、武矣。

武攸绪者，武氏之族，依逆后而起，无功可录，窃将军之号，冒安平王茅土之封，与攸暨等乘武氏之篡，拥衮冕而南面称孤，凡六年矣。唐之子孙杀者囚者殆无遗类，而攸绪兄弟以皇族自居，不知此六年之内，何面目以尸居于百僚之上，而犹自矜曰恬澹寡欲，将谁欺乎？官崇卫而位侯王，虽极天下之多欲者亦厌足矣，犹曰寡欲，将必为天子而后为多欲邪？盖至是而武氏之势已浸衰矣，三思、承嗣淫昏而非懿、操之才，武氏知天下之必归于唐，而意已革，逾年而中宗召返东都矣。攸绪畏祸之且及，引身以避祸，席安荣尊富于嵩山之下，免脱禄、产之诛，福则与诸武共之，祸则全身以违众，就小人而论之，三思、承嗣之愚犹可哀矜，而攸绪之狡尤甚矣哉！使三思、承嗣而为曹丕、司马炎也，攸绪俨然以懿亲保其社稷，其肯就峰阴溪侧冬茅椒而夏石室乎？予之以隐逸之名，名何贱也？以法论之，免其殊死可尔，流放之刑，不可曲为贷也。

十一

知人之哲，其难久矣。狄公之知张柬之、敬晖，付以唐之宗社，何以知其胜任哉？夫人所就之业，视其器之所堪；器之所堪，视其量之所函；量之所函，视其志之所持。志不能持者，虽志于善而易以动，志易动，则纤芥之得失可否一触其情，而气以勃兴，识以之而不及远，才以之而不及大，苟有可见其功名，即规以为量，事溢于量，则张皇而畏缩，若此者，授之以大，而枵然不给，所必然矣。

夫以宗社之沦亡，而女主宣淫，奸邪窥伺，嗣君幽暗，刑杀横流，天下延颈企踵以望光复，此亦最易动之情矣。则欲立拔起之功，以反阴霾之日月，似非锐于进取者不能。狄公公门多士，而欲得此义奋欸兴之人，夫岂难哉？然前此者，李敬业、骆宾王以此致败，徒以增逆焰而沮壮夫之气，其成败已可睹矣，故虽有慷慨英多捐生效节之情，公弗与也。张柬之为蜀州刺史，奏罢姚州之戍，泸南诸镇一切废省，禁南夷之往来；敬晖为卫州刺史，突厥起兵，欲取河北，诸州发民修城，晖不欲舍收获而事城郭，罢使归田；公于此乃有以得二公之器量，而知其可以大任焉。

持之不发者，藏之已固也；居之以重者，发之不轻也；敛之以密者，出之不测也；不为无益之功名者，不避难成之险阻也。故武氏任之而不疑，群奸疑之而不敢动，臣民胥信其举事之必克，而乐附以有成，善观人而任之者，于此求之而失者鲜矣。

十二

读《文王世子》之篇，而知古者天子诸侯之元子日侍于寝门，而损益衣食皆亲执其事，无异于庶人之父子；天性之恩，既不以尊位而隔，孝养之礼，抑且以居高而倡，乃当大位危疑奸邪窥伺之日，受顾命，传大宝，亦相与面授于衽席之侧，德不偷而道立，道不失而祸亦消，皇哉弗可及已！

后世子道之衰，岂尽其子之不仁哉？君父先有以致之也。宫嫔多，嬖宠盛，年已逾迈，而少艾盈前，于是不肖者以猜妒怀疑，即其贤者亦以嫌疑为礼。太子出别宫，而朝见有度，侍立有时，问安有节，或经旬累月而不得至君父之前，离析毛里之恩，虚拥尊严之制，戕性致伦，莫之能改。故其为害也，父子不亲而谗间起，嬖宠怙权而宦寺张。秦政之于扶苏，晋惠之于太子遹，隋高之于太子勇，坐困于奸贼，召之不为召，诬之不能白，杀之不能知，而祸乱极矣。

道二：仁与不仁而已矣。绝父之慈，禁子之孝，尚安足与问祸福乎？无已，则如崔神庆之请于武氏，太子非朔望朝参，应别召者，降手敕玉契，以防奸慝，此三代以下仁衰恩薄必不可废之典也。神庆之言此者，虑诸武之假旨以召太子而害之也。其人虽不肖，其言之为功亦伟矣。不然，夜半一人传呼，而太子蹈白刃以暗死，何从而知其真伪哉？后世人君处疏暌疑贰之势，防奸杜祸，建为永制可也。

十三

罪者，因其恶而为之等也，而恶与罪亦有异焉。故先王之制刑，恶与罪有不相值者，其恶甚而不可以当辜，其未甚而不可以曲宥，酌之理，参之分，垂诸万世而可守，非悁悁疾恶、遂可置大法以快人情也。

武氏之恶，浮于韦氏多矣，鬼神之所不容，臣民之所共怨，万世闻其腥闻，而无不思按剑以起，韦氏之恶未如是之甚也。然以罪言，则不可以韦氏之罪加之武氏。法者，非以快人之怒、平人之愤、释人之怨、遂人恶恶之情者也；所以叙彝伦、正名分、定民志、息祸乱，为万世法者也。故唯弑父与君之贼，自其子之外，人皆得而杀之；苟其为枭獍矣，则虽他恶无闻，人无余怨，而必不可贷。

玄宗起而斩韦氏于宫中，允矣。凡唐室之臣民，尝以母后事韦氏者，无不可手刃以诛之。若武氏，则虽毒流天下，歼戮唐宗，恶已极，神人之怨已盈，而唐室之臣曾改面奉之为君者，不可操刃以相向，况中宗其子而张柬之其相乎？无已，则锢中宗于房州、废豫王为皇嗣之日，犹可诛也。中宗归而受皇太子之封矣，柬之奉太子以诛幸臣，非可杀武氏之日矣；迁之别宫，俟其自毙，行法如是焉可耳。许柬之以杀武氏，且北面而夕操戈，奉其子以杀其母，而曰"法所宜伸也"，乱臣贼子，因缘以起，何患无言之可执，而更孰与致诘乎？

恶武氏者，责柬之之不行诛，求快恶恶之心，而不恤法之伸诎，又何取焉。唯加以则天皇帝之称，而使三思等仍窃禄位，则失刑矣。文姜非躬弑而但与闻，哀姜与弑而所弑者其子，《春秋》不夺夫人之称，许齐桓之讨哀姜，而不使鲁人伸法，则中宗君臣不得加刃于武氏明矣。以上皆武氏时事。

十四

武氏迁于上阳宫，姚元之涕泗呜咽，以是出为亳州刺史，张柬之、敬晖恶足以察元之之智术哉？武氏废，二张诛，而诸武安于磐石；中宗淫昏，得之性成，痰疾而不悟；其不能长此清晏也，众人不知，而智者先见之矣。元之之智，垂死而可以制张说，方在图功济险之日，百忧千虑，周览微察，早知五王之命悬于诸武之手，固不欲以身试其戈矛，以一涕谢诸武而远引以出，故其后五王骈戮而元之安。或持正以居功，或用智以祈免，忠直之士不屑智士之为，而通识之士不尚婞直之节，其不相为谋也久矣。

或曰：蔡邕一叹而受刑，元之弗虑，智亦疏矣。曰：邕不与诛卓之谋，而元之赞兴复之计，五王虽怒，不得以邕之罪罪元之，元之何惮焉。邕受董卓之辟于髡钳之中，而王允不因卓而显；元之虽见庸于武氏，柬之固武氏之相也，元之无惮而称武氏曰旧君，武氏岂但元之之旧君乎？不得执以为辞，苛责以蔡邕之罪，元之所熟审而无嫌者也。夫其诡于自全，而贞概不立，诚不足为忠矣。而五王际国步之倾危，诛二竖子，废一老妪，谋定崇朝，事成指顾，非有补天浴日之艰难，乃得意以居，环列相位，裂土称王，鸣豫以翱翔，心忘惛怛，则以视大臣孙肤引咎之忧，阴雨苞桑之计，道亦褊矣。废其母，立其子，奸人未夤，宗社飘摇，不可涕也，亦未可笑也；又恶知元之之涕，非以悲五王之终穷而唐社之未有宁日也与？

十五

狄公之与张柬之，皆有古大臣之贞焉，故志相输、信相孚也。中宗初复，薛季昶曰："产、禄犹在，草根复生。"而柬之不诛诸武，欲使上自诛之，以张天子之威。以斯言体斯心，念深礼谨，薄一己之功名，正一王之纲纪，端人正士所由异于功名之士远矣。

中宗之不可与有为而不知揣，非暗也。赵汝愚曰："社稷有灵，当无此患。"人臣为其所可为，而谨守臣节，不与天子争威福之柄，知此而已。其不济与！社稷之不幸也，荣辱生死又何恤焉？且使中宗之淫昏不如是之甚乎？春秋已富，曾正位于受终之日矣，乃既斩二张，复诛诸武，王钺在手，唯己所为，无所待命，怀贞事主者，自怵惕而不敢宁，固非薛季昶以利害居心者所能知也。

刘幽求曰："三思尚在，公等终无葬地。"成何等事，而早以葬地系其心乎？绛侯之尽诛诸吕，文帝尚在藩服，而国无君，非中宗不违咫尺之比也，然绛侯且不免对吏之辱，而几不保。中宗而果有为也，柬之不待天子之命，广行诛戮，又足以保其勋名乎？乃其淫昏如彼矣，其后三思伏诛，且割太子首以献宗庙，宗楚客复起而乱唐，相王几不免焉，则诸武虽诛，未见五王得免于走狗之烹也。均之不免，而秉臣节以蒙大难，不尤无疚于心与？

论者惜季昶、幽求之言不用，而嗤柬之之愚，其愚不可及也。豫谋祸福者，不足以见贞士之心，久矣。唐多能臣而鲜端士，于柬之有取焉，所以与狄公有芥珀之投也。

十六

李日知、魏元忠、唐休璟、韦安石，当武氏之世，折酷吏之威，斥宣淫之魂，制凶竖之顽，怀兴复之志，张挞伐之功，皆自命为伟人，而为天下所属望者也。及其暮年，潦倒于韦氏淫昏之世，与宵小旅进旅退，尸三事之位，懦需于豢养，殆无异于鄙夫。呜呼！士之欲保名义于桑榆，诚如是之不易乎？义者无往而不与人并立者也，旦取之，而义立于旦矣；夕取之，而义立于夕矣；天下服之，而己亦乐以自见。夫然，则可辱、可穷、可死，而无所息，故曰"怯夫慕义，无不勉焉"。若夫立乎险阻之余，回念畴昔，而复自叹其昔之危也，则百炼之刚，必有绕指之柔，相为终始者矣。

武氏之杀人亟矣，杀愈惨而人愈激，激以为义，非必出于伪，而义终不固。迨乎武氏已老，杀心已灭，韦氏继起，柔奸不酷，激之也不甚，而义之不固者潜消暗馁，以即于亡。于是后起之英，已笑其衰颓，顾夷然曰"此吾少壮之所尝为，而今不尔者也"，则一荼然以退而不可复兴矣。故君子养之以静，持之以坚，审于大小轻重之宜，而参终始于一念，无激也，斯无随也，知柔知刚，百夫之望，夫乃谓之精义以利用而志不渝也。

十七

唐自显庆迄乎景龙，五十有五年，朝廷之乱极矣，艳妻接迹，昏主死亡而不悟，嬖幸之宣淫，酷吏之恣杀，古今所未有也。取唐之懿、僖，宋之徽、钦而累之，十不敌一焉，然而彼速亡而此犹安者，其故何也？人之邪正不两立，政之善恶不并行，纯则治，杂则乱，所固然矣。虽然，尤恶其相激相反而交为已甚也。已甚者，小人之忮毒也，进而陷君子以反其类，于是而国为之空；国既空矣，乃取君子之政，无论宗社生民存亡死生之所系，抑非必其心之所不欲，而概反之，以泄其忿怒，推以及于言语文字之不合者，皆架以为罪，而坐之死亡；天下乃钳口绝笔，以成乎同恶相扇之势，此唐、宋之所以亡，与汉末党锢之祸若出一辙也。

武、韦之世，自长孙无忌、褚遂良以忠蒙诛夷之祸亦憯矣，然杀是人则祸尽于其人，为其所汲引与所同事者安处无惊也；则苟不力触奸邪之熛怒，而犹绰乎其有以自居。若夫贞观、永徽之善政，虽不能厘定而修明之，初不听奸邪之变易。武、韦所自为异议以乱典常、蛊众志者，丧祭之虚文，选举之冒滥而已；边疆之守，赋役之制，犹是太宗之遗教也。杀君子而不蔓引其类，故斩艾虽憯，而陈子昂、苏安恒、李邕、朱务光、苏良嗣之流，犹得抒悃昌言而无所诎；乃至守正不阿、效忠不贰如狄仁杰、宋璟、李日知、徐有功、李昭德，皆列上位而时伸其志。其宣力中外者，则刘仁轨、裴行俭、王方翼、吉顼、唐休璟、郭元振、姚元之、张仁愿悉无所掣曳以立功名；乃至杨元琰、张说、刘幽求诸人同事俱起，而被害者不相及。奸邪虽执大权，终不碍贤臣登进之路，驱天下以一于淫惨；则乱自乱也，亡自可不亡也，或摧之，或扶之，两不相掩，而天下犹席以安也。

夫小人之毒不可扑者，莫甚于与君子争名；君子之自贻以戚者，莫甚于与小人竞气。武、韦、太平淫虐方逞之日，小人利得其欲，而自安于小人；君子自靖其诚，而不待抑小人求伸其君子；故小人之毒浅，而君子之志平，水火不争，其毒不烈，所固然矣。夫名者，君子之实也；气者，小人之恃以凌物者也。君子惜名已甚，而气乘之，小人于是耻荣名之去己，而亦饰说以干誉；然后公忠正直之号，皆小人之所弋获，一旦得志以逞，则尽取君子题以奸党而诛殛之，空其禄位，招致私人，而朝廷倏易其故。及其败露，直道乍伸，义激气矜者，抑用其术以铲绝败类。数十年之中，起伏相互，风静而波犹不息，君无适信，吏无适守，民无适从，乃至取边疆安危之机，小民膏血之资，且此夕彼以各快其施，如痎疟之炎抱火而寒履冰也。呜呼！锻铁者屡反其钳椎，疗病者疾易其桅附，其不折以亡也，岂可幸哉？甚矣使气而矜名者之害烈也！

宋仁宗，贤主也，吕夷简、夏竦，非大奸也，相激以争，而石介以诗受所斫棺之僇。流波所荡，百年不息。无罪可加，而苏轼以文词取祸；有罪可讨，而蔡确亦以歌咏论刑。免役非殃民之秕政，而司马公必速改于一朝；维州非宗社之急图，而李文饶坚持其偏见。虽君子之乍升，亦且以敛怨而妨国家之大计；况小人之骤进，唯人是苛、唯政是乱者，又遑恤倾危之在旦夕乎？唐武、宣，宋神、哲之可与有为也，顾不如高宗之柔暗、中宗之狂惑，观其朝右之人与邦国之政而可知矣。国无党祸而不亡，为人君者弭之于其几，奚待祸发而无以救药乎？

十八

临淄王之诛韦氏，不启相王，豪杰之识，有暗合于君子之道者，此类是也。臣受命于君，子受命于父，勿敢专焉，正也。信诸心者非逆于理，成乎事者不疚于心，则君父虽加以尤而不避。唯豪杰以心为师，而断之于事，夫君子之靖乃心以制义者，亦如此而已矣。推而至于圣人，舜之不告而娶，亦如此而已矣。理者，生于人之心者也，心有不合于理，而理无不协于心。故豪杰而不可为圣贤者有矣，未有无豪杰之识而可为圣贤者也。

临淄王曰："事不成，以身死，不以累王。"亦未有以信其必然也。然以相王之温厚柔巽，全身于刑杀横行之日，则亦可冀其或然耳。且微临淄之举事，王亦岌岌矣。宗楚客、叶静能日谋杀王，奉韦氏以夺唐祀，韦氏不诛，王固不能再全于凶妪之手，临淄不忍言耳。实则谓事不成而王危，不举事而王亦危，以必危之势，求全王而使嗣大统，势不两立，徒畏王之优柔而挠成算，告则兵不得起，宁无告也。以安社稷，以讨乱贼，以救王于颠危，在此举矣。崔日用业以宗楚客害王之谋告，而犹需迟不决乎？故临淄之不告，孝子之道也。即一事一念而言之，大舜之不告而娶，奚必远哉？是以知临淄之可与大有为也。生于蔑乱之世，驰逐于声色狗马之中，而所与游者王琚之流，故终于浊乱而亏其天彝，亦不幸而不奉教于君子乎！

《读通鉴论》卷二十一终

读通鉴论卷二十二

睿宗

一

国无正论,不可以立。睿宗表章死于武、韦之祸者,太子重俊与焉。韦凑斥之为乱贼,请夺其节愍之谥,论之正者也。

重俊之恶,非但蒯聩之比也。或曰:韦氏不诛,而中宗弑,祸深于南子;三思逸产、禄之诛,而乱天下,恶剧于宋朝;重俊诛之,视蒯聩为愈矣。曰:非然也。君子之恶恶也,诛其意;而议刑也,必以其已成之罪,而不可先其未事早施以重辟。三思谋篡于武氏之世,既不成矣,韦氏之行弑,在重俊死后之二年,当其时,篡弑未形而亿其必然,以称兵向阙,欲加刃于君母,其可乎?且夫重俊之起,非果忧社稷之危,为君父除伏莽之贼也。韦氏以非其所出而恶之,三思、崇训逢其恶而欲废之,重俊不平,而快一朝之忿,恐不得立而持兵胁君父以争之,据鞍不下,目无君父,更何有于嫡母?充其恶之所至,去商臣、刘劭也无几,非但如蒯聩之恶丑声而逆行也。则重俊之恶,浮于蒯聩,奚容以韦氏、三思之罪为之末减哉?

韦氏淫纵以蛊上,三思、崇训怀逆以思逞,其已露也,人得而诛之,非但临淄王也;其未露也,唐有社稷之臣,废韦氏,讨诸武,法之所得行也，而独重俊则不可。申生自靖而不得谥为孝，重俊何节之可称，而奚足愍乎？

夫韦氏、三思之谋危宗社，重俊兴兵之名也。苟有其名，子得以犯父而杀母，乱臣贼子谁则无名，而大逆安所戢乎？韦凑之论，所以大正人纪而杜乱萌也，惜乎睿宗之知而不能决也。

二

夺情之言扬于廷，人子之心丧于室矣。蝇蚋不嘬生而嘬死，有以召之也，而况纷呶自辩以与公论相仇！史嵩之、李贤、张居正、杨嗣昌之恶，滔天而无可逭矣。

唐欲夺苏颋之情，李日知衔睿宗之命至颋家谕之，日知见其哀毁，不敢发言，人子于此，岂更有言之可出诸口乎？耳闻命而心裂，目对客而神伤，人且自疚曰：斯言也，胡为而至于我之前？君不我谅，我之为臣可知矣；友不我恤，我之为子可知矣；我诚禽兽也乎！而忍使吾亲有禽兽之子乎？至于敦趣不已，而待我之固辞，罪已通于天矣。又从而为之辞，以冀苟留，则犬豕不食其余，弗问人也。

夫人之恶，有待吹求而始显者，有不待吹求而无不著者。夺情之恶，一言以折之，一峰，念庵、幼玄之参劾，其犹赘辞乎！子曰："女安，则为之。"奚足辩哉？丧亲若苏颋者可矣。

三

太平公主谋危太子，宋璟、姚元之请令于东都安置，睿宗曰："朕唯一妹，岂可远置东都。"悲哉其言之乎！自武氏之殄唐宗，惨杀其子而不恤，于是高宗之子姓，上及于兄弟，芟夷向尽，所仅存者三人而已。父暗而不能庇其生，母懵而不难置之死，又继以韦氏、宗楚客之淫凶，睿宗之与公主，其不与中宗同受刃者，幸也。原隰之裒，伊谁相惜，凋残已尽，仅保二人。《诗》不云乎："将恐将惧，惟吾与汝。"况其在同气之亲乎？故姚、宋之言，社稷之计也；睿宗之矗然伤心，亦讵可决于一旦哉！

公主之习于悍戾也，耳习于牝鸡之晨，目习于倾城之哲，贞士且不保其贞，而况妇人？其蔑视宫闱，操废置之权朝章家法，亦未可遽责以顺者。虽然，岂遂无以处之哉？公主之忌太子也，尚含恶怒而未发，窦怀贞以远州长史遽起不轨之心，导其邪而为之结党，俄而迁侍中矣，同三品矣，为左仆射平章军国重事矣，于是崔湜、萧至忠、岑义竟起比附以取相，李日知、韦安石衰老庸沓而无能正，刘幽求孤立以争而流窜及之。于斯时也，姚、宋位大臣，系物望，得与睿宗之密勿，夫岂不可早声怀贞之恶，以弹湜、义、至忠之奸？而党援未削，遽欲取睿宗患难倚存之一妹，正国法以摈斥之，睿宗之心戚，而群奸之计得矣。无怀贞、湜、义、至忠则公主之恶不足以发，徒远公主，而群奸在位，翟苃方涉蒲州，召命旋还京邸，其必然之势矣。

睿宗之不忍于公主者，性之正也，情之不容已也，患难与偕，义之不可忘也。若怀贞辈之于唐，九牛之一毛耳，无德望之系人心，无勋劳之在社稷，流放窜殛，且命下而夕伏辜，一白简之劳而已。姚、宋何惮而不为乎？卒使睿宗不能保其恩，玄宗不能全其孝，公主不能免于死，群奸恶已盈而始就诛，唐之社稷又岌岌矣，姚、宋不能辞其咎矣。

唐初之习气，士大夫过惜其类而相容忍，贤奸并列而不相妨，宁得罪于天子，而不结怨于僚友，以宋璟之刚，弗能免也，元之之智以图全，又何望焉？

四

按察使之设，自景云二年始，观李景伯、卢俌之言，则所遣者御史也。时议分天下为十道，道遣一使按察；又分二十四都督，纠察所部刺史以下善恶。嗣以景伯、俌上言生杀之柄任太重，用非其人、为害不小而罢之。罢之诚是也，而景伯、俌谓御史秩卑望重，奸宄自禁，则有未当者。何也？官之得人与不得，不系乎秩之崇卑也。唐之刺史，汉之太守也，守郡而兼刺察之任，其权重矣。任重秩尊，而使卑秩者临其上以制之，则爵轻；爵轻则不足以立事，而规避以免责。刺史怀规避之心，则下吏侮之，豪民胁之，而刑政不修。新进之士，识不足以持大体，而乐毛击以诧风裁；贤者任私意而亏国计民生深远之永图，不肖者贪权利而无持纲挈领匡扶之至意，秩卑者望奚重哉？徒奖浮薄以灰牧守之心。故景伯、侑之言，非治理之经也。命卿贰以行，但任以纠察，而不授以生杀兵戎财赋之权，又何任太重而专私为害之忧乎？

按察使之设，后世踵之，而其法有二：一专官也，一特遣也。专官者，任之久而官于其地，其利也，久任则足以深究民情、博考吏治，不以偶尔风闻、瞥然乍见之得失而急施奖抑；其害也，与郡邑习处而相狎，不肖之吏，可徐图欣合以避纠劾。特遣者，出使有时，复命有程，间行亟返，不与吏亲，事止参纠，他无适掌，使毕仍复其官。其利也，职有专司，威有独伸，无狎习比昵之交，无调停迁就之弊；其害也，风土未谙，利病不亲，据乍然之闻见，定臧否于一朝，贤者任气，而不肖者行私。此二者利害各半，而收其利，免其害，则无如特遣而缓之以期，任之大臣而不以为升迁之秩；则代天子以时巡而民不劳，代诸侯之述职而事不废，因时制宜，慎择人而饬法以简，斯为得中之道乎！

若夫过任都督，使之畸重，则天下且不知有朝廷，而唯知有都督。节度分疆，而唐室以裂；行省制命，而元政不纲；皆此由也。则景伯、侑之请罢之，诚定论也。

玄宗

一

言治道者，至于法而难言之矣。有宋诸大儒疾败类之贪残，念民生之困瘁，率尚威严，纠虔吏治，其持论既然，而临官驭吏，亦以扶贫弱、锄豪猾为己任，甚则醉饱之愆，帷帏之失，书篚之馈，无所不用其举劾，用快舆论之心。虽然，以儒者而暗用申、韩之术，将仁恕宽平之言，尧、禹、汤、文、孔、孟其有奖乱之过与？

仁而弱，宽而纵，崇情以歛法，养奸以病民，诚过矣。然使其过也，果害于国，果贼于民，则先王既著之于经，后世抑守之以律，违经破律，取悦于众，而自矜阴德，则诚过矣。欲谢其过，抑岂毛举瘢求、察人于隐曲，听惰民无已之怨讟，信士大夫不平之指摘，辱荐绅以难全之名节，责中材以下以不可忍之清贫，矜纤芥之聪明，立难撄之威武也哉？老氏以慈为宝，以无为为正，言治言学者所讳也。乃若君子之言，曰宽、曰简、曰不忍人、曰哀矜而勿喜，自与老氏之旨趣相似而固不同科，如之何以羞恶是非之激发妨其恻隐邪？

绝人之腰领，死者不可复生矣；轻人之窜逐，弃者不可复收矣；坏人之名节，辱者不可复荣矣。唯夫大无道者，怙终放恣，自趋死而非我杀之，自贻辱而非我辱之，无所容其钦恤耳。苟其不然，于法之中，字栉而句比之；于法之外，言吹而行索之；酒浆婢妾之失，陷以终身，当世之有全人者，其能几也？恶非众恶，害未及人，咎其已往，亿其将来，其人虽受罚而不服，公议亦或然而或否，欲坚持以必行而抑自诎矣。徒为繁密之深文，终以沮挠而不决，一往恶恶之锐气，亦何济于惩奸，而只以辱朝廷羞当世之士邪？

夫曰宽、曰不忍、曰哀矜，皆帝王用法之精意，然疑于纵弛藏奸而不可专用。以要言之，唯简其至矣乎！八口之家不简，则妇子喧争；十姓之间不简，则胥役旁午；君天下，子万民，而与臣民治勃溪之怨，其亦陋矣。简者，宽仁之本也；敬以行简者，居正之原也。敬者，君子之自治，不以微疵累大德；简者，临民之上理，不以苛细起纷争。礼不下于庶人，不可以君子之修，论小人之刑辟；刑不上于大夫，不可以胥隶之禁，责君子以逡巡。早塞其严刻之源，在创法者之善为斟酌而已。

玄宗初亲政，晋陵尉杨相如上言曰："法贵简而能禁，刑贵轻而必行。小过不察，则无烦苛；大罪不漏，则止奸慝。"斯言也，不倚于老氏，抑不流于申、韩，洵知治道之言乎！后世之为君子者，十九而为申、韩，鉴于此，而其失不可掩已。

二

夫苟欲自全其志行以效于国，则乐党淫朋以败官常也，必其所不欲为。乃立身无玷，而于邪佞终不得而远，究以比匪受伤，势成于无可如何，而正志不伸、修名有累者，抑何多也！张九龄抱忠清以终始，复乎为一代泰山乔岳之风标，为李林甫所侧目，而游冥寥以消赠弋，观其始进奏记于姚崇，可以得其行己待物之大端矣。其言曰："君侯登进未几，而浅中弱植之徒，已延颈企踵而至，岂不有才，所失在于无耻。"至哉其言之乎！

夫以鸿才伟望，一旦受天子之知，爰立三事，隆隆炎炎，熏蒸海内，物望之归，如夏云之蓬兴，春流之奔凑，所不待言矣。于斯时也，有所求而进者进矣，无所求而进者进矣。有所求而进者，志在求而无难窥见其隐也；无所求而进者，徐而察之，果无所求也；是其为乐我之善，玉我于成，以共宣力于国家者乎？于是乐与之偕，而因以自失。夫恶知无所求而进者，为熏蒸之气所鼓动，不特我不知其何求，使彼自问，亦不知其何以芸芸而不自释也；无他；浅中者其量之止此，而弱植者自无以立，待人而起者也。俄而势在于此，则集于此矣，俄而势在于彼，则移于彼矣，害不及而避其故也如惊，福不及而奔其新也如醉。君子小人一伸一屈，数之常也，言为之易其臧否，色为之易其颦笑，趾为之易其高下，则凡可以抑方屈而扬方兴者，无所不用，与斯人居，而上不病吾君、下不病吾民、中不贻他日之耻辱者，鲜矣。故天下之可贱、可恶、君子远之必夙者，唯此随风以驱、随波以逝、中浅而不知事会之无恒、植弱而不守中心之所执者也。

生于教衰行薄之日，履物望攸归之位，习尚已然，弗能遽易，惟有杜门却迹，宁使怨谤，勿与周旋，以自立风轨而已耳。天下方乱而言兵，天下初定而言礼，时急于用而言财，乃至教兴道显而相仿以谈性学，皆中之浅、植之弱，足以玷君子之修名，而或一违时，则反唇相诋而不遗余力者也。乍与周旋，容其旅进，一为其所颠倒，欲不病于而国、累于而身、败于而名也，其可得乎？司马温公失之于蔡京，唯察此之未精耳。九龄唯早曙于此也，故清节不染于浊流，高蹈不伤于钳网。其诗曰："弋者何所慕。"无可慕也，鸿飞之冥冥，所以翔云逵而为羽仪于天下也。

三

唐多才臣，而清贞者不少概见，贞观虽称多士，未有与焉。其后如陆贽、杜黄裳、裴度，立言立功，赫弈垂于没世，而宁静淡泊，固非其志行之所及也。唯开元之世，以清贞位宰相者三：宋璟清而劲，卢怀慎清而慎，张九龄清而和，远声色，绝货利，卓然立于有唐三百余年之中，而朝廷乃知有廉耻，天下乃借以乂安。开元之盛，汉、宋莫及焉。不然，则议论虽赳，法制虽详，而永徽以后，奢淫贪纵之风，不能革也。

抑大臣而以清节著闻者，类多刻核而难乎其下，掣曳才臣以不得有为，亦非国民之利也。汉、宋之世，多有之矣，孤清而不足以容物，执竞而不足以集事，其于才臣，如水火之相息，而密云屯结之不能雨也。乃三子之清，又异于是，劲者自强，慎者自持，和者不流，而固不争也。故璟与姚崇操行异而体国同；怀慎益不欲以孤介自旌，而碍崇之设施；九龄超然于毁誉之外，与李林甫偕而不自失，终不与竞也。唯然，而才臣不以己为嫌，己必不替才臣以自矜其素履，故其清也，异于汉、宋狷急之流，置国计民生于度外，而但争泾渭于苞苴竿牍之间也。呜呼！伟矣！杨震也，包拯也，鲁宗道也，轩輗、海瑞也，使处姚崇、张说、源乾曜、裴耀卿之间，能勿金跃于冶、冰结于胸否邪？治无与襄，功无与立，徒激朋党以启人主之厌憎，又何赖焉？

夫三子之能清而不激，以永保其身、广益于国者，抑有道矣。士之始进也，自非猥鄙性成、乐附腥膻者，则一时名之所归，望之所集，争托其门庭以自处于清流之选，其志皆若可嘉，其气皆若可用也。而怀清之大臣，遂欣受之以为臭味，于是乎和平之度未损于中，而激扬之情遂移于众，竞相奖而交相持，则虽有边围安危之大计，黎民生死之远图，宗社兴衰之永虑，皆不胜其激昂之众志，而但分流品为畛域，以概为废置。夫岂抱清贞者始念之若斯哉？唱和迭增，势已成而弗能挽也。于是而知三子者之器量远矣，其身不辱，其志不恤，昭昭然揭日月而行者，但以率其固然之俭德，而不以此歆召天下，奉名节为标榜，士固无得而附焉。不矜也，亦不党也，不党则不争矣。

呜呼！士起田间，食淡衣粗，固其所素然矣。若其为世禄之子，则抑有旧德之可食，而无交谪之忧；读先圣之书，登四民之上，则不屑以身心陷锥刀膻藏之中，岂其为特行哉？无损于物，而固无所益，亦恶足以傲岸予雄而建鼓以求清流之誉闻乎？天下之事，自与天下共之，智者资其谋，勇者资其断，艺者资其材，彼不可骄我以多才，我亦不可骄彼以独行，上效于君，下逮于物，持其正而不厉，致其慎而不浮，养其和而不戾，天下乃赖有清贞之大臣，硁硁者又何赖焉？故君子秉素志以立朝，学三子焉斯可矣。有伯夷之廉，而骄且吝，亦人道之忧也。

四

奸人被发，而诬发奸者以罪，其罪不贳。两俱有奸，而因人之发，还相为发，则后发者之罪，姑置勿论，而先发之奸，罪在不贳；诚彼之有奸也，奚不早声其罪以论奏之，而待己匿已彰，乃相反噬乎？

京兆尹崔日知贪墨不法，御史李杰纠之，日知反构杰罪。勿论杰罪之有无也，杰不可以日知之言而坐，日知不可以讦杰而宽。玄宗纳杨玚之言，释杰而窜日知，允矣。虽然，有说焉。御史、京兆尹，皆法吏也。尹之贪暴，御史之所必纠；御史汰纵于辇毂，尹亦习知，而执官守以论劾之。假令杰败官箴、藏奸宄、以下挠尹权，知日知之必摘己愆，而先掇拾其过以钳制之，将亦唯杰之搏击而扪日知之舌乎？则杨玚所云"纠弹之司，奸人得而恐喝，则御史台可废"者，亦偏护台臣之党，而非持平之论也。

夫日知之罪，不可以构杰而减，固也；而杰罪之有无，抑不可以不察。杰果无罪，则日知既以贪暴抵法，而益之以诬贤之恶，加等之刑，不但贬为丞而足蔽其辜；若杰而有罪也，亦不可以纠日知故而概不加察。今玚不辨杰罪之有无，但以护台臣而护杰；且当开元之始，群贤皆有以自见，而杰无闻焉，杰之为杰，亦可知矣。玚为御史台存纲纪，而不为朝廷别贤奸，非平允之论也。天子虚衷以详刑，则奸人自无所藏奸；士人正己以匡世，则小人自弗能置喙；又非可以禁恐喝斥、反构一切之法弹压天下者也。

五

君与臣为谑，则朝无章；朝无章，则邪佞玩而巧售其匿。故闻以道裁物者矣，其次则以，法禁下矣；道不可揆，法无所饬，君谑其臣而以资浅人之庆快，庆快者，浅人也；乘之以交谑者，奸人也；道法之君子，知其不足以君天下，而奚快焉？

郑铣、郭仙舟投匦献诗，述游仙之旨，以媒上听，按法而窜殛之，或姑贷而斥罢之，允矣。堂堂为天下君，弗能秉道以饬法，惩奸止邪，乃度之为道士，聊与之谴，以供浅人之一笑，然则贪人聚敛而赐之金粟，淫人劝藏而畀以少艾乎？且铣与仙舟奉敕而为道士矣，恶知其不栩栩然集徒众、建楼观、采铅汞、以鸣得意而猎厚利哉？玄宗之为此，聊以谴也；小人得天子之谴，而以谴为荣，无知者竞荣之；未数年而张果、叶法善、邢和璞辐辏于天子之廷，非此致之哉？

君可以谴其臣，臣抑可谴其君，交相谴，则上无章而下无忌。萧瑀，大臣也，太宗听其出家，亦谴也；此唐之所以无政也。论者快之，谓足以惩奸而警俗，国宪官箴法律刑纪皆可不用，而以谴惩奸，天下其谁警哉？浅人之所快，君子之所羞称久矣。

六

姜皎与诛逆之功，玄宗闻宋璟之谏，放之归田，下制曰："南阳故人，以优闲自保。"其于刘幽求、钟绍京，胥此道也。徇国亦为其所可为者而已，过此未有不以召憎恶于明主者。若遇猜忍之君，则里克、宁喜之服刑，亦其自取，而不可但咎其君之刻薄。明乎此，君知所以待有功之臣，臣知所以立节而全身矣。此篇疑有脱误。

七

经国之远图，存乎通识。通识者，通乎事之所由始，弊之所由生，害之所由去，利之所由成，可以广恩，可以制宜，可以止奸，可以裕国，而咸无不允。于是乎而有独断。有通识而成其独断，一旦毅然行之，大骇乎流俗，而庸主具臣规目前之损益者，则固莫测其为，而见为重有损，如宋璟发太府粟及府县粟十万石粜之，敛民间恶钱送少府销毁是已。

散粟于民，而取其值，疑不足以为仁之惠；君与民市，疑不足以为义之宜；以粟易钱而销毁之，徒取值于民而无实于上，疑其病国而使贫；一且为之，不可测而可骇，庸主具臣闻言而缩舌，固其所必然矣。以实求之，夫岂然哉？取值不有，而散十万之粟于待食之人，不费之惠也；下积恶钱，将随敝坏，上有余粟，将成红朽，而两易之，制事之宜也。乃若大利于国者，则尤非浅见褊衷之所易知也。恶钱之公行于天下，奸民与国争利，而国恒不胜，恶钱充斥，则官铸不行；人情趋轻而厌重，国钱之不能胜私铸久矣。恶钱散积于人间，无所消归，而欲人决弃之也，虽日刑人而不可止；发粟以收恶钱者，使人不丧其利而乐出之也。销毁虽多未尽，而民见上捐十万粟之值付之一炬，则知终归泯灭而不肯藏，不数年间，不待弃捐而自不知其何往矣。恶钱不行则国钱重，国钱重则鼓铸日兴，奸民不足逞，而利权归一，行之十年，其利百倍十万粟之资，暗偿之而盈余无算，又岂非富国之永图乎？

乃当其时，愚者不测也，吝者不决也，非玄宗之倚任、姚崇、苏颋之协恭，则璪言出而讪笑随之矣。司国计而知大体者之难，小人以环堵之识，惜目睫之锱铢，吝于出而急于纳，徒以削民敛怨，暗耗本计于十年之后，而吮之如蜜，王安石之以病宋者此也。不耕而思获，为盗而已，为乞而已；盗与乞，其可与托国哉！

八

黄帝正婚姻而父子定。《周礼》，父在为母服齐，以体黄帝之精义，而正性以节情，非圣人莫能制也。武氏崇妇以亢夫，而改为斩衰，于是三从之义毁，而宫闱播丑，祸及宗社。开元七年，敕五服并从《礼》《传》，乃士大夫议论纷起，各从其意，迷先圣之典，逆时王之命，褚无量叹曰："俗情肤浅，一紊其制，谁能正之？"伤哉！言之而无能知也，知之而无能信也，信之而无能从也，圣人不足以垂训，天子不能以行法，天下之锢人心、悖天理者，莫甚于俗，莫恶于肤浅，而奸邪悖逆者不与焉，有如是哉！

奸邪悖逆之坏法乱纪也，其恶著，其辨不能坚，势尽情穷，及身而止，无以乱天下后世也。俗则异是。其始为之倡者，亦怀奸耳，亦行邪耳，亦悖王章、逆天理以逞其私耳；乃相沿而成，末流之泛滥，则见以为非而亦有其是也，见以为逆而亦有其顺也。其似是而顺乎人情者，何也？人莫不有所溺而利以为归也。夫人之用爱也易，而用敬也难；知情者众，而知性者少；于养也见恩，而于德见惮；皆溺也。而不但此也。出而议礼于大庭，入而谋可否于妻子，于是而父之得与母同其尊亲，亦仅存之法纪使然耳。不然，伸母以抑父，父齐而母斩，又岂非其所可为、所忍为者哉？于是亲继父而薄继母，怙母党以贼本支，茫然几不知为谁氏之子。"何知仁义，以享其利者为有德"，犹且自诩孝慈以倡率天下，中国之不狄、人之不禽也，几何哉？

天性者，藏密者也，非引闻见以归心、潜心以体性、顺性以穷理者，不能喻也。肤浅以交于人伦，十姓百家浮动之志气，违天理而与奸邪悖逆者之情相合，所必然已。故曰：恶莫大于俗，俗莫偷于肤浅。无量之叹，垂之千年，而帝王不能正，士大夫不能行，呜呼！人道之沦亡，吾不知其所终已！

九

论鲁庄公者曰："母不可制，制其侍御之人。"以此而事不顺之父母，未尽善也，以施之不令之兄弟，则义正而恩全，道莫尚焉。舜使吏治象国，而不得暴其民，圣人亦如是而已。不谓玄宗之能及此也。驸马都尉裴虚己私从岐王游，挟图谶，坐流新州，离其婚，法严而无所贷；于岐王则不以此怀疑，而慰安之如故。夫虚己挟邪说以私交，而岐王容之，王岂无罪乎？而虚己之辟既伸，则游王门者咸知畏忌。以生长深宫之帝子，居宦官宫妾之间，且歌夕饮以戢其邪心，固不待加威而自安侯服矣。

无左吴、赵贤，则淮南不能谋逆；无宇文述、杨素，则杨广不能夺嫡；无张公谨、尉迟敬德，则太宗不能杀兄；天下之乱，酿成于侥幸功名者之从臾者类然也。博望启，而戾太子之项悬于湖城；天策开，而隐太子之血流于玄武；事成则祸及于国，不成则殃及于身。玄宗日游诸王于斗鸡吹笛之间，而以雷霆之威，亟施之挑激之小人，诸王保其令祚，王室无所震惊，不亦休乎！不能殛逐爝乱之奸，继乃摧残其同气，睿宗所以纵窦怀贞而仅存一妹，终以伤心也。周公以顽民授管叔，固不如舜之与象以天子之吏治其国，而永保其恩也。故曰："圣人人伦之至也。"法其一端，可以尽伦，可以已乱，尧、舜之道，人皆可学，亦为之而已矣。

十

汉之太守，去古诸侯也无几，辟除赏罚兵刑赋役皆得以专制，而县令听命如其臣，故宣帝诏曰："与我共天下者，其二千石乎！"太守之权重，则县令之任轻，故天子详于二千石之予夺，而治道毕举矣。唐、宋以降，虽有府州以统县，有禀承稽核之任，而诛赏废置之权不得而专，县令皆可自行其意以令其民，于是天下之治乱，生民之生死，惟县令之仁暴贪廉是视，而县令之重也甚矣。玄宗敕在京官五品以上、外官刺史四府上佐、各举县令，诚重之也。重之于举之之始，必将以保任分功罪，其得也，但得文饰治具之士，葸弱免咎，而无以利民；其失也，举主畏连坐之罚，而互相掩蔽以盖其奸；则保举之法，不足以肃官常、泽民生，固已。重之者，岂徒在选举之日乎？

夫县令之任重矣，而其秩则卑，故后世多以为筮仕之官，才不才非有前效之可验，欲先辨而使克副其职，虽具知人之鉴者未易也。然士当初受一命，初试一邑，苟非由胥史异途而升，则其不畏清议、甘为败类、以病国虐民者，固鲜矣。无以激之，其浊不惩；无以扬之，其清不展；轧于上官，其用不登；责以奔趋，其节不立；夫亦存乎上之所以用之者耳。重宪纪以纠其不若，则有所戒也；悬清要以待其拔擢，则有所劝也。成法之外，许以因地而便民，则权可任也；供顿驿递之役，委之簿尉，而弗效皂役之劳，则节可砺也。夫然，则贤者志得，而不才者亦勉而自惜；若其尤不肖者，固比类相形，愆尤易见，持法以议其后，亦不患稂莠之难除矣。何事于未试之前，以不可保之始终绳荐举者，而责以所难知哉？

开元之制，乍行之以昭示上意之所重，可也；据以为法，而弊即在焉。重者，用之重也，非一选举而可毕任贤养民之道也，用之重而治可几矣。

十一

罢兵必有所归，兵罢而无所归，则为盗、为乱。张说平麟州叛胡，奏罢边兵二十万人，而天下帖然，盖其所罢者府兵也，府兵故农人也，归而田其田，庐其庐，父子夫妇相保于穷窒粟薪之间，故帖然也。于是而知府兵之徒以毒天下而无救于国之危乱，审矣。

说之言曰："臣久在疆场，具知其情，将帅苟以自卫及役使营私而已。"夫民之任为兵者，必佻宕不戢、轻于死而惮于劳之徒，然后贪醨酒椎牛之利、而可任之以效死。夫府兵之初，利租庸之免，而自乐为兵，或亦其材勇之可堪也。迨其后著籍而不可委卸，则视为不获已之役，而柔弱愿朴者，皆垂涕就道以赴行伍。若此者，其钝懦之材，既任为役，而不任为兵，畏死而不惮劳，则乐为役以避锋镝，役之而无不受命，骄贪之将领，何所恤而不役以营私邪？团队之长役之矣，偏裨役之矣，大将役之矣，行边之大臣役之矣；乃至纨绔之子弟、元戎之仆妾役之矣；幕府之墨客，过从之游士，弹筝击筑、六博投琼、调鹰饲犬之徒，皆得而役之。为兵者，亦欣然愿为奴隶以偷一日之生。呜呼！府兵者，恶得有兵哉？举百万井疆耕耨之丁壮为奴隶而已矣。纵遣归田，如奴隶之得为良人，而何弗帖然邪？

无强悍不受役之气，有偷安不恤役之情，因其有可役之资，而幸收其效役之利，行则役于边臣，居则役于长吏，一时不审，役以终身，先世不谋，役及后裔，天下之苦兵也，不待矢石相加、骴骼不返而后怨毒填胸矣。是张说所奏罢之二十万人，无一人可供战守之用，徒苦此二十万之农民于奉拚除、执虎子、筑球场、供负荷之下。故军一罢，而玄宗知其劳民而弱国也，而募兵分隶之议行，渐改为长从，渐改为圹骑。穷之必变，尚可须臾待哉？而论者犹责玄宗、张说之改制异于古法！从事于君子之道以垂法定制而保国安民者，不宜如此之鲁莽也。

所患者，法弊已极，习相沿而难革，虽与更张，害犹相袭。故自说罢边兵而边空，长从圹骑制未定而不收其用，边将承之，畜私人，养番兵，自立军府，以酿天宝之乱。盖自府兵调戍之日，早已睥睨天下之无兵，而一旦撤归，刍粮盈余，唯其所为，而朝廷固莫之能诘也。数十年府兵之流祸，而改制之初受之，乃举而归过于招募，胡不度人情、循事理，而充耳塞目以任浮游之说轻谈天下事邪？

十二

一议也，而以私与其间，则成乎私而害道。唐、宋以下所称持大体、务远图之大臣，未有不杂公私以议国事者，故忮主奸臣倒持之以相挠而相胁。

玄宗与宰相议广州刺史裴伷先之罪，张嘉贞请杖之，张说曰："刑不上大夫，为其近于君也，且所以养廉耻也。"其言韪矣，允为存国体、劝臣节之讦谟矣。既而又曰："宰相时来则为之，大臣皆可笞辱，行及吾辈。"此与宋人"勿使人主手滑"之说同。苟怀此心以倡此说，传之上下，垂之史策，人主将曰：士大夫自护其类以抗上而避害，盖古今之通习，其为存国体、奖士节，皆假为之辞，不可信也。贾谊以不辱贵大臣谏文帝，亦与说略同，而谊以新进小臣，非绛、灌之伍，自可昌言而无讳。说怀"行及我辈"之心，与同官噂沓以语，则不可令人主闻，而开后世臣主猜防之衅。念一移而言随得咎，过岂在大哉？

且夫士之可杀不可辱者在己也，非挟持以觊上之宽我于法也。居之以淡泊，行之以宁静，绝贿赂之门，饬子弟之汰，谢游客之邪，息党同之争，卓然于朝右，而奚笞辱之足忧？诚有过也，则引身以待罪；言不庸也，则辞禄以归耕。万一遇昏暴之主，触妇寺权奸之忌，而辱在不免，则如高忠宪攀龙之池水明心，全肢体以见先人于地下。又其不幸，固义命之适然，虽辱而荣者。规规然计及他日之见及，而制人主以不我辱，士大夫有门庭，而君不能有其喜怒，无怪乎暴君之益其猜忌，偏以其所不欲者加之也。说自诩其识之及远，而自君子观之，何以异于胥史之雄，钳制其长吏为不可拔之根株也乎？

天下之公理，以私乱之，则公理夺矣。君臣之道丧，唐、宋之大臣自丧之也。于是而廷杖诏狱之祸，燎原而不可扑矣。

十三

《春秋》纪晋盟诸侯于商任，以锢栾氏，讥其不能抚有，而又重禁之于人国，为已甚也。封建之天下，国各私其人，去其国则非其人，于是而有封疆之界以域之。而《硕鼠》之诗曰："逝将去女，适彼乐土。"亦挟去以抗其君。上下交相疑贰，衰世之风，不可止矣。

天下而一王矣，何郡何县而非一王之土？为守令者，暂相事使而固非其民，民无非天子之民也。土或瘠而不给于养，吏或虐而不恤其生，政或不任其土之肥瘠，而一概行之，以困其瘠，于是乎有去故土、脱版籍而之于他者。要使耕者耕、工者工、贾者贾，何损于大同之世，而目之曰逃人，有司者之诐辞也，恶足听哉？

民不可使有不服籍者也，客胜而主疲，不公也；而新集之民，不可骤役者也，生未定而力不堪也。若夫捡括之而押还故土，尤苛政也。民不得已而远徙，抑之使还，致之死也。开元十一年，敕州县安集逃人，得之矣，特未问其所以安集之者奚若也。安集之法，必令供所从来，而除其故籍，以免闾宗族之代输，然后因所业而徐定其赋役，则四海之内，均为王民，实不损，而逃人之名奚足以立乎？

然则邑有逃亡，可罪其守令乎？曰：未可也。地之肥硗，既其固然矣；征徭之繁简，所从来者非一日也。转徙多，则相其陂池堤防之便而化其土，问其徭役堕积之敝而平其政，非守令之能专，乃抚治大臣所任也。邑多新附之民，可赏其守令乎？曰：未可也。守令之贤不肖，能及于版籍之民，而不能加之新附，若其以小惠诱人之来徙者，又非法之所许也。无旷土，无旷民，解法禁以任所在，而上者仕、农者氓，安集之令，犹为赘设也乎！

十四

唐多才臣，唯其知通也。裴耀卿之于漕运，非可为万世法者乎？壅水以行舟，莫如易舟以就水；冒险以求便，莫如因时而避险；径行以求速，莫如转递以相续。江河各一其理，南北舟工各一其习，水之涨落各一其时，舟之大小各一其制。唯不知通也，以一舟而历数千里之曲折，崖阔水深，而限之以少载；滩危碛浅，而强之以巨艘；于是而有修闸之劳；拨浅之扰，守冻之需迟，决堤之阻困；引洪流以蚀地，乱水性以逆天，劳劫生民，縻费国帑，强遂其径行直致之拙算，如近世漕渠，历江、淮、汶、泗、河、济、漳、沽，旷日持久，疲民耗国，其害不可胜言，皆唯意是师，而不达物理者也。

成天下之务者，因天之雨旸，就地之险易，任人之智力，为其所可为，不强物以自任；则以理繁难、试艰危、通盈虚、督偷窳、禁盗侵，无不胜也。自宋以后，议论猥多，而不可用者，唯欲以一切之术，求胜于天时、人事、物力，而强以从己而已矣。唯唐有才臣，方之后世，何足述哉！

十五

帝王立法之精意寓于名实者，皆原本仁义，以定民志、兴民行，进天下以协于极，其用隐而化以神，固不在封建井田也。井田封建，因时而为一切之法者也。三代贡举之法不传，唯周制之散见者，有大略之可考。任以其职，正以其名，寓其纳民于善之心，使习之而相因以兴行，且以昭示人君，君师天下，非徒会计民产以求利用，故领之以司徒，而冢宰宗伯不偏任焉。其意深远，虽百世可师也。

夫贡举者，一事而两道兼焉。选天下之才，任天下之事，以修政而保国宁民，此一道也。别君子于小人，荣之以爵，养之以禄，俾天下相劝于善，而善者不抑，不善者以悛，此又一道也。两俱道，而劝民以善之意，尤圣人之所汲汲焉。人劝于善，国以保，民以宁，此本末之序也。故冢宰者，任治者也；宗伯者，任已登已进之贤才，修其轨物者也；而进贤之职，一任之司徒。徒之为言，众也，合君子野人而皆其司；司君子之教，以立野人之则，而天下万有之众庶，皆仰沐风化以成諴和。徒岂易司者哉？乃其鼓之、舞之、扬之、抑之，不待刑而民自戒，不待礼而民自宾，则唯操选举之权，以为之枢机，一授之司徒，而天下咸谕天子之心，曰：上之使牧我养我而疆理我者，莫匪欲吾之善，而咸若于君子之道也。故选举领于司徒，其措意之深切而弘通，诚万世不易之至道与！

唐之旧制，贡举掌于考功，是但为官择人，而非求贤于众矣。开元二十四年，改以授礼部侍郎，是以贡举为缘饰文治之事，而浮华升进，民行不兴矣。风俗之陵夷，暗移于上之所表著，而不知名之所存，实之所趋，未有爽焉者也。自贡举不领于司徒，而贡举轻，一人之子夺私，而兆民之公理废矣。自司徒不领贡举，而司徒轻，但为天子头会箕敛之俗吏，而非承上天协君叙伦之天秩矣。士竞于浮华，以弃其实行；民迫于赋役，以失其恒心。一分职任事之间，循名责实，治乱之大司存焉。良法改而精意亡，孰复知先王仁义之大用，其不苟也如此乎！善师古者，凡此类勿容忽焉不察也。其他因时随土以立一切之法者，固可变通以行其化裁者也，而又何成法之必仿乎？

十六

李林甫之潜杀太子瑛及二王，为寿王地也。武惠妃薨，寿王宠渐衰，而林甫欲树私恩、怙权势，志终不移，谋之愈很，持之愈坚，凡可以荧惑主听、曲成邪计者，尤剧于惠妃未死之前，以其为己死生祸福之枢机也，可以得当者，无所不用。然而玄宗终以忠王年长好学，闻高力士乘间片言，储位遂定，林甫莫能置一喙焉。由此观之，奸邪自诩得君，劫廷臣以惧己，其夸诞无实之伎俩，概可知矣。

非徒玄宗中载未甚淫昏也，即极暗懦之主，一听奸臣之然然否否而唯其牵曳，亦情之必不能而势之不可得者。且奸臣孤媚以容身，抑岂若董卓、高澄威胁上以必徇己志而俾君怼怨哉？唯探其意之所欲为于前，秘其事之所自成于后，举凡其君之用舍从违，皆早测而知其必尔，乃以号于众曰：天子固未然而吾能使之然也。恩者其恩，威者其威，群工百姓待命于敕旨既下之馀，不得亲承顾问，则果信恩威之一出于奸臣，而人主唯其牵曳，乃以恐喝天下，笼络而使归己，虽有欲斥其奸者，弗敢发也。

然则苟有忠智之士，知其术之仅出乎此，则以武氏之悍淫，周、来、侯、索之骤衔天宪，诸武、二张之密侍内廷，而攻击者弗伤，按杀者无惮，直言请斥远之者反见任使，况其乱非武氏之世，犹可与言者乎？特患无明理察情之士，灼见而不惑耳，岂果有不可拔之势哉？恶之、恨之、疑之、畏之，私议于下，徒罹于祸以暗死屠门，奸邪之所以益逞，忠贞之所以益替，人君之所以益迷，可胜悼哉！

十七

天宝元年，置十节度使，其九皆西北边徼也。唯河东一镇治太原，较居内地。别有岭南经略，长乐、东莱、东牟三守捉，亦皆边也，而权抑轻。若畿辅内地，河、洛、江、淮、汴、蔡、荆、楚、兖、泗、魏、邢，咸弛武备，幸苟安，而倚沿边之节镇，以冀旦夕之无虞，外强中枵，乱亡之势成矣。盖自一行立两戒之说，分用文用武之国，于是居轻御重、强枝弱干之术行，而自诧其巩固。方玄宗之世，吐蕃、突骑施、奚、契丹虽倔强不宾，而亦屡挫衄以退，本无可用防御者。无故而若大患之在边，委专征之权于边将，其失计固不待言矣。即令外寇果强，侵陵相迫，抑必内屯重旅，以时应敌，而不容栖重师于塞上，使玩寇失防，一败而无以为继。况周、汉之亡，痛先内溃，覆车不远，岂尽由四裔乎？

寇之起于内也，非能驱聚数万人以横行天下；其或尔者，又皆乌合而弗难扑灭者也。唯中原空其无人，则旋灭旋起，而无所弹压。撤边兵以入讨，必重虐吾民，而人心离叛；偶一折丧，乘势以收溃卒，席卷以行，而边兵皆为贼用，然后鼓行而入无人之境，更无有挟一矢以抗之者，社稷邱墟在旦晚之间耳。

夫使禄山之乱，两河、汝、洛、淮、楚之间，有大臣屯重旅，拊其入关之背，而迫之以前却两难之势，贼其敢轻窥函谷哉？封常清一身两臂，募市人于仓猝，以授贼禽，其为必败无疑矣。二颜之起河北，张、许之守睢阳，皆率市人以战，贼之所望而目笑者也。李、郭虽出，九门克捷，而不救潼关之败。观于此，则虚其腹心，以树强援于四末，一朝瓦解，大厦旋倾，势在必亡，无可拯救，必然之券矣。

且重兵之在边也，兵之强弱，朝廷不得而知也；将之忠奸，中枢不得而诘也。兵唯知其将之恩威，而不知有天子；将一失其所守，而自放为游兵，溃而散，靡而降，反戈而内讧，岂徒禄山犯阙、天子奔蜀为然乎？杨刘一溃，而朱友贞匹马无投；恒州一衄，而石重贵束身待缚；种师道入援不振，而宋徽父子凭孤城以就获。千古败亡之一轨，自犬戎遘起，烽火无援，其来久矣。东汉黎阳之屯，差为有恃；乃其亡也，亦以边强腹弱，而山东义旅，不敌董卓之胡骑。后之谋保天下者，可弗鉴诸？

十八

　　唐政之不终者凡三：贞观也，开元也，元和也。而天宝之与开元，其治乱之相差为尤悬绝。夫人之持志以务修能，亦难乎其始耳，血气未定，物诱易迁，智未开，守未固，得失贞淫治乱之故未熟尝，而易生其骄惰；及其年富力强，见闻益广，浮荡之志气已敛，声色之娱乐已厌，而好修之成效有可居，则靡而淫，玩而弛，纵而暴，皆日损以向于善；此中人之恒也。太甲、成王终为令主，亦此而已矣。唐之三君，既能自克以图治于气盈血溢、识浅情浮之日矣，功已略成，效可自喜，而躁烈之客气且衰，渔色耽游之滋味已饫，乃改而逆行，若少年狂荡之为者，此又何也？于是而知修德之与立功，其分量之所至，各有涯涘，而原委相因也。

　　夫苟以修德为心与？德者，无尽之藏也，未之见，则一善成而已若有余矣，天下之可妨吾善者，相引以迁而不自觉；既见之矣，既习之矣，仁不熟不安于心，义未精不利于用，浩乎其无涯矣，森乎其不可犯矣，亹亹乎相引以深密，若登高山，愈陟而愈见其峻，勿容自释也。故所患者，始之不自振也，继之不自省也，而不患其终之不自保也。师保在前，疑丞在后，古人之遗文，相督而不假，一窥其精，欲从而末由，则虽未日进于高明，而可不失其故步，奚忧末路之猖狂哉？

　　苟其以立功为心，而不知德在己而不在事与？则功者，有尽之规也，内贼未除，除之而内见清矣；外寇未戡，戡之而外见宁矣；百姓未富，富之而人有其生矣；法制未修，修之而国有其典矣。夫既内无肘腋之奸，外无跳梁之敌，野鲜流亡，而朝有纲纪，则过此以往，复奚事哉？志大而求盈，则贪荒远之功；心满而自得，则偷晏安之乐；所愿者在是，所行者及是，所成者止是，复奚事哉？邪佞进，女宠兴，酣歌恒舞，而曰与民同乐；深居晏起，而曰无为自正。进厝火积薪之说者，无可见之征；抱蚁穴金堤之虑者，被苛求之责。智浅者不可使深，志小者不可使大，度量有涯，淫溢必泛，盖必然之势矣。

　　是以古之圣王，后治而先学，贵德而贱功，望之天下者轻，而责之身心者重，故耄修益勤，死而后已，非以为天下也，为己而已矣。为己者，功不欲居，名不欲立，以天子而无殊于岩穴之士，志日专，气日敛，欲日憺忘，心日内守，则但患其始之未正也，师保任之也；不患其终之不永也，无可见之功勋，则无告成之逸豫也。唐以功立国，而道德之旨，自天子以至于学士大夫置不讲焉，三君之不终，有以夫！

十九

大义不可易，显道不可诬，苟且因仍，无能改者，不容终隐于人心，而不幸发自德薄望轻之口，又或以纤曲邪妄之说附会之，遂以不伸于天下，君子之所重叹也。

商、周之德，万世之所怀，百王之所师也。祚已讫而明禋不可废，子孙不可替，大公之道也。秦起西戎，以诈力兼天下，蔑先王之道法，海内争起，不相统一，杀掠相寻，人民无主，汉祖灭秦夷项，解法纲，薄征徭，以与天下更始，略德而论功，不在汤、武下矣。汉祚既终，曹魏以下二百余年，南有司马、刘、萧、陈氏，皆窃也；北有五胡、拓跋、宇文，皆狄也；隋氏始以中原族姓一天下，而天伦绝，民害滋；唐扫群盗为中国主，涤积重之暴政，予兆民以安，嗣汉而兴，功亦与汉埒等矣。

天下之生，一治一乱，帝王之兴，以治相继，奚必手相授受哉！道相承也。若其乱也，则天下无君，而治者原不继乱。故夏之末造，有韦、顾、昆吾，乘暴君而霸；殷之将殄，崇、密攘臂而争；周之已衰，六国、强秦、陈涉、项籍，挟兵以逞；汉之已亡，曹、吴、司马、刘、萧、陈、杨、五胡、索虏、宇文，割裂僭号；皆彗孛之光，前不继西没之日，后不启东生之月者也。若以一时僭割、乘邸自雄者，可为帝王授受之统系，则三糵、崇、密，可为商、周之所绍嗣矣，而岂天之所许、人之所怀哉？

王者褒崇先代，隆其后裔，使修事守，待以宾客，岂曰授我以天下而报其私乎？德足以君天下，功足以安黎民，统一六宇，治安百年，复有贤子孙相继以饰治，兴礼乐，敷教化，存人道，远禽兽，大造于天人者不可忘，则与天下尊之，而合乎人心之大顺。唐欲法古帝王之德意，崇三恪之封，自应以商、周、汉为帝王相承而治之绪，是不易之大义，不诬之显道也。

自武德至天宝，百余年矣，议礼之臣，无能昌言以厘正，犹奉拓跋、宇文偏隅之族、杨氏悖乱之支，为元后父母之渊源，何其陋也！天宝九载，乃求殷、周、汉后立为三恪，而废拓跋、宇文、杨氏之封，虽曰已晚，堂堂乎举久湮之坠典，立百王之准则，亦伟矣哉！乃非天子所能念也，非大臣所能正也，非儒者所能议也，而出于人微言轻之崔昌。又以以土代火，五德推迁，袭邹衍之邪说参之。为儒如卫包者，抑以"四星聚尾"无稽之言为征，不能阐元德显功、民心天理之秩序以播告来兹者为永式，主之者又李林甫也。故林甫死，杨国忠之党又起而挠之，后此弗能伸其义者；圣帝明王之祀荫，永绝于世，不亦伤乎！

唐之既亡，朱温以盗，朱邪、臬掠鸡以夷，刘知远、郭威琐琐健儿，瓜分海内，而仅据中州，称帝称王，贱于丞尉；至宋而后治教修明，贤君相嗣，以为天下君师。是于周、汉与唐，犹手授也。曾不能推原治统，自跻休美；而以姑息之恩，独崇柴氏。名儒林立，此议无闻，大义隐，显道息，垂及刘伯温、宋景濂，不复知有乾坤之纲纪，弗能请求刘、李、赵氏之裔以作宾于王家，曾李林甫之弗若，岂非千古之遗憾哉？虽然，人纪不容终绝，王道不容永弛，豪杰之士申其义，明断之主决于行，夫岂难哉？敬以俟之来哲。

二十

秀者必士，朴者必农，僄而悍者必兵，天与之才，习成其性，不可移也，此之谓天秩，此之谓人官。帝王之所以分理人物，而各安其所者，此而已矣。

唐之府兵，世著于伍，垂及百年，而违其材质，强使即戎，于是而中国无兵。安禄山以蕃骑渡河，入无人之境，直叩潼关，岂中原之民一皆脆弱，无可奋臂以兴邪？颜鲁公一振于平原，旬日之间，而得勇士万余人，于是卢全诚于饶阳，李奂于河间，李随于博平，而颜常山所收河北义旅凡二十余万，张睢阳所纠合于雍邱者一日而得数千人，皆蹀血以与贼争死命。斯固三数公忠勇之所激，而岂此数十万比屋之民，皆义愤填胸、思拯国难者乎？僄轻鸷悍之材，诚思得当以自效，不乐于负耒披襄，宁忘身以一逞其材质，不任农而任兵，性以成、情以定也。然则拘府兵之故纸，疑犷骑为虚文，困天下材勇于陇首，荡泆游闲，抑不收农民之利者多矣。违其性，弃其长，强其短，徒弱其兵，复窭其农，唐安得有兵与民哉？

唯其不能收天下之材勇以为国用，故散在天下，而天下皆得以收之，忠者以之效其忠，邪者以之党其邪，各知有所募之主帅，而顺之与逆，唯其马首是瞻，于是乎藩镇之势成，而唐虽共主，亦与棋立以相敌。延及五代，天下分崩，互相吞灭，固幽、燕叛逆之所倡，抑河北、山东义兵之所启也。若夫高仙芝、封常清迫而募于两都者，则市井之罢民，初不足为重轻者也。民惩府兵之害，闻招募出于朝廷，则畏一登籍而贻子孙之祸，固不如河北、山东、雍、睢牧守之号召，人乐于就而能得其死力也。

宰天下者，因其可兵而兵之，因其可农而农之，民不困，兵不枵，材武之士不为将帅所私畜，而天下永定。因天也，因人也，王道之所以一用其自然也。

二十一

李尊说颜鲁公陈清河之富云："有布三百余万匹，帛八十余万匹，钱二十余万缗，粮三十余万斛，甲兵五十余万事。"一郡之积，充牣如此，唐之富可知矣。唐之取民，田百亩而租二石，庸调绢六丈、绵四两而止。宇文融、韦坚、王钺、杨慎矜虽云聚敛，未尝有额外之征也。取民之俭如此，国储之富如彼，其君若臣又未尝修《蟋蟀》《葛屦》之风，方且以侈闻矣。由此观之，有天下者，岂患无财哉？忧贫者，徒自忧而益其贫耳。

夫大损于民而大伤于国者，莫甚于聚财于天子之藏而枵其外，窭百官之用而削于民，二者皆以训盗也；盗国而民受其伤，盗民而国为之乏矣。輂天下之金粟钱货于内帑，置之无用之地，积久而不可用，愈积愈冗，而数不可稽，天子莫能问也，大臣莫能诘也，则一听之宦竖戚畹及主藏之奸胥，日窃月匿，以致于销耗；且复以有为无，欺嗣君之暗，而更加赋以殚民之生计，是盗国而民伤也。有司无可赡之用，不得不为因公之科敛，以取足于民，于是而蔽上以盗民者，相习为故；且有司之科敛者一，而奸吏猾胥以及十姓百家之魁长乘之而交相为盗，官盗一，而其下之层累以相剥者不但二也；民乃急其私科，缓其正税，逋欠频仍以侥幸于恩贷，匿田脱户，弊百出以欺朝廷，而岁之所入，十不得五，是盗民而因以乏国也。

唐散积于州，天下皆内府，可谓得理财之道矣。已散之于天下，而不系之于一方，则天子为天下措当然之用，而天下皆为天子司不匮之藏，有司虽不保其廉隅，而无所借口于经用之不赡，与奸胥猾吏相比以横敛于贫民，而民生遂矣。官守散而易稽，不积无用以朽蠹，不资中贵之隐窃，而民之输纳有恒，无事匿田脱户，纵奸欺以堕朴氓而亏正供，则国计裕矣。故天宝户口之数，古今莫匹，兵兴之初，州县财余于用，非地之加广、生之加蓄也，非虐取于民、俭省于用也。散则清、聚则漏，昭然易见之理，自宋以来，弗能察焉；富有四海而患贫，未有不以贫亡者也。

二十二

天子出奔以避寇，自玄宗始。其后代、德、僖三宗凡四出而卒返，虽乱而不亡。平阳之青衣行酒，五国之囚系终身，视此何如邪？《春秋传》曰："国君死社稷，正也。"国君者，诸侯之谓也，弃其国，寓于他人之国，不得立宗庙、置社稷，委天子之命，绝先祖之祀，殄子孙之世，不若死之愈矣。诸侯之侯度固然，非天子之谓也。自宋李纲始倡误国之说，为君子者，喜其词之正，而不察《春秋传》大义微言之旨，欲陷天子于一城而弃天下，乃以终灭其宗庙之血食。甚矣！持一切之论者，义不精，学不讲，见古人之似而迷其真，以误天下有余矣。

天子者，天下之望也，前之失道而致出奔，诚不君矣；而天下臣民固倚以为重，而视其存亡为去就；固守一城，而或死或辱于寇贼之手，于是乎寇贼之势益张，而天下臣民若丧其首，而四支亟随以仆。以此为正，而不恤四海之沦胥，则幽王之灭宗周，元帝之斩梁祀，可许以不辱不偷之大节乎？天子抚天下而为主，都京师者，其择便而安居者尔。九州莫非其土，率土莫非其人，一邑未亡，则犹奉宗祧于一邑，臣民之望犹系焉，弗难改图以光复也。而以匹夫硁硁之节，轻一死以瓦解天下乎？

呜呼！非徒天子然也。郡县之天下，守令为天子牧民，民其所司也，土非其世守也。禄山之乱，守州郡者如郭纳、达奚珣、令狐潮之流，望风纳款，乃至忠贞如颜杲卿、袁履谦、张巡者，亦初受胁迫而始改图，困守孤城而不知变计，几陷于逆，莫能湔涤。力不能如颜鲁公之即可有为也，则何如洁身以避之，徐图自效可也。身居危困之外，自有余地以致身尽瘁；而濡忍不决，势迫神昏，自非与日月争光之义烈、"艮其限，厉熏心"，亦危矣哉！不保其终无玷也。故守令无三军之寄，而以失城坐大辟，非法也。去亦死，守亦死，中人之情，畏死其恒也，迫之以必死，则唯降而已矣，是驱郡邑以从逆也。故曰非法也。

　　《读通鉴论》卷二十二终

读通鉴论卷二十三

肃宗

一

肃宗自立于灵武，律以君臣父子之大伦，罪无可辞也。裴冕、杜鸿渐等之劝进，名为社稷计，实以居拥戴之功取卿相，其心可诛也。史称颜鲁公颁赦书于诸郡，河南、江、淮知肃宗之立，徇国之志益坚，若以此举为收拾人心之大计，岂其然乎？

玄宗之召乱也，失德而固未尝失道也。淫荒积于宫闱，用舍乱于朝右，授贼以柄而保寇以滋，斁伦伤教，诚不足以任君师、佑下民。而诛杀不淫，未尝如汉桓、灵之搒掠，宋哲、徽之窜逐也；赋役不繁，未尝如秦之筑长城、治骊山，隋之征高丽、开汴渠也。天不佑玄宗，而人不厌唐德，禄山以凶淫狂戆之胡雏，县军向阙，得志而骄，无终日之谋以固其势，无锱铢之惠以饵其民，螟蛄之春秋，人知其速陨，岂待灵武之诏，始足动天下以去逆效顺哉？

虽然，肃宗不立，而天下抑有不可知者。幸而不然，人不知其变之必至耳。国虽不固，君虽不令，未有一寇甫兴而即灭者。秦之无道，陈涉不能代之以兴，况唐立国百年，民无荼毒，天宝之富庶甲乎古今，岂易倾哉？而有不可知者，乱者，所以召乱也；止乱者，尤乱之所自生也。袁、曹讨董卓，而汉亡于袁、曹；刘裕诛桓玄，而晋亡于刘裕；祸发而不戢，恶知其极？定之不早，意外之变继起，而天下乃以分崩，是则安、史虽平，唐尤岌岌也。

于稽其时，玄宗闻东京之陷，既欲使太子监国矣；其发马嵬，且宣传位之旨矣。乃未几而以太子充元帅，诸王分总天下节制，以分太子之权。忽予忽夺，疑天下而召纷争，所谓一言而可以丧邦者在此矣。盛王琦、丰王珙，皆随驾在蜀；吴王祗、虢王巨，皆受专征之命；永王璘之出江南，业已抱异志而往；是萧梁骨肉分争之势也。河北、雍、睢之义旅，罔测所归；河西李嗣业，且欲保境以观衅；安西李栖筠，愈远处而无适从；李、郭虽心王室，且敛兵入井陉，求主未得而疑；同罗叛归，结诸胡以内窥，仆固玢败而降之为内导，以掣河东、朔方之肘；此汉末荆、益，西晋河西之势也。使一路奋起讨贼，而诸方不受其统率，则争竞以生；又李克用、朱全忠不相下之形也。诸王各依一镇以立，诸镇各挟之以为名；抑西晋八王之祸也。居今验古，不忧安、史之不亡，而亡安、史者即以亡唐。托玄宗二三不定之命，割裂以雄长于其方，太子虽有元帅之虚名，亦恶能统一而使无参差乎？玄宗之犹豫不决，吝以天下授太子，不尽皆杨氏衔土之罪也，其父子之间，离忌而足以召乱久矣。

肃宗亟立，天下乃定归于一，西收凉、陇，北抚朔、夏，以身当贼，而功不分于他人，诸王诸帅无可挟之勋名以嗣起为乱，天未厌唐，启裴、杜之心，使因私以济公，未尝不为唐幸也。盖肃宗亦未尝不虑此矣，而非冕、鸿渐之所能及也。肃宗自立之罪无可辞，而犹可原也。冕、鸿渐敢大伦以徼拥戴之功，唐虽由之以安，允为名教之罪人，恶在心，奚容贷哉？

二

李长源间关至灵武，肃宗命为相而不受，以白衣为宾友，疑乎其洁身高尚也，而其后历仕中外，且终相德宗矣，此论者所未测也。抑而下之，则讥其无定情，始以宾友自尊，而终丧其所守。推而高之，则谓其鄙肃宗之乘危自立，紊大伦而耻与翼戴之列。夫长源志深识远，其非始自尊而终耽宠禄也明甚。若鄙肃宗之自立，则胡为冒险间行以参帷幄，既与大谋，又恶可辞推戴之辜邪？夫长源之辞相，乃唐室兴亡之大机，人心离合、国纪张弛之所自决，悠悠者恶足以知之！

玄宗之几丧邦也，惟其以官酬功，而使禄山怀不得宰相之忿，仇忮廷臣，怨怼君父，而逞其毒。玄宗出奔，肃宗孤起于边陲，以待匡救于群臣。于斯时也，人竞乘时以希高位，而不知所厌止者也。凡天下一败而不能复兴之祸，恒起于人觊贵宠而君轻爵位。贵宠可觊，则贤不肖无别，而贤者不为尽节；爵位既轻，则劝与威无以相继，而穷于劝者怨乃以生。长源知乱之必生于此也，故玄宗知其才欲官之，而早已不受；抑知必反此而后可以立功也，故肃宗与商报功之典，而曰"以官赏功，非才则废事，权重则难制，莫若疏爵土使比小郡，而不可轻予以宰相之名。"唯然，犹恐同功共事之人，侥望之积习不化，故己以东宫之友，倚任之重，联镳对榻之隆，而居然一布衣也；则人不以官位为贵而贵有功，不以虚名为荣而荣有实，天宝滥竽之敝政，人耻而不居，而更始"羊头关内"、高纬"鹰犬仪同"败亡之覆轨，不复蹈焉。

呜呼！此长源返极重之势，塞溃败之源，默挽人心、扶危定倾之大用，以身为鹄，而收复之功所自基也。深矣远矣，知之者鲜矣。以示人臣遇难致身、非贪荣利之大节，以戒人主邂逅相赏、遽假威福之淫施，不但如留侯智以全身之比也。其后充幕僚、刺外州而不嫌屈，驯至德宗之世，始以四朝元老任台鼎之崇，进有渐也，士君子登用之正，当如此尔。昭然著见而人不测，乃疑其诡秘无恒也。吴聘君一出山而即求枚卜，视此能勿惭乎？

三

自唐以上，财赋所自出，皆取之豫、兖、冀、雍而已足，未尝求足于江、淮也。恃江、淮以为资，自第五琦始。当其时，贼据幽、冀，陷两都，山东虽未尽失，而隔绝不通，蜀赋既寡，又限以剑门栈道之险，所可资以赡军者唯江、淮，故琦请督租庸自汉水达洋州，以输于扶风，一时不获已之计也。乃自是以后，人视江、淮为腴土，刘晏因之辇东南以供西北，东南之民力殚焉，垂及千年而未得稍纾。呜呼！朝廷既以为外府，垂腴朵颐之官吏，亦视以为膻场，耕夫红女有宵匪旦，以应密署之诛求，乃至衣被之靡丽，口实之珍奇，苛细烦劳以听贪人之侈滥，匪舌是出，不敢告劳，亦将孰与念之哉！

自汉以上，吴、越、楚、闽，皆荒服也。自晋东迁，而江、淮之力始尽。然唐以前，姚秦、拓跋、宇文，唐以后，自朱温以迄宋初，江南割据，而河洛、关中未尝不足以立国。九州之广，岂必江滨海澨之可渔猎乎？祖第五琦、刘晏之术者，因其人惜廉隅，畏鞭笞，易于弋取，而见为无尽之藏。竭三吴以奉西北，而西北坐食之；三吴之人不给饘粥之食，抑待哺于上游，而上游无三年之积，一罹水旱，死徙相望。乃西北蒙坐食之休，而民抑不为之加富者，岂徒天道之亏盈哉？坐食而骄，骄而佚，月倍三釜之餐，土无再易之力，陂堰不修，桑蚕不事，举先王尽力沟洫之良田，听命于旱蝗而不思捍救，仍饥相迫，则夫削妻骸，弟烹兄肉，其强者弯弓驰马以杀夺行旅，而犹睥睨东南，妒劳人之采稆剥蟹也。谁使之然，非偏困东南以骄西北者纵之而谁咎邪？骄之使横，佚之使惰，贪欲可遂，则笑傲以忘所自来；供亿不违，则忮忿而狂兴以逞。其野人恶舌喑噁，以胁赢懦之驯民；其士大夫气涌胆张，恫喝以凌衣冠之雅士。于是国家无事，则依中涓、附戚里而不惜廉隅；天下有虞，则降盗贼、戴夷狄而不知君父；何一而非坐食东南者之教猱揫虎，以使农非农、士非土，日渐月靡，俾波逝而无回澜哉？

冀土者，唐尧勤俭之余泽也；三河者，商家六百载奠安之乐土也；长安者，周、汉之所久安而长治也。生于此遂，教于此敷，一移其储偫之权于江介，而中原几为无实之土。第五琦不得已而偶用之，害遂延于千载。秉国之均，不平谓何。非均平方正之君子，以大公宰六合，未易以齐五方而绥四海。邵康节犹抑南以伸北，亦不审民情天化之变矣。

四

制治于未乱，保邦于未危，乃可以为天子之大臣。《易》曰："其亡！其亡！系于苞桑。"九四捍御之功，不如上九之豫防，足以倾否，九五之不亡，上九系之也，李长源当之矣。

其与肃宗议功臣之赏，勿以官而以封邑，故贼平而无挟功以逼上之大臣，此之谓保邦于未危。不然，则如刘裕之诛桓玄，李克用之驱黄巢，社稷随之以倾矣。

其谏肃宗以元帅授广平、勿授建宁也，故国储定而人心一。全二王兄弟之恩，息骨肉猜疑之衅，此之谓制治于未乱。不然，则且如太宗宫门流血之惨，玄宗太平构祸之危，家国交受其伤矣。

太原之起，秦王谋定而乃以告；韦氏之诛，临淄不告相王而行；非适非长而独建大功，变起宫庭，高祖、睿宗亦无如之何也，非君父之舍适长而授庶少以权也。使肃宗以元帅授建宁，则业受命于己矣，是他日之争端，肃宗自启之也。乃肃宗之欲命建宁，非有私宠之情，以建宁英果之姿，成功较易，则为当日平贼计者，固得命帅之宜，廷臣自以为允。乃长源于图功之始，豫计未有之隙，早涂堲以泯其迹，决之一言，而乱萌永塞，所贵于天子之有大臣者，唯此而已矣。事已舛，祸已生，始持正以争于后，则虽以身殉，国家不蒙其佑，奚足赖哉？

且夫逆贼有必亡之势，诸将有克敌之能，广平虽才让建宁，亦非深宫豢养无所识知者也。假元子之宠灵，为将士先，自可制贼之死命，无待建宁而始胜其任，长源知之审矣。广平为帅，两京旋复，亦非拘名义以隳大功。知深虑远，与道相扶，仁人之言其利溥，此之谓也。故曰必如是而后可以为天子大臣也。

五

借援夷狄，导之以蹂中国，因使乘以窃据，其为失策无疑也。然而有异焉者，情事殊，而祸之浅深亦别焉。

唐高祖知突厥之不可用，特以孤梁师都、刘武周之党，不得已从刘文静之策，而所借者仅五百骑，未尝假以破敌也，故乍屈而终伸。渭上之役，太宗能以数骑却之，突厥知我之强而无可挟以逼也，故其祸尤轻。

石敬瑭妄干大位，甘心臣虏，以逞其欲，破灭后唐者，皆契丹之力也；受其册命，为附庸之天子，与宋之借金亡辽、借元亡金，胥仰鼻息于匪类，以分其濡沫，则彼已操我之存亡生死而唯其吞吸者也，故其祸尤重。

肃宗用朔方之众以讨贼收京，乃唯恐不胜，使仆固怀恩请援回纥，因胁西域城郭诸国，征兵入助，而原野为之蹂践；读杜甫拟绝天骄、花门萧瑟之诗，其乱大防而虐生民，祸亦棘矣。嗣是而连吐蕃以入寇，天子为之出奔，害几不救。然收京之役，回纥无血战之功，一皆郭汾阳之独力，唐固未尝全恃回纥，屈身割地以待命也。则愈于敬瑭远矣，有自立者存也。

夷考其时，西京被陷，而禄山留洛，不敢入关，孙孝哲、安守忠、李归仁、张通儒、田乾真之流，日夜纵酒宣淫而无战志，搜索民财，人皆怨愤，颙首以望王师，薛景仙破贼于扶风，京西之威已振，畿内豪杰杀贼应官兵者四起，肃宗既拥朔方之众，兼收河西、安西之旅，以临欲溃之贼，复何所借于回纥而后敢东向哉？此其故有二，皆情势之穷，虑不能及于远大也。

其一，自天宝以来，边兵外强，所可与幽、燕、河北并峙者，唯王忠嗣之在朔方耳。玄宗自削其辅，夺忠嗣而废之，奉忠嗣之余威收拾西陲者，哥舒翰也。翰为禄山屈而称病闲居，朔方之势已不振，既且尽撤之以守潼关，而陷没于贼。郭、李虽分节钺，兵备已枵，同罗叛归，又扼项背以掣东下之肘，故郭、李志虽坚，名虽盛，而军孤且弱，不足压贼势于未灰。陈涛之败，继以清渠，不得专咎房琯而谓汾阳之所向无前也。推其致弱之由，玄宗失计于前，肃宗不能遽振于后，积弱乍兴，不得不资回纥以壮士气而夺贼胆，其势然也。

其一，肃宗已至凤翔，诸军大集，李泌欲分安西、西域之兵并塞以取幽、燕，使其计行，则终唐之世，河北跋扈之祸永消；而肃宗不从，急用回纥疾收长安者，以居功固位不能稍待也。其言曰："切于晨昏之恋，不能久待。"徒饰说耳。南内幽居，父几死于宦竖之手，犹曰功在社稷，晨昏之语，将谁欺乎？盖其时上皇在蜀，人心犹戴故君，诸王分节制之命，玄宗且无固志，永王璘已有琅邪东渡之雄心矣。肃宗若无疾复西京之大勋，孤处西隅，与天下悬隔，海岱、江淮、荆楚、三巴分峙而起，高材捷足，先收平贼之功，区区适长之名，未足以弹压天下也。故唯恐功不速收，而日暮倒行，屈媚回纥，纵其蹂践，但使奏效崇朝，奚遑他恤哉？决遣敦煌王以为质而受辱于虏帐，其情然也。

乃以势言之，朔方之军虽弱，贼亦散处而势分，统诸军向长安者凡十五万，回纥六千耳，卒之力战以破贼者，非回纥也，固愈于石敬瑭之全恃契丹，童贯、孟珙之仅随虏后也，故回纥弗敢睥睨而乘之以夺中国。唯其情之已私，则奉回纥以制人，与高祖之假突厥而实不用者殊。是以原野受其荼毒，而仆固怀恩且挟之以入为寇难，非汾阳威信之能服强夷，唐亦殆矣。

故用夷者，未有免于祸者，用之有重轻，而祸有深浅耳。推其本原，刘文静实为厉阶，仅免于危亡，且为愚夫取灭之嚆矢，不亦悲乎！

六

"资于事父以事君而敬同。"但言敬也，则以臣之事君者事父焉可矣。乃抑曰"资于事父以事母而爱同"。爱同于母，奚徒道之必尽，抑亦志之必从，饮食男女，非所得间也，岂容以事君者事父乎？责难于君，敬之大者也；责善贼恩，伤爱之尤者也；至于此，则以臣之事君者事父，陷于不孝，以伤天性，辱死及身而不足以赎其愆矣。

均一事也，君父有过，臣谏之，则纳者十之三四也；虽不纳，而不施以刑杀者十之五六也；遇暴君而见戮见杀，十之一二耳，抑虽死而终不失其忠。子则不然，子谏而父纳，自非至仁大圣，百不得一焉；况乎宠妾媚子，君所溺爱，位相逼，势相妨，情相夺，岂人子所能施其檠括乎？申生以君安骊姬之故，不忍辩而死，君德失，宗社危，而以不忍君失其宠嬖之情，任其煽惑，暗死无言；臣而若此，则非臣也，臣以责难为敬者也。子之事父，爱敬并行，而敬由爱起，床第之欢，私昵之癖，父安而不得不安之，忍以臣道自居哉？非徒祸之及己而陷父以不慈也，言焉而未有听焉者也，争焉而未有能胜焉者也，徒为无益以召死亡，庸讵非一朝之忿乎？

肃宗方在军中，而张良娣以护庇见嬖，党于李辅国以乱政，李长源恶之，建宁王倓亦恶之。呜呼！良娣虽不可容，岂倓之所得恶者邪？长源秉臣道之正以匡君，倓违子道之常以逆父，故肃宗虽惑良娣，辅国虽伏机械以求害长源，而终保全恩礼，悠然以去；于倓则发蒙振落挤之死，而肃宗不生瘝木之悲；其道异，其情殊，其得失不同，而其祸福亦别，岂有爽与？

《小弁》之怨，所以不害乎为君子者，幽王无忠直拂弼之臣，而平王之傅亦徒讼己诬，不斥褒姒之恶也。当此之时，肃宗任长源以腹心，长源业不恤良娣之怨以与争成败，则佋授规正之责于长源，而可平情以静听；乃欲杀良娣以为长源效，不已傎乎！相激而陷父以杀子之大恶，自贻之矣。

所惜者，长源于佋投分不浅，而不能固谏佋以安人子之职，佋死，乃追悔而力止广平之忿怒，至于他日涕泣以讼佋之冤，亦已晚矣。岂佋之刚愎，不可与深言邪？不然，则长源善处人父子兄弟之间，功屡著矣，而徒于佋失之，抑又何也？

七

肃宗表请上皇，自求还东宫修人子之职，虽其饰词，亦子道之常耳，而李长源料玄宗之咈然，果彷徨不进，得群臣就养之表，而后欣然就道，抑何至于此哉？

言之必如其事也，事之必如其心也，君子之以立诚而动物，无有不然者。然有时乎以交天下之人，犹出之以逊让，饰之以文词，抑以昭雍容谦挹之度，而远直情径行草野倨侮之恶，君臣朋友宾主之间，盖亦择其可用而用之矣。独至于父子之际，固无所容此也。幼而哺以乳，未尝让乳也；长而食以食，未尝让食也；壮而授以室，未尝让室也；天性自然之爱，不忍欺也。可欲者欲之，可得者得之，以诚请，以诚受，天子虽尊，天下虽大，亦将彻之厄酒豆肉而已矣，父犹父也，子犹子也，夺之非怨，予之非恩，父母而宾客之，岂复有人之心哉？

肃宗自立于灵武，其不道固矣，天下不可欺，而尤不可自欺其心，以上欺其父。伪为辞让以告天下，人亦孰与谅之？乃于拜表奉迎之日，悲欢交集之顷，为饰说以告父，此何心邪？贼未破，京未收，寸功不见于社稷，则居大位而不疑；已破贼收京，饮至论功，正南面之尊，乃曰退就东宫，归大位于已称上皇之老父乎？肃宗之为此也，探玄宗失位怏悒之情而制之也。若曰吾非不欲避位，而天命已去，人心已解，父且不能含羞拂众以复贪大宝，折服其不平之气，而使钳口戢志以无敢复他也。呜呼！天理灭，人心绝矣。

玄宗固曰彼已自立而复为此辞者，不以父待我，而以相敌之情相制，心叵测矣。司马懿称病以谢曹爽，唐高祖输款以推李密，其后竟如之何也，尚能忘忧以安寝食哉？不孝之大者，莫甚于匿情以相胁，故自立之罪可原，而请就东宫之恶不可逭。非邺侯之善处，则南宫禁锢，不待他日，且使自毙于成都，恶尤烈于卫辄矣。群臣表至，玄宗乃曰："今日为天子父乃贵。"所以明其不复愿为天子而自保其余年也，悲哉！

八

张巡捐生殉国，血战以保障江、淮，其忠烈功绩，固出颜杲卿、李澄之上，尤非张介然之流所可企望。贼平，廷议褒录，议者以食人而欲诎之。国家崇节报功，自有恒典，诎之者非也，议者为已苛矣。虽然，其食人也，不谓之不仁也不可。

李翰为之辩曰："损数百人以全天下。"损者，不恤其死则可矣，使之致死则可矣，杀之、脔之、龁而吞之，岂损之谓乎？夫人之不忍食人也，不待求之理而始知其不可也，固闻言而心悸，遥想而神惊矣。于此而忍焉，则必非人而后可。巡抑幸而城陷身死，与所食者而俱亡耳；如使食人之后，救且至，城且全，论功行赏，尊位重禄不得而辞，紫衣金佩，赫奕显荣，于斯时也，念啮筋噬骨之惨，又将何地以自容哉！

守孤城，绝外救，粮尽而馁，君子于此，唯一死而志事毕矣。臣之于君，子之于父，所自致者，至于死而蔑以加矣。过此者，则愆尤之府矣，适以贼仁戕义而已矣。无论城之存亡也，无论身之生死也，所必不可者，人相食也。汉末饿贼起而祸始萌，隋末朱粲起而祸乃烈；然事出盗贼，有人心者皆恶之而不忍效。忠臣烈士亦驯习以为故常，则后世之贪功幸赏者且以为师，而恶流万世，哀哉！若张巡者，唐室之所可褒，而君子之所不忍言也。李翰逞游辞以导狂澜，吾滋惧矣。

九

史思明降而复叛，肃宗使乌承恩阴图之，而给阿史那承庆铁券以离其党，事觉而速其反，谋之不臧，只以速乱。虽然，乱自速耳，即弗然，而思明岂悔过自新、终于臣服者哉？张镐之策，李光弼之请，非过计也。安庆绪欲图思明，耿仁智、乌承玼乘其危疑而诱之以降，于时庆绪孤保邺城，不亡如线，思明既葸其图己，抑料其必亡，姑为自全之计，持两端以观衅，其不可恃也，亦较著矣。庆绪之心既非不可解之仇，无难数易；而唐室君臣复东京而志已满，回纥归，子仪弱，威力不足以及河朔，明矣。思明何所惮、复何所歆，而已张之爪距弭耳受柙乎？旷岁无北伐之师，思明目已无唐矣，不反何待焉？

讨贼易，平乱难；诱贼降己易，受贼之降难；能受降者，必其力足以歼贼，而姑容其归顺者也。威不足制，德不足怀，贼以降饵己，己以受降饵贼，方降之日，即其养余力以决起于一旦者也。非高位厚禄、温言重赐之所能抚也，非输粟辇金、安插屯聚之所能戢也，非深谋秘计、分兵散党之所能制也，诚视吾所以致其降者何如耳。重兵以临之，屡挫而夺其魄，如诸葛公之于孟获，岳鹏举之于群盗，而后可开以自新之路，而不萌反复之心。故肃宗之失，在不听邺侯之策，并塞以攻幽、燕，使诸贼失可据之穴，魂销于奔窜，而后受其归命之忱，薄录其将，解散其兵，乃可以受降而永绥其乱。失此不图，遽欲挽狂澜以归壑，庸可得哉？

邺侯去国，兵无谋主，郭、李之威，尽于一战，思明再叛，河北终不归唐，非但乌承恩之谋浅、李光弼之计左也。梁武之威，不足以压侯景；唐肃之威，不足以制思明；养寇与激乱，均为失策，张镐虽能先知，亦将如之何也！向令承恩之计行，与承庆共斩思明，而承庆、承恩又一思明矣。数叛之人，不保其继，愈疑愈纷，愈防愈溃，河决而塞之，痈溃而敛之，其亡速矣。

十

将与兵必相得也，兵不宜其将，非弱则讧。唐节度使死，因察军中所欲立者授之，亦未为过也。其事自肃宗以平卢授侯希逸始。于是唐权下移，终其世于乱，而国以亡。盖人君之心，有可洞然昭示使天下共见者，虽雄猜如曹孟德，而亦无所隐。有藏之密、虑之熟，决于一旦而天下莫测者，虽孔子之堕郈、费，亦未尝示人以欲堕之志。非疑于人，信之在己者深也。

唐之中叶，节度使各有其兵，而非天子所能左右，其势成矣。察三军之志，立其所愿戴者，使军效于将，将效于国，亦不容已之势也。非可以汉高旦驰入营，夺韩信、张耳之军行焉者也。惟然，而此意可使将与兵知之乎？军有帅，有偏裨，帅死而偏裨之可任与否，非不可以豫知者也。其为忠、为逆、为智、为愚、为宽、为严，天子与大臣辨之审而虑之早，则帅一死而赫然以军中所欲奉之主授以节钺，而不待其陈请。则帅既感其特恩，兵亦服其夙断。既惮其明见万里之威，复怀其实获我心之德。虽有桀骜，敢生携贰乎？天下止此数镇，镇之偏裨止此数人，天子大臣曾不察其可否，而待迫以询之群小邪？刘后主之暗也，犹能使李福问帅于诸葛方病之日；若祭遵、来歙死于仓猝，而兵柄有归，尤先事以防不测，其计定矣。恶有悬三军之任，摇摇不知所付，帅死而后就军中以谋用舍哉？又况所遣者阉人，贿赂行，威权替，李怀玉得逞其奸，而唐无天子，养乱以垂亡，寄生之君，尸禄之相，不足与有为久矣。将有材而不能知，军有情而不能得，浸使不问，军中自为予夺，其召乱尤速也。操大权者，非一旦之能也。

十一

安、史之灭，自灭也，互相杀而四贼夷，唐不能俘馘之也。前之复两京，后之收东都，皆乘其敝而资回纥之力，李、郭亦因时以取大勋，非有血战之殊劳焉。以战功论，李光弼奋其智勇，克敌制胜之功视郭为多；郭则一败于清渠，再溃于相州，功尤诎焉。然而为唐社稷之臣，天下倚以重轻，后世无得而议者，又岂徒徼虚誉乎？

任天下之重者，莫大乎平其情以听物之顺逆，而不挟意以自居于胜，此唯古之知道者能之。故《诗》称周公之德曰"赤舄几几"，言其志定而于土皆安也。夫有揽天下于己之心，其心危；有疑天下而不自任之心，其心诐；心者，藏于中而不可掩者也。藏于中而固不可掩，故天下皆见之，而思与致、疑与信、报之以不爽。汾阳以翘关负米起家，而暗与道合，其得于天者，三代以下莫与之伦矣。

能任也，则不能让，所谓豪杰之士也，韩信、马援是已；能让也，则不能任，所谓保身之哲也，张子房、李长源是已。汾阳于位之崇替，权之去留，上之疑信，谗佞之起灭，乃至功之成与不成，俱至则受之，受则任之，而无所容心于其间。情至平矣，而天下不能测其所为。山有陂陀，则测其峰之起伏；水有滩碛，则测其波之回旋；平平荡荡，无高无下，无曲无奇，而物恶从测之哉？天下既共见之，而终莫测之，大哉！平情之为用也，四海在其度中，贤不肖万殊之情归其范围矣。

相州师溃，汾阳之威名既损，鱼朝恩之潜行，肃宗夺其兵柄授李光弼，数年之内，光弼以元帅拥重兵戮力中原，若将驾汾阳而上之也。乃许叔冀叛于汴州，刘展反于江、淮，段子璋反于梓州，楚州杀李藏用，河东杀邓景山，行营杀李国贞、荔非元礼，内乱蜂起，此扑彼兴。迨乎宝应元年，汾阳受王爵、知诸道行营，而天下帖然，内既宁而外自戢，史朝义釜鱼之游不能以终日，弗待血战之功也。呜呼！是岂光弼智勇之所能及，汉、魏以下将相大臣之能得于天下者乎？

董卓不足以亡汉，亡汉者关东也；桓玄不足以亡晋，亡晋者北府也；黄巢不足以亡唐，亡唐者汴、晋也。然则安、史非唐之忧，而乘时以蜂起者，鹿不知死于谁手。汾阳一出而天下熄，其建威也，不过斩王元振四十余人而已，天下莫敢复乱。唯其平情以听权势之去来，可为则为，不可为则止，坦然无我之大用，人以意揣之而不能得其要领，又孰知其因其心而因物以受宠辱之固然者乎？仆固怀恩乱人也，张用济欲逐光弼，而怀恩曰："邺城之溃，郭公先去，朝廷责帅，故罢公兵。"引咎以安众心，何其似君子之言也！非公安土敦仁、不舍几几之度，沦浃于群心，怀恩讵足以及此哉？

人臣之义，忧国如家，性之节也；社稷之任在己而不可辞，道之任也。笃忠贞者，汲汲以谋济，而势诎力沮，则必有不平之情。此意一发于中，必动于外，天下乃争骛于功名，而忘其忠顺。奸人乘之，乱因以起。

唯并取立功匡主之情，夷然任之，而无取必于物之念，以与天下相见于冰融风霁之宇，可为者无不为焉，则虽有桀骜不轨之徒，亦气折心灰而不敢动。不言之言，无功之功，回纥称之曰"大人"，允矣其为大人矣。以光弼之忠勇不下于公，而天下不蒙其佑，两将相衡，度量较然矣。

十二

孤臣孽子，历疢疾而愤兴。虽然，亦存乎其人尔。抱偊傥不平之姿者，安乐易以骄，忧危乃以惕，则晋重耳、越勾践是已。其不然者，气折则神益昏，心危则志益溺，使驾轻车、骋康庄，犹免于折轴输载也。

中宗幽辱于房州。因与韦氏昵以自安，而制于韦氏，身为戮，国几丧，固无足道矣。肃宗之明能任李泌，其断能倚广平，虽不废宠乐，而无淫荒之癖，是殆可与有为者。其在东宫，为李林甫、杨国忠所离间，不废而死者，幸耳。灵武草创，履行间者数年，贼逼于外，援孤于内，亦可谓与忧患相终始、险阻备尝者也。而既归西京，讨贼之功，方将就绪，茶然委顺，制于悍妻，迫于家奴，使拥兵劫父，囚处别宫，唯其所为，莫之能禁，乃至蒙面丧心，慰李辅国曰："卿等防微杜渐以安社稷。"天伦泯绝若此之酷者，岂其果有枭獍之心乎？畏辅国之拥六军，祸将及己，而姑以自全耳。黜萧华，相元载，罢子仪，乃至闻李唐之谏，泫然流涕，而不敢修寝门之节，与冥顽不慧之宋光同其陷溺，岂非忧患深而锋棱绌，以至于斯哉？

其任辅国也，徇良娣也；其嬖良娣也，亦非徒悦色也，当在灵武时，生子三日而起缝战士之衣，畏刺客而寝于外，以身当之，患难之下，呴沫相保，恻然之心一动，而沉酣不能自拔，纵遣骄横，莫能复制，日销月靡，志不守而神不兴，不复有生人之气，岌岌自保之不遑，于是而泯忘其天性，所必然矣。乡使以元子之尊，早受册立，无奸臣之摇动，无巨寇之摧残，嗣天位，抚金瓯，则固可与守文，而岂其丧心失志之尔尔邪？

呜呼！岂独天子为然乎？士起孤寒之族，际荒乱之世，与炎寒之流俗相周旋，冻馁飘摇，激而特起，念平生之坎坷，怀恩怨以不忘。主父偃曰："日暮途远，倒行而逆施之。"一饭千金，睚眦必报。苏秦、刘穆之、元载身陷大恶，为千古僇，皆疢疾之深，反激而愈增其狂戾也。故曰："不仁者，不可以久处约。"处约而能不以女子小人醉饱金钱为恩怨者，鲜矣。此乱世所以多败德也。

代宗 唐讳世，代宗犹言世宗，近人欲以加景皇帝，其不学如此。

一

代宗听程元振之谮，流来瑱杀之，而藩镇皆怀叛志，仆固怀恩以是树四降贼于河北，养乱以自固，终始为唐巨患，其上书自讼，指瑱之死为口实，用拒入朝之命。夫来瑱之诛，岂其无辜而仅以请托不从致元振之怨乎？瑱之诛，亦法之所不贷者也。

其镇襄阳也，以李辅国之私人，夺韦伦而得之，引降贼张维瑾等为爪牙，收人心以据大镇，召赴京师而不至，徙镇淮西而不行，纵兵击裴茙，擒送京师，胁朝廷以行辟，唐藩镇之抗不受代图不轨者，盖自瑱始。杀瑱而藩镇怨，纵瑱而藩镇抑骄，两俱致乱之道；杀之而咎其刻，不杀则必听之，而抑咎其偷。已成之咎，怨之所归，不知反此，而咎又将在彼矣。肃宗以来，骄纵养痈，势将必溃，饬法以诛瑱，固非淫刑以召叛也。瑱不死，仆固怀恩溪壑之欲又岂易厌乎？

乃若代宗之所以不克惩乱而反以致乱者，杀之非所以杀也。刑者，帝王所以惩天下之不恪也。刑滥于不当刑，人固自危，而犹不敢欺，且冀其偶失而终能不滥，则疑怨不深。唯刑施于所当刑而不以其道，天下乃测其刑之已穷，而怨其以机相陷也，乃始挟毒以相报。

当来瑱襄阳跋扈之日，唐不倚之以讨贼，瑱固无恃以胁唐；藩镇林立，势不相下，瑱即叛，只以速亡，则使正名声罪以致天诛，夫岂有大害于社稷哉？而惴惴然将迎之不遑，杀裴茙以媚之，虚相位以饵之，鱼脱于渊，然后假通贼之诬辞，加以不当辜之辟。藩镇之怨，非徒怨也，固将曰：瑱拥兵不入，唐固无如瑱何，唯倔强者可以免祸，而瑱自投其罟，吾知戒矣。留贼以为援，抗命而不朝，鹰隼扬于寥天，岂矰弋之能加哉？

苏峻曰："吾宁山头望廷尉，不能廷尉望山头。"屠主庸臣之伎俩，在奸雄心目之中，以怨为名而非怨也，倒持魁柄以相制而相持也。藉令当瑱违命之日，下尺一之诏，责以不可贳之法，使束身归阙，则姑贷其死而贬之；不则举六师以急清内贼，则河北群丑，且震动以弭其邪心，况方在立功、反谋未决之怀恩哉？

二

以文取士而得真才，以行取士而得笃行，则行愈于文多矣。以文取士而得伪饰之文，以行取士而得伪饰之行，则伪行之以害人心、坏风俗、伤政理者，倍于伪饰之文，支离浮曼，而害止于言也。且设科以取士，则必授之以式矣。文者，言治而要之事，言道而要之理，即下至骈偶声韵之文，亦必裁之以章程，可式者也。行而务为之成法，则孝何据以为孝之程，廉何据以为廉之则邪？不问其心，而但求之外，非枭獍皆可云孝，非盗贼皆可云廉，不可式者也。极其弊，委之守令，而奔走于守令之门，临以刺史，而奔走于刺史之门，以声誉相奖，以攀援相竞，乃至以贿赂相要，父母为羔雁，廉耻为优俳，其不率天下以狂趋者能几也？

乡举里选，三代之法也。而殷之大国方百里，周之大国五百里而止，其小者五十里耳，即其地，选其人，官其土，君大夫世与相狎，而贤奸易辨，犹今置乡耆于一村一社而已，则公议固不容掩也。乃以四海之辽绝，刺史守令三载之乍临，求知岩穴之行履，责以知人之哲，而升朝以任天下之大，何易易邪？又况曲士之垂腴而干请，赇吏之鬻民以徼利者哉！

汉之举孝廉，举其为吏于州郡者也。既为吏而与一乡之政，能否可知其大凡矣，而清浊异流，臭味异合，请托易集，党比相怙，孝者固非孝，廉者固非廉也；汉末之得士，概可见矣。况使求升朝而理、易地而官者，于未登仕籍之处士乎？杨绾惩进士之亡实，欲复孝廉之举，终不可行，论者惜之。惜之者，未尝体人情、揆事理、周世变、究终始，浮慕古昔，而徒以空言居胜者也。绾未几而奏罢孝弟力田科，以无实状、多侥幸故废之，绾亦自知其前之失言矣。

然则行不足以取真士，而以文取者可得士乎？夫非谓文之可以得士也，设取士之科者，止以别君子野人而止耳。虽有知人之哲，不能于始进而早辨其贤奸也。故三代之法，观之于饮，观之于射，观其比礼比乐内正外直之度、拜起揖让之容而已；醻爵行而合语，观其称古昔、道先王而已；观之于此，而君子野人之辨，可十九得也。过此以往，敷奏以言，明试以功，皆论定后官之余，乃以察其贤不肖而进退之。然则立法以取士，试之以策问，试之以诗赋，试之以经义，亦饮射之遗意而变通之，岂期于此而遽得真士哉？习文教而与闻乎德言之绪论，为野人之所不胜，既由乎君子之途，则可望以循此而上达耳。授之以政，而智愚勤惰忠佞贪廉，自有秉宪者执法以议其后，其可悬行谊为标格，使之售伪以藏奸乎？

若夫学校之设，清士类于始进，不当专求之文，而必考其闺门之素履；正士习，育贤才，严不淑之惩，又不待登进之日也。然而方在子衿之列，修子弟之敬爱，绝公门之请谒，亦士之常耳，或既贵而丧其所守，讵可遽以此为贤，而授之大官大邑乎？以行按不肖之罚，而以文求君子之度，流品清而伪行抑不敢冒，斯其于取士之法，殆庶几与！

三

盈唐之廷而发程元振之奸者，太常博士柳伉也，唐可谓廷无人矣。抑考古今巨奸之在君侧，大臣谏官缄默取容，小臣寒士起而击去之，若此类者不一，夫人君亦何赖有心膂股肱之臣哉？诚足悲已！乃其间抑有辨焉。如其奸邪得势，执暗主之权，生杀在手，士大夫与争而不胜，因起大狱，空君子之群，诛戮流窜，流血盈廷，槛车载道，而纶扉卿署遍置私人，故奸已露、势将倾，而无有能诘者，于是一介之士，迎其机而孤起以攻之，此固无容深怪已。

程元振得权以来，所潜而诛者来瑱，瑱固有可诛之罪也；所忌而逐者裴冕，犹得刺州以去，未有大伤也；李岘与相不协，柳伉之事，岘且与谋，未尝先发制岘，而安位自若；省寺台端，类非由元振以升，而害亦不及，士大夫固优游群处于朝右，谁禁之使暗，而让搏击之举于一博士乎？通国痿痹，无生人之气，何其甚也！

宋之谏臣，迁谪接踵于岭南，而谏者日进；唐无贬窜之祸，而大奸根据，莫之敢摇；无他，上委靡而下偷容，相养以成塞耳蔽目之天下，士气不伸，抑无有激之者也。进无听从之益以仰庇宗社，退无诛逐之祸以俯著直声，虽欲扼腕昌言，一蛩吟而蛮泣耳。无惑乎视纠谬锄奸为迂阔之图，人弃廉隅而保容容之福也。是以薰莸并御之朝廷，不如水火交争之士气也。

四

拥重兵、居高位、立大功而终叛，类皆有激之者，唯仆固怀恩不然。来瑱虽诛，然无功于唐，而据邑胁君，上下之猜嫌久矣，非彭、韩在汉，苏、祖在晋比也。虽诛十瑱，怀恩自可坦然无危疑也。代宗推心以任怀恩，至于已叛，犹眷眷不忘，养其母，鞠其女，且曰："朕负怀恩。"程元振、鱼朝恩虽不可久恃，而方倚怀恩以沮汾阳，抑不如杨国忠之于禄山矣。怀恩不叛，优游拥王爵于朔方，何嫌何惧，不席富贵以终身邪？河北初平，大功已集，薛嵩等迎拜马首，乞随行间，正其策勋鸣豫之日矣；遽起异心，养寇树援，为叛逆之地，辛云京闭城自卫，岂过计哉？骆奉仙虽为云京行说以发其反谋，亦非悬坐以本无之志而陷以醯菹，辛云京、李抱玉先事之知耳，非激之也；然而冒昧以逞，决志不回，此何心哉？《传》曰："狼子野心。"洵怀恩之谓与！

乃若唐之召叛也，其失在过任怀恩耳。许回纥之昏，而以怀恩之女妻之，使结戎狄以为援，有借而得起，一失也；命雍王为元帅，进收东京，不置帅副，而以怀恩领诸营节度为雍王副，二失也；夺汾阳兵柄，以朔方授怀恩，三失也。功已立，权已张，位已极人臣而逼上，内有河北之援，外结回纥之好，睥睨天下，莫己若也，汾阳亦不得不解元帅之任以授之，汾阳且为之屈，怀恩目中不复有唐矣。鹰饱则扬，岂待激之而后叛哉？云京不发其奸，怀恩之逆特迟耳。祸速则其根本未固，河北四镇，初分土得兵，尚未有生聚固结之资，以拥怀恩而蜂起；使其羽翼已成，群凶翕聚，幸而为禄山，不幸而为石敬瑭矣，唐之不亡，其余凡几也！

夫人之所受，如其器而止，溢于器，则泛滥不可复收，并其器而亦倾。怀恩可使为偏裨，听汾阳之颐指者也。故当李光弼入军之日，而能止军中之乱，过此则溢矣；虽自速其亡，亦所不恤也。叛之速，而祸止于太原与奉天，河北不与俱起，犹云京、抱玉之功也。借曰勿激，则其反也在程元振既诛之后，徒委罪于元振，岂定论乎？以大任委人，不揆其器，未有不乱者也。

五

广德二年，户部奏户口之数二百九十余万，较天宝户九百六万九千有奇，仅存者三之一也而犹不足。叛贼之所杀掠，蕃夷之所蹂践，乱军之所搜刷，死绝逃亡，而民日以耗，固也。然天地之生，盈而必消，消而抑长，民之自惜其生，惊窜甫定，必即谋田庐、育妇子，筋骸以习苦而强，婚嫁以杀礼而易，亦何至凋零之遽是哉？

盖国家所以安集其人民而足其赋役者，恃夫法之不乱、政之不苛，污吏无所容其奸，猾胥无所仇其伪耳。丧乱猝兴而典籍乱，军徭数动而迁徙杂，役繁赋重，有司以消耗薄征输不及之责而利报逃亡，单丁疲户，侥幸告绝，而黠民乘之，以众为寡，以熟为莱，堕赋于僻远愿朴之乡，席膴产、长子孙者，公为籍外之游民，墨吏鬻版籍，猾胥市脱漏，乃使奉公畏法之愿民，代奸人以任国计，户日减，科敛不得不日增，昔以三而供太平之常赋，今以一而应军兴之求索，故其后两税行而税外之苛征又起，杜甫所为哀寡妇诛求之尽者，良有以也。

民之重困，岂徒掠杀流亡之惨哉？第五琦、元载之箕敛愈酷，疲民之诡漏愈滋，官胥之欺诬愈剧，此二百九十余万者，犹弗能尽隐而聊以塞上之搜求者也。以此知广德之凋残，上损国而下病民，诚有以致之，盖乱世必然之覆轨矣。赋轻役简，官有箴，民有耻，虽兵戈之余，十年而可复其故，亦何至相差之邈绝乎？

六

读古人书，不揆其实，欲以制法，则殃民者亦攀援附托以起，非但耕战刑名之邪说足以祸天下也。

三代取民之法，皆曰什一，当其时必有以处之者，民乃不困。其约略可考者，则有中地下地、一易再易、田莱相参之法，名为什一，非什一也。以国之经费言之，天下既自上古以来封建相沿，而各君其国，以与天子相颉颃，以孟子所言，率今一小县，而有五世之庙，路寝三门之制；百官有司，则以周初千八百国计之，以次国二卿为准，南不尽楚塞，西不逾河、陇，东不有吴、越，中原侯甸未讫六州，而为卿者已三千六百人，人食一千六百之粟，而大夫士府史胥徒坐食无算，今天下十不得一也；币帛饔飧见于聘礼者，如此其繁，比年三年，数举而遍于友邦，皆民之昼耕夕织、勤苦而仅获者也。后世而幸免此矣，则无三王宽恤之仁，而欲十取其一，以供贪君之慢藏，哀哉！苟有恻隐之心者，谁忍言此哉？

然而第五琦窃其语以横征，欲诘其非，则且曰此禹、汤、文、武，裁中正之法以仁天下，而孟子谓异于貉道者也，胡不可行也？乃代宗行之三年，而民皆流亡，卒不可行而止。以此推之，后世无识之士，欲挠乱成法，谓三代之制一一可行之今，适足以贼民病国，为天下僇，类此者众矣。不体三代圣人之心，达其时变，而徒言法古者，皆第五琦之徒也，恶逾于商鞅矣。何也？彼犹可钳束其民而民从之，此则且令行而夕哭于野，无有能从之者也。三十取一，民犹不适有生，况什一乎？

七

以道宅心者，天下所不能测也。兵凶战危，以死为道者也。以死为道，然后审乎所以处死之道；审乎所以处死之道，然后能取威制胜，保国全民，不战而屈人之道咸裕于中而得其理。由其功之已成，观其所以成功，若有天幸；乃其决计必行之际，甚凶甚危，而泰然不疑，若不曙于祸福生死以侥幸，皆人之所不测也。不测之，则疑其智之度越而善操利钝之枢，夫岂然哉？知死为其道，而处之也不惑耳。

回纥要郭汾阳相见，汾阳知战之必败，而唯以身往赴之之一策，可以抑锋止锐而全宗社。于斯时也，固不谓往之必死也，亦不谓往之必不死也，虽死而无所恤焉而已。故药葛罗情穷而辞屈，慑于其不畏死之气，则未知杀公以后胜败奚若，而心已折、气已馁矣。决于死，则情志定；情志定，则神气平而条理现。免胄投枪之际，一从容就义者大雅之风裁也。

处死之道，致一而已。致一则神全，神全则理裕。理处其至裕，而事必应乎其心。凡人之情，局于目前而迷于四际者，固不足以测之，遂相与诧之曰：其不可测也，有若是哉！不则其有天幸乎？夫恶知所守之约，为恐惧疑惑之所不得乘哉？

其谓子晞曰："战则父子俱死，不然，则身死而家全。"聊以慰晞而已，非公之本志也。告药葛罗曰："挺身听汝杀之，将士必致死与汝战。"亦示以不可胜耳，非挟将士之报仇死战，足以慑回纥也。公之心，则惟极致于死，而固无必生之计也尔。

八

代宗委权以骄藩镇，而天下瓦解。其柔弱宽纵也，人具知之；抑岂知其失也，非徒柔弱不自振之过哉？惟握深险之机以与天下相劘相制，而一人之机，固不足以敌天下也。代宗之机，得之于老氏。老氏曰："将欲取之，必固与之。""天下之至柔，驰骋天下之至刚。"此至险之机也，而代宗以之。固为宽弱以极悍戾者之骄纵，骄纵已极，人神共愤，而因加之杀戮也不难，将自以为善制奸慝而必死于其手。乃天下习知其术，而受其与，不听其取，乘弱制之以不复刚，终处于无何而权以倒持。安足以驰骋哉？自敝而已矣。

李辅国恶已极而杀矣，程元振恶已极而流矣，鱼朝恩恶已极而诛之俄顷矣；假手元载以杀朝恩，复纵元载以极其恶，而载又族矣。当其姑为隐忍，则辅国由三公而王，唯其志也；程元振位骠骑，激怒群情，挫抑汾阳，唯其志也；鱼朝恩总禁兵，判国学，隶视宰相，发汾阳之墓，钳制朝政，唯其志也；然犹曰宦官已掌禁军，有不测之防，弗能骤计也。元载以一书生，贪狠无状，自可折箠以鞭笞之者；乃颜真卿为之坐贬，杨绾为之左迁，李少良为之杖死，且寄邸侯于江外，一唯其荼毒而莫之禁。其处心积虑，欲甘心于载者已非旦夕，且必俟其恶盈而后殛，使害已播于天下，乃以快刑杀于俄顷。凡诛四肘腋之臣，皆以老氏之深机图之，而借口以号于天下曰：吾非忍杀之也，彼自杀而我因之也。亦险矣哉！

夫四奸者，依附左右，弗难制者也；不若是而诛殛之也有余，即若是而诛殛之也，亦弗能抗也；故代宗得以用其机而终投其阱。乃恃此以为协持天下之具，饵藩镇而徐图之，则愚甚矣。

来瑱不臣已著，举天下以讨一隅，易矣；而饵之以宰相，诬之以通贼，然后杀之。仆固怀恩已反，势且溃败，而犹为哀矜之说以恤之。于是枭雄之帅，皆测其险诈，即乘其假借之术，淫威既得而不复可制。故怀恩受副元帅而后叛，田承嗣受平章事而终不入朝，李灵曜、崔旰、朱希彩、李正己、李宝臣皆姑受其牢笼而终逸于柙阱。一人之险，何足以胜天下战？徒宽纵之而莫之能收，故曰其愚尤甚也。

元载死，晋杨绾而任之，意且与绾深谋制群雄而快其夙恨，绾早卒，乃戢意而废然返耳。藉其不然，诛夷行于一方，则四方愈为摇动。然而无虑也，元载杀朝恩而帷盖之恩不保，绾虽忠，亦必虑及于此，以自处于不才之散术，挟诈之主，未有敢与深谋者也。信乎老氏翕张取与之术，适以自敝，孰谓汉文几杖赐吴之智为能制吴之死命乎？帝王之诛赏，奉天无私，犹寒暑之不相贷也。邪说兴，诐行逞，宝此以为术，而天下之乱日生，可勿戒与！

九

李长源当肃宗之世，深触张良娣、李辅国之怒，拂衣而归衡山，何其快也！其于元载也，未尝斥其恶以纠责之，徒以贤奸不可并处而去之，则引身归岳，不犹便乎？乃置身参佐，托魏少游以自全，又何屈也！夫岂葸畏无端而不能自持也哉？达人之通识，度己度人，因时以保明哲之身，而养国家和平之福，非一概之说所可执为得失也。

长源之于肃宗，在东宫则定布衣之交，在灵武则冒难首至，参大议于孤危，坐寝与偕，成收复之元功，其交固矣。良娣、辅国虽恶其斥己，而所欲者，但令长源一日不居左侧，弗为己难，则意得而无余恨；于此而翩然已逝，全终始之交，绰有余裕矣。其于代宗也，虽与谋元帅有翼戴之功，而其早不侍青宫，其后不参帷帟，交未固也。复东京，拒吐蕃，返陕州之驾，诛殛三阉以清宫禁，又未有功也。代宗以畜疑之主，离合不可终凭；元载虽见忌于君，而旁无相逼以升之朝士，唯长源以宗臣入参谋访，唯恐轧己而代之；且载文辩足以济奸，朋党乐为效命，众忌交集，深谋不测，抑非如妇人阉竖褊衷陋识，一去而遂释然也。载与长源立于两不相下之势，而祸机所发，不可预防，岣嵝烟云，祝融冰雪。其能覆荫幽人使之安枕哉？

且夫山亦未易居也。其唯韬光未试、混迹渔樵者，则或名姓上达于天子，而锋棱未著，在廷忘猜妒之心，乃可怡情物外，世屡变而不惊。其不然者，名之所趋，世之所待，功之已盛，地之已危，即欲抗志烟霄、杜口时事，而讲说吟咏以追琴酒弈画之流，闻风而辐辏，乃有遍游戎幕拓落不偶之士，争其长短以恣其雌黄，甚且挟占星卜气谶纬之小技者，亦浪迹溪山，而附高人以自重，绝之则怨生而谤起，纳之则祸发而蔓延，孰谓山之崖、水之涘，非风波万叠、杀人族人之险阻哉？如稗说所传，懒残十年宰相之说，已足深元载之媢嫉，而可坐以结纳妖人之大法；则衡山一片地，正元载横施网罟之机也。自非有所托于外援，优游军府，而屈志下僚，示以不相逼代之势，其能免乎？代宗虑此已熟，而长源何勿俯首以从也？夫长源非无意于当世之务，明矣。相唐以定天下者，其志也，固且诛逐元载而戴之以匡王国者也。进退之间，岂容不审，而但以冥飞之鸿、矫志林泉也哉！

十

辨奸者，辨于其人而已。故曰："君子而不仁者有矣夫，未有小人而仁者也。"

大历之季年，河北降贼之抗衡久矣。田承嗣连昏帝女，致位元宰，一再召而必不逾魏博一跬步，李正己、李宝臣党叛而自相袭夺，不复知唐之有天下也。乃卢龙强悍可凭，凶逆成习，而朱泚一授节钺，随遣朱滔入卫，继且自请释镇归朝，病而有舆尸赴阙之语。代宗于此，虽欲不惊喜失措，隆礼以待之，厕之汾阳之列，使冠百僚，不能也。桀骜者如彼，而抒忠者如此，其诚也。

虽然，亦思其何为而然哉？德有以怀之与？威有以震之与？处置之宜，有以服其心与？三自反求而皆无其具，则意者其人之忠贞素笃，超然于群类之中，而可信以无疑邪？乃泚之非其人也明甚矣，托胎于乱贼之中，熏染于悍戾之俗，而狡凶尤甚，假手于李怀瑗杀朱希彩，而使其弟滔盅三军以戴己，柔媚藏奸，乘间而窃节镇，既有明验矣，饰忠归顺，遂倚为心膂之大臣，呜呼！何其愚也。

田承嗣、李正己株守一隅，阻兵抗命，虽可负固以予雄，终非良久之谋也。而泚尤炭炭，骤窃幽、燕，众志未戢，而李宝臣有首邱之志，日思攘臂，轻兵入其郛，弗能遏也；于是张皇四顾，睨朝廷为藏身之窟，使朱滔倚内援以安枕于北平，己乃居不世之功，狎天子大臣而伺其间隙以逞狂图。自强藩割据以来，人所未及谋者，泚窃得之以侥幸。代宗不能知，汾阳不能制，常衮、崔佑甫之褊浅，莫能致诘，而泚果能优游岩廊以观变，亦狡矣哉！代宗崩，汾阳总己，德宗初政，未有衅也，是以迟久而始发，不然，泚岂能郁郁久居此哉？若此者，一望而知之，而唐之君臣固梦梦也，夫岂奸之难辨哉？问泚之何以得帅卢龙，而能不为之寒心乎？非但如安禄山之初起，非有猖逆之易窥者也。

然则如之何？于其入而待之以礼，荣之以秩，而不授以政，使受统于汾阳，而汾阳得以制之，岂徒泚之恶不足以逞乎？河北诸逆知天子之不轻于嚬笑，而意亦消沮矣。得失之机，昏昭之别，判于持重审固者之心，非庸主具臣浪为惊喜者之所能与也。

十一

法未足以治天下，而天下分崩离析之际，则非法不足以定之。故孟子言仁天下而归之法，为七国分争十二失守不定之天下而言也。有法不可施之日，而后法亦无能以行，则孔北海欲复王畿千里之制，徒为空言，而身以丧，国终以亡。若其犹可治也，法可施，而恶容不亟建乎？

唐自天宝以后，天下分裂而无纪，至于大历，乱少息而泮散尤甚。虽然，可为之几正在是矣。逆臣之逆横已极矣，唯意所为，而不能以非法之法乱法也；邪臣之邪贪已极矣，唯利是崇，然其乱法者，莫能改法也。故杨绾一相，三月之间，而天下为之震动恪共以从义，绾于是得立法之本，而行之有序；绾不死，知其可以定天下矣。河北之逆末也，西川、岭南之乱尤末也，凤翔、泾原、汴宋、河阳之蜂起，犹非本也。三竖乱于前，元载乱于后，朝廷无法，而天下从风。绾清修自饬，立法于身，而增百官之奉以养官廉；罢团练守捉以肃军政；禁诸使之擅召刺史，以孤悖逆之党；定诸州兵数，以散聚众之谋。行之朝廷，可行而行矣；行之内地，可行而行矣。且姑置抗拒之逆藩于不论，使其允行之，十年之后，内宁而外患亦无借以生，天下将秩秩然，兵有制，吏有守，则据土叛君者，明其为化外之迹，而不敢以中逆貌顺、觊朝廷之宠命，河北梗化之凶竖，不敛手而听命者，未之有也。

夫代宗非果无能为者，一受制于李辅国，而二竖因之，元载乘之，怀情以待，得绾以相而志将伸，绾遽卒，常衮不足以胜任，而代宗又崩矣，唐之不振，良可悼已！然建中之初，天下姑安者，犹绾之余休也。法先自治以治人，先治近以及远，绾清慎自持，汾阳且为之悚惕，孰敢不服哉？法犹可行，治犹可定，天夺绾而代宗终为寄生之君，过此无可为矣。

《读通鉴论》卷二十三终

读通鉴论卷二十四

德宗

一

骤为震世之行者，其善必不终。震世之善，骤为之而不疑，非其心之能然，闻人之言善者，亟信之也。闻人之言善而信以为必行，则使闻人之言不善者，抑不审之于心而亟从之。闻人不善之言而信，则人之言善者，无不可疑也。交相疑信，而善者恒不敌不善者之巧给，奚望其善之能有终邪？且夫事之利病，岂其有常，人之贤不肖，岂易以一概论哉？胥一善，而或为之而效，或为之而不效，义难精也；亟于信者，期其必效矣，期之太过，不遂其望，而或至于隳功，遂以疑善之不足为也。胥为君子，而或不爽其名，或大爽于其名，志难知也；亟于信者，期君子之必善矣，期之太过，不慰其所求，而或至于败行，遂以疑君子之不可用也。若此者，欲其善之终也，必不可得矣。夫明主之从善而进贤，宽之以取效之途，而忍其一时之利钝；谅小人之必不仁，而知君子之有不仁者，但黜其人，而不累于其类；然后其决于善也，以从容而收效，决于用贤也，以阔略而得人。无他，审之于心，百折迂回，详察乎理之必有与事之或然，而持其志以永贞，非从人闻善而遽希骤获之功也。

唐德宗之初政，举天宝以来之乱政，疾改于旬月之中，斥远宦寺，闲制武人，慎简贤才以在位，其为善也，如日不足，察常衮之私，速夺其相位，以授所斥责之崔佑甫，因以震动中外，藩镇有聪明英武之言，吐蕃有德洽中国之誉；乃不一二年而大失其故心，以庇奸臣、听谗贼，而海内鼎沸，几亡其国。人徒知其初吉终乱之善不长，而不知其始之善非固有之，道听而袭取之；迨乎物情之变，固不可知，期效迫而不副其所期，则惩往而急于改图，必然之势也。罢转运盐铁使而省职废；命黜陟使巡天下，而洪经纶激田悦之军，使之痛哭；任文臣以分治，而薛邕以文雅旧臣，盗隐官物巨万，张涉以旧学师友，坐赃放黜。所欲行者龃龉，所相信者二三，犹豫于善败藏否之无据，奸佞起而荧之，无惑乎穷年猜忌，内盅而外离也。

向令德宗于践阼之始，曲体事几之得失，而权其利害之重轻；深察天人之情才，而别其名实之同异；析理于心，穷心于理，郑重研精，不务皎皎之美名，以需效于岁月。则一事之失，不以沮众事；一人之过，不以疑众人。其失也，正其所以得也；其可疑也，正以无不可信也。尧不以共、骧而防舜、禹，周公不以管、蔡而废亲亲；三折肱为良医，唯身喻之而已。躁人浮慕令名，奚足以及此哉？故于德宗之初政，可以决其不克有终也。

二

法为贤者设乎？诚贤矣，虽不授之以法而可矣。故先王之制法，所以沮不肖者之奸私，而贤者亦循之以寡过。唐既于牧守之外置诸道诸使，使自择任僚吏，于是其未乱也，人树党以营私，其乱也，聚徒以抗命。沈既济上选举议，犹欲令州府辟用僚佐，而不任宰相吏部兵部之铨除，且曰："今诸道诸使自判官副将以下，皆使自择辟吏之法。"何其不恤当时之大害至此极也！自天宝兵兴以后，迄于宋初，天下浮薄之士，置身私门，背公死党，以逆命谋篡、割据分争者谁邪？既济以为善政，而论者奖之为三代之遗法，甚矣！其贻祸之无穷矣。

夫环天下之贤不肖，待铨除于吏部，不足以辨不齐之材品，此诚有未允者，而亦事理之不得不然者也。操黜陟之权于一人者，天子宪天以立极，犹万汇之荣枯统于真宰也。分进退之衡，使宰相部臣司其进，牧守使臣纠其退者，各有所司而不相侵，犹春夏之司生，秋冬之司杀，互成岁功也。牧守既临下以考功罪矣，又使兼爵人禄人之权焉，则诬上行私、政散人流而不可止。唐之以判官副将听诸使之自择，其威福下移之害，既可睹矣。激安禄山以反者，幽、燕部曲也；党刘展以反者，江、淮亲旧也；劝李宝臣以抗命者，王武俊也；导李惟岳以自立者，毕华也；说朱滔以首乱者，王侑也；奉四叛以称王者，李子千也。自非端士，必怀禄以为恩。足不涉天子之都，目不睹朝廷之法，知我用我，生死以之，而遑问忠孝哉？故自田承嗣、薛嵩、李正己、李希烈以洎乎李克用、朱温、王建、杨行密，皆有尽心推戴之士以相煽而起，朝廷孤立，无与为谋，唐之亡，亡于人之散，明矣。抑令天下无衅，牧守无妄动之心，而互相辅倚，以贪纵虐民、荡佚法制，亦孰与禁之？而国民之交病，不可诘矣。既济倡为邪说，以破一王之法制，意者其为藩镇之内援，以禁天子不得有一士之用乎？不然，何大纲已失，必取其细目而裂之也？其曰"辟吏之法，已试于今"，不轨之情，已不可掩矣。

三

不欲以其死累天下者，君子之义也；不忍于送死之大事，而不以天下故俭其亲者，人子之心也；两者并行而各尽。故尸子曰："夫已多乎道。"岂必唯父命之是从哉？况乎有固吝之心，而托之遗命以自饰也！秦殚天下之力以役骊山，穷奢戕民，洎无道矣。乃欲之者，嬴政之自纵其恶，非胡亥之矫父命以崇侈虐民也。且秦之毒民而以自亡，岂但骊山之役哉？

《檀弓》出于汉儒之杂记，有非圣人之言者矣。其曰："葬也者，藏也，欲人之弗见之也，封树云乎哉？"夫人不愧于天，不怨于人。死，天下知其死；葬，天下知其葬；怀其恩者，过墓而欷歔；闻其风者，望阡而忾想。即其不然，亦相忘于林峦之下。何所抱恨，何所含羞，而托鼠穴以深匿，欲人之弗知之邪？如其负大恶、施大怨，死而人且甘心焉，则不封不树，夷然平土，而操斸以椓之，犹易易也。故以知《檀弓》之言，非夫子之言也。

曾子曰："人未有自致者，必也亲丧乎！"士庶人有财而得为，皆可致而无弗致也；况四海兆民之元后，父终母亡，终古止此一事，而为天下吝乎？丧礼之见于《士丧》者，且如彼其慎以周矣，遣车抗木，茵翣明器，空中人之产，士贫且贱，犹且必供；以此推而上之，至于天子，率万国以送其亲，而迪民以归厚，不可过也，而矧可不及邪？遗命虽严，在先君以自章其俭德，惟不朘削斯民、致之死亡，而已善承先志矣。若挟此为辞，吝财力以违可致之心，薄道取法于墨者，充塞仁义，其视委壑而听狐蝇之嗫食也无几，非不仁者，孰忍此哉？

唐德宗葬代宗于元陵，诏从优厚，而令狐峘曰："遗诏务从俭薄，不当失顾命之意。"不仁哉其言之乎！为人子者，当亲存之日，无言不顺，无志不养，没而无遗训之不奉，姑置此言焉可也。他不具遵，而唯薄葬之言为必从，将谁欺也？邪说诬民，若此类者，殆仁人之所必诛勿赦者与！

四

政莫善于简，简则易从。抑唯上不惮其详，而后下可简也。始之立法者，悉取上下相需、大小常变之条绪而详之，乃以定为画一，而示民以简，则允易从矣。若其后法敝而上令无恒，民以大困，乃苟且以救一时之弊，舍其本，而即其末流之弊政，约略而简之，苟且之政，上与民亦暂便之矣。上利其取给之能捷，下利其期会之有定，稍以戢墨吏、猾胥、豪民之假借，民虽殚力以应，而亦幸免于纷扰。于是天下翕然奉之，而创法者遂自谓立法之善，又恶知后之泛滥而愈趋于苛刻哉！

盖后世赋役虐民之祸，杨炎两税实为之作俑矣。夫炎亦思唐初租、庸、调之成法，亦岂繁苛以困民于旬输月送乎？自天宝丧乱以后，兵兴不已，地割民凋，乃取仅存之田土户口，于租、庸、调之外，横加赋敛，因事取办而无恒，乃至升斗锱铢皆洒派于民，而暴吏乘之以科敛，实皆国计军需，在租、庸、调立法之初，已详计而无不可给者也。举天下之田亩户口，以应军国之用，而积余者尚不可以数计。量其入以为出，固不待因出而求入也。因出以求入，吏之奸，民之困，遂浸淫而无所止。然一时丧乱之权计，有司亦乘时以破法，而不敢以为一定之规。民虽劳，且引领以望事之渐平，而输正供者犹止于其数也。两税之法，乃取暂时法外之法，收入于法之中。于是而权以应迫者，皆以为经。当其时，吏不能日进猾胥豪民而踪指之，猾胥豪民不能日取下户朴民而苛责之，膏血耗而梦寝粗安，故民亦甚便也。非时非法之箕敛并于上，而操全数以待用，官亦甚利也。乃业已为定制矣，则兵息事已，国用已清，而已成之规不可复改。人但知两税之为正供，而不复知租、庸、调之中自余经费，而此为法外之征矣。既有盈余，又止以供暴君之侈、污吏之贪，更不能留以待非常之用。他日者，变故兴，国用迫，则又曰："此两税者正供也，非以应非常之需者也"，而横征又起矣。以此思之，则又何如因事加科，旬输月送之无恒，上犹曰此一时不获已之图，不可久者也；民犹知租、庸、调之为正供，而外之苛征，事已用饶，可以疾苦上闻，邀求蠲贷者也。唯据乱法以为法，则其乱不已。呜呼！苟且以图一时之便利，则其祸生民亦至此哉！

两税之法行之数百年，至宋而于庸外加役焉，役既重派于民，而作辍犹无定也。至成化中，而朱都御史英者，又为一条鞭之法，于夏秋税粮之外，取滥派之杂徭，编于正供，箕敛益精，而漏卮愈溃。迨乎兵兴用棘，则就条鞭之中，裁减以输京边，而地方之经费不给，又取之民，而莫能禁制。英且以法简易从，居德于天下，夫孰知其为杨炎之续以贻害于无穷乎！

夫立法之简者，唯明君哲相察民力之所堪，与国计之必畜，早有以会其总于上；而瓜分缕别，举有司之所待用者，统受于司农；以天下之富，自足以给天下之需，而不使群司分索于郡县，则简之道得矣。政已敝，民已疲，乃取非常之法，不恤其本，而横互以立制。其定也，乃以乱也；其简也，乃以繁也；民咸死于苟且便利之一心，奚取于简哉？杨炎以病民而利国，朱英以利民而害民，后之效之者，则以戕民蠹国而自专其利，简其可易言乎？炎不足诛，君子甚为英惜焉。

五

言治道者讳言财利，斥刘晏为小人。晏之不得为君子也自有在，以理财而斥之，则倨骄浮薄之言，非君子之正论也。夫所恶于聚财者，以其殃民也。使国无恒畜，而事起仓猝，危亡待命，不能坐受其毙，抑必横取无艺以迫民于死，其殃民又孰甚焉？故所恶于聚财之臣者，唯其殃民也，如不殃民而能应变以济国用，民无横取无艺之苦，讵非为功于天下哉？

晏之理财于兵兴之日，非宇文融、王铁、元载之额外苛求以困农也。察诸道之丰凶，丰则贵籴，凶则贱粜，使自有余息以供国，而又以蠲免救助济民之饯瘠，其所取盈者，奸商豪民之居赢，与墨吏之妄滥而已。仁民也，非以殃民也。榷盐之利，得之奸商，非得之食盐之民也；漕运之羡，得之徒劳之费，非得之输挽之民也。上不在官，下不在民，晏乃居中而使租、庸不加，军食以足。晏死两年，而括富商、增税钱、减陌钱、税闲架，重剥余民之政兴，晏为小人，则彼且为君子乎？

抑考当日户口虚盈之数，而晏体国安民之心，不可没矣。兵兴以来，户不过二百万，晏任财赋之季年，增户百万，非晏所统者不增，夫岂晏有术以饵之，使邻民以归己邪？户口之耗，非果尽死亡也。贪污之吏，举百费而一责之农民，猾胥持权，以私利为登耗，民不任其诛求，贿吏而自诡于逃亡死绝，猾胥鬻天子之民以充囊橐，偷窃之守令，亦以户少易征，免于催科不足之罚，而善匿者长子孙，据阡陌，征徭不及，以为法外之民，其著籍而重受荼毒，皆穷乡愿朴者尔。户日耗，赋必日增，仅存之土著，日毙于杖箠囚系之下，此其所以增者百一、而减者十三也。晏唯通有无、收盐利、清挽兑、以给军用，而常赋有经以不滥；且所任以理租、庸者，一皆官箴在念之文士，而吏不得以持权。则彼民也，既优游于奉公之不扰，自不乐受猾胥之胁索，抑安居晏寝，无漏逃受戮之隐忧，有田而租，有口而庸、调，何惮而不为版籍之良民，以康乃身心邪？然则非晏所统而户不增者，非不增也，增于吏而不增于国也。晏得其乐于附籍之本情，以杜奸胥之诡，使乐输者无中侵之伤，故民心得而户口实，仁人君子所以体民而生聚者，亦此而已。岂乞灵于造物而使无夭札，遥呼于胡、越而使受戎索哉？然则晏之于财赋，君子之用心也，不可以他行之瑕责之也。

六

无利于国，无补于民，听奸人之挟持，为立法禁，以驱役天下而桎梏之，是谓稗政。能知此者，可与定国家之大计矣。

刘晏庀军国之用，未尝有搜求苛敛于民，而以榷盐为主。盐之为利，其来旧矣。而法愈繁则财愈绌，民愈苦于淡食，私贩者遂为乱阶，无他，听奸商之邪说，以擅利于己，而众害丛集矣。官榷之，不能官卖之也；官卖之，而有抑配、有比较、有增价、有解耗，殃民已亟，则私贩虽死而不惩。必也，官于出盐之乡，收积以鬻于商，而商之奸不售矣。统此食盐之地，统此岁办之盐，期于官无留盐，商无守支，民无缺乏，踊贵而止耳。官总而计之，自灶丁牢盆薪刍粮值之外，计所得者若干，足以裕国用而止耳。一入商人之舟车，其之东之西，或贵或贱，可勿问也。而奸商乃胁官以限地界。地界限，则奸商可以唯意低昂，居盈待乏，而过索于民。民苦其贵，而破界以市于他境，官抑受商之饵，为之禁制，徽缧日累于廷，掠夺日喧于野，民乃激而走挺，于是结旅操兵，相抗相杀，而盗贼以起。元末泰州之祸，亦孔烈矣。若此者，于国无锱铢之利，君与有司受奸商之羁縻，以毒民而激之乱，制法之愚，莫甚于此，而相沿弗革，何也？朝廷欲盐之速售，不得其术，而墨吏贪奸商之贿，为施网罟，以恣其射利之垄断，民穷国乱，皆所弗恤也。

晏知之矣，省官以省掣查支放之烦，则商既不病；一委之商，而任其所往，商亦未尝无利也。相所缺而趋之，捷者获焉，钝者自咎其拙，莫能怨也。而私贩之刑不设，争盗抑无缘以起。其在民也，此方挟乏以增价，而彼已至，又唯恐其售之不先，则踊贵之害亦除。守此以行，虽百王不能易也。晏决策行之，而后世犹限地界以徇奸商，不亦愚乎？

持其大纲，疏其节目，为政之上术也。统此一王之天下，官有煮海之饶，民获流通之利，片言而决耳，善持大计者，岂有不测之术哉？得其要而奸不能欺，千载莫察焉，亦可叹已！

七

德宗不许李惟岳之嗣位而乱起，延及数年，身几危，国几亡，天下鼎沸，是岂可谓德宗之宜听其嗣，使假我之爵位，据我之土地甲兵以抗我哉？而不许之，则又兵连祸结而不解。论者至此而议已穷，谓不先其本，而急图其末，是已。顾处此迫不及待之势，许不许两言而判，徒追咎于既往，而无以应仓猝，是亦尘羹土饭之言耳。

粤自田承嗣等势穷而降，罪可诛，功无可录，授以土地甲兵者，仆固怀恩奸矫上命而擅予之也。起家无赖之健儿，为贼已蹙，偷窃土壤，乃欲效古诸侯之世及，延其福祚，其愚而狂以自取灭亡也，本可折箠以收之者也。宝臣先死，惟岳首为难端，暗弱无能，而张孝忠、王武俊又与离心而伏戈相拟，则首抑之以惩李正己、田悦、梁崇义于未发也，诚不可不决之一旦者矣。不许，而四凶表里以佐乱，痈之必溃，养之奚可哉？曾未逾年，而田悦大衄，李纳势蹙，惟岳之首悬于北阙，天下亦且定矣。悦与纳株守一军，无难坐待其毙。然则惟岳之叛，不足以为唐社稷病，而德宗之不许，事虽劳而固有功矣。天下复乱，固非不许惟岳之所致也。

谓杀刘晏而群叛怀疑以竞起者，非也；晏自不当杀耳，不杀晏，而河北能戢志以听命乎，谁其信之？不杀来瑱而仆固怀恩固反，不杀刘晏而河北固叛，贼指为名以激众怨耳，实则了不相及之势也。抑欲天子不敢杀一人，以媚天下而取容乎？惟岳既诛，成德已平，而处置朱滔、王武俊者乖方以致乱，则诚过已。虽然，滔、武俊之志，犹之乎承嗣、宝臣也，平一贼而进一贼，又岂易言哉？呜呼！盖至是而所以处此者诚难，论者设身处此，又将何以处之与？

且德宗之初政，犹励精以求治，卢杞初升，其奸未逞，固本治内，即不逮汉光武、唐太宗之威德，亦可无咎于天下。以此言之，痈久必溃，河壅必决，代宗以来，养成大患，授之德宗，诚有无可如何者。固非天数之必然，亦人事渐溃之下游成乎难挽，岂一事之失宜所猝致哉？

乃若德宗之不能定乱而反益乱者，则有在焉。当时所冒昧狂逞以思乱者数人耳，又皆纨绔子弟与夫偏裨小将无能为者也。若环海内外，戴九叶天子以不忘，且英明之誉，早播于远近，贼之宗党，如田庭玠、邵真、谷从政、李洧、田昂、刘怦，下至幽、燕数万之众，无欲叛者。德宗诚知天下之不足深忧，则群逆之党，固可静待其消。而德宗不能也，周视天下，自朝廷以至于四方，无一非可疑者。树欲静而撼之，波欲澄而抇之，疥癣在四末，而针石施于膏肓，可谈笑以收功，必震惊以召侮，愈疑愈起，愈起愈疑，乃至空腹心之卫，以争胜于东方，忧已深，虑已亟，祸愈速而败愈烈，梁州之奔，斯致之有由，而非无妄之灾矣。

盖河北之势不能不乱者，代宗积坏之下游也，而于德宗则为偶起之波涛。事穷而变，变则有通之几焉。田承嗣、李宝臣、李正己、朱希彩之毒，大溃而且竭矣，其溃也，正其所以痊也。呜呼！能知苟安之必为后患，祸发之可待消亡，守顺逆之经，居高乘权，因穷变通久之时，无震动慭悚之惑，而后天下静于一人之心。一发不效，惴惴焉迫为改图，载鬼一车，而孤张不说，庸人之识量，所为自贻伊戚者，唯此而已矣。

八

刘盆子请降，光武曰："待以不死耳。"大哉言乎！理正而法明，量弘而志定，无苟且求安之情，则威信伸而乱贼之胆已戢，天下之宁也必矣。《诗》云："我徂惟求定。"定者，非一旦之定也。志惟求定，未定而不以为忧，将定而不以为喜，所以求之者，持之心者定也。

史朝义穷蹙东走，官军追败之于卫州，而薛嵩、李宝臣降；再败于莫州，穷蹙无归，而田承嗣降；独与数百骑北奔塞外，而李怀仙杀之以降；马燧、李抱真、李晟大败田悦于临洺，梁崇义俘斩于襄阳，李惟岳援孤将溃，而张孝忠降；马燧等大破田悦于洹水，朱滔、张孝忠攻拔束鹿，惟岳烧营以遁，而王武俊杀惟岳以降。凡此皆枭雄狡狯、为贼爪牙、以成其乱者，火燖水平，则卖主以图侥幸，使即不降，而欲烬之灰，欲澄之浪，终不足以复兴。且其反面无亲，旦君夕虏，憯焉绝其不忍之心者，允为乱人，非一挫可消其狂狝。以视赤眉、盆子，其恶尤甚；而既俯首待命，则制之也尤便。待以不死，而薄给以散秩微禄，置之四裔，则祸于此而讫矣。官军将士，血战以摧强寇，功未及录，而穷乃投怀之鸷兽，宠以节钺，授以土疆，义士心灰，狂徒得志，无惑乎效忠者鲜而犯顺者日滋也。

语有之曰："受降难于受敌。"而非此之谓也。两国相距，势埒力均，乍然投分，诚伪难知，则信难矣。以天下之全力，奉天子之威，讨逆臣而蹙之死地，得生为幸，虽伪何为？操生死荣辱之权于吾腕掌，夫何难哉？夫光武初定洛阳，寇盗林立，统孤军以遏归寇之冲，则诚难耳；而一言折盆子之觊觎，易且如彼。况朝义、惟岳焚林之浮焰已灭，天下更无余爝乎！

恶已滔天而戮其身，固非不仁也。且使以不死待之，而刘盆子终老于汉，固可贷其生命，则其为恩也亦厚矣，非若白起、项羽坑杀之惨也。乃唐之君臣，迫于乱之苟定，一闻瓦解，惊喜失措，纳蜂虿于怀中，其愚也足以亡国，不亡者幸尔。朱温叛黄巢以归，而终篡唐；郭药师叛契丹以来，而终灭宋。代、德之世，唐犹强盛，是以得免于亡；然其浸以乱而终亡于降贼，于此始之矣。宠薛嵩等以分土者，仆固怀恩之奸也；君与大臣听之者，其偷也。孝忠、武俊，则德宗自假之威，而又猜忌以裁抑之，马燧等不能与贼争功，尚何能夺其宠命哉？

九

君暗相佞，天下有乱人而无奸雄，则乱必起，民受其毒，而国固可不亡；君暗相奸，有奸雄以芟夷乱人，而后国之亡也，不可复支。汉、唐之亡，皆奸相移政，而奸雄假名义以中立，伺天下之乱，不轻动而持其后，是以其亡决矣。

田悦、李纳、李惟岳、朱滔，皆狂骏躁妄、自取诛夷者也，虽相煽以起，其能如唐何邪？又况李希烈、朱泚之狂愚已甚者乎？希烈之镇淮宁，猎得旌节，非能如河北之久从安、史，豢养枭雄，修城缮备之已夙；梁崇义脆弱无难平者，幸而有功，固不足以予雄；淮宁处四战之地，东有曹王皋，西有哥舒曜，北有马燧、李抱真、张孝忠、李怀光云屯之旅，希烈憪无所畏，据弹丸之地，横鲠其中而称帝，拟之袁术，而又非其时也。朱泚兵权已解，与朱滔悬绝一方，旁无可恃之党，乘无主之乱兵，一旦而遽登天位，保长安片土，为燕雀之堂，以视桓玄，百不及一也。此二竖者，白昼而攫市金，直不足以当奸雄之一笑。自非李元平、源休、张光晟辈之憨不畏死，谁则从之？卢杞邪矣，而挟偏私以自怙，然未尝如郗虑、崔胤之与贼交谋也。以此言之，德宗能持以郑重，而不括民财、空扈卫，以争旦夕之功于外，此竖子者，恶足以逞哉！

夫群贼之中，狡黠而知忖者，王武俊耳。擒惟岳，反朱滔，皆其筹利害之已夙而能留余地以自处者也。天子不恃以为依，宰相不结以为党，抑有李晟、马燧，力敌势均，而怀忠正以扼之，故其技止此，而不足以逞其邪心。不然，进而倚之以立功，则桓玄平而刘裕篡，黄巢戡而朱温逆，不知武俊之所止矣。

夫戡乱之主，拯危之将相，虑患不可不密也；尤不可无镇定之量，以谨持其所不必防。李抱真得武俊之要领而示之以诚；李晟蔑视怀光之反，而安据渭桥，不为妄动；皆能忍暴集之奔湍，坚以俟其归壑者也。有臣如此，贼不足平矣。德宗之召乱也，视希烈之恶已重，而捐社稷之卫为孤注以与争也。田悦、李纳、武俊皆降，而希烈称帝，奄奄日就于毙，何足以烦空国之师乎？可以知已乱之大略矣。

十

人而不仁，所最恶闻者忠孝之言，而孝为甚。君子率其性之诚然而与言，则必逢其怒；加之以欷歔垂涕行道酸心之语，而怒愈不可撄矣。陈天彝之言于至不仁者之前，勿论其怒与否也，不可与言而与言，先失言矣。

颜鲁公谓卢杞曰："先中丞传首至平原，真卿以舌舐其面血，公忍不相容乎？"近世高邑赵冢宰以魏广微叔事逆奄，而叹曰："昆湄无子。"鲁公陷死于贼中，冢宰没身于远戍，取祸之由，皆君子之过也。

虽为小人，而犹知有父，犹知其父之忠清，而耻贻之辱。则与父所同志者，虽异趣殊情，而必不忍相忮害，此不待人言而自动于心。盖牿亡之余，夜气犹存，不能泯没者也。既不自知矣，知之而且以其父为戒矣，则忠臣孝子，固其不必有怨，而挟蛊以唯恐不伤者也。蔡京小人耳，使京而为君子，蔡攸岂但执手诊视、迫其病免已乎？故夫子之责宰予，待其出而斥其不仁，弗与尽言也。使以三年之怀，面折其逆心，震丧其贝，而彼且跻于高陵，与于不仁之甚矣。君子于此，知其人理之已尽，置之而勿与言也。漠然若蜂虿之过前，不问其谁氏之子也。权在则诛殛之，权不在，则远引以避之，如二胡之于秦桧，斯得矣。卢奕、魏允成之生豺虎，腹悲焉可也。

十一

樊系受朱泚之伪命，为谍册文，乃仰药而死。其愚甚，其污不可浣，自度必死，而死于名节已亏之后，人所怪也。呜呼！人之能不为系者，盖亦鲜矣。以为从贼谋册，法所不赦，光复之后，必罹刑戮，惧而死者，不未尽然也。待至光复议法之日，止于死耳，蟪蛄之春秋，且苟延以姑待，亦庸人所必不能引决者，则系之死，实以自顾怀惭，天彝之未尽忘者也。

乃既惭而有死之心矣，而必自玷以两亏者，其故有三，苟非持志秉义以作其气，三者之情，中人以下之所恒有，而何怪于系焉。怀疑而有所待，一也；气不胜而受熏灼以不自持，二也；妻子相萦而不能制，三也。泚之僭逆，出于仓猝，所与为党者，姚令言一军耳；在廷之臣，固有劝泚迎驾者，不徒段司农也。系于此，不虑泚之必逆，而姑俟之，一旦伪命见加，册文见委，惊惶而迫无以应，退而后念名义之已亏，而愤以死也。此无他，其立朝之日，茫然于贞邪之辨，故识不早而造次多疑也。

迨乎伪命及身，册文相责，斯时也，令言之威已张，源休、蒋镇、张光晟、李忠臣实繁有徒，出入烜赫于系左右，夸之以荣，怖之以祸，挥霍谈笑，天日为迷，系于此时，心知其逆而气为所夺，口呿目眩，不能与之争胜，杂遝凭陵，弗能拒也，魂摇神荡，四顾而无可避之方，伸纸濡毫，亦不复知为己作矣。此无他，立义无素，狎小人而为其所侮，乍欲奋志以抗凶锋，直足当凶人之一笑；义非一旦之可袭，锋棱不树者，欲振起而不能，有含羞以死而已矣。

当德宗出奔之际，姜公辅诸人皆宵驰随跸，李晟在北，家固居于长安，弗能恤也，系徒留而不能去。既而陷身贼中矣，段司农、刘海宾击贼而死，一时百僚震慑，固可想见；而妇人孺子牵裾垂涕，相劝以瓦全，固有不忍见闻者。系濡迟顾恤，以谋册保全其家，以一死自谢其咎，盖无如此呴呴嚘嚘者何也。

呜呼！至于此而中人以下之能引决者，百不得一矣。捐身以全家，有时焉或可也，郭汾阳之斥郭晞，而自入回纥军中是也。捐名义以全妻子，则无有可焉者也。身全节全，而妻子勿恤，顾其所全之大小以为择义之精，而要不失为志士；身死节丧，而唯妻子之是徇，则生人之理亡矣。此亦有故，素所表正于家者无本，则狎昵嚅呢、败乱人之志气以相牵曳也。夫若是，岂易言哉？怪系之所为者，吾且恐其不能为系；即偷免于他日，亦幸而为王维、郑虔以贻辱于万世已耳。段司农自结发从军以来，其光昭之大节，在军中而军中重，在朝廷而朝廷重，夫岂一旦一夕之能然哉！

十二

　　奸佞之惑人主也，类以声色狗马嬉游相导，而掣曳之以从其所欲；不则结宫闱之宠、宦寺之援为内主，以移君之志。唯卢杞不然，蛊惑之具，一无所进；妇寺之交，一无所附；孤恃其机巧辩言以与物相枝距，而德宗眷倚如此其笃。至于保朱泚以百口，而泚旋反；命灵武、盐夏、渭北援兵勿出乾陵，而诸军溃败；拒李怀光之入见，而怀光速叛；言发祸随，捷如桴鼓，而事愈败，德宗之听之也愈坚。及乎公论不容，弗获已以谪之，而犹依依然其不忍舍，杞何以得此于德宗邪？德宗谓"人言杞奸邪，朕殊不觉"者，亦以其无劝淫导侈之事，无宦官宫妾之援也。夫杞岂不欲为此哉？德宗之于嗜欲也轻，而宫中无韦后、杨妃之宠，禁门无元振、朝恩之权也。

　　德宗之所以求治而反乱，求亲贤而反保奸者，无他，好与人相违而已。乐违人者，决于从人。一有所从，雷霆不能震，魁斗不能移矣。杞知此而言无不与人相违也。其保朱泚也，非与泚有香火而为贼间也，众言泚反，则曰不反而已矣；其令援军勿出乾陵也，非于诸将有隙而陷之死地也，浑瑊言漠谷之危，则曰不危而已矣。故颜鲁公涕泣言情而益其怒；李揆以天子所恤，而必驱之行。人所谓然，则必否之；人所谓非，则必是之。于是德宗周爱四顾，求一力矫众论如杞者而不可得。志相孚也，气相协也，孰有能间之者？盖德宗亦犹杞而已。己偏任之，众力攻之；众愈攻之，己益任之。其终不以杞为奸邪者，抑岂别有所私于杞哉？向令举朝誉杞，而杞不足以容矣。故奸邪必有党，而杞无党也。挟持以固宠于上者，正以孤立无援，信为忠贞之复绝耳。

　　夫人之恶，未有甚于力与人相拂者也。王安石学博思深，持己之清，尤非杞所可望其肩背；乃可人之否，否人之可，上不畏天，下不畏人，取全盛之天下而毁裂之，可畏哉！孤行己意者之恶滔天而不戢也。鯀以婞直而必殛，夫岂有贪婪媕婀之为乎？

十三

德宗之初，天下鼎沸，河北连兵以叛，李希烈横亘于中，朱泚内逼，天子匿于褒、汉，李楚琳复断其右臂，韩滉收拾江东以观成败，其有必亡之势者十九矣。李晟、马燧以孤军援之，非能操全胜之势。而罪己之诏一下，天下翕然想望清谧，陆敬舆之移主心以作士气、存国脉者，功固伟矣。然所以言出而效随者，由来有二，不然，则汉之将亡，亦有忠靖之臣，宋之将亡，亦下哀痛之诏，而何以讫于不救邪？

其一，则德宗之为君也，躁愎猜忌，以离臣工之心，而固无奢淫惨虐之暴行以失其民，故乱者自乱，德宗固居然四海之瞻依也。仓皇北出，而段司农追韩旻以返，得安驱以入奉天；赵升鸾劫驾之谋尤亟矣，浑瑊一泄其谋，复得徐行以入梁州。天下知吾君之尚在，故罪己诏下，咸翘首以望荡平。河北群逆，亦知唐室之必兴，而有所归命。皆乘舆无恙，足以维系之也。向令帝之出也不速，或为逆贼所害，则如梁氏父子死于侯景之手，而梁速燔；或为逆贼所劫，则如汉献困于董卓，辱于李傕、郭汜，而汉遂夷。唐于是时，无宗藩之可倚，如琅邪之在江东；无储贰之可扶，如肃宗之在灵武，敬舆将何托以效忠？天下无主可依，则戴贼以安，亦必然之势矣。唯唐之君臣，不倡死社稷之邪说，沮卷土重来之计；故维系人心者，亦不仅在慷慨淋漓之一诏也。

其一，则惑德宗以致乱者卢杞也，敬舆与杞忠佞不两立，而其奔赴行在也，与杞同至。当是时，敬舆所欲除帝根本之蠹以涤旧恶者，莫杞若也。杞所深知，危言切论虽未斥讼其奸，而必将逐己者，唯敬舆也。颜真卿、李揆、崔宁，杞皆先发而制之矣，唯敬舆以患难同奔之侣，迫不及排，而气焰丰采、直辞正色，非杞之可投间以相攻。乃犹不仅此也，凡奸臣知不容于正士而反噬无已，虽见迸逐，犹将偾起者，唯其有党也。故蔡京误国已有明征，而靖康之初，小人犹沮抑君子以不得伸其忠悃。杞则执拗专横之性不与人相亲，而唯与人相忮；恃君之宠如山岳，而视百僚如培塿；虽引裴延龄、白志贞以与同污，而未尝以天子之爵禄市恩饵众。故敬舆一受上知，杞旋放黜，而在廷在外，举倚敬舆以求安，无有暗护杞以沮挠敬舆者。德宗偏听之性一移，而中外翕然。不然，宋室垂亡，而王燧、陈宜中之党犹沮文信国之谋，吾未见敬舆之得行其志，以历数德宗之失，畅言之而无所挠也。

是故天下无君，则后立之君必不固；小人有党，则君子之志必不行。非此二者，则人心不摇，廷议不乱，内靖而外不离；叛寇之起纵如乱丝，亦有绪而无难理矣。人臣而知，则勿为李纲之诐辞，陷其主以寒天下之心；人君而知，则勿任结党之小人，塞君子以效忠之路。存亡之枢，决于毫发，盖可忽乎哉！

十四

《诗》云："辞之辑矣，民之洽矣。辞之怿矣，民之莫矣。"辑云者，合集事理之始终，序次应违之本末，无有偏伸，无有偏屈，详析而得其要归也。如是，则物无不以类辨，事无不以绪成，而智愚贤不肖之情，皆沁入而相感，故曰民之洽也。怿云者，推于其心之所以然，极于其事之所必至，宛转以赴其曲，开朗以启其迷，虽锢蔽之已深，而善入其中则自悦，虽危言以相戒，而令其易改则自从。如是，则君与臣不相抗，智与愚不相拒，意消气静，乐受以无疑，故曰民之莫也。如是者，无他道焉，辞不以意兴，意不以气激，尽其心以达人之心，诚而已矣。故《易》曰："修辞立其诚。"诚立而后辞可修，抑必辞修而后诚乃立。不然，积忠悃于咽膈，轮囷猝发，浮动而不本于心，甚则反激以召祸而不莫，不然，亦悠悠听之而固不洽也。辞之为用大矣哉！

今有说于此，其为理之必然，明矣。见为是而毅然决之曰是，其所以是者未之详也，其疑于非而必是者未之辨也，则人亦挟其所是者以相抗矣；见为非而愤然斥之曰非，其所以非者未能摘也，其疑于是而固非者莫能诘也，则人亦报我以非而相折矣。是与非立于未事之先，未有定也，观于已事之后，而非者非，是者亦难全其是也。恃气以言之，一言以断之，无体验成熟之实，而出之也厉，父不能得之于子，师不能得之于弟子，而况君臣之际乎？故修辞而足以感人之诚者，古今不易得也。非陆敬舆其能与于斯哉！今取其上言于德宗者而熟绎之。推之使远，引之使近，达之以其情，导之以其绪，曲折以尽其波澜，而径捷以御之坦道，扩其所忧，畅其所郁，排宕之以尽其变，翕合之以归于一，合乎往古之经，而于今允协，究极于中藏之密，而于事皆征，其于辞也，无间然矣。贞元以后，梦乱之宇宙，孤危之社稷，涣散之人心，强悍之戾气，消融荡涤，而唐室为之再安，皆敬舆悟主之功也。故曰辞之为用大矣哉！

前乎此者，董仲舒正而浮，贾谊奇而偏，魏征切而俗，莫能匹也。后乎此者，苏轼辩而诡，真德秀详而迂，莫能及也。不主故常而不流，不修藻采而不鄙，《六经》邈矣，卮言日进，欲以辞立诚，而匡主安民，拨乱反正，三代以下，一人而已矣。

十五

乱与治相承，恒百余年而始定，而枢机之发，系于一言，曰利而已。盗贼之与夷狄，亦何以异于人哉？志于利，而以动人者唯利也。

唐自安、史以后，称乱者相继而起，至于德宗之世，而人亦厌之矣。故田悦、李惟岳、朱滔、李怀光之叛，将吏士卒皆有不愿从逆之情，抗凶竖而思受王命；然而卒为所驱使者，以利唼之而众暂食其饵也。田绪杀田悦，虑将士之不容，乃登城大呼，许缗钱千万，而三军屏息以听；李怀光欲奔据河东，众皆不顺，而许以东方诸县听其俘掠，于是席卷渡河。嗣是以后，凡据军府、结众心以擅命者，皆用此术而蛊众以逞志。呜呼！此以利贸片时之欢者，岂足以窥非望而成乎割据哉？以此为藏身之固，利尽人离，旋以自灭，盖亦盗贼之算而已矣。

老子曰："乐与饵，过客止。"夫君夫岂不知人情之且然哉？乃得天下而不为，身可死，国可亡，而必不以此欣合于愚贱之心者，则所以定天下之志而安其位也。以利动天下而天下动，动而不可复止，有涯之金粟，不足以填无涯之溪壑，故唐之乱也无已期。利在此而此为主矣，利在彼而彼为主矣，鬻权卖爵之柄，天子操之，且足以乱，庶人操之，则立乎其上者之岌岌何如也？天子听命于藩镇，藩镇听命于将士，迄于五代，天子且以贿得，延及宋而未息，郊祀无名之赏，几空帑藏，举天下以出没生死于钱刀。呜呼！利之亡国败家也，盗贼一倡其术，而无不效之尤也，则乱何由已也，而其愚已甚矣！

盗贼散利以饵人，夷狄聚利以制人，皆利乘权以制生人之命也。谁生厉阶，意者其天乎！抑亦宇文融、王鉷、杨慎矜、杨炎之徒导其源邪？是故先王贱利以纳民于名义，节其情，正其性，非计近功者所能测。而孟子三斥梁王，杜篡弑夺攘之萌，其功信不在禹下也。

十六

汉有推恩之诏，则赐民爵，不知当时天下何以位置此盈廷盈野之有爵者也。或者承三代之余，方五十里之小国，卿、大夫、士亦林立于比闾之中，民之无爵者，遂不得比数于人类，汉亦聊以此谢其觖望邪？无禄之爵，无位之官，浮寄于君子野人之间，而天下不乱者，未之有也。

德宗蒙尘梁、汉，国储已空，赏无可行，以爵代赏，陆敬舆曰："所谓假虚名以佐实利者也。"夫爵而仅以佐利之穷，名而诡于虚以诱人之悦，天子尚谁与守官，而民志亦奚以定乎？且夫唐之所以自丧其柄而乱生不已者何邪？轻虚名以召实祸也。一降贼而平章矣，御史大夫矣，其去天子直寻丈之间耳。李惟岳之求节钺，德宗固曰："贼本无资，假我位号以聚众耳。"是明知爵命之适以长乱矣。时蹙势穷，不得已而又用之，则人主之能操魁柄以制四方者，诚难矣哉！

献瓜果之民，赐以试官，敬舆以为不可，诚不可矣。要其实，岂但献瓜果者乎？奏小功小效于军中，而骤予以崇阶，使与功臣能吏相齿以进，下傲上，贱妨贵，以一日之微劳，掩生平之大节，甚则伶人厮养陵乘清流积阀之间，又恶足以劝忠而鼓士气哉？敬舆此论，犹争于其末而遗其本也。贼以利唉，我以名饵，术相若矣；利实名虚，势不敌矣。夫亦恃唐祚未穷，而朱滔、李怀光皆猥陋，人无固志耳；不然，是术也，允足以亡矣。

慎重其赏，则一缣亦足以明恩，一级固足以昭贵；如其泛滥无纪，人亦何用此告身以博酒食邪？故当多事之秋，倍重名器之予，非吝也；禄以随爵，位以随官，则效节戮力以拔自寒微、登于显秩者，无近功而有大利，固无患人之不劝。德宗始于吝而终于滥，中无主而一发遂不能收，敬舆欲挽之而不能邪？抑其谋之未足以及此邪？爵冗名贱，欲望天下之安，必不可得之数也。

十七

奚以知其为大智哉？为人所欺者是已。奚以知其能大治哉？不忧人之乱我者是已。故尧任伯鲧，而圣不可知；子产信校人，而智不可及。盖其审乎理乱安危得失之大纲，求成吾事，求济吾功，求全吾德焉而止。其他是非利害、百说杂进于前，且姑听之。必不可者，我既不为之移矣。彼小人之情，有愚而不知者焉，有躁而不审者焉，有随时倾动而无适守者焉，有规小利而觊幸得之者焉，凡此皆不足以挠我之大猷，伤我之经德。无论其得与不得，情识有涯而善败亦小，欣然笑听，以徐俟其所终，即令其奸私仇而事有妨，要亦于我无伤，而恶用穷之哉？所欺者小，窃吾之沾濡而止，校人之诈，仅食一鱼也；所欺者大，自有法以议其后，禹不能为鲧庇也。持大法，捐小利，以听小人之或微薄福而或即大刑，志不挠，神不惊，吾之所以敉几于理乱安危得失者，如日月之中天，不驱云以自照也。智者知此，而其智大矣，以治天下，罔不治矣。

德宗言自山北来者，张皇贼势，颇似窥觇。陆敬舆曰："役智弥精，失道弥远。"智哉言乎！夫张皇者之情，大要可见矣，愚而惊，躁而惧，随时倾动，而道听途说，其言不足信，其情可矜也。吾之强弱，在人耳目之间，何必窥觇而始悉。吾所欲为者，大义在讨贼而无所隐，进止之机在俄顷，而必不轻示初至之人。即使其为窥觇邪，亦何足以为吾之大患；且将情穷迹露，自趣于死，而奚容早为防制哉？敬舆之说，非徒为阔略之语以夸识量也，取天下之情伪而极之，诚无所用其弥缝之精核矣。

十八

名者，实之所自薄也，故好名为士之大戒。抑闻之曰："三代以下，唯恐不好名。"斯亦非无谓之言，盖为人君取士、劝奖天下于君子之途而言也。士以诚自尽而远乎名，则念深而义固；上以诚责下而忌其名，则情睽而耻刑；故名者，亦人治之大者也。因义而立，谓之名义；有节而不可逾，谓之名节；人君之求于士者，节义而已。

名固有相因而起者矣，皋、夔、逢、比，皆名之可慕者也。惟所好在名，则非必皋、夔，而必为皋、夔之言；彼固不足为皋、夔，而君可与于尧、舜矣。非必逢、比，而必为逢、比之言；彼固不足为逢、比，而君可免于桀、纣矣。夫导君以侈，引君以贪，长君之暴，增君之淫，仇害君子而固结小人，取怨兆民而邀欢戚宦，亦何求而不得，所不得者名耳；则好名者，所畏忌而不欲以身试者也。于名而不好，则好必有所移。荣宠，其好矣；利禄，其好矣；全身保妻子，其好矣。人君而恶好名，将谓此佻佻有屋、莪莪有谷、享厚实之小人，为诚朴无饰而登进之乎？

夫所言非道，不足以为名；君未有过，不足以为名；时未有危，不足以为名。取善言而效之，乘君瑕而攻之，知时危而先言之；既而其言验矣，天下相与传诵之，然后忠直先识之名归焉。夫士苟非自好之有素，忧国之有诚，但以名之所在，不恤恶怒，不避罪罟，而力争于廷，诚为臣之末节，而君子之所耻为。然其益于人主也，则亦大矣。忠信诚悫，端静和平，格心非而略人政，以远名而崇实者，间世而一遇。如有其人，固宅揆亮工、托孤寄命之选也。谏省部寺以降，有官守言职者，岂必尽得此而庸之乎？则汲汲焉求好名之士，唯恐不得；而加之罪名曰"沽直好名"，安得此亡国之语哉！

德宗恶姜公辅之谏，谓其指朕过以求名。诚指过以求名，何惜不予之名，而因自惩其过乎？陆敬舆曰："掩己过而过弥著，损彼名而名益彰。"所以平愎谏者之浮气也，实不尽然也。予士以名，则上收其实也。

十九

德宗之暗也，舍李晟、浑瑊不信而信吐蕃也。吐蕃归国，陆敬舆以为庆快，其识卓矣。

借兵于夷以平寇，贼阑入而掠我人民，乘间而窥我社稷，二者之害易知也。愚者且为之辞曰：掠夺虽弗能禁，然忍小害以除大患，亦一时之权计也。若夫乘间吞灭之害，则或轻信其不然，而究亦未必尽然，愚暗者且以香火要之矣。故二者之害易知，而愚者犹有辞以争。若夫其徒劳而只以弛我三军之气，骄我将帅之心，旋以偾败，则情势之必然；不必其灭我掠我，而祸在眉睫，犹弗见也。古今之以此致覆军、杀将、失地之害者不一矣，岂难知哉！

夫我有危亡之忧，而借人之力以相援，邢、卫且不能得之于齐桓，而况夷乎？两军相当，锋矢相及，一死一生，以力相敌，以智相距，以气相凌，将不能自保，兵不能求全，天下之至凶至危者也。岂有人焉，唯他人之是恤，而君忘其败，将忘其死，以致命于原野哉？孙膑之为赵败魏，自欲报魏也；项羽之为赵破秦，自欲灭秦也。不然，则君欲之而将不欲，将即欲之，三军之上必嗤其强以肝脑殉人而固不听也。故吴结蜀以为援，蜀待吴以交起，而俱灭于魏；诸葛诞、王凌、毋丘俭倚吴而毙于孤城；窦建德不揣以奔赴王世充之难，军心不固而身为俘虏；恃人与为人所恃者之成败，概可见矣。

两军相距，乞援于外，而外亟应之者，大抵师邓析教讼之智，两敌恒轻，而己居其重，其所援者特未定也。此以情告，彼亦以情告，此以利饵，彼亦以利饵，两情俱可得，两利俱可收，相其胜者而畸与之，夫岂有抑彼伸此之情哉？敛兵旁眤，于胜者居功，于败者亦可无怨，翱翔于其间，得厚实以旋归，弱者之败自不瘳也。藉令无为之援者，无所恃以生玩敌之心，而量力以自奋，亦何至狂起无择，以覆师失地于一朝哉！

故凡待援于人者，类为人所持以自毙。况夷狄之唯利是趋，不可以理感情合者乎？宇文、高氏之用突厥也，交受其制，而不得其一矢之力，其明验已。回纥之为唐讨安、史也，安庆绪、史怀义之愚不能反用回纥以敝唐也。德宗乃欲效之以用吐蕃，朱泚狡而据充盈之府库，我能与争媚狡夷、使必亲我乎？吐蕃去，军心固，将任专，大功必成，敬舆知之审矣。古人成败之已迹，著于史册，愚若王化贞者，尚弗之省，而以为秘计，天夺妄人之魄以祸人国，亦至此哉！

二十

德宗以进取规画谋之陆敬舆，而敬舆无所条奏，唯戒德宗之中制，俾将帅之智勇得伸，以集大功。其言曰："锋镝交于原野，而决策于加重之中；机会变于斯须，而定计于千里之外；上掣其肘，下不死绥。"至哉言乎！要非敬舆之创说也。古者命将推毂之言曰："阃以外，将军制之。"非帝王制胜之定法乎？而后世人主遥制进止之机以取覆败，则唯其中无持守，而辩言乱政之妄人惑之斯惑也。

惑之者多端，而莫甚于宦寺。宦寺者，胆劣而气浮，以肥甘纨绣与轻佻之武人臭味相得，故辄敢以知兵自命。其欲进也如游鱼，其欲退也如惊鹿，大言炎炎，危言侧侧，足以动人主之听。人主习闻之，因以自诧曰："吾亦知兵矣。"此祸本也。既已于韬钤之猥说略有所闻矣，又以孤立于上，兵授于人，而生其猜防。弗能自决也，进喋喋仡仡之士，屑屑以商之，慎重而朴诚者弗能合也。于是有甫离帖括，乍读孙、吴者，即以其章句声韵之小慧，为尊俎折冲之奇谋。见荷戈者而即信为兵也；见一呼一号一跳一击者而即诩为勇也；国画之山川，管窥之玄象，古人偶一试用之机巧，而宝为神秘。以其雕虫之才、炙毂之口，言之而成章，推之而成理，乃以诮元戎宿将之怯而寡谋也，竞起攘袂而争之。猜暗之君一入其彀中，遂以非斥名师，而亟用其说以遥相迫责。军已覆，国已危，彼琐琐云云之子，功罪不及，悠然事外，彼固以人国为嬉者，而奈何授之以嬉也？庸主陋相以寡识而多疑者，古今相袭而不悟，呜呼！亦可为大哀也已。

一彼一此者，死生之命也；一进一退者，反覆之机也；一屈一伸者，相乘之气也。运以心，警以目，度以势，乘以时。矢石雹集、金鼓震耳之下，蹀血以趋而无容出诸口者，此岂挥麈拥垆于高轩邃室者所得与哉？以敬舆之博识鸿才，岂不可出片语以赞李晟、浑瑊之不逮，而杜口忘言，唯教其君以专任。而白面书生，不及敬舆之百一，乃敢以谈兵惑主听，勿诛焉足矣，而可令操三军之生死、宗社之存亡哉？宦寺居中，辩言日进，亡国之左券，未有幸免者也。

二十一

西域之在汉，为赘疣也，于唐，则指之护臂也，时势异而一概之论不可执，有如此夫！

匈奴之大势在云中以北，使其南挠瓜、沙，则有河、湟之隔，非其所便。而西域各有君长，聚徒无几，仅保城郭，贪赂畏威，两祖胡、汉，皆不足为重轻，故曰赘疣也。至唐，为安西，为北庭，则已入中国之版；置重兵，修守御，营田牧，屹为重镇。安、史之乱，从朔方以收两京，于唐重矣。代、德之际，河、陇陷没，李元忠、郭昕闭境拒守，而吐蕃之势不张，其东侵也，有所掣而不敢深入，是吐蕃必争之地也，于唐为重矣。惟二镇屹立，扼吐蕃之背以护萧关，故吐蕃不得于北，转而南向，松、维、黎、雅时受其冲突。乃河、洮平衍，驰骤易而防御难。蜀西丛山沓嶂，骑队不舒，扼其从入之路，以囚之于山，甚易易也，故严武、韦皋捍之而有余。使割安西、北庭以畀吐蕃，则戎马安驱于原、洮，而又得东方怀归怨弃之士卒为乡导以深入，祸岂小哉？

拓土，非道也；弃土，亦非道也；弃土而授之劲敌，尤非道也。邺侯决策，而吐蕃不能为中国之大患，且无转输、戍守、争战之劳，胡为其弃之邪？永乐谋国之臣，无有如邺侯者，以小信小惠、割版图以贻覆亡之祸，观于此而可为痛哭也。

二十二

陆敬舆自奉天得主以来，事无有不言，言无有不尽，而德宗之不从者十不一二也。兴元元年，车驾还京，征邺侯自杭赴阙，受散骑之命，日直西省，迄乎登庸，逮贞元五年，凡六载，而敬舆寂无建白；唯邺侯出使陕、虢，敬舆一谋罢淮西之兵；及邺侯卒，敬舆相，举属吏，减运米，广和籴，止密封，却馈赠，定宣武，敬舆复娓娓长言之。李进而陆默，李退而陆语，是必有故焉，参观求之，可以知世，可以知人，可以知治理与臣道矣。

夫邺侯岂妨贤而窒言路者哉？敬舆之所陈，又岂邺侯之所非，而疑不见庸以中止者哉？盖敬舆所欲言者，邺侯早已言之，而邺侯或不得于君者，敬舆终不能得也。德宗之倚敬舆也重，而猜忮自贤之情，暂伏而终不可遏，势蹙身危，无容不听耳。而敬舆尽其所欲言，一如魏征之于太宗者以争之，德宗不平之隐，特折抑而未著，故一归阙而急召邺侯者，固不欲以相位授敬舆也。邺侯以三世元老，定危亡而调护元良，德望既重，其识量弘远，达于世变，审于君心之偏蔽，有微言，有大义，有曲中之权，若此者皆敬舆之所未逮也。小人以气相制，君子以心相服，使敬舆于邺侯当国之日而啧啧多言，非敬舆矣。故昔之犯颜危谏以与德宗相矫拂者，时无邺侯也。夫岂乐以狂直自炫，而必与世相违哉！

论者或加邺侯以诡秘之讥。处人天伦敎叙之介，谋国于倾危不定之时，而奋激尽言于猜主之前，以博人之一快，大臣坐论格心之道，固不然也。使邺侯而果挟诡秘之术，则敬舆何为心折以忘言邪？邺侯卒，而敬舆又不容已于廷争，其势既然，其性情才学抑然。无有居中之元老主持而静镇之，如冬日乍暄，草木有怒生之芽，虽冰雪摧残，所弗恤也，则又敬舆之穷也。

二十三

天子禁卫之兵，得其人而任之，以处多虞之世，四末虽败，可以不亡。唐自肃、代以来，倚神策一军以强其干。及德宗亟讨河、汴，李晟将之而北，白志贞募市井之人以冒名而无实，于是姚令言一呼，天子单骑而走，中先瘘也。及李怀光平，李晟移镇凤翔，神策一军仍归禁卫。于斯时也，任之得人与不得，安危存亡之大机会也。德宗四顾无所倚任，而任之中官，终唐之世，宦寺挟之以逞其逆节，而迄于亡。当德宗初任中官之日，邺侯、敬舆无一言及之，何其置大计于缄默也？所以然者，自李晟而外，亦无可托之人也。

禁兵操于宦寺，而天子危于内；禁兵授之帅臣，而天子危于外。外之危，篡夺因之，宋太祖骤起于一旦，而郭、柴之祀忽诸，此李、陆二公所不能保也。晟移镇而更求一如晟者，不易得也；即有一如晟者，而抑难乎其为继。盖当日所可任者，唯邺侯耳。邺侯任之，则且求能为天子羽翼、终无逆志者以继之，法制立而忠勤遍喻于吏士，虽有不顺者，弗能越也，如是，乃可保之数十年，而居重驭轻之势以成。然而邺侯不可以自言也，敬舆亦不能以此为邺侯请也。德宗之欲任窦文场、王希迁也，固曰犹之乎吾自操之也。汉灵帝之任蹇硕，亦岂不曰犹吾自将之也乎？君畜疑自用，则忠臣心知其祸而无为之谋。李、陆二公救其眉睫之失，足矣；恶能取百年之远猷，为之辰告哉！

二十四

前有谗而不见，后有贼而不知，可谓天下之至愚矣。夫其所以不知者何也？瞻前而欲察见其谗，顾后而欲急知其贼也。可见者既见而知之矣，未可见者恶从而知之？必将乐闻密告之语，以摘发于所未形。此勿论密告者之即为谗贼也，即非谗而不为贼，而人之情伪亦灼然易见矣。当反侧未安之际，人怀危疑未定之情，苟非昏溺，岂遽安心坦志以尽忘物变之不可测哉？惟其然也，明者持之以静，乃使迹逆而心顺者，忧危而失措者，有过而思改者，为恶而未定者，皆得以久处徐思而定其妄虑。然而终不悛焉，则其恶必大著，不待摘发而无可隐。如是，则谗贼果谗贼也，在前在后而无不周知也，斯乃谓之大智。

达奚抱晖杀节度使张劝，据陕州，要求旄节，东与李希烈相应，邺侯单骑入其军中，于时宾佐有请屏人白事者，邺侯拒之曰："易帅之际，军中烦言，乃其常理，不愿闻也。"夫抱晖之逆既著矣，必有与为死党者，亦无容疑矣；或有阴谋乘间以作乱者，亦其恒矣；要可一言以蔽之曰：技止此耳。河东之军屯于安邑，马燧以元戎偕行，威足以相制，邺侯之虑此也周，持此也定，屏人以白者，即使果怀忠以思效，亦不过如此而已，恶用知哉？拒之勿听，则挟私而谤毁者，道听而张皇者，浅中而过虑者，言虽未出，其怀来已了然于心目之间。若更汲汲然求取而知之，耳目荧而心志乱，谗贼交进，复奚从而辨之哉？

天下之变多端矣，而无不止于其数。狐，吾知其赤；乌，吾知其黑；虎，吾知其搏；蛇，吾知其螫；蛙，吾知其鸣；鳖，吾知其喑；泾，吾知其清；渭，吾知其浊；冬，吾知其必霜；夏，吾知其必雷。故程子之答邵尧夫曰："吾知雷之从起处起也。"天地之变，可坐而定，况区区谗贼之情态乎？献密言以效小忠者，即非谗贼，亦谗贼之所乘也，况乎不保其不为谗贼也。知此者，可以全恩，可以立义，可以得众，可以已乱，夫是之谓大智。

二十五

禄山、思明父子旋自相杀，而朝义死于李怀仙，田悦死于田绪，李惟岳死于王武俊，朱泚死于韩旻，李怀光死于牛名俊，李希烈死于陈仙奇，而李怀仙旋死于朱希彩，陈仙奇旋死于吴少诚，恶相师，机相伺，逆相报，所固然也。杀机之动，天下相杀于无已。愍不畏死者，拥兵以自危，莫能自免。习气之熏蒸，天地之和气销烁无余。推原祸始，其咎将谁归邪？习气之所由成，人君之刑赏为之也。

安、史之迭为枭獍，夷狄之天性则然，无足怪者，夫亦自行吾天诛焉可矣。史朝义孤豚受困，有必死之势，李怀仙与同逆而北面臣之，一旦反面而杀之以为功，此岂可假以旌节、跻之将相之列者。高帝斩丁公，光武诛彭宠之奴，岂不念于我有功哉？名义之所在，人之所自定，虽均为贼，而亦有大辨存也。尽天下之兵力以蹙垂亡之寇，岂待于彼之自相吞龁以杀其主而后乱可讫乎？降可受也，杀主以降，不可贳也。偏裨不可以杀主帅，则主帅不可以叛天子之义明矣。幸而成，则北面拥戴以为君，及其败，则刜其首以博禄位而禄位随之，韩旻、陈仙奇恶得而不效尤以侥幸乎？朱希彩、吴少诚又何惮而不疾为反戈邪？一人偷于上，四海淫于下，我不知当此之时，天下之彝伦崩裂，父子、妇姑、兄弟之间若何也！史特未言之耳。幽、燕则朱滔、朱泚迭为戎首，淮西则少诚、少阳踵以怙乱，而唐受其败者数十年而不定。代宗毁坊表于前，而德宗弗能改也，恶积而不可复掩矣。

二十六

陆敬舆之筹国，本理原情，度时定法，可谓无遗矣。其有失者，则李怀光既诛之后，虑有请乘胜讨淮西者，豫谏德宗罢诸道之兵也。诸道罢兵八阅月，而陈仙奇斩李希烈以降，一如敬舆之算，而何以言失邪？乃参终始以观之，则淮西十余年勤天下之兵血战以争、暴骨如莽者，皆由此失其枢机也。

安危祸福之几，莫不循理以为本。李怀光赴援奉天而朱泚遁，卢杞激之而始有叛心，虽叛而引兵归河东，犹曰"俟明春平贼"。据守一隅，未敢旁掠州县、僭称大号也。所恶于怀光者，杀孔巢父而已，抑巢父轻躁之自取也。德宗欲赦之，盖有自反恕物之心焉，李晟、马燧、李泌坚持以为不可，斯亦过矣。若希烈者，胜孤弱狂愚之梁崇义，既无大功于唐室；

且当讨崇义之日，廷臣争其不可任，而德宗推诚以任之；贼平赏淟，唐无毫发之负，遽乘危以反，僭大号以与天子竞存亡，力弱于禄山，而恶相敌矣。此而可忍，万世之纲纪裂矣。何居乎敬舆之欲止其讨也？乘河中已下之势，河北三帅敛手归命，蠲已穷之寇，易于拉朽，乃吝一举之劳，而曰"不有人祸，必有鬼诛"。为天下君而坐待鬼诛，则亦恶用天子为也？俟人祸之加，则陈仙奇因以反戈，而吴少诚踵之，淮西数十年不戢之焚，皆自此启之矣。

原情定罪，而罪有等差；饬法明伦，而法有轻重。委之鬼诛，则神所弗佑；待之人祸，则众难方兴。怀光可赦，希烈必不可容。法之所垂，情之所衷，道之所定，抑即势之所审；而四海之观瞻，将来之事变，皆于此焉决也。故敬舆之于此失矣。随命李晟、浑瑊、马燧一将临之，而淮、蔡荡平，天下清晏，吴少诚三世之祸不足以兴，而淄青、平卢、魏博之逆志亦消矣。失之垂成，良可惜哉。

二十七

细行不矜，终累大德，三代以下，名臣正士、志不行而道穷者，皆在此也；君以之而不信，民以之而不服，小人以之反持以相抗，而上下交受其诎。欧阳永叔以困于闺帏之议，而陶谷之挫于南唐，尤无足怪也。

张延赏奸佞小人，燫乱天下，吐蕃劫盟之役，几危社稷，廷臣莫能斥其奸，而李晟抗表以论劾之，正也。晟之告李叔度曰："晟任兼将相，知朝廷得失而不言，何以为臣？"推此心也，其力攻延赏之志，皎然可正告于君父；而在廷将继之以助正抑奸者，不患其孤鸣不矣。乃德宗疑其抱夙岔以沮成功，终任延赏，听之以受欺于吐蕃，晟虽痛哭陈言，莫能救也。平凉既败，浑瑊几死，延赏之罪已不可掩，然且保禄位以终，而谴诃不及。无他，成都营妓之事，延赏早有以持晟之长短，而上下皆惑也。晟之论延赏也，且忘其有营妓之事；即不忘，而岂得以纤芥之嫌，置相臣之贤奸与边疆之安危于不较哉？而君与廷臣既挟此为成心，以至史官推原衅郄，亦谓自营妓而开，晟之心终不白于天下，唯其始不谨而微不慎也。饮食醉饱、琴书弈博之微，皆有终身臧否、天下应违之辨存焉。故昔人以在官抄书亦为罪过，而不可不慎。观于李晟，可以鉴矣。

二十八

乱国之财赋，下掊克于民，而上不在官，民乃殄，国乃益贫，民罔不怨；天子闻之，赫然以怒，皆所必然，而无不快其发觉者。然因此而句勘之以尽纳于上，则害愈浸淫，而民之死也益剧矣，是所谓"牵牛以蹊人之田而夺之牛"也。

假公科敛者，正以不发觉而犹有所止耳。发觉矣，上顾因之而收其利，既无以大服其心，而唯思巧为掩饰以自免；上抑谓民之可多取而必应也，据所句勘于墨吏者岁以为常，则正赋之外，抑有句勘之盈余，列于正供，名为句勘，实加无艺之征耳。且上唯利其所获，而不抵科敛者于法，则句勘之外，又有横征，而谁能禁之？民之无知，始见墨吏之囊毕输之内帑，未尝不庆快焉，孰知昔之剥床以辨者，后且及肤乎？故用之一时而小利，行之数世，而殃民之酷，殆不忍言。李长源以此足防秋之国用，欲辞聚敛虐民之罪，不可得已。

诚恶墨吏之横征，恤民困而念国之匮也，句勘得实，以抵来岁之赋，可以纾一时之急，而民亦苏矣，民知税有定额，而吏亦戢矣，斯则句勘之善政与！

二十九

《小弁》所以为君子之诗者，太子欲废未废之际，其傅陈匡救之术于幽王也。故其所以处父子君臣之际，曲尽调停之理，而夺其迷惑浸淫之几。邠侯用之，以全德宗之恩，而奠其宗社。故《小弁》为君子之诗，其利溥也。

其诗曰："君子不惠，不舒究之。"但言究，则听谗而惑者，固自以为究矣；乃其弥究而弥惑者，惟其不舒也。浅人之情，动于狂而不可挽，无他，闻言而即喜，闻言而即怒耳。以其躁气与谗人之深机而相触，究之迫，则虽有至仁大孝之隐，皆弗能自达。邠侯曰："愿陛下从容三日，究其端绪。"用此诗也。气平而谗人之机敛,抱忠欲言者,敢于进矣,故间一日而德宗果悟也。

其诗又曰:"君子无易由言,耳属于垣。"易言者,不必信之于心也。心非必惑,而偶触于谗言,以有喜怒过情之辞,亦将曰:吾为君父之尊,言即失而无大过也。乃一出而人信以为固然矣。匪直怀奸者,幸有间之可乘;即观望而无定情者,亦谓君子之喜在此而怒在彼,即此以迎合之,而将得其心。在旁在侧者,见为不足惮,而言之也无择,恶知一入于其耳以生其心,伏莽之戎,怙此言以为依据,而旋相构扇于无已哉!惟慎于口而人不得窥其际,则谗人之气愈敛,而抱忠欲言者敢于进矣。郯侯曰:"陛下还宫,当自审思,勿露此衷于左右。"用此诗也。故德宗流涕曰:"太子仁孝,实无他也。"

《小弁》垂训于千载之上,而郯侯以收曲全慈孝、安定国家之至仁大孝于千载之下,故曰:《小弁》,君子之诗也。自非幽王之丧心失志,循其道而无不可动。《诗》之为教至矣哉!知用君子之道者,君子也。郯侯之为君子儒,于斯见矣。

三十

君相可以造命,郯侯之言大矣!进君相而与天争权,异乎古之言俟命者矣。乃唯能造命者,而后可以俟命,能受命者,而后可以造命,推致其极,又岂徒君相为然哉!

天之命,有理而无心者也。有人于此而寿矣,有人于此而夭矣,天何所须其人之久存而寿之?何所患其人之妨己而夭之?其或寿或夭不可知者,所谓命也。而非天必欲寿之,必欲夭之,屑屑然以至高大明之真宰与人争螳蚰之春秋也。生有生之理,死有死之理,治有治之理,乱有乱之理,存有存之理,亡有亡之理。天者,理也;其命,理之流行者也。寒而病,暑而病,饥而病,饱而病,违生之理,浅者以病,深者以死,人不自知,而自取之,而自昧之,见为不可知,信为莫之致,而束手以待之,曰天之命也,是诚天命之也。理不可违,与天之杀相当,与天之生相背,自然其不可移矣,天何心哉!

夫国家之治乱存亡，亦如此而已矣。而君相之权借大，故治乱存亡之数亦大，实则与士庶之穷通生死、其量适止于是者，一也。举而委之于天，若天之有私焉，若天之纤细而为蟪蛄争春秋焉。呜呼！何其不自揣度，而谓天之有意于己也！故邺侯之言非大也，非与天争权，自知其藐然不足以当天之喜怒，而天固无喜怒，惟循理以畏天，则命在己矣。

虽然，其言有病，唯君相可以造命，岂非君相而无与于命乎？修身以俟命，慎动以永命，一介之士，莫不有造焉。祸福之大小，则视乎权借之重轻而已矣。

三十一

陆敬舆之在翰林，言无不从，及其爰立，从违相半，其从也，皆有弗获之色焉，何也？大权者，人主之所慎予，小人之所争忮，君子之所慎处者也。敬舆之忠直明达，允为社稷之臣，而邺侯将卒，不急引以自代，盖邺侯知此位之不易居，为德宗谋，为敬舆谋，固未可遽相敬舆也。

宰相之重，仕宦之止境也，苟资望之可为，皆垂涎而思得。董晋、窦参、苗晋卿所不敢相排以相夺者，徒邺侯耳，非能忘情而甘出其下也。邺侯以三朝元老立翼戴之功，而白衣归山，屈身参佐，无求登台辅之心，其大服不肖者之心夙矣。肃宗欲相之，而李辅国忌焉则去；代宗欲相之，而元载忌焉则去；君输忱以延伫，己养重以俳徊，乃以大得志于多猜之主，宵小盈廷，而俯首以听命，敬舆岂其等伦哉？自扈从以来，无日不在君侧，无事不参大议，虽未授白麻，而邺侯既卒，其必相也无疑矣。呜呼！欲相未相之际，奸窥邪伺，攒万矢以射一鹄，亦危矣哉！邺侯之不荐以自代，全敬舆，即以留德宗法家拂士于他日，而敬舆不知也。

今为敬舆计，邺侯在位，国政有托，而敬舆忘言，未可以去乎？董晋、窦参受平章之命，未可以去乎？窦参以贪败，物望益归于己，未可以去乎？沾沾然若留身于岩廊以待枚卜之来，则倒授指摘于人，而敬舆之危益岌岌矣。及既相也，裴延龄判度支，苦谏而不从，吴通玄腾谤书于中外，姜公辅以泄语坐贬，贾耽、卢迈相继而登三事，及是而引身已晚矣。然且俳徊不决，坐待贬斥，几以不保其腰领。以自全也，不宜；以靖国也，尤不可矣。何也？已被罪，而忠直之党危，邪佞之志得，祸必中于国家也。

宰相者，位亚于人主而权重于百僚者也。君子欲尽忠以卫社稷，奚必得此而后道可行乎？至于相，而适人间政之道诎矣。欲为绳愆纠谬之臣，则不如以笔简侍帷幄之可自尽也。邺侯知之，敬舆弗知也，二贤识量之优劣，于此辨矣。

三十二

贞元八年，江、淮水潦，米价加倍，畿辅公储委积，陆敬舆请减江、淮运米，令京兆边镇和籴，酌一时之缓急，权其重轻，信得之矣，然未可为立国之令图也。丰凶者，不定之数；田亩所出，则有定之获也。丰而余，凶而不足，通十年之算，丰而有余，凶而犹无不足，则远方之租米，毕令轻赍，京边之庸调，悉使纳米可也。如其不然，则丰年之所偶余，留之民间，以待凶岁，使无顿竭之忧；奈何乍见其丰，遽籴之以空在民之藏乎？

为国用计者，耕九余三，恒使有余以待凶岁。如其馈饷有限，吏禄军食，丰仅给而凶则乏，又值京边谷余而价贱，则抑以钱绢代给，使吏与军自籴于民，犹之可尔。何也？自籴则食有节而支不糜，民尚不至虚廪困以自匮。若官与和籴，就令无抑买捐民之弊，而必求如额以供坐食者之狼戾与窖藏之红朽，不复念此粟者，他日小民炊烟屡绝，求粒米而无从者邪！况乎立国有经，恒畜有余以待水旱，则江、淮荐饥，自可取足太仓，捐岁运以苏民，何事敛民之积以虚根本哉？

敬舆所陈，令江、淮斗米折钱八十，计其所盈余钱十万四千缗，一时行之，觉为公私之两利，而国无常守之经，官操商贩之计，空内地之积，夺凶岁之储，使牟利之臣，因得营私以殃民，其失也大矣。以要言之，京边之盈余，不可聚于上而急食之也。此不易之定论也。

三十三

陆敬舆请罢关东诸道防秋戍卒，令供衣粮，募戍卒愿留及蕃、汉子弟，广开屯田，官为收籴，自战自耕于其所守之地，此亦以明府兵番戍之徒劳而自弱，不如招募之得也。论者于敬舆所陈，则韪其说，而惜德宗之不从；乃于府兵，则赞其得三代之良法而谓不可易。贪为议论，不审事理，自相龃龉，罔天下后世以伸其无据之谈，如此者，亦奚必他为之辩哉？即其说以破之而足矣。

夫折中至当之理，存其两是，而后可定其一得；守其一得，而后不惑于两是。诚不易也，就今日而必法尧、舜也，即有娓娓长言为委曲因时之论者，不可听也。诚不容不易也，则三代之所仁，今日之所暴，三代之所利，今日之所害，必因时而取宜于国民，虽有抗古道以相难者，不足听也。言府兵则府兵善，言折衣粮以招募则招募善，心无衡而听之耳，耳无准而听纸上之迹与唇端之辩，受夺于强辞，而傲岸以持己之是，唯其言而自谓允惬于天下。呜呼！小言破道，曲说伤理，众讼于廷，文传于后，一人之笔舌，旦此夕彼，其以万世之国计民生戏邪！不然，奚为此喋喋哉？持其前后彼此之论以相参，则其无目无心，如篱竹得风之鸣，技自穷矣。

三十四

自米粟外，民所输者，本色折色奚便？国之利不宜计也，而必计利民。利民者，非一切之法所可据为典要，唯其时而已。唐之初制，租出谷，庸出绢，调出缯、纩、布，其后两税法行，缯、纩、布改令纳钱。陆敬舆上言："所征非所业，所业非所征，请令仍输本色。"执常理以言之，宜无以易也；揣事理以言之，则有未允者焉。

绢、缯、纩、布之精粗至不齐矣，不求其精，则民俗之偷也，且以行滥之物输官，而吏以包容受赇，既损国计、导民奸；而取有用之丝枲，为速敝之绢布，灭裂物产，于民亦病矣。如必求其精且良与？而精粗者，无定之数也，墨吏、猾胥操权以苛责为索贿之媒，民困不可言矣。钱则缗足而无可挟之辞矣，以绢、布、绵、缕而易钱，愚氓虽受欺于奸贾，而无恐喝之威，则其受抑者无几，虽劳而无大损也，此折钱之一便也。

树桑者先王之政，后世益之以麻枲、吉贝，今绵花。然而不能所在而皆植也。桑枲之土，取给也易，而不产之乡，转买以充供，既以其所产者易钱，复以钱而易绢、缯、纩、布，三变而后得之，又必求中度者，以受奸商之腾踊，愚氓之困，费十而不能得五也。钱则流通于四海而无不可得，此又一利也。

丁田虽有定也，而析户分产，畸零不能齐一，势之所必然也。绢、缯、纩、布必中度以资用，单丁寡产尺寸铢两之分，不可以登于府库，必计值以求附于豪右；不仁之里，不睦之家，挟持以虐孤寒，无所控也。钱则自一钱以上，皆可自输之官，此又一利也。

丝枲者，皆用其新者也，民储积以待非时之求，而江乡雨湿，山谷烟蒸，色黯非鲜，则吏不收，而民苦于重办；吏既受，而转输之役者民也，舟车在道，雾雨之所沾濡，稍不谨而成颣敝，则上重责而又苦于追偿。其支给也，非能旋收而旋散之也，有积之数十年而朽于藏者矣；以给吏士，不堪衣被，则怨起于下，是竭小民机杼之劳，委之于粪土矣。钱则在民在官，以收以放，虽百年而不改其恒，此又一利也。

积此数利，民虽一劳而永逸，上有支给而下有实利。金钱流行之世，所不能悉使折输者，米粟而已，然而民且困焉。况欲使之输中度之丝麻，累递运之劳以徒供朽坏乎？

唐初去古未远，银未登于用，铸钱尚少，故悉征本色可也。敬舆之言，惜旧制之湮，顺愚民不可虑始之情耳。金钱大行于上下，固无如折色之利民而无病于国也。故论治者，贵于知通也。

三十五

陆敬舆论税限迫促之言曰："蚕事方兴，已输缣税；农功未毕，遽敛谷租。上责既严，吏威愈促。急卖而耗其半直，求假而费其倍偿。"悲哉！乱世之民；愚哉！乱世之君也。

民之可悲者，聂夷中之诗尽之矣。其甚者，不待二月而始卖新丝，五月而始粜新谷也。君之愚也，促之甚，则民益贫，民益贫，则税益逋；耕桑之获，止有此数，促之速尽，后虽死于桁杨，而必无以继；流亡日苦，起为盗贼，而后下蠲逋之令，计其所得，减于缓征者，十之三四矣；何其愚也！迫促之令，君愍而不知计，民懦而不敢违。墨吏得此以张其威焰，猾胥得此以售其罔毒，积金屯粟之豪民得此以持贫民之生死，而夺其田庐子女。乱世之上下，胥以迫促为便，而国日蠹、民日死，夫谁念之？

孟子曰："用其一，缓其二。"缓之为利溥矣哉！所谓缓者，非竟置之谓也，通数十百年而计之，缓者数月而已。绌邪臣急功之谋，斥佞臣咨发之说，烛计臣卸责之私，姑忍之，少待之，留一春夏之间，俟之秋冬，而明岁之春夏裕矣，源源相继，实亦未尝有缓也。统计之于累岁之余，初何有濡迟之忧哉？国家当急遽之时，自有不急之费，取此而姑忍之，少待之，可省以应急需者不患乏也，而奈何遽责之千里之遥、转输之不逮事者也！缓者，骄帅、奸臣、墨吏、猾胥、豪民之大不便，而人君深长之益也，愚者自不知耳。君愚，而百姓之可悲，无所控告矣。

三十六

德宗始召叛臣之乱，中徇藩镇之恶，终授宦竖之权，树小人之党，其不君也足以亡，而不亡者，幸也。乃夷考其行，非有征声逐色、沉溺不反之失也，非有淫刑滥杀、暴怒不戢之恶也，抑非有闻善不知、遇事不察之暗也；疑其可进中主而上之，以守成而保其福祚；然而卒为后世危亡之鉴者，论者以为好疑之过，是已。虽然，好疑者，其咎之流也，非其源也；穷本探源，则好谀而已矣。故陆敬舆欲释其疑，而不足以夺其心而使之悛；盖其厚有所疑者，唯其深有所信也，非无所信而一用其疑也。于卢杞则信，于裴延龄则信，于窦文场、霍仙鸣则信，于韦渠牟则信，败而不怒，贬而不释，死而犹追念之，推心置腹，群言交击，而爱之益坚。且不仅是也，陆贽之始，李泌之终，亦未尝不唯言是听而无有二三也。然则岂好疑为其不可解之惑哉？

敬舆之在奉天也，有排难之显功，言无不中，则秉义虽直，处时虽危，而志得神怡，发之于辞气颜色也，必温和而浃洽，故罪己之诏，虽暴扬其过而不以为侮。若长源，则宛曲从容之度，足以陶铸其骄气，而使其意也消。卢杞诸奸，岂有别术以得当哉？无宫壶之援，无中涓之助，唯面柔口泽，探意旨而不相违拂耳。是故德宗之得失，恒视所信而分，专有所信，则大有所疑。呜呼！千古庸人膏肓不起之病，非以失所信而致然哉？

有大信者，必有厚疑；有厚疑者，必有偏信；或信或疑，贤奸俱不可恃，唯善谀者能取其深信，而天下皆疑矣。

夫人之多所疑也，皆生于不足。智不足，则疑人之己诳；力不足，则疑人之己凌。先自疑而彷徨无据，四顾不知可信之人，于是谀者起而乘之，谅其所易为，测其所易知，浅为尝而轻为辨，则不足者亦优为之而掩其所短。固将曰：非与我合者，言我所不知不能以相欺，彼即亦一道与，固非我之攸行；且恶知其非矫诬以夺人于所不逮，而仇其异志乎？直者之疑愈厚，则谀者之信愈坚，于是偏信而无往不疑，乃以多疑召天下之离叛。故曰疑者其弊之流也，信者其失之源也。

道处于至足者，知从我者之非诚，而违我者之必有道也。故尧无疑于群臣之荐鲧，而鲧不足以病尧。下此者，皆有不足也。知不足而不欲掩，则谀我者之情穷矣。流俗之言，苟且之计，恶足以进于前哉？此中材救过之善术也。能知此，则天下皆与善之人而奚疑乎？天下皆与善之人而又奚有所偏信乎？故德宗之失，失于信也。好谀而信之，虽圣哲痛哭而不救其败。纣之恶无他，好谀而信飞廉、恶来者深也。

《读通鉴论》卷二十四终

读通鉴论卷二十五

顺宗

王伾、王叔文以邪名古今，二韩、刘、柳皆一时之选，韦执谊具有清望，一为所引，不可复列于士类，恶声一播，史氏极其贬诮，若将与赵高、宇文化及同其凶逆者，平心以考其所为，亦何至此哉！

自其执政以后，罢进奉、宫市、五坊小儿，贬李实，召陆贽、阳城，以范希朝、韩泰夺宦官之兵柄，革德宗末年之乱政，以快人心、清国纪，亦云善矣。顺宗抱笃疾，以不定之国储嗣立，诸人以意扶持而冀求安定，亦人臣之可为者也。所未审者，不能自量其非社稷之器，而仕宦之情穷耳，初未有移易天位之奸也。于是宦官乘德宗之危病，方议易储以危社稷，顺宗暗而不理，非有夹辅之者，则顺宗危，而宪宗抑且不免。代王言，颁大政，以止一时之邪谋，而行乎不得已，亦权也。宪宗储位之定，虽出于郑细，而亦俱文珍、刘光琦、薛盈珍等诸内竖修夺兵之怨，以为诛逐诸人之地，则韦执谊之惊，王叔文之忧色，虽有自私之情，亦未尝别有推奉，思摇国本，如谢晦、傅亮之为也。乃史氏指斥其恶，言若不胜，实核其词，则不过曰"采听谋议，汲汲如狂，互相推奖，俪然自得，屏人窃语，莫测所为"而已。观其初终，亦何不可测之有哉？所可憎者，器小而易盈，气浮而不守，事本可共图，而故出之以密，谋本无他奇，而故居之以险，胶漆以固其类，亢傲以待异己，得志自矜，身危不悟，以要言之，不可大受而已矣。因是而激盈廷之怨，寡不敌众，谤毁腾于天下，遂若有包藏祸心为神人所共怒者，要亦何至此哉！

伾、叔文诚小人也，而执谊等不得二人不足以自结于上，伾、叔文不得于牛昭容、李忠言，不足以达于笃疾之顺宗。呜呼！汉、唐以后，能无内援而致人主之信从者鲜矣。司马温公之正，而所资以行志者太后；杨大洪之刚，而所用以卫主者王安；盖以处积乱之朝廷，欲有所为，弗获已而就其可与言者为纳约之牖也。叔文、伾之就诛，八司马之远窜，事所自发，亦以宦官俱文珍等怨范希朝、韩泰之夺其兵柄，忿懫急泄而大狱疾兴。诸人既蒙不赦之罪，神策监军，复归内竖，唐安得有斥奸远佞之法哉？宦官之争权而迭相胜负耳。杜黄裳、袁滋不任为主也。故执谊等有可黜之罪，而遽谓为千古之败类，则亦诬矣。

由此以观，士之欲有为当世者，可不慎哉！天下之事，昭昭然揭日月而行者，与天下共之。其或几介危疑，事须密断者，则缄之于心，而制之以独。若骤得可为之机，震惊相耀，以光大之举动为诡秘之声容，附耳蹑足，昼呼夜集，排群言，敛众怨，自诩为忧国如家，乃不知旁观侧目者且加以不可居之大慝。事既秘，言不能详，欲置辩而末从，身受天下之恶，自戕而已矣。《易》曰："不出户庭，无咎。"慎之于心也。不出门庭则凶矣。门内之密谋，门外之所疑为叵测者也。流俗之所谓深人，君子之所谓浅夫也。读柳宗元谪后之书，"匪舌是出"，其愚亦可哀也已！

宪宗

一

礼何为而作也？所以极人情之至而曲尽之也。古礼之佚不传者多矣，见于《三礼》者，唯《丧礼》为略备，达于古今，无不可由也。然而犹有阙焉，时之所不然，事之所未有，情之所不生，礼之所未及也。于是而后儒折中论定之道，有可参酌以极得其中，则遭乱失其父母，寻求不得，生死莫能知，而为之追服，是已。

礼文之未及此也有故：古者分土建侯，好问不绝，偶为仇敌，而礼之往来不废，声问相逮，无有阻也。故诸侯失国而为寓公，大夫去国而有羁禄，即其为行人而见执，临战伐而见俘，其生其死，必相闻矣。则生而遥告以吉凶，死而得奔丧、还葬，奚有寻求不得而待追服者哉？

王莽之世，盗贼垄起，永嘉而后，胡、汉分割，于是而贵贱均于俘囚，老弱随其转徙，千里无人，音问既绝，转掠不定，踪迹莫稽，乃有父子殊天，终相暌隔，母妻漂散，不审存亡者。呜呼！生不得聚，死不得知，疏衰者，非人子之可用报亲者，而犹不克尽三年之哀慕，亦惨矣哉！晋庚蔚之等始建议寻求三年之外，俟中寿八十而服之，此亦以礼定情之极致，周公复起，不能易也。

德宗母沈太后因乱陷贼，不知所在，德宗即位，寻求数十年不得，追德宗之葬，礼官乃申蔚之之议，以德宗启殡日，发沈后之丧，因此而祔庙之礼行焉。夫蔚之限寻求以三年，俟发丧于中寿，而德宗终身不废寻求者，以德宗已正位临民为宗社主，不容因母而废大政，即位寻求，两不相碍也。而士大夫既含重哀、必废婚宦，尽心力为寻求地，期以三年，则人子之志伸，而生人之理亦无崩坏之忧矣。晋、宋以来，有因此而永绝婚宦者，其志可尚，而其道不可常，殆亦贤者之过，蔚之裁之以中，不亦韪与！不宦则祭祀不修，不婚则继嗣不立，抑非所以广孝也。且夫寻求不得，而生死固无据焉，衔恤靡至，一以丧礼居之，万一亲幸而存，岂非之生而致之死乎？即位而寻求，临朝不废之典，宜于天子；限求以三年，权停婚宦，宜于士夫。酌中寿之年以服丧，生存之望可绝；以启殡之日而为忌，人子之道以终；变而不失其常，补古礼之未有，合先圣之大经，此其选已。

二

杜黄裳之请讨刘辟，武元衡之请征李锜，李绛之策王承宗、田兴，不待加兵而自服，皆时为之也。知时者，可与谋国矣。

自仆固怀恩以河北委降贼而僭乱不可复制者，安、史之诛，非唐师武臣力制其死命而殪之，贼自败亡而坐收之也。幽、燕、河、济，贼所纠合之蓄兵、突骑皆生存，而枭雄之心未艾，田承嗣、薛嵩、朱希彩之流，狼子野心，习于战斗，狃于反覆，于斯时也，虽李、郭固无如之何，而下此者尤非其敌也。代宗骄之，德宗挑之，俱取败辱，虽有黄裳、元衡之能断，李绛之善谋，我知其未易为筹度也。

至于元和，而天下之势变矣。向所与安、史同逆矫厉自雄者，死亡尽矣，嗣其僭逆者，皆纨绔骄憨、弋色耽酒之竖子也。其偏裨，则习于叛合、心离志怠、各图富贵之庸夫也；其士卒，则坐糜粟帛、饮博游宕之罢民也。而狎于两代之纵弛，不量力而轻于言叛；乃至刘辟以白面书生，李锜以贵游公子，苟得尺寸之土，而妄寻干戈；此其望风而仆、应手而糜者，可坐策之而必于有功。韦丹、李吉甫且知西川之必下以劝兴师，况黄裳、元衡之心社稷而有成谋者乎？故德宗奋而启祸，宪宗断而有功，事同而效异也。

夫既知其可以讨矣，则亦知其可以不战而屈之矣。姑试其威于西川而西川定，再试其威于镇海而镇海平。河北豢养之子弟，固不测朝廷之重轻，而苟求席安以自保，众心俱弛，群力不张，于斯时也，唐虽不自信其有必胜之能，而魏博、成德非王武俊、田悦之旧，彼自知之，亦可众量之矣。吉甫目击杜、武之成绩，欲效之以徼功于河北，是又蹈德宗之覆辙也。李绛之洞若观火，又岂有绝人之智计哉？故代宗之弛而失御，宪宗之宽而能安，亦事同而效异也。所以异者无他，惟其时也。

时者，方弱而可以强，方强而必有弱者也。见其强之已极，而先自震惊，遂朒缩以绝进取之望；见其势之方弱，而遽自蹒跚，因兴不揣之师；此庸人所以屡趋而屡踬也。焚林之火，达于山椒则将熸，扑之易灭而不敢扑，待之可熄而不能待，亦恶知盈虚之理数以御时变乎？刘渊、石虎、苻坚、耶律德光、完颜亮，天亡之在眉睫矣，不知乘时者，犹以为莫可如何，而以前日之覆败为惩。悲夫！

三

制科取士，唐之得元、白，宋之得二苏，皆可谓得人之盛矣。积、居易见知于裴中立，轼、辙见重于司马君实，皆正人君子所嘉与也。观其应制之策，与登科以后慷慨陈言，持国是，规君过，述民情，达时变，洋洋乎其为昌言也。而抑引古昔，称先王，无悖于往圣之旨，则推重于有道之士而为世所矜尚，宜矣。推此志也，以登三事，任密勿，匡主而庇民，有余裕焉。乃此数子者，既获大用，而卞躁诪张，汇引匪人以与君子相持而害中于国，虽裴、马秉均以临之，弗能创艾也。然则制科求士，于言将不足采，而可以辩言乱政之责斥之乎？

夫此数子者，非其言之有过，善观人者，不待其败德之已章，而早已信其然矣。奚以明其然也？此数子者，类皆酒肉以溺其志，嬉游以荡其情，服饰玩好书画以丧其守。凡此，非得美官厚利，则不足以厌其所欲。而精魄既摇，廉耻遂泯，方且号于人以为清流之津径，而轻薄淫泆之士乐依之，以标榜为名士。如此，而能自树立以为君之心膂、国之桢干、民之荫借者，万不得一。

文章之用，以显道义之殊途，宣生人之情理，简则难喻，重则增疑。故工文之士，必务推荡宛折，畅快宣通，而后可以上动君听，下感民悦。于是游逸其心于四维上下，古今巨细，随触而引伸，一如其不容己之藏，乃为当世之所不能舍。则苏轼所谓"行云流水、初无定质"者，是也。始则覃其心以达其言，既则即其言以生其心，而淫泆浮曼、矜夸傲辟之气，日引月趋，以入于酒肉嬉游服饰玩好书画之中，而必争名竞利以求快其欲。此数子者，皆以此为尚者也。而抑博览《六籍》，诡遇先圣之绪说以济其辩，则规君过、陈民情、策国事，皆其所可沉酣以入、痛快以出，堂堂乎言之，若《伊训》《说命》《七月》《东山》之可与颉颃矣。则正人君子安得不敛衽以汲引为同心，而流传简册，浅学之士能勿奉为师表乎？乃有道者沉潜以推致其隐，则立心之无恒，用情之不正，皆可即其述古昔、称先王之中察见其诐淫，况其滥于浮屠、侈于游冶者，尤不待终篇、而知其为羊膻蚁智之妄人哉！

若其淋漓倾倒，答临轩之问，陈论劾之章，若将忘辱忘死，触忌讳，犯众怨，以为宗社生民计者，固可取为人主之龟鉴，而不得斥之为非。则唯上之所以求之者，以直言敢谏设科，则以应知遇、取名位者在此，慧足以及，胆足以胜，固无难伸眉引吭以言之无作，而可取者不乏也。

是故明主之求言，大臣之广益，无择于人也；言而可听者，乐取其言，以释吾回而增吾美也。若其用人也，则不以言也；言而可听，必考其用心之贞淫，躬行之俭侈，而后授以大任也。《书》曰："敷奏以言。"言无不尽。若其黜陟，则必"明试以功"而后定。子曰："君子不以言举人。"诚千古片言之居要矣。然则策贤良以问政，明王广听大智之道也；设制科以取士，唯其言以登用之，则国是乱、佞人进，治道之大蠹也。制科而得才士如元、白、二苏而止，元、白、二苏长于策问奏疏而止，不恣其辨以终为君子伤。节宣之权，人主大臣司之，可弗慎与！

四

庙谟已审，采诤臣之弼正以决行止，其于治也有失焉，鲜矣。庙谟无据，倚群臣之道谋以相争辩，其于乱也幸免焉，鲜矣。何也？贸贸然于得失利害之林，一事至而无以自主，天子有耳而无心，大臣辞谤而避罪，新进之士，气浮而虑短，"彼亦一是非，此亦一是非"，苟可言焉则言之，不能言者亦学语而言之，勿论其挟私也，即其无私，而读古人数策之书，辄欲引据，凭瘝寐偶然之慧，见为实然，听曲士末俗之言，妄为歆动，念生平身受之累，推为利害，琅琅然挟持以为口实，理亦近是，情亦近是，以与深谋熟虑相龃龉，言出气盈，不任受诎，于是而误国殃民，终无可救也。

以宪宗之时事言之，一藩镇之逆也，言讨者，并欲加兵于归命之魏博，言抚者，遂欲屈志于穷凶之淮、蔡，彼以为饬法之王章，此以为怀柔之文德，彼以此为养寇而失权，此以彼为生事而酿祸，河汉无涯之口，穷年靡定，究将谁与适从哉？谋之已烦，传之将遍，一端未建，四海喧腾，幕士游人，测众论之归以揣摩而希附会，奸胥猾吏，探在廷之踪指以豫为避就，左掣右牵，百无一就，迨其论定，而弊已丛生，况乎多事之秋，夷狄盗贼间谍伏于辇下，机密播于崇朝，授以倒持之枢，而危亡必矣。

唐制：诰令已下，有不便者，谏官上封事驳正改行。驳之于后以兼听得中，而不议之于先以喧嚣致乱，道斯定矣。元稹甫受拾遗之命，辄欲使谏官各献其谋，复正牙奏事及庶司巡对，唯欲夺宰相之权，树己之威福而已。谏官者，谏上之失也，议方未定，天子大臣未有失也，何所谏也？论道者，三公之职；辰告者，卿士之司；纠谬者，谏官之责；各循其分，而上下志通，大猷允定。积小人，恶足以知此哉！

五

枢密之名，自宪宗以任宦官刘光琦始。绎其名，思其义，责以其职，任以其功，军之生死，国之安危，毫厘千里之差，九地九天之略皆系焉。三代而后，天子与夷狄盗贼争存亡，非复古者大司马掌九伐之法，鸣钟击鼓驰文告以先之，整步伐以莅之，所能已天下之乱也。则此职之设，有其举之，不可废已。所宜致慎而杜旁落之害者，但在得其人耳。惟若宪宗委之宦官，则吐突承璀、王守澄资以擅废立而血流宫禁，乃因此而谓分宰相之权，夺兵部之职，所宜废也，岂非因噎废食而不忧其馁乎？五代分中书、枢密为二府，虽狃于战争而欹重戎事，然准汉大将军、丞相之分职，固三代以后保国之善术也。

国之大事，在祀与戎。夫祀既宗伯之所司矣，而礼部之外必设大常，盖以礼统邦礼，职既繁委，分心力以事神，则恪恭不挚，专责之大常，而郊庙之事乃虔。以此例戎，其可使宰相方总百揆而兼任之乎？抑可使兵部统铨叙功罪，稽核门荫，制卒伍之践更，清四海之邮传，核屯田之租入，督戎器之造作，百端交集，宵旦不遑，乃欲举三军生死之命，使乘暇而谋之，其不以国与寇也，不亦难乎？兵部所掌者，兵籍之常也；枢密所领者，战守之变也。进止奇正，阴阳互用，存亡之大，决于呼吸，经画之密，审于始终，文字不得而传，语言不得而泄，上承人主帷幄之谋，遥领主帅死生之命，大矣哉！专其事而恐不胜，乃以委诸守章程而综众务者乎？

枢密一官，必举而不可废，审矣。时或宇内方宁，兵戈不试，则悬其职以令宰相兼之可耳。而官属必备，储才必夙，一旦有疆场之事，则因可任之人，授以固存之位，与天子定谋于尊俎。至其为谋之得失，有宰相以参酌于前，有谏官以持议于后，亦不患其擅国柄而误封疆矣。汉举朝政尽委之大将军，而丞相听命，五代使枢密察宰相，固欹重而贻权奸之祸。

唐、宋之失，在任刘光琦、童贯，盖所任非人，而非其设官之咎。若《周官》大司马总戎政，摄祀事，兼任征伐，则唯封建之天下，无夷狄盗贼之防则可耳，后世固不得而效也。

六

牛僧孺、李宗闵、皇甫湜皆以直言极谏而居显要，当其极陈时政之得失，无所避忌，致触李吉甫之怒，上累杨于陵、韦贯之以坐贬，而三人不迁，岂不人拟为屈、贾，代之悲愤，望其大用以济时艰乎？乃其后竟如之何也！故标直言极谏之名以设科试士，不足以得忠直之效，而登进浮薄，激成朋党，挠乱国政，皆缘此而兴。汉、唐之末造，蔡邕髡钳，刘蒉绌落，论者深为愤惋，而邕以党贼亡身，蒉亦无行谊可见，则使登二子于公辅，固不能救汉之亡、起唐之衰，亦概可睹矣。

人君之待谏以正，犹人之待食以生也。绝食则死，拒谏则亡，固已。然人之于食也，晨而饔，夕而飧，源源相继，忘其为食，而安于其所固然；如使衰瘠之夫，求谷与刍豢而骤茹之，实非其所胜受也，则且壅滞于中而益增其病。故明王之求谏也，自师保宰弼百司庶尹下至工瞽庶人，皆可以其见闻心得之语，因事而纳诲。以道谏者，不毛举其事；以事谏者，不淫及于他。渐渍从容，集众腋以成裘，而受滋培于霢霂。未有骤求之一旦，使倾倒无余，尽海内之事而纤悉言之，概在廷之人而薄遍刺之，驰骛曼延，藻帨文华，取悦天下，而与大臣争用舍之权者也。非浮薄之士，孰任此为戳戳之谝言哉？夫唯言是求，无所择而但奖其竞，抑又委取舍于考官，则憸人辨士揣摩主司之好恶以恣其排击，若将忘祸福以抒忠，实则迎合希求为登科之捷径，端人正士固耻为之。牛僧孺等之允为奸邪，不待覆辀折毂，而有识者信之早矣。

夫李吉甫之为邪佞也，杨于陵、韦贯之身为大臣，不能以去留争其进退，既与比肩事主，而假手举人以诋斥之，则其怀谖以持两端，亦可见矣。于陵、贯之以举人为摇挤之媒，僧孺、宗闵以考官为奥援之托，则使击去吉甫，而于陵、贯之之为吉甫可知也。若僧孺、宗闵、湜之并不能为吉甫，则验之他日，亦既章章矣。何也？上之所以求谏者，不以其道，则下之应之也，言直而心固曲也。无人不可谏，而何待于所举之人；何谏不可纳，何必问之考官之选。以道格君者，匪搏击之是快；以理正事者，非泛指而无择。朝而渐摩，夕而涵濡，何患忠言之不日彻于耳；乃市纳谏之名，招如簧之口，以侈多士之美哉！三代之隆无此也，汉、唐之盛无此也。此科设而争辨兴，抑扬迭用以激成朋党，其究也，嚣直者为枉之魁，徒以气焰锋铓鼓动天下，而成不可扑之势。僧孺等用，而唐乃大乱，以讫于亡。有识者于其始进决之矣。

七

岁丰谷熟而减其价，则枭者麇集，谷日外出，而无以待荒；岁凶谷乏而减其价，则贩者杜足，谷日内竭，而不救其死。乃减价者，小民之所乐闻，而吏可以要民之誉者也，故俗吏乐为之。夫亦念闻减价而欢呼者何民乎？必其逐末游食、不务稼穑、不知畜聚之民也。若此者，古谓之罢民，罚出夫布而置之圜土者也。男勤于耕，女勤于织，涝池时修，获藏必慎者，岁虽凶不致于馁；即为百工负贩以自养，而量腹以食，执劳不倦，无饮博歌骂、昼眠晨坐骄佚之习，岁虽凶不致于馁。即甚乏矣，而采薪于山泽，赁佣于富室，亦亟自计其八口之饘粥，而必不哄然于河滨路隅，望价之减，以号呼动众。然若彼者，实繁有徒，一唱百和，猝起哀鸣，冀官之减价；乃不念价即减，而既减之金钱，顾其囊而何有也。如是者，徇其狂妄，而以拒商贩于千里之外，居盈之豪民，益挟持人之死命以坐收踊贵之利，罢民既自毙，而官又导之以趋于毙。呜呼！俗吏得美名，而饥民填沟壑，亦惨矣哉！

卢坦为宣歙观察使，岁饥，谷价日增，或请抑之，坦持不可，而商贩辐辏，民赖以生。知治道者之设施，固俗吏之所疑也。俗吏者，知徇罢民而已。故罢士不可徇之以谋道，罢民不可徇之以谋生。罢士惮登天之难，而欲废绳墨以可企及，则必陷于愚陋；罢民恤斯须之苦，而欲忘长虑以竞目前，则必陷于死亡。君子之弗徇之，尸其怨而不恤，诚有其大不忍者矣。

八

宪宗志平僭乱，李绛请释王承宗于恒、冀，而困吴少诚于申、蔡，韪已。有攻坚而瑕自破者，有攻瑕而坚渐夷者，存乎其时而已矣。当是时，国家积弱，而藩镇怙强，河北其轮困盘错以折斧斤者也。攻其瑕而国威伸，瑕者破而逆气折，故西川、江、淮叛而速平，唯其瑕也。然而坚者自若，则以申、蔡逼近东都，中天下而持南北之吭，河北以窥朝廷之能否，故用兵之所宜先者，莫急于淮、蔡。吴少诚处四战之地，旁无应援，李师道殚力以为之谋，为盗而已，弗能出一卒以助其逆，彼瑕易脆，而国威可伸。申、蔡平而河北震惊，不于此而攻瑕，将安攻乎？

若当时之最宜缓而不可急攻者，莫恒、冀若矣。王武俊首听李抱真之约，发愤讨逆，功固可念也。而南有魏博以为之障，北有幽、燕以为之援，东有淄青以为率然之首尾，吐突承璀不揣而加兵，徒以资卢从史之逆，自取之也。自申、蔡而外，所可申讨者，唯淄青耳。淄青者，南接淮、海，而西与燕、魏相悬千里，势不足以相救。故刘裕之灭慕容超也，一入大岘，而直捣其郛，穷海必亡之势也。李纳无尺寸之功，有邱山之恶，而师道继之，以鼠窃之小丑，力不足以大逞，但恃穿窬之徒，以胁宰相，骇中外，焚帑藏，犯陵庙，宵起昼伏，幸免于天诛，堂堂正正以九伐之法临之，如山压卵，莫之能御矣。舍此不图，而遽求多于难拔之恒、冀，不亦愚乎？

《诗》不云乎："池之竭矣，不云自频。"池者，无源之水也，故频竭而中随之。藩镇之逆，池水之溢耳。元和之世，溢者将涸，竭其频而池自无余。宪宗持疑不决，庙议乱于中涓，故历年久而后平，贼虽平而国亦惫矣。

九

揣摩情势、游移捭阖之士，其术得售，而天下之乱不可止。战国之分争，垂数百年而不定，暴骨连野，人之死者十九，皆此等心机所动，持天下而徇己说者成之也。至于唐之季世，而游士之口复腾。河北兵连，宇内骚扰，一言偶中，狂夫捐久长之利害，而一意徇之，险矣哉！若谭忠之为田季安、刘济谋者是已。

于斯时也，为季安谋万全者，岂有他哉？陈王承宗之逆而必败，淮蔡、淄青之自速其亡，使二镇合兵，蹙承宗使就缚归命，改镇修职，则季安、济长保其富贵；而承宗既禽，淮蔡不敢穷兵以抗命，淄青不敢仗盗以党奸，天下亦蒙其安平之福矣。其后田弘正一逼郓州，而李师道旋授首于刘悟，其明效矣。而谭忠持两端之策，揣朝廷之举动，姑顺天子之命，实保承宗之奸，以上免朝廷之怒，下结叛逆之心，自谓谋之已工，而昧于久长之计者，惊其揣度之中，无定之衷，固不胜其如簧之舌，于是取堂邑以市交，收饶阳、束鹿以谢咎，二镇固可处堂而嬉也。而天下之祸，乃以此而深。使微忠也，则二镇顺而归命，一言而决耳；逆而助贼，亦一言而决耳；痈已溃，收之而固无难也。故曰忠之为谋险矣哉！

故士之倾危而祸及天下者，莫甚于善揣中外之情形而持之不失，李巨川之亡唐，张元、吴昊之乱宋，皆此也。杜荀鹤、韦庄之流，始于容身，终于幸利，然技止于雕虫，犹不尸为戎首。而兀术欲走，一书生揣岳、秦之衅，言如持券，以终陷东京而不复。当国者之御此曹也难矣，奖之则群起而挠国是，抑之则反面而事寇仇。惟当祸乱繁兴之日，庠序仍修，贡举不辍，使有坦道之可遵，而旁蹊庶其可塞乎！将帅不得荐幕士，督府不得用参谋，亦拔本塞源之一道也。

十

李吉甫之专恣，宪宗觉之，而拜李绛同平章事以相参酌，自谓得驭之之道矣。乃使交相持以启朋党之争，则上失纲而下生乱，其必然也。绛贞而吉甫邪，弗待辨也。虽然，谓绛为得大臣之道，又岂能胜其任哉？《秦誓》曰："唯截截善谝言。"言者，小人之所长也，非君子之所可竞也。小人者，不畏咎于人，不怀惭于已，君以为是，滔滔日进而益骋，君以为非，诋诃面承而更端以进，无愧咎之容。若君子，则言既不听，耻于申说，奚琐琐尚口之穷乎？君子而以言与小人角长短，未有贞胜者也。《易》曰："咸其辅颊舌。"应非不以正也，然相激而愈支，于以感上下之心，难矣。

夫大臣者，衷之以心，裁之以道，持之以权，邦之荣怀与其机阱系焉者也。不得已而有言，言出而小人无所施其唇舌，乃可定众论之归，而扶危定倾于未兆。若其一再言之，君已见庸而众嚣莫止者，必君志之未定，而终且受谇，则所谓"不可则止"者矣。夫吉甫岂安于受挫不思变计者乎？言出而绛必折之，宪宗且伸绛而抑之矣。然而屡进不已，硗硗争鸣者，何也？彼诚有所恃也。恃宪宗之好谀在心，乍咈而终俞；绛之相尚以口，言多而必踬也。如是而可以辩论之长与争消长哉？"彼亦一是非，此亦一是非。"各得其朋以相抵牾，而党祸成矣。此大臣之道，所不欲以身任天下之纷纭者也。

绛而知此，则当命相之日，审吉甫之植根深固、不可卒拔，辞平章不受，使人主知贞邪之不可并立，而反求其故，吉甫可逐也。即受之而姑舍他务，专力昌言，斥吉甫之奸，必不与同谋国事，听则留，否则去，不但无自辱之憾，且正邪区分，可俟小人之偾辀折轴，而徐伸其正论，于国亦非小补也。不此之务，屈身以与同居论道之席，一盈一虚，待下风者随之而草偃，朋党交持，祸延宗社，绛能辞遇雨之濡哉？

呜呼！言固未有方也，论固未有定也，失其大正，则正邪之迁流未有据也。吉甫、绛君子小人之辨分矣，他日德裕欲掩父之恶以修怨，而牛僧孺、李宗闵、李逢吉、元稹之徒，愈趋以与德裕争胜，则君子之名实又归于李氏。一波而万波随，不知所届，要皆口舌文字之争胜负于天下，而国之安危，俗之贞淫，淌瀁而无据，言之得失，可为善恶之衡乎？尽臣道者不可不知，正君道者尤不可不知也。

十一

魏博田季安死，其子擅立，李吉甫请讨之，而李绛请俟其变。筹之堂上而遥制千里，度之未事而验之果然，不两月而田兴果请命奉贡，效其忠贞，一如绛言，不差毫发。古今谋臣策士，征验疾速，未有如此之不爽者也。

河朔自薛嵩、田承嗣以来，世怙其逆，非但其帅之稔恶相仍也，下而偏裨，又下而士卒，皆利于负固阻兵，甘心以携贰于天子。故帅死兵乱，杀夺其子，拥戴偏裨者不一，而终无有恃朝廷为奥援者。绛即知田怀谏之必见夺于人，亦恶知其不若朱希彩、吴少阳之相踵以抗王命哉？而坚持坐待之说，不畏事机之变，咎将归己，无所顾畏者，岂果有前知不爽之神智，抑徼天幸而适如其谋邪？言而允中，固有由来，绛秘不言，而无从致诘耳。

田兴之得军心，为季安所忌久矣。与季安不两立，而特诎于季安，待其死以蹶起，奄有魏博，谋之夙矣。欲定交于邻镇，以成其窃据，乃四顾而无有可托之强援，念唯归命朝廷为足以自固。乃欲自达于天子，而盈廷道谋，将机泄而祸且至。知唯李绛之可因效悃也，信使密通以俟时相应，举国不知，而绛之要言已定，非一日矣。绛言诸将怨怒，必有所归，而不斥言兴者，为兴秘之耳。逐怀谏而有魏博，绛与有谋焉；请命修贡，皆绛之成谋也。绛自策之，自言之，何忧乎事之不然哉？能致之者，绛之忠也；能持之者，绛之断也；能密之者，绛之深也；要非以智揣度、幸获如神之验也。

故大臣之以身任国事也，必熟识天下之情形，接纳边臣之心腹，与四方有肺腑之交，密计潜输，尽获其肝胆，乃可以招携服远，或抚或剿而罔不如意。夫以一人之忧为忧，以天下之安危为安危者，岂孤立廷端，读已往之书，听筑室之谋，恃其忠智而无偾事之虞哉？

大臣之谋国也，既如此矣；则天子命相，倚之以决大疑、定大事，亦必有道矣。殿阁之文臣，既清孤远物，而与天下素不相接；部寺之能臣，钱谷刑名杂冗，而于机事有所未遑；危疑无定之衷，竭智以谋，愈详而愈左。故人主之命相，必使入参坐议，出接四方，如陆贽、李绛之任学士也，早有以延揽方镇而得其要领；天下亦知主眷之归，物望之集，可与为因依，而听其颐指；无患乎事机之多变，而周章以失据矣。不能知人而厚防之，严宰执招权之罚，禁边臣近侍之交，以漠不相知之介士，驭万里之情形，日削日离，待尽而已矣。

十二

唐置神策军于京西京北，虽以备御吐蕃，然曾倚此军削平叛寇，则资以建国威、捍非常，实天子之爪牙也。德、宪以来，权归中涓与西北节镇，虏至莫能奔命，李绛所为欲据所在之地，割隶本镇，使听号召以击虏之猝至，不致待请中尉，迟延莫救也。宪宗闻绛之言，欣然欲从，而终于不果，识者固知其必不果也。

唐于是时，吐蕃之祸缓矣，所甚患者，内地诸节度分拥强兵，画地自怙，而天子无一爪牙之士；于此而欲夺之中涓之手，授之节镇，中涓激天子以孤危，辞直而天子信之，又将何以折之邪？是军也，昔尝以授之白志贞矣，朱泚之乱，瓦解而散，外臣之无功而不足倚，有明验也，故付之于宦官，亦无可委任，而姑使其听命宫廷耳。如复分割隶于节镇，则徒为藩镇益兵，而天子仍无一卒之可使。有若朱泚者，猝起于肘腋，勿论其能相抗制也，即欲出奔，而跟跄道路，将一车匹马而行乎？绛不虑此，欲削中涓之兵柄，而强人主以孤立，操必不可行之策，徒令增疑，何其疏也！

绛诚虑之深，策之审，则当抗言中涓揽兵之非宜，取神策一军隶之兵部，简选而练习之，猝有边警，驰遣文武大臣将之以策应，外有寇则疾应外，内有乱则疾应内，与节镇相为呼应，而功罪均之。如此，则天子有军，应援有责，而中涓之权亦夺矣。奈之何舍内廷之忧而顾外镇之患乎？如曰待边将之奏报而后遣救，无以防虏寇之驰突。则侦探不密，奏报不夙，边镇之罪也，非神策之需迟而不及事也。唐室之患，不在吐蕃而在藩镇，已昭然矣，如之何其弗思？

十三

人臣以社稷为己任，而引贤才以共事，不避亲戚，不避知旧，不避门生故吏，唯其才而荐，身任疑谤而不恤，忠臣之之效也。周公遭二叔之流言，既出居东，而所汲引在位者，皆摧残不安于位，公身之不恤，而为之哀吟曰："既取我子，勿毁我室。"小人动摇君子，取其为国所树之人，指之以朋党，毁之以私亲，诚可为蠡然伤心者矣。虽然，公以叔父受托孤之任，抚新造之国，收初定之人心，以卫社稷，故必近取休戚相倚者以自辅，固未可概为人臣法也。

立贤而先亲知，非无说以处此矣。狎习已夙，则其性情易见而贤否易知，非遥采声闻者之比也。且吾权借既尊，风尚既正，属在肺腑者，苟非甚不肖，若李虞、李仲言之于李绅，亦将习见正人，习闻正论，顺风而偃，乐出于清忠之途；则就亲知而拔用之，非无得也。然而有大患者，苟其端亮忠直、忧国如家也，则其议论风旨恒毅然外见，而人得测其喜怒从违之所向。于是所与亲知者，熟尝其肯綮以相迎合，亦习为亢爽之容、高深之说，以自旌而求售。如牛僧孺、元稹、李宗闵、刘栖楚之流，危言碎首，亦何遽出贾谊、朱云之下；杜钦、谷永，徒观其表见，且可以欺后世而有余；苏舜钦、石延年、黄庭坚、秦观游大人之门，固宜受特达之知遇，杜祁公、司马温公所不能却也。而后竟如之何也？未遇则饰貌以相依，已仇则操戈以入室，凶终之祸，成乎比匪，不亦伤乎！

宪宗诘宰相"当为朕惜官，勿用之私亲"。此必有先入之言，诬绛以受私者。绛曰："非亲非故，不谙其才。"言之诚是，宪宗弗能夺也。而李吉甫因之指斥善类为朋党，以利攻击者，即在于此。非尽吉甫之诬也，使牛僧孺、李宗闵、元稹、刘栖楚之徒，早为绛之亲故，而备闻其慷慨之论，绛能勿引与同升乎？而倾危燔乱之祸始，将谁归邪？自非周公以至圣有知人之哲，以叔父居摄政之尊，则未可亟引亲知，开小人姻亚玷仕之端；况乎人主方疑，同官方忌，为嫌疑之引避者乎？进以树特立之操，退以养和平之福，大臣之常度也。绛虽忠，未讲于此，上不能靖国，而下以危身，抑有以致之矣。

十四

吴元济一狂骏竖子耳，中立于淮、泗之间，仅拥三州不协之众，延晨露之命，所恃者王承宗，既不能出一步以蹑官军之后，李师道独以狗盗之奸，刺宰相，焚陵邑，胁朝廷以招抚，而莫救元济之危，非能如向者河北连衡之不易扑也。而唐举十六道之兵，四面攻之，四年而后克，何其惫邪？论者责分兵如连鸡，参差不齐，以致师老而无功，似矣；然使专任一将，四邻诸道，旁观坐听其成败，则势益孤，而覆败尤速，则专任固不如分任审矣。

乃详取其始末而究之，元济岂有滔天之逆志如安、史哉？待赦而得有其旌节耳。王承宗、李师道亦犹是也。兵力不足以抗衡，唯恃要结闲贰以求得其欲，师道遣三数匹夫入京邸，杀宰相，毁陵寝，焚屯聚，挟火怀刃，而大索不获者，为之渊薮者谁也？非大臣受三寇之金钱以相阿庇，而讵能尔邪？则其行赂诸镇，观望不前，示难攻以胁天子之受降，概可知已。外则韩弘之阻李光颜，内则韦贯之、钱徽、萧俛、李逢吉等之阻裴度，皆醉饱于三寇之苞苴，而为之唇舌者也。故蔡州一空城，元济一独夫，李愬一夕而缚之如鸡鹜，其易也如此，而环攻四年，其难也如彼，唐安得有将相哉？皆元济豢饲之鹰犬而已。仅裴、武两相立于百僚之上，为疑谤之招，弗能胜也。其迟久而后克，不亦宜乎？

故国家当寇难相临之日，才臣有不足任之才，勇将有不可鼓之勇，夷狄盗贼所以蛊天下者，皆豆区之惠，而人为之风靡。非有清贞之大臣，前不屑千金，后不恤猛虎，则天子终无可寄之心膂。诸葛公曰："唯淡泊可以明志。"人君尚知所托国哉！

十五

德宗令廷臣相过从者，金吾伺察以闻，愚矣哉！夫苟纳贿营私，则公庭可以密语，暮夜可以叩户，姻族游客可以居间，乃至黄冠缁流、优俳仆隶、一言片纸而可通，奚必过从哉？裴晋公同平章事，以平寇须参众议，请罢其禁，于私第见客，宪宗许之。则岂徒收集思之益，以周知阃外之情形；而洞开重门，阴慝无所容其诡秘，杜私门、绝幸窦之善术，莫尚于此也。

然而处此也亦难矣。惩猜防之失，则以延访为公；戒筑室之谋，则又以慎交为正；两者因其时而已。李太初群言杂陈，而漠然不应，宁蒙天下之讥怨，自以不用游谈之士为报国。盖截截谝言，非执中有权者，未易使之日进于前也。尝览元、白诸人之诗，莫不依附晋公以自矜善类；乃至归休绿野，犹假风韵以相激扬。然则当日私第之所接纳，其能益于公以益于国者，盖亦鲜矣。

以要言之，人君不可禁大臣之交游，而大臣固当自重其謦笑。论辨也，文章也，韵度也，下至于琴尊书画山川玩好鉴赏之长也，皆劳视听、玩时日、以妨远略，而金人可托以求售者也。若夫一邑一乡之利害，此长彼短之策略，危言之而欲亟行之，只以病国殃民，而开无穷之害。延访者，可务好士乐善之虚名，为宵人售利达乎？周公下士至矣，而《七月》《东山》惟与农夫戍卒咏室家田庐之忧乐，何有于指天画地之韬钤，月露风云之情态哉？故延访之公，必以慎听之、正持之，勿徒矜虚名而损实事也。

十六

宪宗之用裴公也深，而信之也浅，所倚以谋社稷之大计，协心合德而不贰者，独淮蔡一役而已。然当其时，已与李逢吉、王涯旅进而无别。及乎淮蔡既平，公居首辅，而宦官承宠为馆驿使，赐六军辟仗使印，公不能以一言规正；皇甫镈、程异以聚敛与公分论道之席，公力争，而以朋党见疑；浚龙首池，起承晖殿，张奉国、李文悦白公谏止，而二人坐贬。凡此数者，有一焉即宜拂衣以去；乃层累相违，公终栖迟于朝右，夫岂贪荣宠以苟容哉？盖亦有其故矣。

公开阁以延士，而一时抱负之士，皆依公以利见，公去则不足以留，必群起而为公谋曰：公不可去也，委任重而受知深，志虽不伸，自可因事纳忠，以大造于家国，公姑隐忍以镇朝廷，使吾党得竭股肱之力，以持危而争胜。此言日进，公且不能违，而偃仰以息其浩然之志，所必然矣。故公俯仰中外，历事暗主，狎迹宵人，乍屈乍伸，终留不去，皆附公之末光者相从奥以羁迟也。公之浮沉前却，不谓无补于昏乱，则从奥者之言亦未为无当矣。及通数代之治乱而计之，则所补者小，所伤者大，起水火之争，酿国家之祸，公未及谋也。为公谋者，其志、其量、其识，皆不足以及此，而公大臣之道以绌矣。

国家之患，莫大乎君子以若进若退之身与小人迭为衰王，而只以坚小人之恶。何也？君子之道，不可则去耳。小人乃不以君子为忧，而聚族以谋攻击，则忌媚之恶，所逞者即自起于其朋俦，而同归于消灭。邺侯一归衡山，而张良娣、李辅国之首交陨于白刃。唯君子终留于位，附君子者，犹森森岳岳持清议于廷间，且动暗主之心，而有所匡正；小人乃自危，而益固其党以争死命，抑且结宫禁、挟外援以制人主，而其势乃成乎不可拔。《泰》之拔茅以汇也，《否》亦拔茅以汇也，而君子之汇，终绌于群策群力之险毒。故刘向不去，而王氏益张；李膺再起，而宦官益肆；司马温公入相，而熙丰之党益猖。

大臣之道，不可则止，非徒以保身为哲也，实以静制天下之动，而使小人之自敝也。彼附末光者，跃冶争鸣，恃为宗主，以立一切之功名，而足听哉？是晋公之不去，公之褒也，唐之病也。朋党之祸，所以迄于唐亡而后止也。惟淡泊可以明志，惟爱身乃以体国，惟独立不受人之推戴，乃可为众正之依归。惜乎公之未曙于此也。而后知邺侯之不可及矣。

十七

韩愈之谏佛骨，古今以为辟异端之昌言，岂其然哉？卫道者，卫道而止。卫道而止者，道之所在，言之所及，道之所否，言之所慎也。道之所在，义而已矣；道之所否，利而已矣。是非者，义之衡也；祸福者，利之归也。君子之卫道，莫大乎卫其不谋祸福以明义之贞也。今夫佛氏之说，浩漫无涯，纤微曲尽，而惑焉者非能尽其说也；精于其说者，归于适意自逸，所谓"大自在"者是也。则固偷窬而乐放其心者之自以为福者也。其愚者，或徼寿禄子孙于弋获，或觊富贵利乐于他生，唯挟贪求幸免之心，淫泆坌起以望不然之得。夫若是者，岂可复以祸福之说与之争衡，而思以易天下哉？

愈之言曰："汉明以后，乱亡相继，运祚不长，梁武舍身，逼贼饿死。"若以推究人心贞邪之致，世教隆替之源，固未尝非无父无君之教，流祸所及。然前有暴秦之速灭，哀、平之早折，则尽举而归罪于浮屠，又何以服哓哓之口哉？愚者方沉酣于祸福，而又以祸福之说鼓动以启争，一彼一此，莫非贪生畏死、违害就利之情，竞相求胜。是恶人之焚林而使之纵火于室也，适以自焚而已矣。

夫君子之道，所以合天德、顺人心、而非异端之所可与者，森森鼎鼎，卓立于祸福之外。比干之死，不信文王之寿考；陈、蔡之厄，不慕舅馆之牛羊；故曰"无求生以害仁"。于是帝王奉之以敷教于天下，合智愚贤不肖纳之于轨物，唯曰义所当然，不得不然也。饥寒可矣，劳役可矣，褫放可矣，囚系可矣，刀锯可矣。而食仁义之泽，以奠国裕民于乐利者，一俟其自然而无所期必。若愚者之不悟，亦君子之无可如何。而道立于己，感通自神，俟之从容，不忧暗主庸臣、曲士罢民之不潜消其妄。

愈奚足以知此哉？所奉者义也，所志者利也，所言者不出其贪生求福之心量，口辨笔锋，顺此以迁流，使琅琅足动庸人之欣赏，愈之技止此耳，恶足以卫道哉？若曰深言之而宪宗不察，且姑以此怖之，是谲也、欺也，谓吾君之不能也，为贼而已矣。

十八

宪宗之崩，见弑已明，而史氏以疑传之，莫能申画一之法，谓内侍陈弘志为戎首者，非无据矣。而流观终始，则弘志特推刃之贼，而污潴之首辟，不仅在弘志也。

由前事而观之，郭氏受册先皇，为广陵王妃，伉俪已定；宪宗立，群臣屡请正位中宫，而宪宗不从；已而与吐突承璀谋废穆宗，立澧王恽，事虽未行，而郭妃母子亦岌岌矣。穆宗忧而谋于郭钊，钊曰俟之，则"今将"之志，藏之久矣。

由后事而观之，陈弘志者，非能执中外之权，如吐突承璀、王守澄之杀生在握也。宪宗虽服药躁怒，而固为英主，不至如敬宗之狂荡昏虐也。承璀倚宪宗以执大命，而志在澧王，弘志以幺麽乍起而行弑，正承璀执言讨贼拥立澧王一机会，而奈何听其凶逆，莫为防制？如谓承璀力所不逮，则王守澄当因之以诛弘志，而分罪于承璀，以夷灭之，其辞尤顺。今皆不然，在宫在官，相率以隐，俯首结舌，任弘志之优游，则岂弘志之能得此于盈廷乎？

帝弑未几，而郭氏皇太后之命行矣。穆宗非能孝者，而奉之极其尊养。郭氏虽饰贤声以自暴，而侈靡游侠，固一不轨之妇人，其去武、韦无几也。宪宗未殡，承璀杀矣，澧王亦相继而含冤以死矣。穆宗母子拥帝后之尊，恬然而不复问；举朝卿士，默塞而不敢言；裴度虽出镇河东，固尸元老之望，韩愈、柳公权、崔群皆有清直之誉，而谈笑以视先君之受刃。区区一扫除之弘志，安能得此于天下，则上下保奸之情形，又不可掩矣。

考诸稗官之传记，宣宗既立，追宪宗之仇，郭氏迫欲坠楼。弑逆之迹，暴露于论定之后，则宪宗之贼，非郭氏、穆宗而谁哉？衅之所自生，则惟承璀惑主以易储，故激而生变，郭钊所云俟之者，正俟此一日也。穆宗以适长嗣统，逆出秘密，故大臣不敢言，史臣不敢述，而苟且涂饰；不唯郭氏诿韦后之诛，穆宗逃刘劭之戮，陈弘志抑以逸罚为千秋之疑案。呜呼！唐至是，犹谓国之有人乎？而裴度、张弘靖、柳公权、韩愈之为人臣，亦可知矣。

《读通鉴论》卷二十五终

读通鉴论卷二十六

穆宗

一

元和十四年，李师道授首，平卢平；其明年，王承宗死，承元归命，请别除帅，成德平；又明年，刘总尽纳其土地士马，送遣部将于京师，为僧以去，卢龙平；田弘正徙镇成德，张弘靖出帅卢龙，自肃、代以来，河北割据跋扈之风，消尽无余，唐于斯时，可谓旷世澄清之会矣。乃未三载，而朱克融囚张弘靖以起，王庭凑杀田弘正以据成德，乱更酷于前代，终唐之世，讫不能平。穆宗荒宴以忘天下，而君非君；崔植、杜元颖暗浅不知远略，而相非相；张弘靖骄贵不接政事，而帅非帅；求以敉宁天下也，诚不可得。虽然，亦何至如此之亟哉？

田弘正之输忱于王室，非忠贞之果挚也，畏众之不服，而倚朝廷以自固也。刘悟之杀李师道，师道欲杀悟，而悟先发制之也。王承元之斩李寀等而移镇义成，惩师道之死而惧也。刘总之弃官以去，见淄青、魏博之瓦解，党援既孤，而抱弑父与兄之巨慝不自保也。是宪宗之世，河北之渐向于平者，皆其帅之私心违众，以逃内叛外孤之害，而非其偏裨士卒之所愿欲，则暂见为定，而实则埋滔天之水以数尺之堤耳。王遂一入沂州，而王弁即反；王承元欲去赵，而诸将号哭。抚斯势也，虽英君哲相，不可以旦暮戢其凶顽，岂徒驾驭之非人，以激成仓猝之祸乎？呜呼！天地有迁流之运，风俗有难反之机，非大有为者化行海寓，若舜之分北三苗，而洞庭、彭蠡之狂波永息，则必待天地之有悔心，而正人之气倍胜于邪慝，以力争其胜，岂易言哉！

河北者，自黄帝诛蚩尤以来，尧、舜、禹敷文教以熏陶之，遂为诸夏之冠冕，垂之数千年而遗风泯矣。永嘉之乱，司马氏不能抚有，委之羯胡者百余年，至唐而稍戢。乃未久而玄宗失御，进轧荤山之凶狡，使为牧帅，淫威以胁之，私恩以啖之，披坚执锐、竞强争胜以习之，怒马重裘、割生饮潼以改易其嗜欲，而荧眩其耳目，于是乎人之不兽也无几。故田承嗣、薛嵩、李宝臣之流，非有雄武机巧之足以抗天下，而唐之君臣，目睊之而不能动摇其毫发。非诸叛臣之能也，河北之骄兵悍民，气焰已成，而不可扑也。师道死，恶足以惩之？弘正、承元之顺命，恶足以化之？其复起而乐为盗贼，必然之势也。垂及于石敬瑭，而引契丹以入，欣奉之为君亲。金、元相袭，凶悍相师，日月不耀，凡数百年。而数千里之区，士民无清醒之气，凡背君父、戴夷盗、结宫闱、事阉宦、争权利、夸武暴者，皆其相尚以雄、恬不知耻之习也。天气昌，则可以移人；人气盛，亦可以熏天。胎之乳之，食其食，衣其衣，少与之嬉，长与之伍，虽有和粹文雅之姿，亦久而与化。耒甫释而即寻戈，经方横而遽跃马，欲涤除以更新，使知有君亲以效顺也，难矣。

自开元以后，河北人才如李太初、刘器之、司马君实者，盖晨星之一见尔。而类皆游宦四方，不思矜式其乡里。邵康节犹以南人为相为乱阶，其亦诬矣。虽然，无往不复之几，必将变也。薛河东、赵高邑、魏南乐三数君子者，以清刚启正学，其有开必先之兆乎？非章志贞教之大儒一振起之，洗涤其居食衣履、謦笑动止之故态，而欲格其心，未有胜焉者也。论世者，属目而俟之久矣。

二

贡举者，议论之丛也，小人欲排异己，求可攻之瑕而不得，则必于此焉摘之，以激天下之公怒，而胁人主以必不能容。李德裕修其父之夙怨，元稹佐之，以击李宗闵、杨汝士，长庆元年进士榜发，而攻讦以逞，于是朋党争衡，国是大乱，迄于唐亡而后已。近者温体仁之逐钱谦益，夺其枚卜，廷讼日争，边疆不恤，以底于沦胥，盖一辙也。

贡举之于天下，群人士而趋之者也。其不售者，皆能多其口说以动众者也。抑他日之可在位以持弹射之权，公卿贪势位、昵子孙、私姻亚，莫此著明，而其犯群怒也为烈。故张居正之子首胪传，王锡爵之子冠省试，摇群心，起议论，国以不靖，祸亦剧矣。李德裕自以门荫起家，远嫌疑而名位亦伸，既有以谢荐绅之怨怒；其知贡举，榜发而有"相将白日上青天"之誉；迨其贬窜，而有"八百孤寒齐下泪"之思；持此以摘发奸私而快其诛锄，何求而不克乎？幸而德裕之于唐，功过相半也，使德裕而为温体仁之奸，唐亡于其手而众且欣戴焉，又孰惩哉？

夫翘举暧昧以报夙怨者，诚小人之术矣。然所以致此者，其情固私，其事固鄙，苟知义之所不许，亦何为而授人以口实乎？夫以贿相援者勿论已。以知交言，知其人之才，而有荐贤之任，扬之王庭，固无吝也。如其不能，则亦相爱以道，使知命而待时耳。如行能心迹他无足取，仅以文笔之长，乍然相赏，不保众论之谐，又奚足汲汲为之谋利达哉？以子弟言，其才足用也，门荫有可进之资，而何须贡举？既以文就有司之试，则才而见抑，自有司之过，而于己何尤？然而相承不舍，关节公行，虽才望之大臣，他端不枉，而于此茬苒无惭，士习不端，成千余年之恶俗，伊可叹也。

内不胜妇人孺子之嚅呢，外不胜姻亚门生之洽比，恤暮年之炎冷，念身后之荣枯，一中其隐微而情不能禁，贤者不免，勿问垄断之贱丈夫矣。宗闵之于婿苏巢，汝士之于弟殷士，固也；郑覃行谊无大疵而庇其弟朗，李绅以贤见忌而有所请托，乃至裴中立以耆德元勋，何患其子不与清华之选，而使其子渪膺冒昧之荣，尤可惜也。习尚之移人，特立不染者，伊何人邪？有之，则允为豪杰之士矣。

三

朱克融首乱，囚张弘靖，而授以卢龙；史宪诚胁忠孝之田布以死，而授以魏博；王庭凑杀推诚平贼之田弘正，而授以成德；唐之不足以兴而迤逦以亡，在此矣。河北之乱，始于仆固怀恩之割地以授降贼，成于崔植、杜元颖、王播之因乱以奖叛人。怀恩之奸，植、播、元颖之陋，固无足责者；郭汾阳位兼中外，裴中立身任安危，而坐视失图，莫能匡救，抑又何也？

夫汾阳固有不可力争者矣。前乎河北之降，汾阳以朔方孤旅崛起勤王，威望未能大著也。清渠之败，相州之溃，亦稍挫矣。宦官忌公，夺其兵柄以授其偏裨，一出而复东京、馘朝义，方且揶揄公以功不若人；使公于此持异议，以与怀恩相抵牾，吝予降贼以节钺，既嫌于忌怀恩而毁其方略，且使怀恩蛊朔方之将士，谓公压己以绌三军之劳绩；他日者怀恩叛，而朔方之众，恶能戴公如父母以效于国乎！公戢意以静持之，知不可挽，则姑听之，而有余地以图他日之荡平；公之虑深而志谨，国危君窜而社稷终赖以安，非浅衷之所易测也。

若中立以元臣受专征之命，而元稹、魏弘简居中掣之，中立抗辨以争而不能夺其宠任；其受三叛之归，锡以方镇，非徒庇三叛也，不欲公复收前日淮蔡之功名而解其兵柄也，则中立岂容伸其远虑哉？三叛受封，而公罢为东京留守，不恤唐室之安危，唯抑公之是图，稹之志也。植、元颖辈且无能为异同，况中立可自与争得失乎？用兵危事也，内有携贰之宰执，而危乃滋甚。使中立力争弗与，决志以进讨，败者十九矣；徒杀士卒、虚帑藏，讨之不克，而复封之，身为戮而国愈蹙，此一往自任之浅图，而中立其肯身执其咎乎？

虽然，君如此其昏也，相如此其劣也，聋者不可使聪，猜者不可使驯，如中立者，可以去乎，而岂其未也？中立之兼将相也，与汾阳昪。汾阳将而相者也，其相，宠之也，去就不关其名节，留身于浮沉之间，以为他日社稷之寄，将臣之道也。中立相而将者也，其将，假以秉钺为三军之重，而固非将也，留身于浮沉之间，则道以身轻，而不足为宗社生民之卫；李逢吉、元稹乃至无赖之郑注，皆可颉颃以为伍，身即留而固不足建他日补天镇海之功，多言数穷，以激小人而坚护其恶，岂徒无补，而害且因之益滋矣。元稹、魏弘简用而三叛罢征，三叛割据而元稹复相，沃膏救火，火乃愈炽，斯君子所重为中立惜也。汾阳默而唐安，中立屈而唐乱，时各有权，道各有分，人各有司，故二公者，地异而不可并论者也。

四

君子小人忽屈忽伸，迭相衰王，其乱也，更甚于小人之盘踞而不可摇，何也？君子体国，固自有其规模；小人持权，亦自有其技术。小人骤进，深忌君子，固乐翘小过而尽反其道；君子复升，深恶小人，抑疾恶已甚，而概绌其谋。夫既执国政而行其所欲为矣，疆场之或战或守，寇盗之或剿或抚，征徭之或罢或兴，礼制铨除之或隆或替，边臣受而行之将士，部寺受而行之庶司，郡邑受而行之百姓，其善者固乐从之矣，小人之稗政，亦既不得已而奉行之，财已费，力已劳，习之已成，因之免害。乃忽于此焉，忽于彼焉，将无定略，官无定守，士无定习，民无定从，奸人缘之以持两端，愿民因之而无准则，岂特小人之病国殃民已亟矣哉？君子之以摇荡天下之视听，而俾蹙蹙靡骋者亦不保其不导以乱也。机事之泄，奸弊之兴，穷民之左右救过而不遑，士大夫之疑殆而交相嚚讼，然而政不乱、民不穷、封疆不偾、国不危亡者，未之有也。

夫小人之能固君宠、结众心、幸成劳以侈功绩者，亦尝取天下之大略而筹之，有钳制之术，而下不敢违，有从欲之饵，而或享其利，有揣摩之机，而夷狄盗贼亦可相持以苟安。未几而尽易之，汲汲焉唯恐其复进，不循其序，而操之已蹙，乃易之未久，而小人果复起矣，取已泄之机、已乱之绪而再用之，外之必讧，内之必困，君子小人交受其咎，非但小人之乱之也。

穆宗在位四年耳，以君子，则裴度也、李绅也、韩愈也；欲为君子而不驯者，李德裕也；以小人，则李逢吉也元稹也、牛僧孺也、王播也、李宗闵也；庸靡不能自固而居其间以浮沉尸大位者，崔植也、杜元颖也；虽无大过而不克有为者，萧俛也、郑覃也。或正或邪，或才或窳，无所择而皆执国政，俄而此庸矣，俄而又黜矣，俄而此退矣，俄而又进矣，一言之忤合，一事之得失，摇摇靡定，而宦竖与人主争权，谏官与将相争势，任贤贰，去邪疑，害不可言也。并其任小人者，亦使小人无自固之地，一谋不遂，一语未终，早已退而忧危，求闪烁自全之术。呜呼！晴雨无恒，而稻麦腐于陇首；参连杂进，而血气耗于膻中。不知其时之人心国事旦改夕更，以快一彼一此之志欲，吏乘之以藏奸，民且疲于奔命，夷狄盗贼得间而乘之者奚若也！唐之不即倾覆也，亦幸矣哉！

李林甫之奸也，非杨国忠大反之而犹可不乱。靖康贤奸争胜，而国以速亡。极乱之国有治人，有治人而益乱。靖乱者自有道焉，非相反之谓也。

敬宗

一

君父之志未定，奸邪之机方张，嗣子幼冲，或掖之以践阼，不以戴己者为恩、摇己者为怨，而过用其刑赏，非德若舜、禹有天下而不与者不能。一饭之德，犹求报之，贡举之知，犹终事之，中人之情，君子不禁，可谓之私，亦可谓之厚也。反此者，廓然大公，天下一人而已。叔孙昭子不赏私劳，琼绝之行也；抑竖牛谗贼，公愤所归，虽欲赏之，而众必争。故以此而责人主合同异、泯恩怨于参大议之大臣也诚难。乃以此而浓赏重罚，失政理而乱国是，则大臣之受之者实任其咎。循天理、饬王章以靖众志，非翼戴大臣之责而谁责哉！

翼戴者可以居功矣，则异议者恶得而无罪！知异议之必按是非为功罪，而非异议之即罪，则翼戴者之不可以援立为功审矣。今夫荐贤才以在位，拔寒素而跻荣，意甚盛也。然苟为靖共之君子，则必曰吾以事君也，而不敢尸其报以牟利。况夫天子者，天之所命也，天下臣民所欲得以为父母者也，窃天之权，敛臣民之志欲，而曰我自立之，我可以受翼戴之赏，自以为功，而求天子之弗我功也，不可得也。自以为功，天子功之，则不与其议而疑于异己者，恶得而免于罪乎？始之者，大臣也，迨其滥觞，而宦官宫妾进矣。援一人而立为天子，小人之奇货也。于是孙程、王守澄、仇士良乘隙而徼之，于是而贾充、傅亮因而专之，于是而华歆、郗虑、王谧、柳璨不难移人之宗社以贸己之宠荣。篡夺相仍，皆贪功者之一念为之也，而徒以咎人主之赏私劳无大公之德哉？

穆宗保王守澄之逆而厚赐神策军士，敬宗听李逢吉之谮而窜李绅，其相袭以乱刑赏，非一日之故矣。于是而知金日磾之不以托孤受爵，卓哉其不可及已。周勃居功相汉，而致袁盎骄主之谮；杨廷和居功受爵，而贻门生天子之谴。英主觉之于事后，而不能慎之于当时，勃与廷和自任已坚，气焰上夺其君，有不能遽抑者在也。识卑器小，忠贞不笃，以天子为墨庄，自贻凶危而害流后世，三代以下无大臣，究其情实一鄙夫而已矣。居密勿之地，与促膝之谋，国本不定，竭忠贞以立正议，事定国安，引身而去，以杜绝私劳之赏，则倾危之祸，其尚息乎！

二

小人之情，愈趋而下，小人之伪，愈变而升，故征事考言以知人于早，未易易也。读遗文，观已迹，以论昔人之贤奸，亦未易易也。古今所谓小人者，导君以征声逐色、黩货淫刑，其恒也；持禄容身，希旨献谀，而不敢触犯人主、乖忤宦妾，其恒也；生事徼功，掊克兴利，以召天下之怨，其恒也。乃自元和以来，至穆、敬之世，所为小人者术益进，而窃忠贞正大之迹以制天下，而不得以为非，后世诵其奏议，且将有味乎其言，而想望其风采。呜呼！至此而小人之奸可胜诘哉！

李吉甫之始执政也，以推荐贤才致天下之誉，上国计簿，以人主知财用之难而思节省，尤大臣之要术也。其他则媚疾导谀，心违忤言，不可胜道矣。元稹、李宗闵起而对策，诘吉甫之奸，推奥援之托，堂堂侃侃，罢黜不以为忧，充斯志也，何有于崔潭峻、魏弘简、王守澄之刑余？又何有于李逢吉、王播之贪鄙？言之也不怍，尤不惧也。一旦改面而事佞幸以傍趋，有倍蓰于吉甫诸人之为者。观其始进，览其遗文，亦恶知其灭裂之至于此哉！

若夫刘栖楚者，则尤异矣。敬宗晏朝，百官几至僵仆，栖楚危言以谏，至于以首触地，流血被面而不退，迹其风采，均等朱云，固李渤之所不逮也；王播赂王守澄求领盐铁，复与独孤朗等延英抗论，尤不畏强御、锄奸卫国之丰标也；而栖楚之为栖楚何如邪？奸诒之尤，而冒刚方之迹，有如此夫！然其所建白，犹一时一事以气矜胜耳。至于牛僧孺而所托愈难测矣。韩弘荐贿，中外咸食其饵，而僧孺拒之，其律己也，君子之守也；悉怛谋据地以降，李德裕力请受纳，而僧孺坚持信义，其持议也，君子之正也；则且许以果为君子，而与于帝王之文德，以无忝于大臣，固无多让。而僧孺之为僧孺又何如邪？结李宗闵为死党，倾异己，坏国事，姑自成削以建门庭，而仇其险毒，又如此夫。

夫穆、敬二帝虽曰淫昏，而是非之心未能全泯，故此诸奸者，亢厉自饰，而揣无诛殛之忧，唯是冒忠直正大之迹，欺天下以自容于公论。盖自唐中叶以后，韩愈氏依傍《六经》之说以建立标帜，则非假圣贤之形似，不足以鼓吹后起之人才为之羽翼。因时所尚，凭其浮动之气、小辨之才，而栖楚且为忠恳之领袖，僧孺且为道义之仪型。小人之窃也，至于此而穷工极变，上欺人主，下欺士民，延及后世，犹使儒者史臣以周公不享越裳、《春秋》不登叛人之义滥许僧孺，而栖楚叩头流血之奸，无有能摘发之者。呜呼！小人之恶滔天，尚谁与惩之哉？孔子曰："未有小人而仁者也。"小人之仁，正其不仁之甚者，辨者不可不审也。

文宗

一

唐自元和以后，国之无人久矣。王守澄、陈弘志推刃天子，无有敢斥言之者，纵横两代，至文宗之季年，而后以他罪诛之，则刘克明何惮而不灭烛以弑少年之天子邪？克明滔天之罪，发之者，王守澄等四宦竖也；斩之者，神策飞龙宦竖所将之兵也。路隋以学士而为逆贼草制，韦处厚俯仰而推讨贼之功于江王，如是，尚可谓唐之有人乎？

孙明复之治《春秋》曰："称国以弑者，国之人皆不赦也。"胡氏讥其已酷，非也；所谓国之人者，非下逮于庶人，亦其当国之臣、允膺在宫在官之辟者也。然则宪、敬二君之弑，唐之大臣所可逭不赦之诛者谁也？韩弘、张弘靖、李逢吉、王播、皇甫镈、韦处厚贤不肖无得而免焉。而李绛、裴度，忠贞为众望所归，亦何面目立新主之廷焉？当其时，宦竖之势张矣。然未至如汉末诸阉，斩艾忠良，空天下之群而无遗也；且未如肃、代之世，程元振、鱼朝恩杀来瑱如圈豚，夺郭子仪之权位如夺婴儿之弄具也；刘贲一摅其忠愤，抗言不忌，虽不擢第，而抑无蔡邕髡钳、张俭亡命之祸。则唐室诸臣，亦何惮而不孤鸣其公愤？呜呼！国之无人至于此极，而抑何以致此哉？

国家之大患，人臣之巨慝，莫甚于自相朋比，操进退升沉于同类之盈虚，而天子特为其酬恩报怨、假手以快志之人。所谓正人者，唯以异己相倾之徒为雌雄不并立之敌；其邪者，则以持法相抑之士为生死不戴天之仇。而非天子莫能代之以行其志，非左右持权之宦竖，莫能助己以快其欲。藉令当宪宗之弑，而建讨贼之旆，则岂徒弘志哉？守澄其渠帅也；匪徒守澄，郭后其内贼也；匪徒郭后，穆宗其戎首也。推究至极，不容中已。而守澄尸威福之柄，两立于邪正之交，以持衡而颠倒之；郭后挟国母之尊，穆宗固世适之重，天位既登，动摇不可。则发义问者此党之人，而彼党即乘瑕而进。功隳名败，身不保而祸延同类。于是素有忠直之望者，亦惴惴然惜门户以图伸；而依附之士，咸啮指扪舌以相劝止。低回一起，慷慨全消，方且尊太后，肆大赦，以掩其恶而饰之，因循安位，以求遂其汲引同汇、拒绝异己之情。为君子者，固曰吾以是为善类地也，而况匪人之比哉？宦竖乃以知外庭之情志，视君父之死如越人之肥瘠，闭户自保，而以不与为安。敬宗虽无刘子业、萧宝卷之凶淫，一失其意，而刃割其胸，何不可使路隋、韦处厚泚笔弄舌以文其大恶乎？呜呼！盈廷若是，而按孙氏《春秋》之法，非诬也。李绛、裴度虽云贤者，其能逃于法外哉？

李长源归卧衡山，而李辅国不敢竟其恶；郭汾阳罢兵闲处，而鱼朝恩不敢肆其毒；君子不浮沉于爵禄权势之中，乱臣贼子自有所畏忌而思戢。元和以降，所号为大臣者，皆茬苒于不进不退之交，而白刃两加于天子之脰。唐之无人，厥有由矣。文宗进李训、郑注而谋诛内贼，非尽不明也。人皆知有门户，而不知有天子，无可托也。

二

朋党兴，而人心国是如乱丝之不可理，将孰从而正之哉？邪正无定从，离合无恒势，欲为伸其是、诎其非，画一是非以正人之趋向，智弗能知，勇弗能断。故文宗曰："除河北贼易，去朝廷朋党难。"亦非尽暗弱之说也。

李宗闵、牛僧孺攻李吉甫，正也；李德裕修其父之怨而与相排摈，私也。乃宗闵与元稹落拓江湖，而投附宦官以进，则邪移于宗闵、稹；而德裕晚节，功施赫然，视二子者有薰莸之异矣。李逢吉之恶，夫人而恶之，德裕不与协比，正也；而忽引所深恶之牛僧孺于端揆，以抑逢吉，而睦于僧孺，无定情矣。德裕恶宗闵，讦贡举之私以抑之，累及裴度，度不以为嫌，而力荐德裕入相，度之公也；李宗闵与度均为被讦之人，乃背度而相倾陷，其端不可诘矣。宗闵与稹始皆以直言进，既皆与正人忤，而一争进取，则稹合于德裕以沮宗闵，两俱邪而情固不可测矣。杨汝士之污浊，固已；德裕以私怨蔓延而讦之使贬，俾与裴度、李绅同条受谤，汝士之为贞邪不决矣。白居易故为度客，而以浮华与元稹为胶漆之交，稹之倾度，居易不免焉，而德裕亟引其从弟敏中，抑又何也？李训、郑注欲逐德裕，而荐宗闵以复相，乃未几陷杨虞卿而窜宗闵于明州，何其速也？聚散生于俄顷，褒贬变于睚眦，是或合或离、或正或邪，亦恶从而辨之哉？上无折中之宸断，下无臧否之定评，颠倒天下以胥迷乱，智者不能知，果者不能决也。揆厥所由，则自李绛恃其忠直而不知大臣之体，与小人比肩事主，而相角以言。口给之士，闻风争起，弄其辅颊，议论兴而毛举起，权势移而向背乖，贸贸焉驰逐于一起一伏之中，惊波反溅，罔知所届，国家至此，其将何以立纲纪而保宗祏哉！

唐、宋以还，败亡一轨，人君尸居太息而未可如何。呜呼！乱之初生，自所谓君子者开之，不但在噂沓之小人也。吕吉甫、章惇之害未去，而首击伊川者，司马公之门人苏轼、苏辙也；阉党之祸未除，而特引阮大铖以倾众正者，温体仁所击之钱谦益也。当王介甫恶二苏之日，体仁陷谦益之时，岂料其速变之如斯哉？烈火焚原而东西不知所极，公忠体国之大臣虑之已早，镇静慎默以赞天子之独断，而人心戢、风俗醇。苟非其人，弗能与于斯也。

三

文宗耻为弑君之宦竖所立，恶其专横而畏其害己也，且夕思讨之，四顾而求托其腹心，乃擢宋申锡为相，谋之不克，申锡以死，祸及懿亲，而更倚李训、郑注、王涯、舒元舆，以致甘露之变。申锡之浅躁，物望不归；训、注则无赖小人，由宦竖以进，倾危显著，可畏而不可狎；涯、元舆又贪浊之鄙夫也。文宗即不足与于知人之哲，亦何颠越乃尔哉？于其时，非无勋望赫奕之元臣如裴中立、英果能断之伟人如李文饶；而清谨自持如韦处厚、郑覃者；犹不致危身以偾国。文宗俱未进与密谋以筹善败，独决意以托匪人，夫亦有故存焉。

唐之诸臣，皆知有门户而不知有天子者也。宠以崇阶，付以大政，方且自诧曰：此吾党之争胜有力，而移上意以从己。其心固漠然不与天子相亲，恃其朋类争衡之战胜耳。故以裴中立之誉望崇隆，为四朝之元老，而陈弘志之弑，杜口包羞；若李文饶，则假宦竖王践言以内召；而李宗闵、元稹、牛僧孺之恃阴腐为奥援者，又勿论也。

外有不相下之仇敌，则内不可更有相忤之中人；争衡于一进一退之间，则不能复问大贞大邪之辨；文宗盖流览踌躇，知其无可与谋也。而宋申锡以轻狷不审去就之庶尹，为两党所不推；舒元舆、王涯、贾𫗧，则首鼠两端，持禄免咎者也；训、注之邪，上知之矣，乃其不择而击之力，一试之德裕，再试之宗闵，两党皆其所搏噬，庶谓其无所固执而可借为爪牙者耳。悲夫！

自长庆以来，所敢以一言触宦竖者，独一刘从谏而已，而固防其且为董卓也。则文宗不以委之申锡、训、注而谁倚乎？藉令谋之中立，而中立未必应也；谋之文饶，而文饶固不从也；谋之处厚、覃，而处厚、覃且战栗以退也；谋之宗闵、僧孺，而比于宦官以反噬也。故文宗交不敢信，而托之匪人。无他，环唐之廷，大小臣工贤不肖者，皆知有门户，而忘其上之有天子者也。弑两君，杀三相，裴中立且自逍遥于绿野，而况他人乎？

四

牛、李维州之辨，伸牛以诎李者，始于司马温公。公之为此说也，惩熙、丰之执政用兵生事，敝中国而启边衅，故崇奖处锃之说，以戒时君。夫古今异时，强弱异势，战守异宜，利害异趣，据一时之可否，定千秋之是非，此立言之大病，而温公以之矣。

乃所取于牛僧孺之言抑德裕者，曰诚信也。诚揭诚信以为标帜，则谋臣不能折，贞士不能违，可以慑服天下之口而莫能辩。虽然，岂其然哉？夫诚信者，中国邦交之守也。夷狄既逾防而为中夏之祸矣，珍之而不为不仁，夺之而不为不义，掩之而不为不信。使恤彼相欺之香火，而养患以危我社稷、杀掠我人民、毁裂我冠裳也，则太王当终北面于獯鬻，文王可永奉币于昆夷，而石敬瑭、桑维翰、汤思退、史弥远，允为君子矣。

突厥、回纥，唐曲意以下之者，皆有功于唐，舍其暂时之恶，而以信绥之，犹之可也。然而且有不必然者，其顺逆无恒，驭之有制，终不可以邦交之道信其感孚也。况乎吐蕃者，为唐之封豕长蛇，无尺寸之效，有邱山之怨，偶一修好，约罢戍兵，而于此言诚信乎？僧孺曰："徒弃诚信，匹夫之所不为。"其所谓诚信者，盖亦匹夫之谅而已矣。其以利害言之，而曰："彼若来责，养马蔚茹川，上平凉坂，万骑缀回中，不三日至咸阳桥。"是其张皇虏势以相恐喝也，与张仪夸秦以胁韩、楚之游辞，同为千秋所切齿。而言之不忌，小人之横，亦至此哉！

夫吐蕃自宪宗以后，非复昔之吐蕃久矣。元和十四年，率十五万众围盐州，刺史李文悦拒守而不能下，杜叔良以二千五百人击之，大败而退；其明年，复寇泾州，李光颜鼓厉神策一军往救，惧而速退；长庆元年，特遣论讷罗以来求盟，非慕义也，弱丧失魄，畏唐而求安也。其主彝泰多病而偷安，不数年，继以荒淫残虐之达磨，天变于上，人叛于下，浸衰浸微，而论恐热、婢婢交相攻以迄于亡。安得如僧孺之言，扣咸阳侨、深入送死而无择哉？敛手俯颜，取悉怛谋献之，使磔于境上，以寒向化之心。幸吐蕃之弱也，浸使其强，目无唐，而镞刃之下岂复有唐乎？

僧孺又曰："吐蕃四面万里，失一维州，未损其势。"则其欺弥甚矣。吐蕃之强，以其尽有北境也。于宪宗之世，全力南徙，以西番重山深谷，地险而腴，据为狐兔之窟，于是而始衰，沙陀、黠戛斯、回纥侵有其故疆矣。故韦皋一振于西川，而陇右之患以息。其南则南诏方与为难，而磵门、黎、雅之间，乃其扼要之墟，得之以制其咽吭，则溃散臣服，不劳而奏功。西可以收岷、洮，南可以制南诏，北可以捍黠戛斯、回纥之东侵，而唐无西顾之忧。其在吐蕃，则大害之所逼也。而岂无关于损益哉？

夫夷狄聚则逆而散则顺，事理之必然者也。拒归顺者以坚其党，故婢婢曰："我国无主，则归大唐。"然与论恐热百战而终不归者，惩悉怛谋之惨，知唐之不足与也。以是为诚信，将谁欺乎？夫僧孺岂果崇信以服远、审势以图宁乎？事成于德裕而欲败之耳。小人必快其私怨，而国家之大利，夷夏之大防，皆不胜其恫疑之邪说。文宗弗悟而从之，他日追悔而弗及。温公抑遽许之曰："僧孺所言者义也。"使然，则周公之兼夷狄，孔子之作《春秋》，必非义而后可矣。

五

李宗闵欲逐郑覃，而李德裕亟荐之，文宗自内宣出，除覃为御史大夫。宗闵曰："事皆宣出，安用中书？"其妨贤之情，固不可掩然以官守言，则职之所宜争；以国事言，则内降斜封之弊，所宜早杜其渐也。崔潭峻以"八年天子听其行事"折之，讵足以服宗闵哉？郑覃经术议论果胜大任，人主进一善士，昭昭然揭日月而行之，制下中书，孰敢违者？假令宗闵抗命而中沮，即可按蔽贤之辟，施以斥逐。乃若有所重畏而偷发于其所不及觉，以与宰相争胜负之机，其陋有如此者。宗闵得持国宪官常以忿懫于下，以此而求折朋党之危机，宜其难矣。故司马温公曰："明不能烛，强不能断，使朝廷有党，人主当以自咎。"其说陋矣。乃又曰："不当以罪群臣。"则于君子立身事上、正己勿求之道，未协于理；而奖轻儇、启怨尤、激纷争之害，不可复弭。元佑、绍圣之际，猖猖如也，卒以灭裂国事，取全盛之宋而亡之。一言之失，差以千里，可不慎哉！

黜陟之权，人主之所以靖国也；格心之道，大臣之所以自靖也；进退之节，语默之宜，君子之所以立身也。居其位，安其职，尽其诚而不逾其度。故人主不审于贤奸之辨，而用舍不决，使小人与君子交持于廷，诚宰相之所深忧。然小人者，岂能矫君心之必不然者，而胁上以从己哉？则格心者本也，适人者末也。但令崇奢佞鬼、耽酒渔色、牟利殃民、狎宦竖、通女谒之害，一一檠括于宫庭之嗜好；则事之可否、理之得失、人之贞邪，无所蔽室，而小人自不足以群聚而争胜。若其格心之道已尽，而君惛不知，容小人之相抵牾，则引身以退，杜口忘言，用养国家之福，而祸不自我而兴。故孔子去鲁，不争季孙之权；孟子去齐，不折王驩之佞。在国则忘身，去国则忘世，身之安也，天下之福也。

如或不得于君，不容于小人，乞身事外，犹且纷纭接纳，进人士而与结他日之援。为忧国计与？适以激国事之非；为进贤计与？适以贻贤者之伤。气盈技痒，愤懑欲舒，且与浮薄之士，流连于山川诗酒之中，播歌谣以泄悁疾，抑或生而有再用之情，没而有子孙之计，树人自辅，悦己者容，乃使诡躁之夫，依附以希他日之进，党祸乃成，交争并峙，立身之不慎也，事上之不诚也，素位不安，害延于国，为人臣而若此，咎亦奚辞？乃曰"不当以罪群臣"，不已过与？

即其在位之日，道在匡君，而人才之进退，国有常典，官有定司，固非好恶欲伸，唯己所任。一大臣进，而望风饰行以求当于端揆者，千百其群也。言论相符、行止相应者，不使退就衔勒，奚必利民而卫国，特以竞胜于异己耳。苟可以取盈，然且破法而为非常之举，汲引而怀取必之心，则唯以所好者之升沉为忧喜，而君父生民或忘之矣。质之夙夜，讵可云精白乃心乎？

夫德裕之视宗闵，其得失迥矣。而内不能却崔潭峻、王践言之奥援，外不能忘牛僧孺、杨虞卿之私怨，则使文宗推心德裕，使汲引其所好者置于要地，而宗闵不敢或违也，终不可得。其后武宗亦既独任之矣，未久而白敏中、令狐绹复起，以尽反其局。岂非德裕乘权之日，恃主知之深厚，聚朋好以充廷，而不得志者如伏火石中，得水而爆烈哉？

夫元祐亦犹是也，皆为君子者进则呴呴、退犹跃跃，导人心于嚚讼而不可遏也。以宰相之进退归人主，以卿尹之黜陟归所司，正己尽诚，可则行，否则止，绝新进之攀附，听天命之废兴，虽有小人，何所乘以自立为党？其不然也，而曰"不可以责群臣"也，无惑乎温公之门有苏轼诸人之寻戈矛于不已也。

六

杜牧愤河朔三镇之跋扈，伤府兵之废败，而建议欲追复之，徒为卮言，贻后世以听荧耳。牧知藩镇之强在府兵既废之后，而不知惟府兵之积弱，是以蓄兵重、边将骄，欺唐之无兵，以驯致于桀骜而不可复诘也。且当太和之世，岂独河北之抗命哉？泽潞、山南无非拥强兵以傲岸者。而欲取区区听命之州郡，劳其农而兵之，散其兵而农之，则国愈无兵、民愈困、乱将愈起。甚矣！空言无实，徒以荧慕古者之听，而流祸于来今，未有已也。

府兵之害，反激而为藩镇，势所必然，祸所必趋，已论之详矣。乃若杜牧所言有可取，而唐之初制尚可支百年者，则十六卫是已。十六卫以畜养戎臣储将帅之用者也，天下之兵各分属焉，而环王都之左右，各有守驻以待命，盖分合之势，两得之矣。分之为十六，则其权不专，不致如晋、宋以后方州抚领拥兵而篡逆莫制也。统之以十六，则其纲不弛，不致如宋之厢军，解散弱靡以成乎积衰也。

夫边不能无兵，边兵不可以更戍而无固心，必矣。兵之为用，有战兵焉，有守兵焉。守兵者，欲其久住，而卫家即以卫国者也；而守之数不欲其多，千人乘城，十万之师不能卒拔，而少则无粮薪不给之忧。战兵者，欲其遄往而用其新气者也；一战之勇，功赏速效，虏退归休，抑可无长征怨望之情。然则十六卫之与边兵，互设以相济，寇小入，则边兵守而有馀，寇大入，则边兵可固守以待，而十六卫之帅，唯天子使以帅其属而战焉。若夫寇盗有窃发之心，逆臣萌不轨之志，则十六卫中天下以林立，而谁敢恣意以逞狂图乎！

唯是十六卫之兵，必招募挑选，归营训练，而不可散之田亩，则三代以下必然之理势，不可以寓兵于农之陈言，坐受其弊者也。就其地食其食，无千里飞挽之劳；就其近属其卫，无居中遥制之病；卫率巡之，所司练之，有司供亿之，皆甚便也。此则唐初之善制，不必府兵而可行之后世者也。以杜牧之时，尤可决行于一朝，非若府兵之久敝而不可再兴者，何也？河朔之叛臣不可遽夺，而内地犹可为也。且自宪宗以来，淄青、淮蔡、西川、淮南贼平之日，兵不可散，固可移矣；成德、卢龙、魏博归命之日，兵不能罢，亦可调矣。以恩恤之，以威临之，仍使为兵，而稍移易之，固皆不安南亩习于戎行者，又何难于措置之有哉？朝无人焉，虑不及此，而后天下终不可得而平。牧固不足以及此，而漫无忧国之心者，又勿论已。

七

甘露之变，杀生除拜皆决于中尉，文宗不得与知，而李石、郑覃于其时受宰相之命，二子病矣！君子之进退，必以其正；其以身任国家之大政也，必以其可为之时。血溅于独柳之下，而麻宣于殿陛之间，二子者，誉望素隆，而何为其然邪？曰：此未可以为二子病也。夫二子于此，虽欲辞相而义之所不许也。

梅福之弃官，申屠蟠之辞召，位未高，君未知有我，且时已敝极而无可为也。留正出国门而宋几危，陈宜中奔占城而宋遂亡，偷免于危殆，以倡人心之离散，无生人之气矣。夫二子者，唐之大臣，而为文宗所矜重者也。天子不胜于宦竖，兵刃交加于龥宸，掠夺纵横于内省，三相囚系以磔徇，天子之仅保其首领者一间耳。二李之党，分析以去；裴中立以四朝元老，俯首含羞；二子不出而薄收其溃败之局，以全天子、安社稷，将付之谁氏而可哉？幸而二李之党与宦竖之未相结纳，而训、注始事宦官而中叛之，故仇士良辈无心腹之大臣引与同恶，特循资望而授政柄于二子，是以匪人不进，诛杀止于数人而不滥及。使二子者畏避而引去，宵人乘隙投中尉之门，以骤起而执政，其祸更当何如邪？

夫二子之受相位而不辞，非乘间以希荣，盖诛夷在指顾之间而有所不避也。六巡边使疾驱入京，声言尽杀朝士以恐喝缙绅，李石安坐省署以弭其暴横。于斯时也，石固以腰领妻孥为社稷争存亡，为衣冠争生死，可不谓忠诚笃悱、居易俟命之君子乎？江西、湖南欲为宰相招募卫卒，而石不许，刺客横行，刃及马尾，固石所豫知而听之者也。薛元赏之能行法于神策军将，恃有石也；宋申锡之枉得以复伸，覃为之也。止滔天之水者，因其溃滥而徐理之，卒之仇士良之威不敢逞，文宗得以令终，而武宗能弭其乱，自二子始基之矣。皎皎硁硁之节，恶足为二子责邪？唐无静正诚笃之大臣，李石其庶几乎！覃其次矣。

八

听言以用人，不惑于小人，而能散朋党以靖国，盖亦难矣。虽然，无难也。有人于此，而或为之言曰：是能陈善道、纠过失以匡君德者也；是能决大疑、定大计以固国本者也；是能禁奸邪、裁佞幸以清国纪者也；是能纾民力、节浮费以裕国用者也；是能建国威、思远略以靖边疆者也。如此，则听之而试之察之，验其前之所已效，审其才之所可至，而任之也可以不疑。假不如其言，而覆按之、远斥之，未晚也。有人于此，而或为之言曰：是久抑而宜伸者也；是资望已及、当获大用而或沮之者也；是其应得之位禄与某某等，而独未简拔者也；是尝蒙恩知遇，而落拓不偶、为人所重惜者也。如此，则挟进退以为恩怨，视荣宠为己应得，以与物竞，而相奖于富贵利达，以恤私而不知有君父者矣，不待辨而知其为朋党之奸、小人之要结矣。

杨嗣复托宦官讽文宗以召用李宗闵，而文宗欲量移之。计其为辞，不过曰：是固陛下宰辅，流落可矜而已矣；抑不过曰：是盖李德裕之以朋党相抑，李训、郑注之以邪佞相陷而已矣。夫德裕之所逐，固无可辞于小人；而训、注之所排，岂必定为君子；抑问其昔居辅弼之任，所建立者奚若耳。若夫无益于国，而徒尸显秩，则已概可知矣，其党固不能为之辞。而但以曾充宰相，遂不可使失宠禄，将天子以天位任贤才使修天职，而止于屈者伸之，邑郁欲得者怜而授之，是三公论道之尊，仅如黄叶以止儿啼矣。

嗣复曰："事贵得中。"洵如其言，亦以平二李之不平，使无偏重而已；其以平其不平者，各厌其富贵利达之欲而已。天子无进贤退不肖之权，但为群臣谋爵禄之去留以消怨忌，是尚得谓天下之有天子乎？况其所谓得中者，只以渐引小人而挠善类邪！宋徽宗标建中之号，而奸邪遂逞。无他，其所谓中者，夫人欲富贵利达，两相敌而中分之谓也。上无纲，下无耻，习以成风，为君子者，亦曰是久处田间，宜为汲引者也。朋党恶得而禁，士习恶得而端，国是恶得而定乎！

武宗

一

呜呼！士生无道之世，而欲自拔于流俗，盖亦难矣。文宗凭几之际，李珏等扳敬宗子成美而立之，仇士良废成美，立武宗。武宗立，珏与杨嗣复以是窜逐，于是而李宗闵之党不容于朝，政柄之归必于李德裕，此屈伸之势所必然者也。德裕即无内援，而舍我其谁？固非一枢密杨钦义之能引己也。然德裕终以淮南赂遗，腾交通之名于天下后世，而党人且据以为口实，虽欲辞托身宦竖之丑而不可得。前此者，崔潭峻、王践言皆能白德裕之直，然则德裕之于中人，不能自立坊表以不受磷缁，亦已久矣。

夷考德裕之相也，首请政事皆出中书，仇士良挟定策之功，而不能不引身谢病以去。唐自肃宗以来，内竖之不得专政者，仅见于会昌。德裕之翼赞密勿、曲施衔勒者，不为无力，夫岂乐以其身受中人之援引者乎？然而唐之积敝，已成乎极重难反之势。在内则中书与枢密相表里也；在外则节使与监军相呼吸也；拒之而常在其左侧，小不忍而旋受其大屈。践言与于维州之谋，潭峻借宣郑覃之命，德裕固曰吾不为宦者用而我用宦者也。杨钦义之内召，无所屈节，而以宝玩厌其欲，德裕固曰此以待小人而使忘机，非辱也。吾行吾志，何恤于硁硁皎皎之嫌疑乎？然而以视君子立身之大防，则终玷矣。

生斯世也，士君子之防，君且毁之，不可急挽也，则抱有为之志欲抒于国者诚难矣。然则如之何而可哉？洁己无可羡之赀，谋国无偏私之党，以君命而接之以礼，秉素志而持之以正，进不触其深忌，退不取其欢心，俟时以得君，而无求成求可之躁愿，庶其免乎！乃德裕功名之士也，固不足以及此也。以德裕之材，当德裕之世，勿容深责焉，可矣。

二

老氏曰："天下之至柔，驰骋天下之至刚。"此女子小人滔天之恶，所挟以为藏身之固者也。

唐之宦官，其势十倍于汉、宋。李辅国驱四十年御世之天子如逸豚而苙之。其后宪宗死焉，敬宗死焉，太子永死焉，绛王悟、安王溶、陈王成美死焉，三宰相、一节度、合九族而死焉。庖人之于鸡鹜，唯其操弯刀而割之也。文宗垂涕而叹，自比于周赧、汉献而以为不如，郁郁饮醇酒以成疾而崩，其凶悍之锋，不可向迩也如此。以为神策六军在其指掌，故莫之能制，是已；而未尽然也。当其时，节镇林立，大臣分阃，合天下之全力，以视六军豢养之罢民，岂不相敌，而奚惴惴焉？及观仇士良之教其党曰："天子不可令闲，日以奢靡娱其耳目，无暇更及他事。"然后知其所以驱中材之主入于其阱而不得出者，唯以至柔之道縻系之，因而驰骋之，蔑不胜矣。

夫耳目之欲，筋骸之逸，狎而安之，顺而受之，亦曰此人主之所应得，近侍之所宜供者耳。于国无损，于事非专，即不以为彼功，而抑非可为彼罪也。乃当其骄横著见，人主亦含忿不堪而思蔑涤。俄而退息于深宫，则娱乐迭进，而气不觉其渐平矣；稍定焉，而姁姁媛媛、百出以相靡，竟不知夙忿之何以遽蠲也。气一往而衰，安望其复振哉？

凡娈童稚女、清歌妙舞、捐烦解愤者，皆其戈矛鸩毒之机也。正人端士沮丧而不得以时进献其忱，则皆废然返曰：出而与吾谋摒除者，入而且与之欢笑，吾恶能胜彼哉？徒自诛夷贬窜而弗能摇动之也。未有不缄口息机，听其孤危而莫恤者也。则臣非其臣，兵非其兵，狎媚旦进，而白刃夕张，莫能测焉。至柔之驰骋至刚，绰乎其有余矣。

然则群阉之势重邱山而弑逆相寻也，岂恃神策之孤军哉？恃此而已矣。汉、宋之暗主受制于家奴者皆此；而唐之立国，家法不修，淫声曼色，自太宗以来，漫焉进御而无防闲之教，故其祸为尤酷焉。口鼻非借之不安臭味；肢体非借之不宜清暖；烦劳菀结非借之不能穆耳而愉心。林池鱼鸟、书画琴弈、张弧怒马，各有所嗜，而皆能为夺情息怒之媒。机械之张，烈于强秦，密于曹操，彼以刚争，此以柔制，虽欲如周赧、汉献而不能，果不如矣。人主而能知此，则勿曰宦官之恶不可扑也。以一念之无欲，塞滔天之横流，有余裕矣。然而知之者鲜，能之者尤百不得一也，是以难也。

三

河北三镇之不戡也，岂其富强足以抗天下不可制哉？唐无以制之耳。卢龙之乱，陈行泰、张绛相继拥兵以胁节钺，张仲武起而讨之，问其所有士卒几何，合军士土团千余人而已；问其兵食所出，则仰给于妫州以北而已。卒如仲武之料，幽州下，叛人得。然则唐果制胜得理，以天下之力，举三镇如拾芥耳。而终困于不能者，庙谟不定，诸帅离心，且逆党私人奔走京国，贿赂行于廷臣，皆为张皇贼势以劝姑息，嚣张不辑，乱其成谋也。君暗臣偷，视蕞尔之叛臣，莫之能胜，而曰河朔习乱已久，人心难化。恶！是何言也！

刘稹阻兵擅立，李德裕决策讨之，是已；而复曰："但得镇、魏不与之同，则稹无能为。"何其视镇、魏之太重也！张仲武既以卢龙归命，拊镇、魏之背矣；何弘敬、王元逵非有田承嗣、王武俊之枭桀，即令纳稹赂以阴相唇齿，而朝廷宣昭义问以临之，又岂敢北不畏卢龙之乘其后，南不畏宣武之逼其前，西不畏河中之制其腋，显相抗拒，以党逆而蹶兴哉？战即不力，亦持两端以视势所趋耳。然则刘稹既灭，移弘敬、元逵于他镇，不敢违也；召弘敬、元逵以赴阙，不敢拒也。彼虽骄蹇而惛瞀，抑且念昔之负固以长子孙者，不死于天诛，则死于帐下；何如束身归阙，席富贵而保后昆。部曲虽或嚣张，帅心弛而气亦颓矣。威可服也，恩可怀也，张仲武之令图可羡，刘稹之狂谋可鉴也。区区数州之土，两竖子尸居其上，而曰终难化也，德裕之于此惜矣。乃遣重臣输悃于二镇曰："河朔自艰难以来，列圣许其传袭，已成故事。"则既明输左券，授以不拔之势，俨若敌国，此言出后，其可追哉？

泽潞，王土也；其人，王人也；镇、魏亦非北胡南蛮自为君长之国也。镇、魏可，泽潞奚其不可？又何以折刘稹而服泽潞之人心乎？夫镇、魏西扼壶关、东连曹、郓，南一涉河而即汴宋，中原之堂奥也。横骨颐中，而欲食之下咽也，必不可得。唐之所以一乱而不可再兴，皆此等成之也。德裕苟且以成一时之功，曾不恤祸结兵连之无日，习之难化，岂在河朔哉？在朝廷耳。武宗听之，诏二镇曰："泽潞一镇，与卿事体不同。"言不顺，事不成，呜呼！唐终不可为矣。

四

　　杨弁称乱河东，逐李石，结刘稹，而其所恃者，纳贿于中使马元实。元实归，大言于廷曰："弁有十五里光明甲。"以恐喝朝廷，徼求节钺，李德裕折之而后沮。以此推之，凡唐之藩镇，类以数州之土，一旅之众，抗天下之威，而朝廷黾勉以从其欲，非兵力之果强也，皆贿也。非李德裕折元实之奸，则弁之纳贿亦掩而不著，史氏亦无从记之矣。

　　贿行于中涓，而天子慑；贿行于宰相，而百官不能争；贿行于省寺台谏，而天子宰相亦不能胜。前此之讨淮蔡、讨平卢，廷议纷然，唯恐兵之不罢者，此也；德宗窥见其情，厚疑群臣，孤愤兴兵，而中外坐视其败者，亦此也。唐之乱，贿赂充塞于天下为之耳。凡三百余年，自卢怀慎、张九龄、裴休而外，唐之能饰簠簋以自立于金帛之外者无有。虽贤者固不能保其洁清，特以未败露而不章，实固不可问也。藩镇之叛，峙若敌国，相慧若仇雠，且唯以金钱贸中外之心，而天子不能自固，况州郡群有司之废置哉？

　　盖唐自立国以来，竞为奢侈，以衣裘仆马亭榭歌舞相尚，而形之歌诗论记者，夸大言之，而不以为怍。韩愈氏自诩以知尧、舜、孔、孟之传者，而戚戚送穷，淫词不忌，则人心士气概可知矣。迨及白马之祸，凡锦衣珂马、传觞挟妓之习，燔焉销尽。继以五代之凋残，延及有宋，膻风已息。故虽有病国之臣，不但王介甫之清介自矜，务远金银之气；即如王钦若、丁谓、吕夷甫、章惇、邢恕之奸，亦终不若李林甫、元载、王涯之狼藉，且不若姚崇、张说、韦皋、李德裕之豪华；其或毒民而病国者，又但以名位争衡，而非宠赂官邪之害。此风气之一变也。

　　乃唐之率天下以奔欲崇货而迟久不亡者，何也？朝士以贿而容奸，逆臣亦以贿而自固，志气俱偷，其欲易厌，故称兵犯顺者，皆护其金穴以自封，而无问鼎登天之志。其尤幸者，回纥、吐蕃唯以侵掠为志，浸淫久而自敝，亦无刘渊、石勒之雄心。斯以幸存而已矣。使如宋也，三虏迭乘以压境，岂能待一迁再迁三迁而后亡哉？贿赂之败人国家，如鸩之必死，未有能生之者也。

五

杀降者不仁，受其降而杀之不信；古有其言，诚仁人君子之言也。虽然，言各有所指，道各有所宜，不揣其时，不察其故，不审诸顺逆之大义，不度诸好恶之公心，而唯格言之是据，则仁人君子之言，皆成乎蔽。仁蔽而愚，信蔽而贼，不可不辨也。

所谓杀降不仁而无信者，为两国交争，战败而倒戈，与夫夷狄盗贼之胁从而自拔者言也。或党恶之志固不坚，或求生之外无余志，则亦生全之，或且录用之，而蠲忿怒以予维新，斯允为敦仁而崇信矣。刘稹之叛，郭谊为之谋主，及夫四面合围，三州已下，稹守孤城而日蹙，谊与王协说稹束身归朝，稹既从之欲降矣，谊乘其懈杀之以自为功，武宗与李德裕决计诛之，夫岂非允惬人心之公恶者以行大法？而司马温公讥其失信。其信也，非其所以蔽而愚且贼者乎？

乱人者不殄绝之，则乱终不已者也。怀以仁，而即乘吾仁以相犯；结以信，而即怙吾信以相欺者也。而唐藩镇之乱，率由此而滋。自禄山为逆以来，拥戴之者，岂果侥幸其主之成大业，而己为邓禹之效尺寸哉？人挟好乱之心，而喋其主帅以为逆魁，以弋利于己。故李宝臣、薛嵩、田承嗣首自反噬，而果获分土拥尊之厚利。盖当劝乱之日，已挟自私之计。上胁朝廷，下睨其主，流血千里，主族亦赤，无非可罔利之左券。而朝廷果以姑息而厚酬之，位兼将相，泽及子孙，人亦何惮而不日导人以叛逆哉？卖主之腰领以求荣，主族夷而己诧元功。计当日之为藩镇者，侧目而寒心，自非狂骏如刘稹者，未有不以杀王协、郭谊为大快者。频年身膏原野之鬼，与痛哭郊原之寡妻孤子，固且不怨稹而怨协、谊。故二贼伏诛，而后武、宣之世，藩镇无叛者。既有以大服其心，而裨将幕僚，知无他日幸免侥功之转计，则意亦戢，而不敢导其主以狂猖。杀一二人而全天下，仁也；杀无恒之人以行法，信也。高帝斩丁公，而今古称其义，况躬为逆首者乎？

且刘稹既从谊、协之谋以欲降矣，谊可容，稹独不可降乎？杀降者，谊也；杀谊者，所以杀杀降者也，而何尤焉？唯项羽施之于敌国之赤子，李广施之于解辫之夷狄，则诚恶矣。未可以为反覆倾危之乱人引以求曲宥也。施大仁，惇大信，各有其时，各有其情，各有其理。以一言蔽千古不齐之事变，适以自蔽而已，君子所弗尚也。

六

宦者监军政于外而封疆危，宦者统禁兵于内而天子危。监军之危封疆，李德裕言之至悉矣。乃天子之危，非宦者之统禁兵遽能胁之而死生废立之也。天子之兵，散布于天下，将皆其臣，卒皆其民也。其在内而为禁兵，如唐神策军者，但百之一耳，又非百战立功能为天下雄者也。宦者虽握固之以为己有，而势不能与天下争衡。胁君自恣，乃至弑刃横加，岂能无畏于四方之问罪乎？其无所惮而血溅宫庭、居功定策者，实恃有在外监军之使，深结将帅而制其荣辱生死之命，指麾吏士而市以呴呕宴犒之恩也。故王守澄、陈弘志、杨承和躬行大逆，不畏天下有问罪之师；乃至四朝元老分符持节之裴中立，亦视君父之死、噤口而不敢谁何；独一刘从谏执言相加，而怀来又不可问。无他，诸帅之兵，皆宦者之爪牙，举天下而在其掣肘，虽仗义欲鸣，而力穷于寡助也。于是而知德裕之为社稷谋，至深远矣。其以出征屡败为言者，指其著见之害以折之，使不敢争耳。显纠其沮挠军事之失，而不揭其揽权得众之祸，使无所激以相抵牾，则潜伏之大慝，暗消于忘言矣，此德裕之所以善于安主而防奸也。

然抑岂徒其立言之善哉？仇士良忌之而不能伤，乃乞身以去；敕监军不得预军务、选牙队，而杨钦义、刘行深欣然唯命而不敢争。极重之弊，反之一朝，如此其易者，盖实有以制之也。唐之相臣能大有为者，狄仁杰而外，德裕而已。武宗不夭，德裕不窜，唐其可以复兴乎！

七

后世有天下者，欲禁浮屠之教以除世蠹也良难。会昌五年，诏毁寺及招提兰若四万余区，归俗僧尼二十六万五百人，可谓令之必行矣。然不数年而浮屠转盛，于是所谓黄檗者出，而教外别传之邪说充塞于天下，禁之乃以激之而使兴，故曰难也。

武宗听道士赵归真之说而辟佛，以邪止邪，非贞胜之道，固也；未几而武宗崩，李德裕逐，宣宗忌武宗君相而悉反其政，浮屠因缘以复进，其势为之也。虽然，假令武宗永世，德裕安位而行志，又岂可以举千年之积害，一旦去之而消灭无余哉？何也？以一日矫千年之弊，以一君一相敌群天下狂惑泛滥之情，而欲铲除之无遗，是鲧之堙洪水以止其横流，卒不能胜者也。

夫群天下积千年而奔趋如鹜，自有原委，亦自有消归。故天下之僧寺兰若，欲毁之则一旦毁之，此其无难者也；勒二十余万僧尼使之归俗，将奚归哉？人之为僧尼者，类皆孤露惰游无赖之罢民也，如使有俗之可归，而晏然为匹夫匹妇，以田尔田、庐尔庐，尚宁干止也，则固十九而不为僧尼矣。一旦压之使无所往而得措其身，则合数十万伏莽之戎，黠者很者阴聚于宵旦，愤懑图惟，谋歧途以旁出，若河之决也，得蚁穴以通，而奔流千里，安可复遏哉？故浮屠之教，至大中以后，乃益为幽眇闪烁之论、吊诡险畸之行，以耸动生人，而莫测其首尾，以相诧而翕从之，皆其摈逐无聊之日，潜身幽谷，思以争胜而求伸者也。

夫欲禁浮屠氏者，亦何用深治之哉？自有生民以来，有四民则有巫，巫之为术不一，要皆巫也，先王不能使无也。浮屠之以扇动天下者，生死祸福之报应而已，则亦巫之幻出者而已。若其黠者杂庄、列之说，窃心性之旨，以与君子之道相竞，而见道未审者惑之，然亦千不得一也。故取浮屠之说与君子之道较黑白，而衰王固不能保于末俗；取浮屠与巫者等，而以巫道处之，则天下固多信巫而不信浮屠者，其胜负相敌也。浮屠而既巫矣，人之信之也犹巫，则万室之邑，其为巫者凡几？而人无爱戴巫如父母者，且犹然编户征徭之民也。如此，则浮屠燋矣。

故寺院不容不亟毁也；范金冶铜之像，不容不亟销也；田园之税，丁口之徭，不容不视齐民也。无广厦长寮以容之，无不税之田以豢之，无不徭之政以逸之，无金碧丹漆以艳其目，无钟磬铃铎以淫其耳，黯淡萧条，而又验其老幼，使供役于郡邑，则不待勒以归俗，而僧犹巫也，巫犹人也。进无所安，退思自便，必将自求田庐，自畜妻子，以偕于良民。数十年之中，不见其消而自无几矣；即有存者，亦犹巫之杂处，弗能为民大病者也。禁其为僧尼，则傲岸而不听，含怨以图兴。弗禁其僧，而僧视耕夫之赋役；弗禁其尼，而尼视织女之缕征。无所利而徒苦其身，以茹草而独宿，未有不幡然思悔者。徒众不依，而为幽眇之说、吊诡之行者，亦自顾而少味。先王之不禁天下之巫，而不殊于四民之外，以此而已。然则有天下而欲禁浮屠以一道德、同风俗者，亦何难之有哉？特未之思耳。

宣宗

一

宣宗初识李德裕于奉册之顷，即曰："每顾我，使我毛发洒淅。"夫宣宗非孱主，德裕非有跋扈之气发于声色，如周勃之起家戎伍、梁冀之世习骄倨者，岂果见之而怵然哉？有先入之言使之猜忌者在也。武宗疾笃，旬日不能言，而诏从中出，废皇子而立宣宗，宣宗以非次拔起，忽受大位，岂旦夕之谋哉？宦官贪其有不慧之迹而豫与定谋，窃窃然相嚅呫于秘密之地，必将曰太尉若知，事必不成。故其立也，惴惴乎唯恐德裕之异己，如小儿之窃饵，见厨妇而不宁也。语曰："盗憎主人。"其得志而欲诛逐之，必矣。

此抑有故，德裕当武宗之日，得君而行志，裁损内竖之权，自监军始。监军失权，而中尉不保神策之军，于时宦官与德裕有不两立之势。德裕为之有序，无可执以相挠，而上得武宗之信任，下有杨钦义、刘行深之内应，故含怨毒也深而不敢发。迨乎武宗疾笃不能言之日，正其河决痈溃、可乘以快志之时也。不废皇子立宣宗，则德裕不可去；不谇宣宗以德裕威棱之可畏，则宣宗之去德裕也不决。其君惴惴然如捍大敌之不能姑待，而后德裕必不能容。盖德裕之所能控御以从己者，杨钦义、刘行深而已，二人者，其能敌宫中无算之貂珰乎？皇太叔之诏一下，德裕无可措其手足，待放而已矣。唐之亡亡于宦官，自此决矣。

或者谓德裕事英断之君，相得甚欢，而不能于弥留之际，请凭玉几、受顾命以定冢嗣，使奸人得擅废立之权，非大臣卫国之谊，是已。然有说焉，武宗春秋方富，虽有疾而非必不可起之危候，方将大有所为，而不得遽谋身后；迨及疾之已笃，昏不能言，虽欲扣合请见，而谁与传宣以求必得哉？所可惜者，先君之骨未寒，太尉之逐已亟，环唐之廷，无有一人焉昌言以伸其忠勋者。岂徒无为之援哉？白敏中之徒且攘臂而夺相位，崔、杨、牛、李抑引领以望内迁，而郑肃、李回莫能御也。意者德裕之自矜已甚，孤傲而不广引贤者以共协匡赞邪？抑自朋党兴，唐之士风披靡于荣辱进退之间，而无贤可荐邪？二者皆国家危乱之券也，必居一于此，宜乎唐之不复兴矣。

二

宣宗初立，以旱故，命大臣疏理系囚，而马植亟以刻核之言进，请官典犯赃及杀人者不听疏理。夫二者之不可遽释，是已；而并不听其疏理，唯法吏之文置之辟而莫辩，宣宗用申、韩之术，束湿天下以失人心，植实首导之矣。

唐自高宗以后，非弑械起于宫闱，则叛臣讧于肘腋，自开元二十余年粗安而外，皆乱日也，而不足以亡者，人心固依恋而不忍离，虽役繁赋重，死亡相接，抑且戴奕叶之天子于不忘。无他，自太宗以宽容抚士庶，吞舟漏网，则游鳞各呴沫于浦屿，即有弱肉强食之害，而民不怨其上也。罗希奭、吉温以至穷凶如侯、索、周、来，抑但施惨毒于朝士，而以反叛为名，未尝取吏民琐细之愆，苛求而矜其聪断；马植之徒，导主以渊鱼之察，而后太宗之遗泽斩矣。

植之言曰："贪吏无所惩畏，死者衔冤无告。"亦近乎情理之说也。乃上方下宽恤之政，用答天灾，而遽以综核虔矫之令参之，则有司相劝以武健，持法律以核吏民，广逮系以成锻炼，有故入而无矜疑，士怨于官，民愁于野，胥史操生死以取货贿，可胜言哉？

夫申、韩之以其术破坏先王之道者，岂不以为情理之宜，诛有罪以恤无辜乎？而一倚于法，天下皆重足而立。君子之恶其贼天下而殄人国脉者，正以其近于情理，易以惑人也。

以赃吏论，古今无道之世，人士相习于贪叨，而其得免于逮问者，盖亦鲜矣。夫苟舍廉耻以纵朵颐，则白昼攫金而不见人，岂罪罟之所能禁乎？无道以止之于未淫，则察之愈密，诛之愈亟，夤缘附托行贿以祈免之途愈开，贿不给而虐取于民者愈剧。究其抵法而无为矜宥者，一皆拙于交游、吝于荐贿、溪壑易厌之细人而已。以法惩贪，贪乃益滋，而上徒以召百官之怨蒛，下益以甚穷民之朘削，法之不可恃也明矣。

以杀人论，人即不伏欧刀于市，亦未有乐于杀人者也；已论如法，而苟全于疏理之下，虽不死而生理亦无几矣。若其忿怼发于睚眦，则当挥拳操刃之下，恶气熏心，固且自忘其死，抑岂暇念他日之抵法而知惩？若云死者含冤，则天地之生，业已杀一人矣，而又杀一人以益之，奚补哉？且一人抵坐，而证佐之株连，寡妻孤子之流离于寺署者，凡几也！

故贪吏伏法，杀人者死，法也。法立于画一，而张弛之机，操于君与大臣之心。君子之道，所为迥异于申、韩之刻薄者，不欲求快于一时之心也。心苟快，而天地和平之气已不足以存，俗吏恶知此哉？综核行，而上下相督、还相蔽也。炫明者瞽，炫聪者聋。唐室容保之福泽，宣宗君臣销铄之而无余，马植实首导之。苛刻一行，而莫之知止，天下粗定，而卒召吏民之叛以亡，固不如向者之姑息，乱而可存也。

三

知人之难久矣，而抑有其可知者，君子持之以为衡，而失亦鲜矣。人之为不肖也，其贪惏贼害、淫溺愍乱、得之气质者，什不得一；类皆与不善者习，而随之以流，因以泛滥而不可止。故君子之观人于早也，持其所习者以为衡，视其师友，视其交游，视其习尚；未尝无失，而失者终鲜。拔骍角于犁牛之中，非圣哲弗能也。

李德裕引白敏中入翰林，既为学士，遂乘武、宣改政之初，夺德裕之相，竭力排之，尽反其政，以陷德裕于贬死，而乱唐室。夫敏中之不可引而使在君侧，岂待再计而决者哉？德裕之初引敏中也，以武宗闻白居易之名，欲召用之，居易老而德裕以敏中进。然则知敏中者以居易，用敏中犹其用居易也。居易以文章小技，而为嬉游放荡、征声逐色之倡，当时则裴中立悦其浮华而乐与之嬉；至宋，则苏氏之徒喜其纵逸于闲捡之外而推尚之；居易之名，遂喧腾于天下后世。乃核其人，则元稹之死友也。稹闻谪九江而垂死惊坐，胡为其然哉？以荡闲逾捡相昵于声色，而为轻浮俗艳之词以蛊人于淫纵。当其时如杜牧者，已深恶而欲按以法矣。积蠹身阉宦，排抑正人，以使河北终叛，而为唐之戎首；居易护为死党，不得，则托于醉吟以泄其青衫之泪。敏中为其从弟，与居与游，因之而受君相之知，梦寝之所席而安者居易耳。若此而欲引为同心，以匡君而卫社稷，所谓放虎自卫者也，而德裕胡弗之知也！

使武宗欲用居易之日，正色而对曰：此浮薄儇巧之小人，耽酒嗜色，以淫词坏风教者，陛下恶用此为？则国是定矣。李沆、刘健之所以允为大臣也。而德裕不能，其尚有两端之私与？不然，则己习未端，心无定衡之可持而易以乱也。先儒谓苏轼得用，引秦观之徒以居要地，其害更甚于王安石，唯其习尚之淫也。舍是而欲鉴别人才，以靖国家、培善类，未有能免于咎者也。

四

周墀为相，韦澳谓之曰："愿相公无权。"伤哉斯言！所以惩李相、朱崖之祸，而叹宣宗之不可与有为也。宰相无权，则天下无纲，天下无纲而不乱者，未之或有。权者，天子之大用也。而提权以为天下重轻，则唯慎于论相而进退之。相得其人，则宰相之权，即天子之权，挈大纲以振天下，易矣。宰相无权，人才不由以进，国事不适为主，奚用宰相哉？奉行条例，画敕以行，莫违其式而已。宰相以条例行之部寺，部寺以条例行之镇道，镇道以条例行之郡邑，郡邑以条例行之编氓，苟且涂饰以应条例，而封疆之安危，群有司之贤不肖，百姓之生死利病，交相委也，抑互相容以仇其奸也。于是兵瘝于边，政弛于廷，奸匿于侧，民困于野，莫任其咎，咎亦弗及焉。宰相不得以治百官，百官不得以治其属，民之愁苦者无与伸，骄悖者无与禁，而天子方自以为聪明遍察，细大咸受成焉，夫天子亦恶能及此哉？摘语言文字之失，按故事从违之迹而已矣。不则寄耳目于宵小，以摘发杯酒尺帛之愆而已矣。天下恶能不乱哉！

上揽权则下避权，而权归于宵小。天子为宵小行喜怒，而臣民率无以自容。其后令狐绹用一刺史，而宣宗曰："宰相可谓有权。"其夺天下之权,使散寄而无归,固不可与有为也。韦澳见之审矣。无权则焉用相哉?弗问贤不肖也,但可奉行条例,皆可相也,其视府史胥徒也,又奚以异?周墀又何用相为?生斯世也,遇斯主也,不能褰裳以去,而犹贪白麻之荣,墀亦不可谓有耻矣。

五

德、宣二宗,皆怀疑以御下者也,而有异,故其致祸亦有殊焉。德宗疑其大而略其小,故于安危大计,不信忠谅之言,奸邪得乘之,而乱遂起;然略于细小之过,忘人于偶然之失,则人尚得以自容。于卢杞之奸倾听之,于陆贽之忠亦倾听之,故其臣无涂饰耳目、坐酿祸原之习,其败乱终可拯也。宣宗则恃机警之耳目,闻一言而即挟为成心,见一动而即生其转念,贤与奸俱岌岌不能自保,唯蔽以所不见不闻,而上蠹国、下殃民,侥幸免于讥诛,则无所复忌。虽有若陆贽之忠者在其左右,一节稍疏,群疑交起,莫敢自献其恫忧。其以召乱也缓,而一败则不可复救矣。

马植之贬,以服中涓之带也;萧邺之命相,旨已宣而中止,以王归长之覆奏也;崔慎由之罢,以微露建储之请也;李燧之镇岭南,旌节及门而返,以萧仿之一言也;李远之不用,以长日棋局之一诗也。李行言以樵夫片语而典州,李君奭以佛祠数老而遽擢。举进退刑赏之大权,唯视人謦欬笑语、流目举踵之间,而好恶旋移,是非交乱。荆棘生于方寸,忮害集于俄顷。自非白敏中、令狐绹之恋宠喜荣,谁敢以身试其喜怒而为之用乎?天下师师,交相饰以避过,则朝廷列土偶之衣冠,州郡恣穿窬之长吏,养奸匿慝,穷民其奚恃以存哉?呜呼!怀疑以察纤芥之短长,上下离心而国不亡者,未之有也。其待懿宗而祸始发,犹幸也,又恶足以比德宗哉!

雷,至动也;火,至明也。以灼灼之明,为非常之动,其象为丰。"丰其蔀,日中见斗。"以星之明乱日之明,则窥其户而无人。《易》之垂训显矣哉!

六

古今之亡国者,有二轨焉,奸臣篡之,夷狄夺之也。而祸各有所自生。夷狄之夺，晋、宋是已。君昏、将懦、兵弱而无纪，则民虽帖然图安，乃至忠愤思起为之效命，而外逼已危，不能支也。奸臣之篡，则不能猝起而遽攘之也，必编民积怨，盗贼繁兴，而后奸臣挟平寇之功，以钳服天下而奉己为主，汉、唐是也。张角起而汉裂，黄巢起而唐倾。而汉则有公孙举、张婴以先之，唐则有鸡山妖贼、浙东裘甫以先之。一动而戢，再动而嚣，三动而如火之燎原，不可扑矣。

唐之立国，至宣宗二百余年，天下之乱屡矣，而民无有起而为盗者。大中六年，鸡山贼乃掠蓬、果、三川，言辞悖慢，民心之离，于是始矣。崔铉之言曰："此皆陛下赤子，迫于饥寒。"当是时也，外无吐蕃、回纥之侵陵，内无河北、淮蔡、泽潞之叛乱，民无供亿军储、括兵远戍之苦，宣宗抑无宫室游观、纵欲敛怨之失，天下亦无水旱蟊螣、千里赤地之灾，则问民之何以迫于饥寒而遽走险以自求斩艾乎？然则所以致之者，非有司之虐害而谁耶？李行言、李君奭以得民而优擢，宜足以风厉廉隅而坊止贪浊矣，然而固不能也。君愈疑，臣愈诈，治象愈饰，奸蔽愈滋，小节愈严，大贪愈纵，天子以综核御大臣，大臣以综核御有司，有司以综核御百姓，而弄法饰非者骄以玩，朴愿自保者罢于凶，民安得不饥寒而攘臂以起哉！

小说载宣宗之政，琅琅乎其言之，皆治象也，温公亟取之登之于策，若有余美焉。自知治者观之，则皆亡国之符也。小昭而大聋，官欺而民敝，智擢而愚危，含怨不能言，而蹶兴不可制。一寇初起，剪灭之，一寇踵起，又剪灭之，至再至三而不可胜灭，乱人转徙于四方，消归无地，虽微懿宗之淫昏，天下波摇而必不能定。宣宗役耳目，怀戈矛，入黠吏之圈，驱民以冻馁，其已久矣。至是而唐立国之元气已尽，人垂死而六脉齐张，此其候矣。

七

韦澳者，以藏身自固为道者也，异于贪进病国、侥幸危身之鄙夫远矣，而不足以谋国。宣宗屏左右与商处置宦官之法，而澳曰："与外廷议之，恐有太和之变，不若择其中有识者与之谋。"此其为术也甚陋，澳之识岂不足以知此之非策，而云尔者，不敢身任其事以自全而已矣。

太和之变，所以主辱而臣死者，李训、郑注本无借小人，舒元舆、贾餗皆贪庸为朝野所侧目，与宦官以机械相倾而不胜，其宜也，而岂宦官之终不可受治于外廷哉？舍外廷而以宦官治宦官，程元振尝诛李辅国矣，王守澄尝诛陈弘志矣，是以毒攻毒之说，前毒去而后毒更烈也。盖宦官之乱国而胁君也，与外廷之小人异。小人诛则其党亦离，能诛小人者，即不必为君子，而亦惩小人之祸以反其为者也。若宦官则自为一类，而与外廷争盈虚衰王之数，其自为党也，一而已矣。勿论进而与谋，谋之必泄，只以成乎祸乱；即令抒心尽力为我驱除，而诛彼者即欲行彼之事，天子恃之，外廷拱手而听之，后起之祸，倍溢于前，又将何所借以芟夷之哉？故曰其术陋矣。

夫天子而果欲断以行法，诛不顺之阉孽，正纲维以自振也，岂患无其术哉？外廷非尽无人也，即如李文饶者，优游讽议而解诸道监军之兵柄，则使制此刑余也，优有余裕，而摧抑之以向于死。充位之大臣，则为白敏中、为令狐绹、怀禄固宠之鄙夫，既阴结内援，而不敢任诛锄之事；使其任之，又舒元舆、王涯、贾餗之续耳。盖其炫小明而矜小断，以纤芥之嫌疑，为转眄之刑赏。其以为慎名器者，匹夫之吝也；其以为察吏治者，老妇之聪也。佞人亟进而端士离心，故仅一守正之韦澳，而唯计全身于事外。如使推诚待下，拔功业已著、才望可委之大臣，修法纪以饬中外。乃下明诏，申太宗之禁制，废中尉之官；以神策之军授司马，革枢密之职；以机要之务归中书，夺其所本无，而授以扫除之常职。是天子大臣所可昭昭然揭日月以行者，廷臣莫敢异议，百姓莫不欣悦，藩镇莫不钦仰，一二怀奸之阉竖，何所挟以相抗？亦奚用屏人私语，若大敌之对垒，力不能支，思乘瑕而攻劫之乎！

或曰：习已成，则其党已固；夺之遽，则其怨必深；环左右者，皆其徒也，伏弑械以求逞，宣宗所重虑者，未为过也。夫恶，唯隐而益深，故孔子成《春秋》而乱贼惧，发其所匿而正名之，则恶泄而不能再兴矣。夫宪宗、敬宗之不保其躯命，岂尝斥而夺之使激而成之乎？宪宗之弑，陈弘志虽伏辜而未正其恶；敬宗之弑，刘克明虽授首而未诛其党；内外交相匿，而后伏莽之戎有所怙以相胁。宣宗于此，正告中外，诘先君之贼，申污潴之讨，宣发其恶，显然于天下之耳目，则使有"今将"之心，抑知其无所匿藏而逃不赦之辟，又孰敢睥睨君父以逞其狂图哉？太和君臣唯不知此，是以伏兵殿幄，反受大逆之名，三相骈死于独柳，非外廷与谋而事机必败也。乃宣宗之为君也，以非次为宦官所扳立，反以贻怨于社稷之臣，故怀私恩、忍重辱，隐而不能发露耳。是以韦澳迁延自免，而不能为之谋，知其荏苒者之有所系也。

八

国无可用之人则必亡。国之无人，非但其君不欲用之，抑欲用之而固无人也。铮铮表见者，非迂不适用，则小有才而不足任大，如是者不得谓之有人。夫其时，岂天地之吝于生才以亡人之国乎？秉道行义、德足以回天者，间世而一出，亦安能必其有？或贤智之士，宅心无邪，而乐为君用，则亦足以匡乱救亡，功成事定，而可卓然为命世之英，此则存乎风尚之所移耳。故国之无人，惟贤智之士不为国用，恬然退处以为高，以倡天下，置君父于罔恤，于是乎国乃终以无人。

夫一二贤智之士不为国用，而无损于当世，似未足以空人之国，使忘君父也。乃唯贤智之士，立身无瑕，为谋多臧，天下且属望之，而以不为国用为道，其究也，置其身于是非休咎之外，天下具服其卓识，而推以为高；于是知有其身以求免于履凶蹈危者，皆慕其风，以为藏身之固，则宗社安危生死一付之迂愚巧黠之人；而自好者智止于自全，贤止于不辱，志不广，学不博，气不昌，乃使数十年内，尽士类皆成乎痿痹泮涣之习；自非怀禄侥幸、依附乱贼而不惭者，皆不可与有言、不可与有为之人也。于是乎天下果于无人。而狐狸昼嗥，沐猴衣锦，尚谁与治之哉！

宣宗之世，上方津津然自以为治也。而韦澳谓其甥柳玭曰："尔知时事浸不佳乎？皆吾曹贪名位所致耳。"是其为言，夫非贤智者之言乎？于是上欲以澳判户部，且将相之，而浩然乞出镇以引去。盖澳之不为唐用，非一日矣，周墀入相，问以所可为，则曰："愿相公无权。"宣宗屏人语以将除宦官，则曰："外廷不可与谋。"其视国家之治乱，如越人之肥瘠，而以自保其身者，始终一术也。盖于时贤智之士，周览而俯计焉，择术以自处焉，视朝廷如燎原之火，不可向迩，非令狐绹之流、容容以徼厚福者，无不戒心于谋国矣。此习一倡，故唯张道古、孟昭图之愚忠以自危，魏謩、马植之名高而实诎，姑试其身于险而罔济；其不尔者，率以全身远害为风轨。故郑遨、司空图营林泉以自逸；而梁震、孙光宪、罗隐、周庠、韦庄之流，寄身偏霸以谋安。其于忧世爱君之道，梦寐不及而谈笑不涉，天下恶得有人哉！

宣宗之世，唐事犹可为也，而何以人心之遽尔也？宣宗甫践阼，而功著封疆、谋匡宫府之李文饶，贬死于万里之外，其所进而与图政者，又于一言一笑一衣一履之间，苛责其应违；士即忘身以殉国，亦何乐乎受不令之名以裶辱哉？人君一念之烦苛，而四海之心瓦解，则求如李长源、陆敬舆履艰危、受谗谤以自靖者，必不可得。非唯不得，贤智之士，固且以为戒也，不亡何待焉！

九

安、史作逆以后，河北乱，淄青乱，朔方乱，汴宋乱，山南乱，泾原乱，淮西乱，河东乱，泽潞乱，而唐终不倾者，东南为之根本也。唐立国于西北，而植根本于东南，第五琦、刘晏韩滉皆借是以纾天子之忧，以抚西北之士马而定其倾。东南之民，自六代以来，习尚柔和，而人能劝于耕织，勤俭足以自给而给公，故不轻萌猖狂之志。永王璘、刘展一妄动而即平，无与助之者也。刘展既诛，席安已久，竭力以供西北而不敢告劳。至于宣宗之季年而后乱作。大中九年，浙东军乱，逐李讷，越三年而岭南乱矣，湖南逐韩悰矣，江西逐郑宪矣，宣州逐郑薰矣，不谋而合，并起于一时。其称乱者，皆游惰之兵，非两河健战之雄；所逐者皆观察使，奉朝命以牧军民，非割据擅命之雄，倚牙兵以自立，倡偏裨以犯上，非所据而人思夺之者也。盖于是而唐之所以致此者可知矣。在昔之日，军兴旁午，供亿繁难而不叛；大中之世，四海粗安，赋役有经而速反；岂宣宗之刑民而无醉饱者使然哉？观察使慢上残下，迫民于死地，民乃视之如仇雠，不问而知李讷辈之自取之也。

虽然，又岂非宣宗之纵蟊贼以害良稼哉？观乎张潜之言曰："藩府财赋，所出有常，苟非赋敛过差及减削衣粮，则羡余奏于代移之际者，何从而致？"盖进奉者，兵民之所由困，而即其所由叛也。及懿宗之初，始禁州县税外科率。而薛调上言："所在群盗，半是逃户。"故军乱方兴，民亦相寻而为盗。裘甫之聚众，旬日而得三万，皆当年昼耕夜织、供县官之箕敛者也。货积于上而怨流于下，民之瓦解，非一日矣。王仙芝、黄巢一呼，而天下鼎沸，有司之败人国家，不已酷乎！

夫宣宗之于吏治，亦勤用其心矣，徒厚疑其臣，而教贪自己。令狐绹父子黩货于上，省寺相师而流及郡县，涂饰耳目者愈密，破法以殃民也愈无所忌。唐之亡，宣宗亡之，岂待狡童继起，始沉溺而莫挽哉？于是藩镇之祸，且将息矣，河北诸帅皆庸竖尔，是弗难羁靮驭者，彼昏不知，惴惴然防之，而视东南为噬肤不知痛、沥血不知号之圈豚池鹜也。"人莫踬于山而踬于垤"，岂不信夫？民者，兵之命也；安者，危之府也；察者，昏之积也；弱者，强之徒也。可不慎哉！可不慎哉！

《读通鉴论》卷二十六终

读通鉴论卷二十七

懿宗

一

王式之平裘甫，康承训之平庞勋，史据私家之文，张大其功，详著其略。呜呼！是亦吹剑首者之一映而已矣。但以一时苟且收拾之近效言之，则童贯之剿方腊，且非无可纪之绩也；至于朱儁、皇甫嵩之平黄巾，则尤赫然矣。乃皆不旋踵而大乱作，国随以亡，爝火之温，不能御冰雪，久矣！饥寒之民，猝起弄兵，志不固，力不坚，大举天下之兵以临之，其必克者势也。所难者，尽取而斩艾之，则降不可杀，即尽取而斩艾之，而其溃逃以免者犹众也。既不得为良民，而抑习于掠夺，则狂心不可卒戢，夫何能使之洗心浣虑以服勤于田亩哉！况有司之暴虐不革，复起而扰之，则乍息之火，得风而燎原，未可以贼首既俘，信烟波之永息也。

靖康之世，京东之贼亦蜂起矣，宗汝霖收之而帖然者，使自效于行伍，而拔用其枭雄，俾仍合其部曲也。汝霖卒，贼且复溃矣，重起而收之者韩、岳也，咸有所归，而不复杂之耕桑市肆之中，使鞅掌而思浮动，故宋以宁。王式乃于裘甫之既擒，不复问数万之顽民消归何处，爪牙乍敛，而睥睨于人间，则后日之从庞勋以乱徐州，随王仙芝、黄巢以起曹、濮者，皆脱网之鱼，游沙汀而鼓浪。式曰非吾事也。甫一擒而策勋饮至，可以鸣豫于当时，书功于竹帛矣。

夫乱军叛民与藩镇异。藩镇之反，虽举军同逆，而必倚节度使以起伏，渠帅既诛，新帅抚之，三军仍安其故籍而不失其旧。故裴中立曰："蔡人亦吾人也，绥之则靖矣。"乱民者，虽有渠帅，而非其夙奉之君长，人自为乱，渠帅自诛，众志自竞，非有以统摄之，而必更端以起。当斯时也，非分别其强弱之异质，或使之归耕，或使之充伍，又得良将吏以安存之，则愈散而祸愈滋。以式为将，以白敏中之徒为相，居中而御之，何功之足纪哉！徒以长乱而已矣。又况康承训之进沙陀以亡唐邪？

二

古之称民者曰"民岩"。上与民相依以立，同气同伦而共此区夏者也，乃畏之如岩也哉？言此者，以责上之善调其情而平其险阻也。唐至懿宗之世，民果岩矣。裴甫方戡，而怀州之民攘袂张拳以逐其刺史，陕州继起，逐观察使崔荛，光州继起，逐刺史李弱翁，狂起而犯上者，皆即其民也。观察刺史而见逐于民，其为不肖，固无可解者。虽然，贪暴之吏，何代蔑有？一榜违其情，而遽起逐之，上且无如之何，天下恶得而不亡！夫民既如此矣，欲执民而治其逐上之罪，是不矜其穷迫而激之乱也；欲诛观察刺史以抚民，而民之不道又恶可长哉？小失豪民之意，猾猾而起，胁天子以为之快志，抑不大乱不已。然则反此而欲靖之也无术，则抑追诘其所由来，而知畏民之岩者，调制其性情于早，不可唯意以乱法也。

人君所恃以饬吏治、恤民隐者，法而已矣。法者，天子操之，持宪大臣裁之，分理之牧帅奉若而守之。牧帅听于大臣，大臣听于天子，纲也；天子咨之大臣，大臣任之牧帅，纪也。天子之职，唯慎选大臣而与之简择牧帅。既得其人而任以郡邑之治矣，则刑赏予夺一听大臣。所访于牧帅者，实考其淑慝功罪而决行之。于是乎民有受墨吏之荼毒者，昂首以待当守之斧钺。即其疏脱而怨忿未舒，亦俯首以俟后之矜苏。而大臣牧帅既得其人，天子又推心而任之，则墨吏之能疏脱以使民含怨者，盖亦鲜矣。

而宣宗之为君也不然。其用大臣也，取其饰貌以求容者而已；其任牧帅也，取其拔擢自我无所推引者而已。至于州县之长，皆自我用焉，而抑不能周知其人，则微行窃听，以里巷之谣诼为朝章。李行言、李君奭之得迁，恶知非贿奸民以为之媒介哉？乃决于信，而谓廷臣之公论举不如涂人之片唾也，于是刑赏予夺之权，一听之里巷之民。而大臣牧帅皆尸位于中，无所献替。民乃曰此袖然而为吾之长吏者，荣辱生死皆操之我，天子而既许我矣。其黠者，得自达于天子，则讦奏而忿以泄，奸亦以仇；其很者，不能自达，则聚众号呼，逐之而已。曰天子而既许我以予夺长吏矣，孰能禁我哉？不曰天子固爱我，即称兵犯上而不忍加罚于我；则曰天子固畏我，即称兵犯上而不敢加刑于我。长是不惩，又何有于天子哉？櫌锄棘矜以攻城掠野，无不可者。民非本岩，上使之岩；既岩，孰能反之荡平哉？裘甫方平，庞勋旋起，皆自然不可中止之势也。山崩河决，周道荆榛，岂但如岩哉？宣宗导之横流，非一朝一夕之故矣。懿宗又以昏顽济之，祸发迟久而愈不可息。民气之不可使不静，非法而无以静之。非知治道者，且以快一时之人心为美谈，是古今之大惑也。

三

庞勋之乱，崔彦曾以军帑空虚不能发兵留戍而起，盖至是而唐之所以立国者，根本尽矣。夫财上不在国，下不在民，为有国者之大蠹，而唐养天下之力以固国者，正善于用此。其赋入之富有，自军府以至于州县，皆有丰厚之积，存于其帑，而节度、观察、刺史、县令，皆得司其出纳之权。故一有意外之变，有司得以旋给，而聚人以固其封守。乃至内而朝廷乱作，外而寇盗充斥，则随所取道因便以输者，舟车衔尾而相继。而不但此也，官用所资，不责以妄支之罪，则公私酬赠宴犒、舆服僄从，沛然一取之公帑，军吏不待削军饷以致军忿，守令不致剥农民以召民怨。故唐无孤清之介吏，而抑无婪纵之贪人。官箴不玷，官秩不镌，则大利存焉。虽贪鄙之夫，亦以久于扬历为嗜欲之溪壑，而白画攫金、褫夺不恤之情不起。观于李蓥所称清河一郡之富，及刘晏、韩滉咄嗟而办大兵大役之需者可知已。

自德宗以还，代有进奉，而州郡之积始亏。然但佞臣逢欲以邀欢天子，为宫中之侈费；未尝据以为法，敛积内帑，恃以富国也。宣宗非有奢侈之欲，而操综核之术，欲尽揽天下之利权以归于己。白敏中、令狐绹之徒，以斗筲之器，逢君之欲，交赞之曰：业已征之于民，而不归之于上，非陈朽于四方，则侵渔于下吏，尽辇而输于天府者，其宜也。于是搜括无余，州郡皆如悬磬，而自诩为得策，曰：吾不加敛于民，而财已充盈于内帑矣。乱乃起而不可遏矣。唯其积之已盈也，故以流艳懿宗之耳目，而长其侈心。一女子之死，而费军兴数十万人之资。帛腐于笥，粟陈于廪，钱苔于础。狡童何知，媚子因而自润，狂荡之情，泰然自得，复安知天下之空虚哉？一旦变起，征发繁难，有司据空帑而无可如何，请之于上，而主暗臣奸，固不应也。号呼已亟，而或应之，奏报弥旬矣，廷议又弥旬矣，支放转输又弥旬矣。兵枵羸而不振，贼乘敝以急攻，辇运未集，孤城已溃，徒迟回道路，为贼掠夺，即捐巨万，何当一钱之用哉！

且当官而徒守空囊也，公私之费，未能免也；贪欲之情，未可责中人之能窒也。必将减额以剥其军，溢额以夺其民。此防一溃，泛滥无涯，田野之鸡豚，不给追胥之酒食，寡妻弱子，痛哭郊原，而贪人之溪壑，固未厌也。揭竿而起，且以延旦夕之生命，而以敝襦败甲、茹草啜馕之疲卒御之，有不倒戈而同逆者乎？官贫而民益贫，兵乱而民胥乱。徒聚天下之财于京邸，一朝失守，只为盗资。综核之政，揽利权以归一，败亡合辙，今古同悲。然后知唐初之积富于军府州县者，诚官天府地四海为家之至术也。

故曰"财散则民聚"。散者，非但百姓之各有之也，抑使郡邑之各有之也。"财聚则民散"。聚者，既不使之在民，又不使之给用，积之于一帑，而以有用者为无用也。散则以天下之财供天下之用，聚则废万事之用而任天下之危。贪吝之说，一中于君相之心，委生人之大计，为腐草块石以侈富，传及子孙，而骄淫奢溢，为天下僇，不亦伤乎！故有家者，恶其察鸡豚也；有国者，恶其畜聚敛也。庶人尽力以畜财，囤粟而朽蠹之，则殃必及身；窖金而土壤之，则子孙必绝。以有用为无用，人怨之府，天之所怒也，况有天下者乎？

四

唐之亡不可救，五代之乱不可止，自康承训奏使朱邪赤心率沙陀三部落讨庞勋始。灭唐者，朱温也，而非温之能灭唐也。温自起为贼，迄于背黄巢而降之日，未尝有窥天之志也。僖、昭以为之君，时溥、高骈以为之将，张濬、崔胤为奥援于内，而李克用、李茂贞、王行瑜各挟逐鹿之心，温乃内动于恶而无所忌。若沙陀者，介吐蕃、回纥之衰，自雄于塞上，固将继二虏而与中国为敌者也。羽翼未成，而阳受羁縻，与刘渊之在河西也无以异。因其未叛，聊使俶居沙碛，绝其窥觎，目不知中国之广狭，心不喻唐室之强弱，则自以为仅可寠立于边陲，而忘情于中夏。则唐之不振，虽有朱温辈之枭逆，且将与朱泚同其销归。唐即不足以自存，尚可苟延以俟命世之英以代兴，而中原之祸不极。承训乃揠而进之，使驰骋于河、淮、江、海之间，与中国之兵相参而较勇怯，平贼之功，独居最焉，祸其有能戢之者乎？

庞勋拥数万之众横行，殚天下之师武臣力，莫能挫抑，而沙陀以千骑驰突其间，如薙靡草。固将睥睨而笑曰：是区区者而唐且无如之何，吾介马奔之而遽成齑粉，则唐之为唐可知矣。举江、淮、沂、泗千里之郊，坚城深池，曾不足以御蕞尔之庞勋，而待命于我，则唐之唯我所为而弗难下也，又可知矣。泽潞、淄青，所称东西之藩屏也，坐拥旌旄，据千里之疆，统甲兵以自固，坐视逆寇之披猖，曾莫肯以一矢相加，而徒仰待于我，则中国之众叛孤立、弗为捍卫也，又可知矣。振旅而归，分茅朔野，吾亦何求而不得哉？国昌老而克用兴，目已无唐，固将奋袂而起曰：是可取而代也。沙陀可以主中国，则契丹、女真、蒙古之强倍于沙陀者，愈无不可也，而祸延于无极矣。乃论者曰：克用父子尽忠于唐，以赐姓而收为宗支，又何陋邪？然则承训召寇以入，为灭唐之戎首，罪其可逭乎？朱温甫灭，沙陀旋窃，石敬瑭、刘知远皆其部落，延至于郭威，而中国始有得主之望，祸亦烈矣哉！

夫承训之力，即不足以敌庞勋，而河北诸帅，自张仲武、王元逵、何敬弘归命以来，皆有效顺之成劳，无抗衡之异志。则胡不请移镇魏、淄青之兵，下兖南，出曹、宋，拊勋之背，承训从汝、亳以捣其膺，少需日月，游鱼之釜，可坐待其焦也。而承训贪功亟进，当国大臣又茸鄙无谋以听之，爝火入积薪之下，沃之以膏，待其焰发而始悔，莫能及也。故唐之灭，非朱温灭之，沙陀灭之也；非沙陀之能灭之也，唐自灭也。而承训其祸原矣。

五

穆宗、敬宗之无道也，谏之者极言其失，虽不能行，未尝不以为允而矜全之也。至于懿宗，私路严而流陈蟠叟于爱州；同昌公主死，欲族医官，而贬温璋为振州司马，使仰药以死，且寄恨于刘瞻而再贬之；传及僖宗，侯昌业、孟昭图、张道古皆死焉。温璋临仰药而叹曰："生不逢时，死何足惜。"呜呼！生不逢时，而林泉可以养志，上有耽欲无人理之君，下有黩货无人心之相，以项领试之，愤不自惜，将弗过乎？故传《春秋》者，以泄冶不去而谏死，为不合于默语死生之道。则此数子者，其不免于讥矣。抑考《春秋》书杀大夫泄冶于前，而记陈平国身弑国亡于后。比事以观，则圣人以大泄冶之死，为陈存亡之本，固未尝以责备贤者之例责冶也。

夫人臣之谏君，有爱君无已而谏者，有自伸其道、自不忍违其心而谏者。君而可谏与？或有所不审而违于图存之理，或不戒而心忕于道以成乎非僻；为臣者，不忍其误入于邪，而必檠括之以归于正。则微言亟进，不避恶怒而必争。君为重也，而身轻矣。君而不可谏矣，乃吾性之清，不能受物之浊，吾学之正，不能同世之邪，生而为士，仕其义矣，出而事君，忠其节矣，立于人之廷，与鄙夫旅进，视其淫昏而固若污溅之加于其身，有言不可隐也，有心不可昧也，所学不可忘也。以畏祸为情而有怀不吐，笑当世之迷而全身以去，则七尺之躯，无以答上天，生我之恩，无以酬父母；内顾此心，无可容其浟泧者，愤盈以出而不能缄。等死耳，何必三日不汗之可忍，而此不可忍也？则危言切论之，死而无憾者。心为重也，而身尤轻矣。

韩偓、司空图处无可救药之时也，君即唯我之是听，而我固无如之何也，去之可也。蟠叟诸人，君听我而乱犹可治也，亡犹可存也，望望然而去之，匪君是爱，固不可以为心矣。

夫泄冶当春秋之世，大夫于诸侯，不纯乎为臣，故礼有不用而去之，去犹可也。四海一王，寰宇士大夫共戴一主，不能南走粤、北走胡，而即其宇内之林泉以偷生，而坐视其败，斯亦不成其丈夫矣。传《春秋》者，谓非贵戚之卿则去，亦据侯国之有世臣者言耳。后世同姓之支庶，食禄而不与国政，天子所倚为心膂股肱者，皆草茅之士也，将谁逮而可哉？故诸君子之或窜或死而不去以全身也，不系乎君之可谏与否也。

僖宗

一

君暴而天下尚有生也，君贪而天下尚有财也，有司违诏令以横征蠲免之税，而后民乃无可免之死，国家重敛以毒民，而民知毒矣。乃且畏督责，避箠楚，食淡茹草，暑而披裘以负薪，寒而衣葛以履霜，薄昏葬之情，竭耕织之力，以冀免于罪罟，犹可逃也。既颁明诏予之蠲免矣，于是而心乃释然，谓有仅存之力，可以饱一食而营一衣，而不知有司积累以督责其后者之尤迫也，夫乃无可以应，而伐木撤屋、鬻妻卖子，终不给而死于徽缠之下，是蠲免之令驱民于死之阱也。

僖宗元年，关东旱饥，有司征已蠲之税倍急，卢携痛哭陈之，敕已允停重征，而有司之追呼自如，是纵千百暴君贪主于天下，而一邑之长皆天子也，民其能不死，国其能不乱乎？

夫以天子而制有司甚易也，乃一墨敕下，吏敢于上方王命以下贼民而不忌者，何恃而然也？上崇侈而天下相习以奢，郡邑之长，所入凡几，而食穷水陆，衣尽锦绮，马饰钱珂，妾被珠翠，食客盈门，外姻麇倚，若一有不备，而憔悴不足以生，上吏经过之饔饩，宾客之赠贿，促之于外，艳妻逆子、骄仆汰妾谪之于内。出门入室，无往非胁之以剽夺，中人以下，且视死易而无以应此之尤难，尚何知有天子之诏？而小民之怨蕆勿论已。

懿、僖之世，相习于淫靡，上行之，下师师以效之，率土之有司胥然，诛不胜诛，而无可如何者一也。

尽天下之吏，咸习于侈以贪矣，前者覆车，后者知戒，抑岂无自艾以奉法而生不忍斯民之心者？乃自令狐绹、路严、韦保衡执政以来，唯货是崇，而假刑杀以立威，莫之敢抗，宰相索之诸道，诸道索之州县，州县不索之穷民而谁索哉？执此以塞上官之口，而仰违诏旨，不得不为之护蔽，下虐穷民，不得不为之钳服，天子孤鸣，徒劳笔舌而已，此其竟不能行者二也。

即以情理而论，出身事主，寓家于千里内外，耕桑之计已辍，仰事俯畜，冠婚丧祭姻亚岁时之酬酢，亦犹夫人也，又加以不时经过之贵显，晨夕相偕之上官，卮酒簋飧，一缣一箧，无可绝之人理，既不可傲岸自矜，而大远乎人情，又况学校桥梁舟车廨舍之修建，愈不可置之罔闻，驲递戍屯转漕之需，且相迫而固其官守，夫岂能捐家以代用哉？恃朝廷之制，储有余以待之耳。乃自宣、懿以来，括羡余以充进奉，铢算尺量，尽辇而归之内府，需者仍前而给之无策，唯取已蠲之税以偿之，而贪人因求盈以自润，虽下蠲除之令，竟无处置之方，姑以虚文塞言路之口，而天子固有偷心，终不能禁之惩之，俾民受其实者三也。

懿、僖之世，三者备矣。卢携虽痛哭流涕以言之，抑孰令听之哉？天子不为有司坊，而有司无坊；天子不为有司计，而有司自为天子。害之积也，乱之有源也，非一天子暴且贪之故也。是以唐民迫于必死而揭竿以起也。

二

秦销天下之兵而盗起，唐令天下乡村各置弓刀鼓板而盗益横，故古王者之训曰"觌文匿武"。明著其迹曰觌，善藏其用曰匿。其觌之也，非能取五礼之精微大喻于天下也，宣昭其迹，勒为可兴而不可废之典，以徐引之而动其心。其匿之也，非能取五兵之为人用者遽使销亡也，听民置之可用不可用之间以自为之，而知非上之所亟也。夫销之则无可藏也，无可藏非匿也；令民置之，则觌之矣，虽觌之而固不为我用也。非上能匿，亦非上能觌也，是以其速乱以亡，均也。

秦并天下于一己，而信为无用武之日；唐见裴甫、庞勋、王仙芝之接迹以起，而遽惊为不可戢之乱。庸人无舒徐之识，有所见而暴喜，有所见而暴惧，事异情同，其速以乱亡，均也。秦销兵而民操耰锄棘矜以起，后世知鉴之笑之，而效之者鲜。唐令天下乡村各置刀兵以导人于乱，其为乱政，有著见之祸矣；而后世言御盗之术，以乡团保甲为善策，相师于不已，匪徒庸主具臣恃为不得已之计，述古昔、称先王者，亦津津焉。呜呼！无识而言政理，盈于古今，亦至是乎！

驯良之民，授之兵而不敢持以向人，使之置兵，徒苦之而已，有司督之，猾胥里魁督之，小则罚，大则刑，辍衣食之资，弃耕耘之日，以求免于诛责，究则闭目摇手，虽有盗入其室，劫其父，缚其子，而莫敢谁何，乡邻又勿问也。其为强悍胜兵之民与？则藉之以弄兵而争习技击，以相寻于私斗，豪右之长，又为之渠帅以号召，夺朴民，抗官吏，大盗至，则统众以应之，邓茂七之首乱于闽者，其明验已。

受命于天以为之君，弗能绥民使弗盗也；奉命于君以为之长，弗能卫民使盗戢也；资民之食以为将为兵，盗起殃民，弗能捕缄使民安也；乃取廛居井牧之编氓，操凶器以与不逞之徒争生死，民何利乎有君，君何取于有吏，国何务于有兵哉？君不君，吏不吏，兵不卫民，瓦解竞强，不群起而逐中原之鹿，尚奚待哉？故言乡团保甲者，皆唐僖宗、韦保衡之徒也。

三

《阴符经》，术人之书也，然其测物理之几，以明吉凶之故，使知思患豫防之道，则君子有取焉。其言曰："火生于木，祸发必克。"谓夫祸发于有本，资之起者，还以自贼而不可复扑也。盈天地之间皆火也，而必得木以为其所生之本，故发而相害者果也。

古今亡国之祸，唯秦暴殄六国而天下怨，蒙古入主中原而民不从。则草泽之崛起者，足以相代而不必有所资。自非然也，亡汉者黄巾，而黄巾不能有汉；亡隋者群盗，而群盗不能有隋；亡唐者黄巢，而黄巢不能有唐。其为火也，非不烈也，而为雷龙之光、火井之焰，乍尔熹然而固易熸也。唯沙陀则能亡唐而有之者也，祸发之必克也。发而克矣，不可复扑，垂之数传而余焰犹存。朱邪亡矣，邈佶烈、石敬瑭、刘知远皆其部落也。垂及于宋太宗之世，而后刘钧之余焰熄焉。祸之必克，岂不信夫！

如黄巢者，何足为深虑哉？裴甫馘矣，庞勋斩矣，王仙芝死于曾元裕之刃，黄巢亦终悬首于阙下矣。浮动之害，气已泄而还自烬，奚能必克也！沙陀据云中、雁塞之险，名为唐之外臣，薄效爪牙之力，而畜众缮备，秣马练士，收余蕃，结鞑靼，聚谋臣，纠猛将，以伺中国之间，为日久矣。介黄巢之乱，聚族而谋，李尽忠、康君立、薛志勤、程怀信、李存璋所共商拥戴者，与刘宣等之推戴刘渊也若出一辙。于是而夺唐之志，或伏或兴，或挫或扬，或姑为顺，或明为逆，三世一心，群力并聚，盘踞云中，南据太原以为根本，虽欲拔之而必不胜矣。刘渊之在离石、西河也，尔朱荣之在六镇、秀容也，唐高祖之在晋阳、汾阳也，皆此地也。外有北狄之援，内有士马之资，而处于中国边鄙之乡，当国者置之度外，而不问其强弱逆顺之情势。岁而积之，月而渐之，狎而亲之，进而用之，虚吾藏以实之，偶一为功，而无识之士大夫称说而震矜之。使之睥睨四顾，熟尝吾之肯綮，幸一旦之有变，人方竞逐于四战之地，而己徐徐以起，是正所谓"厝火积薪之下"者也。然且合中外之早作夜思，竭四海、疲九州之力，以与无根之寇争生死而亟求其安，夫恶知拊吾背、乘吾危以起者，火已得风而薪必尽也！木资火以生，而旋以自焚，岂有爽哉？李克用杀段文楚以据大同，唐不知戒，他日寇急，又延之以入，而沙陀之祸，几百年而始灭，悲夫？

四

无忘家为国、忘死为君之忠，无敦信及豚鱼、执义格鬼神之节，而挥霍踊跃、任慧力以收效于一时者，皆所谓小有才也。小有才者，匹夫之智勇而已。小效著闻，而授之以大任于危乱之日，古今之以此亡其国者不一，而高骈其著也。唐自宣宗以后，委任非人，以启乱而致亡也亦不一，而任高骈于淮南，兼领盐铁转运，加诸道行营都统，其尤也。

使骈而无才可试，无功可录，则虽暗主庸相，偶一任之而不坚。而骈在天平，以威名著矣；在岭南，破安南矣；在西川，拒群蛮矣。计当日受命专征之将相，如曾元裕、王铎者，声望皆不能与之相伉，以迹求之，郑畋且弗若也。而唐之分崩灭裂以趋于灰烬者，实骈为之。

何以明其然也？王仙芝、黄巢虽横行天下，流寇之雄耳。北自濮、曹，南迄岭海，屠戮数千里，而无尺地一民为其所据；即至入关犯阙，走天子、僭大号，而自关以东，自邠、岐以西北，自剑阁以南，皆非巢有；将西收秦、陇，而纵酒渔色于孤城，诚所谓游釜之鱼也。使骈收拾江、淮，趋河、洛，扼其东奔之路，巢且困死于骈之掌上，而何藉乎逆蘖怀奸之朱温、畜志窥天之李克用乎？唐可不亡矣。即不然，而若刘宏之在荆州；又不然，而若韩滉之在江东；息民训士，峙刍粟以供匮乏。则温与克用且仰哺于骈，而可制其生死。二凶亦不敢遽逞其欲，唐亦可不亡矣。而一矢不加于汴、蔡，粒粟不出于河、淮。夫骈固非有温与克用乘时擅窃之成谋也，贵已极，富已淫，匹夫之情欲已得，情欲得而才亦穷矣。

骈之所统，天下之便势也。有三吴之财赋，有淮、徐之劲卒，而由后以观，若钱镠、杨行密、王潮者，皆可与共功名者也。骈忠贞不足以动人，淡泊不足以明志，偃蹇无聊，化为妖幻，闭于闺中，邑邑以死，回视昔之悬军渡海、深入蛮中者，今安在哉？受制妖人，门无噍类，一旦而为天下嗤笑，由是观之，才之不足任也审矣。

但言才，则与志浮沉，与情张弛，一匹夫而已矣。童贯亦有平方腊之功，而使当女真；熊文灿亦有定海寇之效，而使抚流贼；乃至朱儁、皇甫嵩之荡除黄巾而束缚于董卓。乱国之朝廷所倚赖，乱世之人心所属望，皆其不可与有为者也。然后知狄公之能存唐，唯有保全流人、焚毁淫祠之大节；汾阳之靖乱，唯其有闻乱即起、被谤不贰之精忠。大人君子，德轫于中而后才以不穷。富贵不淫，衰老不怯。偶然奋起之小绩，遽委以大猷，"鼎折足，覆公𫗧，其形渥。"此之谓已。

五

刘巨容大破黄巢于荆门，追而歼之也无难；即不能歼，亟蹙其后，巢亦不敢轻入两都。而巨容曰："国家喜负人，有急则抚存将士，不爱官赏，事宁则弃之。"遂逸贼而任其驰突，使陆梁于江外。此古今武人养寇以胁上之通弊也。国亡而身家亦陨，皆所弗恤，武人之愚，武人之悍，不可瘳已！

乃考唐之于功臣也，未尝有醢菹之祸，而酬之也厚，列土封王，泽及子孙，汾阳、临淮、西平赫然于朝右，懿、僖无道，抑未尝轻加罪于效绩之臣，康承训之贬，固有逗挠之实，非厚诬之也，朱邪赤心、辛谠皆裒然节钺矣。巨容所云负人者，奸人之游辞耳，岂果负之哉？则巨容负国之罪，无可逃于天宪矣。

虽然，抑岂非为之君者弗能持正以正人，有以致之乎？人君操刑赏以御下，非但其权也，所以昭大义于天下而使奉若天理也。天下莫喻乎义，则上以劝赏刑威、悚动其心，而使行其不容已。故曰："上好义，则民莫敢不服。"巨容曰："有急则抚存将士，不爱官赏。"是以官赏诱将士于未有勋劳之日，使喻于利而歆动之。寇贼方起，爵赏先行，君臣之义，上先自替以市下。唯天下有乱，不必有功，而可以徼非分之宠荣，贼一日未平，则可胁一日之富贵，恶望其知有君臣之义，手足头目之相卫者乎？巨容之情，非以防他日之见薄也，实以要此日之见重也。

如使寇难方兴之日，进武臣而责以职分之所当为，假之事权，而不轻进其爵位。大正于上，以正人心，奖之以善，制之以理，而官赏之行，必待有功之日。则义立于上，皎如日星，膏血涂于荒郊，而亦知为义命之不容已。及其策勋拜命，则居之也安而受之也荣。虽桀骜之武人，其敢有越志哉？宋太祖以河东未平，不行使相之赏，而曹彬不曰国家负人，诚有以服之者也。

六

取亡唐之贼加之李克用，非深文也。克用父子溃败奔鞑靼，语鞑靼曰："黄巢北来，必为中原患，一旦天子赦吾罪，与公辈南向共立大功，谁能老死沙漠。"论者谓以此慰安鞑靼而自全者，非也。克用之持天下也固，而知必入其掌中，揣之深、谋之定、而言之决也。故其后所言皆验，而卒以此陵唐室，终为己有，夫岂姑以此慰鞑靼之心哉？

当李琢、李可举讨之之日，国昌已老，克用之力未固，黄巢尚在江、淮之间，唐室尚宁，合西北之全力以攻新造之一隅，不敌也。克用知所可用者，从未挫于中国之鞑靼也，故不难舍两镇以去，而北收鞑靼以为己资；又遣李友金伪背己以降而为之内谋；其布腹心之党于忻、代、云中以结人心者，秘密而周悉。可举、琢一胜而幸其逃，弗能问也，赫连铎乃欲赂鞑靼以取之，为其所笑而已。及巢已陷京，李友金募杂胡三万，睥睨偃蹇，阳不听命，而曰："若奏天子赦吾兄罪，召以为帅，则代北之人，一麾响应。"既得召命，克用果以鞑靼万人疾驱而入，士卒皆为用命。则内外合谋，玩唐于股掌，卒如其意，岂一朝一夕之能得此哉？外有鞑靼，内有友金，虽逃奔，愈于固守以抗争也多矣。此克用之险狡，人莫能测其藏者也。

呜呼！使当日者，唐室文武将吏能合困黄巢于长安而歼夷之，则克用之谋夺矣，唐以存，而沙陀之祸息矣。然而克用料之而必中、图之而必成者，何也？沙陀自随康承训立功于徐、泗之日，已目空中国之无人，不能如黄巢何，而必资于己也。奸人持天下之短长，以玩而收之，至克用而极，非刘渊、石勒之能及也。所据者一隅，而睨九州如囊中之果饵，视盈廷之将吏如痿痹之病夫，黄巢、朱温皆其借以驱人归己之鹯獭，是之谓狼子野心，封豕之方伏、长蛇之方蛰者也。

七

黄巢之乱，唐中外诸臣戮力以效节者，唯郑畋一人而已。畋以将佐不听拒贼，闷绝仆地，刺血书表，誓死以斩贼使，不可谓非忠之至；以文吏率数千人拒尚让五万之众，败之于龙尾陂，传檄天下，诸道争应，贡献蜀中者不绝，不可谓非勇之甚，抑不可谓非智之尤；然而一向长安，旋即溃败，凤翔内乱，孤城不保，诸镇寒心，贼益巩固，卒使王铎假手于反复横逆之朱温、包藏异志之李克用，交起灭贼，因以亡唐，而畋忠勋之成效亦毁，则唯不明于用兵之略也。

郭汾阳之收西京、李西平之擒朱泚也，奋臂以前，气可吞贼，而迟回郑重，合兵四集，旁收其枝蔓，乃进而拔其根本，夫岂怯懦而忘君父之急、虚士民之望乎？贼之初终强弱，洞然于心目之间，如果之在枝，待其熟而扑之，易落而有余甘，斯以定纷乱而措宗社于磐石，所谓用兵之略也。

善制胜者，审之明，持之固，智无所矜，勇无所恃，静如山而后动如水，不可御矣。而畋异是。唐弘夫龙尾陂之捷，尚让恃胜而骄，故弘夫得施其智，恶足恃为常胜哉？贼之据长安也方五月，其犷悍之气未衰，其剽掠之毒未偏，其荒淫之欲未逞，其睽离之心未生，畋收新集之孤旅，王处存、王重荣之众方鸠，高骈拥兵而观望，王铎迟钝而不前，乃欲遽入长安，搏爪牙方张之鸷兽，宜其难矣。

且黄巢之易使坐毙也，非禄山、朱泚之比也。禄山植根于幽、燕者已固，将士皆其部曲，结之深、谋之协矣。而自燕徂秦，收地二千余里，逐在皆布置军粮以相给，禄山且在东都，为长安之外援，而不自试于罗网。朔方孤起，东北无援，以寡敌众，以五围十，犹似乎宜急攻而不宜围守以待其困。朱泚虽乍起为逆，而朱滔在卢龙以为之外援，李纳、王武俊与为唇齿，李希烈又梗汴、蔡以断东南之策应，泚虽孤守一城，固未困也。则李西平以一旅孤悬，疑持久而生意外之变。若黄巢，则陷广州旋弃之矣，蹂湖、湘旋弃之矣，渡江、淮旋弃之矣，申、蔡、汴、宋无尺地为其土，无一民为其人，无粒粟为其馈饷，所倚为爪牙者朱温、尚让，皆非素所统御，同为群盗，偶相推奉尔。而以官军计之，王铎拥全师于山南，未尝挫衄，固可以遏贼之逸突。借令畋戢其怒张之气，按兵而逼其西，处存、重荣增兵以压其北，橄铎自商、洛扼同、华以绝其归路，萦之维之，蹙之凌之，思唐之民，守壁坞以绝其刍粟。夫黄巢者，走天子，据宫阙，僭大号，有府库，衮然南面，而贼之量已盈矣。淫纵之余，加以震叠，众叛群离，求为脱钩之鱼，万不得矣。朱温即降，而魄落情穷，但祈免死，贷其命而授以散秩，且弭耳而听命。沙陀后至，知中国之有人，亦得赦前愆、复徽边镇之为厚幸，何敢目营四海，窃赐姓以觊代兴乎？斯时也，诚唐室存亡之大枢，而畋未能及此也，深可惜也。

古今文臣授钺而堕功者，有通病焉，非怯懦也。怯懦者，固藏身于绅笏，而不在疆场之事矣。其忧国之心切，而愤将士之不效死也，为怀已夙，一旦握符奋起，矜小胜而惊喜逾量，不度彼己而目无勍敌，听慷慨之言而轻用其人，冒昧以进，一溃而志气以颓，外侮方兴，内叛将作，士民失望而离心，奸雄乘入而斗捷，乃以自悼其失图，而叹持重者之不可及，则志气愈沮而无能为矣。易折者武士之雄心，难降者文人之躁志。志节可矜，尚不免于偾败，况其忠贞果毅之不如畋者乎？用兵之略，存亡之介也，岂易言哉！岂易言哉！

八

朱温夜袭李克用，其凶狡固不待论，虽然，克用、温之曲直，亦奚足论哉！盖克用、温自决雌雄以逐唐已失之鹿而不两立，犹之乎袁绍、曹操之争夺汉，沈攸之、萧道成之争夺宋也。故曰其曲直不足论也。

当是时，黄巢虽败，而僖宗之不能复兴，王铎辈之不能存唐也，已全堕温与克用心目之中。温目无唐之君臣，克用之目更无温，又岂复有唐之君臣乎？使克用不得脱于温之锋刃，则温之篡也必速。然而篡之速，则其败也可立待也。为贼初降，无功可纪，未得一见天子、受朝廷之命，但仰濡沫于王铎，一旦而袭杀援己之功臣，早已负不直于天下而为众所指攻，即逼天子而夺之，亦黄巢之续，不旋踵而亡，唐尚可存也。且沙陀之众为克用效命也久矣，存勖、嗣源俱年少而有雄才，温亦奚足以逞哉？借此以正温之罪，奋起而诛权借未成之奸，而唐亡一贼矣；克用死，而唐固亡一贼矣。唯其袭杀之不克也，迟温之篡以养其奸，挫克用之逆而归谋自固，是以唐再世而后亡，一亡而不可复。若夫二人之曲直，亦恶足论哉！

无克用而温之篡也不必成；成温之篡者，僖宗之昏，昭宗之躁，自延而进之，张濬、崔胤之徒，又多方以构成之。抑且指沙陀以为兵端，而唐君臣不慊于沙陀者，假手于温以成其恶。不然，则温且不能为董卓，而其乞降之初志，固望为田承嗣、李宝臣而志已得矣。

无温而克用之为刘渊，必也。首发难于大同，其志不吞唐而不已，从鞑靼以来归，一矢未加于贼，早已矫伪诏，胁帅臣，掠太原，陷忻、代，自立根本。及其归镇也，乘孟方立之内乱，夺取潞州，岁出兵争山东，而三州皆为俘掠，野绝稼穑。使不忌朱温之险悍，则回戈内向，僖宗之青衣行酒于其庭，旦暮事也。

温贼耳，狡诈而无定情，吕布之俦也。克用以小忠小信布私恩，市虚名，而养叵测之威，卒使其部落四姓代兴，以异族而主中夏，流毒数世，岂易制哉！岂易制哉！要此二贼之狂矞，皆王铎无讨贼之力，委身而假借之，及其相攻，坐视而不能制，则铎延寇之罪，又出康承训之上。使二贼者，视唐为虚悬之器，相竞以夺，其曲其直，又孰从而辨之乎？

九

"作善，降之百祥；作不善，降之百殃。"善不善之分歧不一矣，而彝伦为其纲。彝伦攸叙，虽有不善者寡矣；彝伦攸致，其于善也绝矣。君臣者，彝伦之大者也。"君非民，罔与立；民非君，罔克胥匡以生。"名与义相维，利与害相因，情自相依于不容已，而如之何其致之！君惟纵欲，则忘其民；民惟趋利，则忘其君。欲不可遏，私利之情不自禁，于是乎君忘其民而草芥之，民忘其君而寇仇之，夫乃殃不知其所自生，而若有鬼神焉趋之而使赴于祸。君之身弑国亡、子孙为戮，非必民之戕之也，自有戕之者矣；民之血膏原野、骴暴风日者，非必君之剿绝之也，自有剿绝之者矣。故曰百殃。百云者，天下皆能戕之、剿绝之，而靡所止也。

唐自宣宗以小察而忘天下之大恤，懿、僖以淫虐继之，民怨盗起，而亡唐者非叛民也，逆臣也。奔窜幽辱，未酬其怨，而昭宗死于朱全忠之手，十六院之宗子，骈首而受强臣之刃，高祖、太宗之血食，一旦而斩。君不仁以召百殃，既已酷矣，而岂徒其君之酷哉？李克用自潞州争山东，而三州之民俘掠殆尽，稼穑绝于南亩；秦宗权寇掠焚杀，北至滑、卫，西及关辅，东尽青、齐，南届江、淮，极目千里，无复烟火，车载盐尸以供糇粮；孙儒攻陷东都，环城寂无鸡犬；杨行密攻秦彦、毕师铎于扬州，人以堇泥为饼充食，掠人杀其肉而卖之，流血满市；李罕之领河阳节度，以寇钞为事，怀、孟、晋、绛数百里间，田无麦禾、邑无烟火者，殆将十年；孙儒引兵去扬州，悉焚庐舍，驱丁壮及妇女渡江，杀老弱以充食；朱温攻时溥，徐、泗、濠三州之民不得耕获，死者十六七。若此者凡数十年，殃之及乎百姓者，极乎不忍见、不忍言之惨。夫岂仅君之不善、受罚于天哉？不善在君而殃集于君，杀其身，赤其族，灭其宗祀，足相报也。天岂无道而移祸于民哉？则民之不善自贻以至于此极，而非直君之罪矣。

天子失道以来，民之苦其上者，进奉也，复追蠲税也，额外科率也，榷盐税茶也。民辄疾首以呼、延颈以望，曰：恶得天诛奄至，易吾共主，杀此有司，以舒吾怨也！及乎丧乱已酷，屠割如鸡豚，野死如蛙蚓，惊窜如麋鹿，馁瘠如鸠鹄，子视父之剖胸裂肺而不敢哭，夫视妻之强搂去室而不敢顾，千里无一粟之藏，十年无一荐之寝，使追念昔者税敛取盈、桁杨乍系之苦，其甘苦何如邪？则将视暗君墨吏之世，如唐、虞、三代而不可复得矣。乃一触其私利之心，遽以不能畜厚居盈为大怨，诅君上之速亡，竞戴贼而为主，举天下猖猖蠚蠚而相怨一方，忘乎上之有君也。忘乎先世以来，延吾生以至今者，君也；忘乎偷一日之安，而尚田尔田、庐尔庐者，君也。其天性中之分谊，泯灭无余，而成乎至不仁之习也，久矣！积不善而殃自集之，天理周流，以类应者不测，达人洞若观火，而怙恶者不能知，一旦沓至，如山之陨，如水之决，欲避而无门，故曰百殃也。

夫民之愚夙矣，移之以使作善者君也，则君固不得辞其咎矣。而匡维世教以救君之失，存人理于天下者，非士大夫之责乎？从君于昏以虐民者，勿论已；翘然自好者，以诋讦为直，以歌谣讽刺为文章之乐事，言出而递相流传，蛊斯民之忿懥以诅咒其君父，于是乎乖戾之气充塞乎两间，以干天和而奖逆叛，曾不知莠言自口而彝伦攸斁，横尸流血百年而不息，固其所必然乎！古之君子，遇无道之君，去国出奔，不说人以无罪，故三代立国千年，而无屠割赤地之惨。作善之祥，岂徒在一人哉！

十

孟子曰："民为贵，社稷次之，君为轻。"因时之论也。当其时，文、武之泽已斩，天下忘周而不以为君，周亦忘天下而不自任为君，则君子虽欲自我君之而不能。若夫六王者，非篡逆之臣，则介在戎狄，无异于酋帅，杀人盈野，以求君天下而建社稷，君非君而社稷亦非社稷矣，故轻也。君与社稷轻，而天所生之人，不可以无与立命，则苟有知贵重其民者，君子不得复以君臣之义责之，而许之以为民主可也。

黄巢既灭之后，僖宗乐祸以逞志，首挑衅于河东。朱温，贼也；李克用，狄也；起而交争。高骈、时溥、陈敬瑄各极用其虐；秦宗权、孙儒、李罕之、毕师铎、秦彦之流，杀人如将不及。当是时，人各自以为君，而天下无君。民之屠剥横尸者，动逾千里，驯朴孤弱之民，仅延两间之生气也无几。而王潮约军于闽海，秋毫无犯；王建从綦母谏之说，养士爱民于西蜀；张全义招怀流散于东都，躬劝农桑；杨行密定扬州，辇米赈饥；成汭抚集凋残于荆南，通商劝农。此数子者，君子酌天地之心，顺民物之欲，予之焉可矣。存其美，略其慝，不得以拘致主帅之罪罪王潮，不得以党贼之罪罪全义，不得以僭号之罪罪王建，不得以争夺之罪罪行密，不得以逐帅自立之罪罪成汭。而其忘唐之尚有天子，莫之恤而擅地自专者，概可勿论也。

非王潮不能全闽海之一隅，非王建不能保两川于已乱，非全义不能救孙儒刃下之余民，非行密不能甦高骈虐用之孑黎。且其各守一方而不妄觊中原，以糜烂其民，与暴人争衰王。以视朱温、李克用之竭民肝脑、以自为君而建社稷，仁不仁之相去，岂不远哉？呜呼！至是而民为重矣。非倚之以安君而卫社稷之谓也，视其血染溪流、膏涂原草者，虽欲不重之，而有人心者固不忍也。君怙恶以殃民，贼乘时而行其残忍，民自不靖而旋以自戕，三者皆祸之府也。而民为可矜也。何也？屠刈流离之民，固非尽怨上行私、延首待乱之民也。天且启数子之心，救十一于千百，而亦可以为民之主矣。

昭宗

一

"国家将亡，必有妖孽。"妖孽者，非但草木禽虫之怪也，亡国之臣，允当之矣。唐之乱以亡也，宰执大臣，实为祸本。大中以来，白敏中、令狐绹始祸者也，继之以路严、韦保衡之贪叨无厌而已极；然其为人，鄙夫耳，未足以为妖孽也。草木之妖，亦炫其华；禽虫之孽，亦矜其异；未尝一出而即害于人。及其后也，草木之妖，还以自萎；禽虫之孽，还以自毙；无救于己，而徒以乱天下。人而如斯，其中不可测，其得失不可致诘，竭慧尽力，冒险忘身，巇巇荧荧，唯以亡国败家为见长之地，身为戮，族为夷，皆其所弗虑也，斯则为妖孽而已矣。张濬、崔昭纬、崔胤、孔纬、李溪是已。而萧遘、杜让能心知不可，黾勉而从之波靡，亦妖风所袭，失其精魄者也。

华歆、郗虑之亡汉以建魏也，刘穆之、傅亮之亡晋以建宋也，皆有为为之也。而此数人者，未尝有夹辅朱温以篡唐之定计。当张濬劝州牧以输粮，孔纬捐病妻而赴阙，不谓有效忠于国之劳而不得；其激昭宗以挑衅于晋、召祸于汴也，抑非有亡唐以成他人篡夺之心。不知其何所挟持，而唯恐兵之不起、乱之不滋、宗社之不危、生民之不死。宗社危，生民死，则身戮族夷，亦其所甘心而快志者，非妖孽而何为狂迷之如此哉？进而详核其心，有小慧而欲试耳，有小才而思仇耳，贪一日宰辅之权，使克用、温之或畏己或亲己以耸动天下而已耳。桃李不蕊而乍荣于冬，麋麂无择而游于市，使天下知己之能为祸福于乱世，则死固不忧。呜呼！人之如斯，晋而与谋国，国欲不亡，必不可得矣。

僖宗未自蜀归之日，天下尚可为也。郑畋即未能定乱，而慷慨忠愤，为天下人望之归，受将相而不辞，诚有弗容辞者，非技痒热衷而贪高位也，僖、昭之际，岂复得为朝廷哉？河东叛，朱邪攘臂而仍之，岐、邠构难于肘腋，关以东，朱温、时溥、孙儒、高骈、李罕之、朱瑾战垒相望，天子孤守一城，不能当一县令，即为宰相，如鄙夫之志欲安富尊荣者，何有于是，稍有知者，非誓以一死报宗庙，则必视为荆棘犴狴而不能一朝居，岂忍效濬、昭纬、胤、纬、溪之奔骛如狂哉？萧遘、杜让能且以端人自命，夫亦念何忠之可效，何功之可成，而营营汲汲于平章之虚号，何为者也？非愚也，狂也，是亦桃李之荣于冬，麋麂之游于市也。妖风方熇，荡之扇之，相逐而流，自好者不免焉，亦可悲矣！

生斯时也，郑遨尚矣！陈搏托游仙以自逸，其亦可矣；司空图、韩偓进不能自靖，而退以免于污辱，其尚瘥乎！又其下者，梁震、罗隐、孙光宪之寓食于偏方，而不为乱首；更不能然，则周庠、严可求、韦庄小效于割据之主，犹知延祸之非，而苟免于天人之怨怒。若张濬之流，窃卫主之名，贪晨霜之势，含毒起秽，以速君之死亡，而血流于天下。呜呼！至此极矣！故曰妖也。

二

刘巨容能烧药为黄金，田令孜求方不与而见杀，非巨容之吝于与也，其术甚陋，不可以告人也。术之甚陋者，盖即今市井小人以汞与铜为赝金银，欺不识者以仇其奸而已矣。天下岂有能烧药为金者哉？土之可为甓也，木之可为炭也，米之可酿为酒、铅之可炼为粉也，天下别无甓、炭、酒、粉，而待人以成之。若夫金，则既有之矣。生于矿中者，自有其质；炼于火、汰于沙者，自有其方；成乎形质者，自有其物。煮桔梗以甘香之味，似参而固非参；炼硝石为轻白之状，似硇而固非硇。市井小人之术，欲以欺人，则必秘之而不告人以方；告人以方，则奸穷不仇，而有识者且唾其面矣。是以方士秘之，以死护之，由其秘可以知其奸，可以知其陋矣。

夫其奸以藏陋者，为术甚易，而理固无难辨也。自汉武帝惑于方士，而天下惑之，刘子政以儒者而淫焉。施及后世，天子以服食丧身，匹夫以烧丹破产，畏死而得夭，贪富而得贫，则何如市井小人公然为伪，虽伏罪而不至于死亡哉？

且夫金银之贵，非固然之贵也。求其实，则与铜、铅、铁、锡也无以异；以为器而利用则均，而尤劣也；故古者统谓之五金。后世以其约而易赍也，遂以与百物为子母，而持以求偿，流俗尚之，王者因之，成一时之利用，恶知千百世而下，无代之以流通而夷于块石者乎？本不足贵，而岂有神异之术化他物以成之者。然则铜、铅、铁、锡逮于块石，抑将有药术焉可化而成哉？甚矣！贪而愚者之不可瘳也。刘巨容可自致于高位，而能奋勇以破黄巢，然且身死而族灭，盖为伪金以欺天下，鬼神之所弗赦也。要其术，则市井小人为锻工者之陋技而已矣。

三

曹操、袁绍，皆汉贼也；朱温、李克用，皆唐贼也；其争欲篡夺之心，两不相下之势，一辙也。乃曹操挟天子为名以攻袁绍而胜，张濬奉天子倚朱温攻克用而败。盖献帝之在许也，四方无一旅之可指使，一唯操之是听，故操无所掣而得行其意。昭宗犹有河朔三镇及昭义之军与韩建之众，瀋持两端，忌温而挠之，且恐昭义为温所得，争先轻进，是以温志不决而独受敌以溃。由此言之，则汉处必不能存之势，而唐犹可存，谋国非人，以致倾覆，所谓"匪降自天"也。

藉令得贤主良相，怀辑未叛之藩镇，收拾禁旅，居关中以静持之，斥汴、晋之奸交，绝其奏讦，听其自相搏噬，乘其敝而折之，二寇之气，偾张而必竭，不难制也。而昭宗君臣非其人也，是以速亡。

乃由温、克用而言之，温岂能为曹操乎？操假名义以行，而务植根于深固；温则贼耳，凶狡以逞，利人之斗，乘之以窃利，力不足以胜天下，而挑天下以敝，乃以自雄。

其与张瀋合谋而攻克用也，朝廷方倚河朔以捣晋阳之东北，而温攻魏博以幸其疲而收利。盖其许昭宗以讨克用，有两利之术焉，不必其亡克用也。克用而败邪？是张瀋为我灭一巨敌也；克用既亡，己乃服罗弘信于魏博，收张全义于东都，扼唐而困之关中，北无晋阳之难，专力以起亡唐，此一利也。克用而胜邪？克用且负抗拒王师之辜于天下，而己可因之以饵唐而折入于己；且克用胜，唐已残而不复能振，是克用为我效驱除之力也。

曹操务定天下之乱，而居功于己以收之；温则务构天下之乱，而己乘其纷以制之。利天下之乱者，未有能成者也；是以温能灭唐，仅有中原之一线，而速亡于李存勖之手。藉令温乘张瀋之谋，举全力以攻克用，克用平，而河北三镇固不能与争，持定难之大功，以挟天子、令诸侯，同、华、西川孰能与竞，徐起而收曹操、刘裕之成局，温之于天下，可八九得也。夫温于时不臣之恶未著，所负不义之名于天下者，独悖援己之惠于克用耳。克用于温有恩，而于唐则固贼也。凶狡不知名义，抑无尺寸定乱之功，霸业终以不成，徒逞枭獍之心以食君父，故曰温贼也，非曹操所屑与后先者也。

国虽将亡，犹有图存之道；臣虽甚逆，犹有居胜之术；两俱不能，而后使沙陀四姓交乱中国者数十年，而契丹乘之，意者其天乎！

四

　　所谓智士者，非乘人而斗其捷以幸胜之谓也。周知于得失成败之理，而避人之所竞，弃人之所取，以立本而徐收安定之功也。李左车欲扼韩信于险，一战之克耳，非必能全赵也，未足称智也；而说韩信以不战而收河北，民以宁，军以全，保胜而服未平之寇，则真大智之用也，信能听之以成功，功归信矣。于西川、淮南得两智士焉。王先成说王宗侃以招安而下彭州；高勖说杨行密通商邻道，选守令，课农桑，而保淮南。智矣哉！非只以成王建割据之资，赞行密定霸之业也，而救民于锋刃之下，以还定而安集之，仁亦溥矣。

　　盖所谓智者，非挟机取捷之术，而是是非非之准也。挟机取捷以仇术于乱世，一言而死者积矣，害且伏于利之中矣。是是非非者，所以推行其恻隐之大用，平英雄之气，顺众庶之欲，功不速、利不小、而益无方者也。此两者固相妨矣，小智之所争，大智之所不屑也。天下方纭纭以起，利害生于俄顷，虽有英杰之姿，目眩心荧，贪逐于利害之小数而忘其大。智者立于事外，以统举而周知之，辨仁暴之大司，悉向背之殊致，见穴中之角逐，皆鹬斗蚁争之末技，乃以游于象外，而得其圜中。苟非其人，则且笑以为迂拙之图，而孰令听之？王建、杨行密之决从二子也，亦不可谓非智也。何也？智者之言，愚者之所笑也。

五

　　据地以拒敌，画疆以自守，闭米粟丝枲布帛盐茶于境不令外鬻者，自困之术也，而抑有害机伏焉。夫可以出市于人者，必其余于己者也。此之有余，则彼固有所不足矣；而彼抑有其有余，又此之所不足也。天下交相灌输而后生人之用全，立国之备裕。金钱者，尤百货之母，国之贫富所司也。物滞于内，则金钱拒于外，国用不赡，而耕桑织纴采山煮海之成劳，委积于无用，民日以贫；民贫而赋税不给，盗贼内起，虽有有余者，不适于用，其困也必也。

　　如其曰闭关以扼敌于枵乏，言之似是，而适足为笑耳。凡诸物产之为人所待命以必求其相通者，莫米粟若矣，闭粜则敌可馁，此尤说之可据者，而抑岂其然哉？苟迫于饥馑而金钱可支也，则逾绝险以至者，重利存焉，岂至怀金以坐毙哉？即有馁而道殣者，抑其老弱耳，国固未尝乏可用之丁壮也。夫差许越粜而越灭之，夫差之骄悖，宰嚭之奸邪，自足以亡国，而岂许粜之故乎？晋惠公背秦施而闭粜，兵败身俘，国几以亡。剿绝生人之命以幸灾而侥胜，天之所怒，人之所怨，三军万姓皆致死于我，而吾国之民，抑以徒朽其耕获之资，不获盈余之利，怨亦归焉。欲不败亡，不可得已。米粟者，彼己死生之命，胜败之司也，其闭之也，而害且若此。又况其他余于己而待售之货，得以转易衣被器械养生送死之具者，为立国之资，而金钱去彼即此，尤百为之所必需，以裕国而富民，举在是乎？

且不徒此也，禁之者，法之可及者也；不可禁者，法之所不可及者也。禁之于关渡之间，则其售之也愈利，皇皇求利之民，四出而趋荒险之径以私相贸，虽日杀人而固不可止。强豪贵要，于此府利焉，则环吾之封域，无非敌人来往之冲，举吾之人民，无非敌人结纳之党，阑入已成乎熟径，奸民外告以腹心，间谍交午于国中而莫之能御，夫且曰吾禁之已严，可无虑也。不亦愚哉？

夫唯通市以无所隐，而视敌国之民犹吾民也，敌国之财皆吾财也，既得其欢心，抑济吾之匮乏，金钱内集，民给而赋税以充，耕者劝耕，织者劝织，山海薮泽之产，皆金粟也，本固邦宁，洞然以虚实示人，而奸宄之径亦塞。利于国，惠于民，择术之智，仁亦存焉，善谋国者，何惮而不为也？

高勖劝杨行密悉我所有、邻道所无者，相与贸易以给军用，选守令，课农桑，数年之间，仓廪自实。行密从之，垂至于李氏有国，而江、淮之民，富庶甲天下，文教兴焉。田頵称之曰："贤者之言其利溥。"不洵然与？

六

藩镇交横于外，则任亲军以制之，乃李茂贞以亲军跋扈尤甚于藩镇，昭宗凝目四注，无可任之人，乃出曹诚等于外，而令诸王统兵以宿卫，盖不得已之极思耳，然亦未尝非计也。南阳诸刘，卒灭王莽矣；琅邪渡江，晋以延矣；康王南避，宋以支矣；刘焉、刘表不救汉亡，而高帝之祀后曹氏而斩者，犹豫州也。故《诗》曰："宗子维城。"岂虚也哉？

乃昭宗聚群宗子使领亲兵而任之，卒以陷之死地，至于哭呼宅家而莫之能救，宗子尽而身随以弑，国随以亡，岂天厌李氏而不足以动天下之心乎？朱邪、存勖以异类，徐知诰以不知谁氏之子孙，冒宗支而号召以兴；然则李氏之裔仅有存者，人心未尽忘唐也。而骈死凶刃，至于卒斩，则昭宗实使之然，而非宗子之不可任也。任之已晚，而抑非其地也。

树宗子于四方，各有所据以立基，而即用其人，人皆为用也，则成败不可知，抑此仆而彼起。刘虞死于燕，刘琮降于楚，而先主可兴于蜀；南阳王败死于陇右，而元帝可兴于吴。昭宗不早图此，而待分崩孤立之日，合聚诸王于孤城，拥乌合之罢民，号令不出于国门，以与封豕长蛇争生死，一败而歼焉，李氏安得有余烬哉？盖至是而欲众建之方隅，以与王室相维系也，难矣。

僖宗之自蜀返也，天下虽已割裂，而山南、剑南、河西、岭南犹王土也；西川虽为逆阉之党，而车驾甫旋，人犹知有天子。于斯时也，择诸王之贤者分领节镇，收士民、练甲兵、以为屏翰，尚莫之能御也。至于昭宗之世，王建据西川矣，王潮据剑南矣，刘隐据岭南矣，成汭、周岳、邓处讷先后分有荆南及湖南矣，河西为邠、岐所阻，不能达矣。即欲散置诸王为牧守，以留李氏子孙不绝之系，不可得矣。不予之以兵，则落拓民间而降于编氓；予之以兵，则召祸不敌而阖室芟夷。时非可为，地无足恃，其不如赐姓之夷族、冒宗之庶姓，犹堪以虚号诧天潢而自帝自王也，必矣。读史者所为览存勖、知诰之称唐，而重为李氏悲也。

七

两国相距，而介其闲者输敌情以相告，唯智者为能拒之；暗于计者，倚之为耳目，则大害伏于左侧而不知。夫于我无大德，于彼无大仇，而蹈危机以与人胜败安危之大故，不虑其泄而祸必及己也，此则何心，不待再计，知其动于利而已矣。利者，无往而不得者也。奸人窥之而知其微，因而持之而得其妙，利在此，则输彼之情以与此，利在彼，则输此之情以与彼，反掌之间而已。而不但然也，方其输彼情于我，即可得我情而输于彼。必其输我之情于彼，而后得彼之情以输于我。操之纵之，阳之阴之，可以立小信，可以诧先几，浮弋而获以侥功，夸大其辞、容易其谈以诱引，微示以利，而导敌以实其言，于彼无怨，于此无罪，悠然于凶危之地而无所忌畏。如是者，得利于我，而即得利于彼。一挑一引，迷乱人之大计，以迄于危败。乃其利则已两得之矣。此不待再计而知者也。

言兵者曰"知彼知己"，恃吾之知而已。其大势如此，其要归如此耳，恶用此嗫嚅耳语、乍惊乍喜者哉？是以智者坚拒之，而不使乱我之耳目。自非怀忠感德、得当而为内应者，与夫猝至不期问而答者，勿容听也。此两敌相距、勿贰尔心之枢要也。而中国之用夷也，为尤甚焉。与为难者一夷也，介于其侧、伏而未动者又一夷也，则且两持其命而蛊我以效顺之忧。实欲倾我而姑与我通以市利于彼，间输彼浮薄之情以坚吾之信。我进则老之，我守则诱之，我大败而不能责彼之相误。至愚者诧为秘密之机而自矜外助，卒之小以残我边疆，大则害及宗社。古今之庸主暗臣、堕其阱中者，败亡相积，而倾覆之后，徒增追论之痛哭。使能早却其游词而绝之，岂至是哉？

于是而王建之识，不可及矣。黎、雅三部浅蛮岁赐缯帛，使觇南诏蛮，反取赂南诏，诇我虚实，建绝其赐而斩部将之与蛮交通者，自此群蛮戢服，而终五代以迄宋，南诏不入寇扰，皆建之善谋善断以窒乱源也。

呜呼！岂徒守边御夷、阻关拒敌者之宜然哉？君有不听令之臣，父有不若训之子，上有交相构之友，顺则绥之，逆则折之，存乎情与理而已。宵小居中，乘吾恶怒以居间，而发其隐慝以相告者，皆乐人之祸以取利者也。且此暮彼，递相诇扇，固无恒也。以此而贼恩酿祸，如陈侯溺之于公子招、隋文帝之于杨素，身死其手，而犹以为忠者，古今相积，不可胜道。则拒塞游说以一军心，岂徒将兵者之宜然？而瑱纩以塞耳目，又岂徒为君父者之当慎哉！

八

挟天子以令诸侯而威服天下，自桓、文始。曹操袭其迹，因以篡汉，二袁、吕布、刘表不能与之争，此奸雄已试之成效，后起者所必袭也。乃克用连兵入寇，朱温方构难徐、郓而不问；王行瑜、韩建、李茂贞劫逐天子，朱温坐视而不恤；李克用既讨平之，乃听盖寓之言，不入见而还镇；李茂贞犯顺，昭宗如华州，困于韩建，全忠在汴，扣关以奔驾也甚易，而方南与杨行密争，不一问也；及刘季述以无援之宦竖废天子幽之，崔胤召温以入，而尚迟回不进，让复辟之功于孙德昭；克用则方治城自保，而念不及此。何此二凶者，置天子于三数叛人之手，不居之以为奇货；而善谋如盖寓，亦不能师荀彧之智，以成其主之篡夺；岂其智之未逮而力之不能也与？

天下之理，顺逆而已。顺者，理之经也；逆者虽逆，而亦有逆之理焉。溯危滩而上者，楫折牵绝而可济，以其所沿之流，犹是顺流之津也。夫桓、文之津，岂温与克用之所可问哉？桓、文定王嗣，反王驾，北讨戎，南服楚，通诸侯之贡于周京，故召王受锡而诸侯敛袵，诚有以服天下之心，固非温、克用之所可企及已。

即若曹操，奋起以讨董卓，几捐生于荥阳，袁绍、韩馥欲帝刘虞，而坚于西向，退居许下，未尝敢以一言忤天子也。献帝为李、郭诸贼所逼，露处曹阳，茕然一夫耳，汉室群臣救死不遑，而奚问天子？董承、杨奉微弱，而徒然骄蹇，操以礼奉迎，使即一日之安；虽心怀逆节，而所循之迹，固臣主之名义，是逆而依理之顺以行，以其初未有逆也。

李克用以异类而怀野心，父子承恩，分受节钺，忽动刘渊之逆志，起而据云中以反。既败而走，结鞑靼以窥中国，幸黄巢之乱以阑入，寸效未展，先掠河东，黄巢困蹙已极，薄收收复之绩，结王重荣以拊长安之背，流矢及于御座，公为国贼而莫之忌。其偶胜岐、邠斩行瑜也，天下固知其非为国讨贼而只以自雄也。乃欲袭义以奉天子、制雄藩，立败之术耳。盖寓知而止之，克用亦自知其非曹操矣。

朱温则盗耳，王铎无识，而假之以权，掠击自擅，无丝发之功于唐室。若令遽起乘危，握天子于股掌，天下群起而攻之，曾王行瑜、韩建之不若。故温自知其不可，而李振、敬翔亦不以此为之谋。假义者，必有在己之义可托；身为叛贼之魁，负大不义于海内，而奚托哉？故唯坐待人之亡唐而后夺之，其志决也。

以势言之，温与克用所亟争者，河北也。河北归汴，则扼晋之吭；河北归晋，则压汴之脊。刘仁恭、王镕、罗弘信、李罕之、朱瑄、朱瑾，横亘于其间，温屡败矣，克用则危矣。借令竭全力以入关中而空其巢穴，温入长安，则克用会河东以牵河北，渡河以捣汴，而温坐毙。克用入长安，则温率洛、蔡、山南以扣关，而燕、赵、魏、潞捣太原以拔其本根，而克用立亡。义不可假，名无可尸，而抑失形势以自倾，故皆知其不可。且畜力以求功于河北，置孤危之天子于狡竖阉人之手，使促之以亡而后收之。是以刘季述之逆，温且迟回不进，朱温之篡弑，李克用不兴缟素之师。温利克用之逆，克用亦利温之弑，其情皆穿窬也。岂徒不能托迹桓、文哉？曹操之所为，抑其不能以身任之者也。故崔胤已为内主，李振谏使人讨，温尚聊遣蒋玄晖因胤以谋，而自引兵向河中，置长安于缓图，如此其不遽也。然且篡唐而仅得天下八九之一，不十年而遽亡。不能如曹操，则固不能如其雄峙三分而传之数世也。

至仁大义者起，则假仁假义者不足以动天下，商、阉之所以速灭也。无至仁大义之主，则假仁义者犹足以钳制天下，袁绍之所以不能胜曹氏也。至于欲假仁义而必不得，然后允为贼而不足与于雄杰之数，视其所自起与其所已为者而已。以曹操拟桓、文，杜蘅之于细辛也；以朱温、李克用拟曹操，瓦砾之于碔砆也；此其不可强而同者也。

九

李克用按兵自保，大治晋阳城堑，刘延业谏其不当损威望而启寇心，克用赏以金帛，而修城之役不为之辍。夫自处于不亡之势，以待天下之变，克用之处心择术，以此为谋久矣。其明年，朱温果陷泽、沁、潞、辽，直抵晋阳城下，攻不能克而返。克用知温之志，固思灭己而后篡唐，抑知温之所急者在篡唐，固不能持久以敝我也，城坚不可拔，而温且折矣。

李茂贞之劫驾，温篡之资也；温挟主以东而篡之，克用之资也。幸之以为资，而克用之为谋也尤固。身既数为叛逆，不能假存唐之名以利于篡；威望未张，又不能尸篡唐之名以召天下之兵；迟回敛翼，置天下于不问，以听其陆沉，而可谢咎以持温之短长，克用之狡也。然至是而克用为稍循于理矣。修守备、休士卒以自强，而纳李袭吉之言，训兵劝农，以立开国建家之本，则不但李茂贞、韩建辈之所弗逮，朱温亦远出其下矣。训兵务农者，图王之资也；修城治堑者，保国之本也；刘延业恶足以知之？而曰"宜扬兵以严四境"。柈于内而张于外，亡而已矣。

然而克用之赏延业者，何也？其自保以观变之心，不可令部曲知之；知之则众志偷矣。延业能为夸大之言，以作将士之气，故赏之以劝厉士心，此克用之所以狡也。己不然，而怒之；己所然，而喜之；则庸人之所以危亡也。

十

王抟之为相也，以明达有度量见称于时，观其进言于昭宗者，亦正大明恺而有条理，似有陆敬舆之风焉。呜呼！唐于是时，敬舆在，亦必不欲居密勿以任安危，不能也，故不欲也，而况于抟乎？

德宗多猜而信谗矣，然遇事能思，不至如昭宗之轻躁以无恒也。德宗之廷，奸佞充斥矣，然心存固宠如卢杞、裴延龄耳，不至如张濬、崔昭纬、崔胤之外结强藩以鬻国也。德宗之侧，宦竖持权矣，然恶正导欲如霍仙鸣、窦文场耳，不至如刘季述、韩全海之握人主死生于其掌也。德宗之叛臣，交起纵横矣，然蹶起无根如朱泚、李希烈耳，不至如朱温、李克用之植根深固必于篡夺也。而德宗抑有李晟、浑瑊、马燧之赤心为用，故李怀光虽叛，不敢逼上而屏迹于河中；而昭宗则无人不起而劫之，曾无一旅之可依也。夫时异而势殊，既如此矣。然则敬舆而处昭宗之世，君笃信之，且不能救唐之亡，况抟之于敬舆，其贤愚之相去，本非等伦，不可以言之近似而许之也乎！

敬舆之为学士篹中制也，一言出，一策行，中外翕然以听，卢杞之奸，莫之掣曳，岂徒其言之得哉？有以大服其心者在也。抟之篹仕不知几何时，而一旦跻公辅之列，天下初不知有其人，则素所树立者可知；德不如也，则威不如矣。敬舆于扶危定倾之计，规画万全，上自君心，下达民隐，钱谷兵刑、用人行法，皆委悉其条理，取德宗之天下巨细表里，一一分析而经理之。而抟则唯一计之得耳，其曰"宜俟多难渐平，以道消息"，是已。顾问多难何恃以渐平，则道亦穷矣；才不如也，则权不如矣。敬舆之得君也至矣，然逐卢杞、吴通玄而敬舆仍守学士之职，匪直让邺侯于首揆已也，并窦参、董晋而不欲躐居其上。扥德威不立，才望不著，一旦而立于百僚之上，于时天子虽弱，而宰相犹持天下之权，逆臣且仰其进止，固有恩怨交加、安危系命之巨责焉；不揣而遽任之，与顽鄙无借之李溪、朱朴旅进而不惭，是亦冒昧荣名、不恤死辱者耳。以视敬舆之栖迟内制、不易爱立者何如？节不如也。节不如，而以任扶危定倾之大计，"负且乘，致寇至，盗思夺之"。凶，其可免乎？

人臣当危乱之日，欲捐躯以报主，援亡国而存之，抑必谨其进退之节，不苟于名位。而后其得也，可以厌服奸邪之心；即其不然，身死国亡，而皎然暴其志行于天下。今置身其列，凝目而视之，居此位者，非崔胤之逆，则朱朴辈之蝇营狗苟者，而屑与之并立于台座哉？且即其言而论之，以止昭宗之躁率，置宦寺于缓图，昭宗弗听，惑于崔胤以召祸，扥乃伸其先见之明耳。然令如扥之言，养宦官之奸，姑任其恶，又将何所底止邪？激李克用之反者，田令孜也；成韩建之恶、肆囚主之凶者，刘季述也；通李茂贞以劫驾者，韩全诲也。至此时，而宦官与外镇逆臣合而相寻于祸乱，唐不亡，宦官不自趋于杀尽而不止，安得有外难平而以道消息之日乎？其言似也，而又验。虽然，抑岂有可采之实哉？

十一

唐之将亡，无一以身殉国之士，其韩偓乎！

偓之贬也，昭宗垂涕而遣之，偓对曰："臣得贬死为幸，不忍见篡弑之辱。"斯闻者酸心、见者裂肝之日也。而偓不仰药绝吭以死于君侧，则偓疑不得为捐生取义之忠矣。然而未可以责偓也，君尚在，国尚未亡，无死之地；而时方贬窜，于此而死焉，则是以贬故死也，匹夫匹妇之婞婞者矣。

偓去国而君弑，未几而国亡，偓之存亡无所考见，而不闻绝粒赴渊以与国俱逝，此则可以死矣，建文诸臣，所以争光日月也，而偓不逮。乃以义审之，偓抑可以无死也。伪命不及，非龚胜不食之时，而谢枋得卖卜之日也。湮没郁抑以终身，则较家铉翁之谈经河上为尤遂志耳。纣亡而箕子且存，是亦一道也。

人臣当危亡之日，介生死之交，有死之道焉，有死之机焉。蹈死之道而死者，正也；蹈死之道而或不死者，时之不偶也；蹈死之机而死者，下愚而已矣。

昭宗反辟，刘季述伏诛之谋，偓与赞焉，蹈死之道一也。王抟请勿听崔胤之谋，杀宦官以贾祸，胤怒而诬杀之；偓为昭宗谋，亦云"帝王之道，当以重厚镇之，此曹不可尽诛以起祸"，其忤胤也与抟同，蹈死之道二也。韦贻范求宦官与李茂贞，起复入相，命偓草制，偓坚持不草，中使曰："学士勿以死为戏。"茂贞曰："学士不肯草制，与反何异？"蹈死之道三也。从昭宗于播迁幽辱之中，白刃之不加颈者一线耳，而守正不挠，季述不能杀，崔胤不能杀，茂贞不能杀，非偓可取必于凶人之见免也，偶然而得之也。乃偓之终不蹈死之机，则爱其生以爱其死，固有超然于祸福之表者也。

姚洎之将入相也，谋于偓，而偓告以不就，为人谋者如是，则自为之坚贞可知矣。苏捡欲引为相，而怒曰："君奈何以此相污！"昭宗欲相之，则荐赵崇、王赞以自代。其时之宰相，皆汴、晋、邠、岐之私人，树以为内主者也。权虽倒持于逆藩，而唐室一即一离之机犹操于宰相，尸其位，则已入其彀中，而奸贪之小人趋入于阱中，犹见荣焉，此所谓死之机也。偓惟坚持必不为相之节，抑知虽相而无救唐亡、只以自危之理；且知虽不为相而可以尽忠，唯不为相而后可尽忠于主之势。故晋人不疑其党汴，汴人不疑其党岐，宦官不疑其附崔胤，胤不疑其附宦官。立于四虚无倚之地，以卫孤弱之天子而尽其所可为，疑忌浅，怨毒不生，虽茂贞且愧曰："我实不知书生礼数。"而恶亦息矣。此其可生、可死、可抗群凶而终不蹈死之机者也。

无死之机，是以不死；履死之道，是以不辱。若偓者，其以处危亡之世，诚可以自靖焉矣。其告昭宗曰："万国皆属耳目，不可以机数欺之，推诚直致，日计不足，岁计有余。"其奉以立身也，亦此道也夫！

十二

宰相数易，则人皆可相，人皆可相，则人皆可为天子之渐也。宰相之于天子，廉陛相蹑者也，下廉夷而上陛亦陵。唐高宗用此术也，以轻于命相，故一妇人谈笑而灭其宗祀，替其冢嗣，裴炎、傅游艺夷之，武三思、承嗣因而陵之，相因之势也。高宗承全盛之宇，戴太宗之泽而不保其子，况昭宗当僖宗丧败之余，强臣逆阉交起相乘之世乎？

自龙纪元年至唐亡天佑三年，凡十九岁，而张濬、孔纬、刘崇望、崔昭纬、徐彦若、郑延昌、杜让能、韦昭度、崔胤、郑綮、李溪、陆希声、王抟、孙偓、陆扆、朱朴、崔远、裴贽、王溥、裴枢、卢光启、韦贻范、苏捡、独孤损、柳璨、张文蔚、杨涉，或起或废者二十七人，强臣胁之，阉人制之，而朝廷不能操黜陟之权，固矣；抑昭宗轻率无恒，任情以为喜怒，闻一言之得，而肝胆旋倾，幸一事之成，而营魂不定，乃至登进可惊可愕之人，为天下所姗笑，犹自矜特达之知，悚覆无余，而犹不知悔，其识暗而自用，以一往之情为爱憎，自取灭亡，固千古必然之偾轨也。

抑就诸人言之，人之乐居尊位者，上之以行其道，次之以成其名，其下则荣利之餍足耳。当高宗之世，天下方宁，而宰相尊。名之所归，利之所擅，贸贸然群起而相凌夺以觊得，鄙夫之情类然，无足怪者。自僖宗以来，天子屡披荆榛，两都鞠为茂草，国门之外，号令不行，虽有三台之号，曾无一席之安，计其恫喝涂人而招纳贿赂者，曾不足当李林甫、令狐绹之傔从，不安而危，不富而贫，其尊也，藩镇视之如衙官，其荣也，阉宦得加以呵詈，一旦有变，则天子以其颈血而谢人，或杀或族，或斥远方而毙于道路。此诸人者，稍有识焉，何乐以身试沸膏之鼎而思沾其滴沥乎？故苏捡欲经营韩偓入相，而偓怒曰"以此相污"，诚哉！其污也。而一时风会所淫，如饮莨菪之酒，奔驰恐后，而莫之能止，前者殊死，后者弹冠，人之无良，亦至是哉！

呜呼！士贵有以自立耳。无以自立，而寄身于炎寒之世局，当塾教之始，则以利名为鹄矣；当宾兴之日，则以仕宦为津矣；一涉仕宦之涂，进而不知所终，退而无以自处，则紫阁黄扉，火城堂食，人拟为生人之止境；而自此以外，前有往古，后有来今，上有高天，下有厚地，仰有君父，俯有黎民，明有名教，幽有鬼神，凡民有口，妻子有颜，平旦鸡鸣，有不可自昧之恻隐羞恶，皆学所不及，心所不辨，耳闻之而但为声响，目见之而但为文章，漠不相关，若海外三山之不我即也。呜呼！士若此，而犹不以宰相为人生不易得之境，鼎烹且俟之崇朝，鼎食且侥于此日，其能戒心戢志如韩偓者，凡几人也？世乱君昏，正其逞志之日，又何怪焉？世教衰，民不兴行，天下如狂，而国以亡、君以屠、生民以殄。是以先王敦廉耻、尚忠孝、后利先义，以养士于难进易退之中，诚虑周而道定也。

十三

昭宗为朱温所劫迁，流离道左，发间使求救于李克用、王建、杨行密，是垂死之哀鸣，不择而发，惟足悲悼而已。夫三镇者，其可以抗朱温遏其篡弑之恶而责以君臣之大义者乎？使三镇犹然唐之臣子，而兵力足以胜温也，则温亦不敢遽图凶逆；王行瑜、李茂贞、韩建之无成，温稔知之，故迟回而待之今日，则熟审彼己之形势，目中已无三镇，知唯予志而莫违矣。

克用而可抗温邪，岂一日忘温者？昭宗尝和解之而不听，而况有言之可执，卷甲疾趋，岂待间诏之求援乎？克用于时方修城堑，保太原、泽、潞、邢、洺之不遑恤，其必不能逾太行以向汴、洛，明矣。王建北倚剑阁，东扼夔唐，乘人之所不争，据险以自存，身未习百战之劳，而所用者两川之土著，不能出穴以斗者，如之何其能与疆暴之朱温争生死也？杨行密虽尝挫温矣，而舟楫之利，失水则困，故仅可以保江、淮，而不能与骑步争逐于平野；新得朱瑾兖、郓之余众，骑兵稍振，而瑾又温所鱼肉之残耳；且使出汝、亳而西讨，钱镠乘其东陲，马殷乘其南界，田頵之徒又从中而讧，进不利而退失守，为温之擒而已。是三镇之力不足以进取为昭宗而兴师也，明矣。

抑以君臣之义责望三镇，夫三镇又何足以言哉？克用之思夺唐，其与朱温先后之间耳，委唐之亡于温，以嫁不道之辜，而己徐起以收之，克用之怀挟久矣；浸令其力可任，假密诏以兴师，胜温而挟天子，亦温之于茂贞也，况乎其处心积虑之固不然也。王建得蜀，而早有公孙述、刘备、李特之全局在其意中，羁縻于唐，不敢先发以招天下之弹射耳；其逼顾彦晖逐韦昭度而走之，逆节已著，昔固尝托勤王之名而阳出兵以掠地，非李茂贞阻之，则乘长安之虚而收洮、巩，临秦、凤以称西帝，岂复于唐有源本之思，以效桓、文之勋乎？

克用狄也，王建阉宦之私人也，不足援名教以望之，所固然矣。然昭宗妄亿而号呼，犹有说也。沙陀承恩三世，李国昌起骑将而分节钺，克用遁逃朔漠，赦其族诛之辜，而赐以国姓；王建随驾奔蜀，负玺以从，艰难与共之君臣，亲若父子；则克用、建自逆，而唐固笃恩义以为之君，当危急之秋，迫而呼之，非过望也。

若夫杨行密者，于昭宗何有哉？高骈据千里之腴壤，一矢不加于贼，而坐拥富贵，土芥其人民，使无所控告，毕师铎、秦彦、孙儒竞起争夺，血流盈堑，弥望蒿莱，唐弗能问也。行密足未尝履王都，目未尝见宫阙，起于卒伍，无尺寸之诏可衔，削平之而抚仅存之生齿，是草泽崛起，无异于陈胜、项梁之于秦也。霸局已成，唐不能禁，授以爵命而姑为维系，其君臣之义，盖已浅矣。天下已非唐有，而人民必有恃以存，力捍凶锋，保江、淮之片土，抗志崛立，独能不附逆贼，甘奉正朔，如王师范、罗绍威、韩建之所为，亦可谓之丈夫矣。唐一日未亡，行密一日不称王，而帝制赏罚之事，听命于朝，循分自揣，安于其位，而特不屑臣服于逆贼之廷，亦可谓之不安矣。唐何德以及行密，而望其为郭子仪、李晟之精忠，以抵触凶人争一线之存亡哉？

如曰溥天率土，义不可逃也，汤、武且有惭德矣。项羽不弑怀王，汉高岂终北面？行密保境息民以待时变，唐可再兴，则为窦融；唐不可兴，则为尉佗；而但不为枭獍之爪牙，斯已足矣。既不可以君臣之义苟求其效死，而昭宗又奚望其援己哉？

故三镇者，无一可倚者也。昭宗先无自固之道，祸至而周章，"谓他人昆，亦莫我闻"。势之所必然者也。屠门之悲号，不如其暗矣。

昭宣帝

一

嬴政坑儒，未坑儒也，所坑者皆非儒也；朱温杀清流，沉之河，未杀清流也，所杀者非清流也。信为儒，则嬴政固不能坑之矣；信为清流，则朱温固不能杀之矣。

温诚诛锄善类不遗余力，而士大夫无可逃之彀中邪？乃于韩偓弗能杀也，于司空图弗能杀也，于郑綮亦弗能杀也；又下而为梁震、罗隐之流，且弗能杀也。凡此见杀者，岂以身殉国而与唐偕亡者乎？抑求生于暴人之手而不得其术者耳。天下不知其谁氏之士，天子不知有几日之生；情逆而恣睢然者，腥臊之臭味逼人；无赖而充班行者，醉梦之眉目疑鬼；犹且施施然我冠子佩，旦联缀以充庭，夕从容而退食。若此之流，谓之清也，则谁复为浊流邪？

朱温为之主，李振为之辅，必杀矣；明天子在上，贤执法在列，亦未可贳而弗诛也。游于浊而自炫其清，斯所谓"静言庸违"者，四裔之投，其可宥乎？而欧阳永叔谓裴枢等惜一太常卿不与伶人，使其不死，必不以国与人，过矣。

晋、宋、齐、梁之护门第，唐人之护流品，其席荣据要之习气耳。门第流品横亘其肺肠，而怗众以喧啾，仰不知有君父，俯不知有廉隅，皆此念为之也。王谧解玺绶以授桓玄，不欲自失其华族耳。枢等不死，劝进朱温者，岂待张文蔚、杨涉哉？但使不失其清流之品序，则人人可奉之为天子矣。忠孝之存去，名位之重轻，则清浊之大界也，非永叔之所知也。

二

强国非安天下之道，而取天下之、强摧残之、芟夷之、以使之弱，则天下之乱益无已。故养天下之力于不试，不见其强而自不可弱者，王道也；国方弱而张之，相奖以武健而制之以其方，使听命者，霸功也；因其强而强之，莫之能戢而启其骄，乱之所自生也；畏其民之强而摧之夷之，乃至殄灭之以使弱，则既以自弱而还以召乱，无强无弱，人皆可乱，则天下瓦解而蜂起以相残，祸之最烈者也。

战国之强也，天下以乱。嬴政恶其强而思弱之，既弱六国之众，并弱其关内之民，销其兵刃，疲以力役，强者虏刘殆尽，而耰锄棘矜之徒以起，椎埋黥配之夫，尸王号而长吏民，天下一无可畏而皆可畏矣，民乃争趋于死而莫之救矣。

唐之乱，藩镇之强为之也。藩镇之强，始于河北，而魏博为尤，魏博者，天下强悍之区也。自光武用河北之兵以平寇乱，逐屯兵黎阳，定为永制，而东汉以强。故其民习于强而以弱为耻，天下资之以备患。垂及于唐，上未加以训练，而骁桀之习未尝替也。然亦何尝为天下患哉？安、史之平，代宗不能抚有，田承嗣起而收之以自雄，为藩镇之戎首。幽、燕、沧、冀、兖、郓、淄、青之不逞，皆恃魏博之强，扼大河以互塞河南而障蔽之，田兴一受命，而河北瓦解，其为天下重久矣。广明以后，黄巢横行天下，而不敢侧目河朔，恃此也；汴、晋交吞以窥唐室，而王镕、刘仁恭既不敢南向以争天下，抑不至屈于汴、晋而为其仆隶，恃此也。罗绍威以狂駥竖子听朱温之虫，一夕而坑杀牙兵八千家，于是而魏博为天下弱，天下蔑不弱也。

呜呼！岂徒绍威之自贻幽辱危亡也哉？天下之一治一乱也，其乱则上激下之怒而下以骄，骄气偾张，无问强弱也，强者力足以逞而怨愤浅，弱者怨毒深，藻聚萍散，不虑死亡，以姑尝试其诪张，而蜂起以不可遏。《诗》云："无拳无勇，职为乱阶。"唯无拳勇者之乱，乱不可弭也。有强者以制其左右，则犹有惮焉。天下胥弱，而骄固不可戢也。无借以兴，旋灭而旋起，既无所惮，何人不可踔跃以为难哉？

故自魏博牙兵之歼也，而朱温之计得。于是一时割据之雄，相奖以为得计，日取天下智计勇猛之将吏军卒而杀之，唯恐强者之不尽也。故迨乎温、存勖交争之世，而天下皆弱。蹶然而起者，猝然而仆，不能一朝自固也。胥天下而皆弱矣，勿待强者之骄，而弱者无不骄也。于是而割天下而裂之，苟有十姓百家可持白梃、张空拳者，皆弃耒耜以喧呼。高季兴、孟知祥、王延政、董昌、刘龑、钟傅、马希萼、雷满、张文表、危全讽之琐琐者，剪妇人之衣绣以为帗輪，伐空山之曲木以为戈矛，或以自帝，或以自王，或以自霸。而石敬瑭赢病之懦夫，刘知远单寒之孤雏，且褒然宅土中以称元后。呜呼！勿论其不足以君也，抑勿论其不足以霸也，即与群盗齿，曾不足与张角、齐万年、方腊争雄长，皆无惮而自诧为刘、项、孙、曹也。风淫草靡，乃进契丹而为君父，弱天下者之召乱于无已，固如是夫！

"赳赳武夫，公侯干城。"文王之仁也，且求武夫于中林中逶之下，曾是抚有果毅强御之众，而可屠割俾尽，以启不量力者之骄悖乎？绍威之愚，朱温之惨，不足诛也。天有大乱之数，强者先歼焉，匪寇匪仇，杀之若将不及，亦衰气之使然与！

三

昭宗虽暗不足以图存，而无淫虐之慝足以亡国。朱温起于群盗，凶狡如蛇虺，无尺寸之功于唐，而夺其三百年磐石之社稷。乃盈天下世胄之子，荐绅之士，建牙分阃之帅，无有一人感怆悲愤、不忍戴贼以为君者，而独得之丁会。会之帅泽潞也，温胁昭宗授之旌节，则固温之私人，而于昭宗无恩礼之孚、倚为腹心者也。帅昭义者六年，温拔潞州而授之，乃闻昭宗凶问，帅将吏缟素流涕，幸李嗣昭之来攻，而降河东，曰："虽受梁王举拔之恩，诚不忍见其所为。"盖汉、宋之亡，忠节不胜书，而唐之亡也，唯此一士耳。

或曰：克用亦唐贼也，去温而即克用，奚愈焉？

曰：会于此时无可归矣。以独力而思讨贼，昭宣帝刀俎之余肉，无能辅矣。保境以自固，汴、晋夹焉，而必不可以终日，则兵民且歼于凶人之刃。乃在温篡弑未成之日，则克用之去温也无几，在温弑主之后，则克用犹未有此滔天之逆，而相依以自全焉可矣。不北面以推戴弑君之贼、为佐命之勋臣，而身亦可以无辱矣。项羽杀韩王，而张良归汉。韩王不死于项羽，汉抑岂能分天下以王韩者？归其为我报君父之仇者，则虽不能存我故国，而志亦可以伸。况乎篡弑之贼，覆载不容之大慝，虽有其心，未有其事，君子可许其改而弗亟绝之，则克用可归，会亦舍此而奚归乎？知有君而为之哀，知其贼而不为之臣，天下无君，而聊以谢党逆之罪，志士忠臣之处此，亦如是而已。唐之亡，盈天下而唯一士也，会奚让焉？

《读通鉴论》卷二十七终

读通鉴论卷二十八

五代上 合称五代者，其所建之国号，皆不足称也。朱温，盗也，与安禄山等，李存勖、石敬瑭、刘知远，沙陀三部之小夷，郭威攘窃无名，故称名。周主荣，始不与谋篡逆，受命为嗣，而有平一天下之志，故称周主，愈于夷盗之流，要之皆不足以为天子。

一

　　称五代者，宋人之辞也。夫何足以称代哉？代者，相承而相易之谓。统相承，道相继，创制显庸相易，故汤、武革命，统一天下，因其礼而损益之，谓之三代。朱温、李存勖、石敬瑭、刘知远、郭威之琐琐，窃据唐之京邑，而遂谓之代乎？郭威非夷非盗，差近正矣，而以黥卒乍起，功业无闻，乘人孤寡，夺其穴以篡立，以视陈霸先之能平寇乱，犹奴隶耳。若夫朱温，盗也；李存勖、石敬瑭、刘知远，则沙陀犬羊之长也。温可代唐，则侯景可代梁、李全可代宋也；沙陀三族可代中华之主，则刘聪、石虎可代晋也。

　　且此五人者，何尝得有天下哉？当朱温之时，李克用既与敌立，李茂贞、刘仁恭、王镕、罗绍威亦拥土而不相下，其他杨行密、徐知诰、王建、孟知祥、钱镠、马殷、刘隐、王潮、高季兴，先后并峙，帝制自为，分土而守，虽或用其正朔，究未尝奉冠带、祠春秋、一日奔走于汴、洛也。若云汴、洛为王者宅中出治之正，则舜、禹受禅，不仍陶唐之室，汤、武革命，不履夏、商之都，而苻健、姚兴、拓跋宏奄有汉、晋之故宫，将以何者为正乎？倘据张文蔚等所撰之玉册，而即许朱温以代唐，则尤奖天下之逆而蔑神器矣。

且夫相代而王天下者，必其能君天下而天下君之，即以尽君道也未能，而志亦存焉。秦、隋之不道也，抑尝立法创制，思以督天下而从其法令，悖乱虽多，而因时救弊者，亦有取焉。下至王莽之狂愚，然且取海宇而区画之，早作夜思，汲汲于生民之故。今石敬瑭、刘知远苟窃一时之尊，偷延旦夕之命者，固不足论；李克用父子归辀辒以后，朱温帅宣武以来，觊觎天步，已非一日，而君臣抵掌促膝、密谋不辍者，曾有一念及于生民之利害、立国之规模否也？所竭智尽力以图度者，唯相搏相噬、毒民争地、以逞其志欲。其臣若敬翔、李振、周德威、张宪之流，亦唯是含毒奋爪以相攫。故温一篡唐，存勖一灭温，而淫虐猥贱，不复有生人之理，迫胁臣民，止供其无厌之求，制度设施，因唐末之稗政，而益以藩镇之狂为。则与刘守光、孟知祥、刘、王延政、马希萼、董昌志相若也，恶相均也，纭纭者皆帝皆王，而何取于五人，私之以称代邪？初无君天下之志，天下亦无君之之心，燎原之火，旋起旋灰，代也云乎哉？

必不得已，于斯时也，而欲推一人以为之主，其杨行密、徐温、王建、李昇、钱镠、王潮之犹愈乎！尚有长人之心，而人或依之以偷安也。

周自威烈王以后，七国交争，十二侯画地以待尽，赧王纳土朝秦，天下后世固不以秦代周，而名之曰战国。然则天佑以后，建隆以前，谓之战国焉允矣，何取于偏据速亡之盗夷，而推崇为共主乎？中国不可无君，犹人不可无父也。孤子未能克家，固无父矣，不得晋悍仆强邻而名之曰父。是以有无父之子，有无君之臣民。人之彝伦，天之显道，不可诬也。

宋之得天下也不正，推柴氏以为所自受，因而之，许朱温以代唐，而五代之名立焉。名不可以假人，天下裂而不可合，夷盗窃而不可纵，夺其国号，该之以五代，聊以著宋人之滥焉云尔。

二

　　夷狄以劫杀为长技，中国之御之也以信义。虽然，岂易言哉？获天之佑，得人之助，为天下君，道周仁至，万方保之，建不试之威，足以服远，于是奋赫然之怒，俘系而殄灭之，弗能拒也，乃可修信义以绥之，任其来去而与相忘，弗能背也。李克用之在河东，奚足以及此哉！

　　沙陀之与契丹，犹麋之于鹿也，捷足者先耳。阿保机背七部更代之约而踞汉城，克用父子受大同之命而窥唐室，其以变诈凶狡相尚，又相若也。素所怀挟者无以相逾，而克用为李可举所挫，投命軮鞑，素为殊族所轻，威固不足以相制。阿保机帅三十万之众以来寇，目中已无克用，克用与之连和，力屈而求安耳。克用短长之命，阿保机操之，而东有刘仁恭与为父子，南有朱温遥相结纳，三雄角立，阿保机持左右手之权，以收其垄断之利，以其狡毒，不难灭同类世好之七部，而何有于沙陀之杯酒？当是时，朱温强而克用弱，助温以夹攻克用，灭之也易，助克用以远攻温，胜之也难，克用乃欲以信结之，约与灭温，直一哂而已。契丹于时未可得志于河东，姑许之而弗难旋背之，克用乃曰："失信夷狄，自亡之道。"拒谋臣之策，不擒之于酣饮之下，何其愚也！

　　阿保机初并七部，众心未固，德光孤雏耳，突欲暗弱而莫能为主，阿保机死，则七部各怀其故主，分析以去，而契丹之势衰，李从珂、石重贵之败亡不速，赵宋无穷之祸亦以早捐，岂非中华之一大幸与？以克用之机变雄桀，而持老生之常谈，假帝王之大义，以成乎三百余年中原之毒螫，意者其天邪？不然，何其愚也！

　　以帝王之惇信义也，三苗来格矣，舜必分北之；昆夷可事矣，文王必拒骏之；东夷既服矣，周公必兼并之；未尝恃硁硁以姑纵也。晋文公弃楚之小惠，败之于城濮，而《春秋》大之，宗周以安，宋、郑以全，所由异于宋襄远矣。故曰：夷狄者，欺之而不为不信，杀之而不为不仁，夺之而不为不义者也。以一夫擒之而有余，举天下之全力经营二百余年而终不克，无可归咎，而不容已于重惜，故曰：意者其天也。不然，克用之狡，岂守老生之谈、附帝王之义者哉？

三

士之不幸，生乱世之末流，依于非所据之地，以保其身，直道不可伸也，而固有不可屈者存。不可伸者，出而谋人之得失也；必不可屈者，退而自循其所守也。于唐之亡，得三士焉。罗隐之于钱镠，梁震之于高季昌，冯涓之于王建，皆几于道矣。胥唐士也，则皆唐之爱养而矜重者也。故国旧君熸灭而无可致其忠孝，乃置身于割据之雄，亦恶能不小屈哉？意其俯仰从容于幕帟者，色笑语言，必有为修士所不屑者矣！以此全身安土，求不食贼粟而践其秽朝已耳。至于为唐士以阅唐亡，则幽贞之志无不可伸者，镠、建、季昌亦且愧服而不以为侮，士苟有志，亦孰能夺之哉？

冯涓尚矣！为建参佐，抗建称帝之妄曰："朝兴则未爽臣节，贼在则不同为恶。"迪建以正，而以自守其正也。建不从，而杜门不出，建弗能屈焉，则其素所树立有以服建者深矣！

梁震无能规正季昌使拒贼而自立，非震之计不及此也，季昌介群雄之间，形势不便，而寡弱固无能为也。震居其国，自全焉足矣。以前进士终老于土洲，季昌屈而已自伸，祇恤其躬，而不暇及人，是亦一道也。

罗隐之说钱镠讨朱温也，曰："纵无成功，退保杭、越，可自为东帝。"隐非欲帝镠也，动镠以可歆，冀雪昭、哀之怨，而正君臣之义也。其曰"奈何交臂事贼，为终古羞"。伟哉其言乎！正名温之为贼，不已贤于后世史官之以梁代唐，而名之曰帝、曰上乎？隐固诙谐之士，而危言正色，千古为昭；镠虽不用，隐已伸矣。

唐之重进士也，贵于宰辅。李巨川、李振之流，皆以不第而生其怨毒。涓既起家幕佐，隐与震皆以不第无聊，依身藩镇，而皎皎之节，炎炎之言，下视天佑末年自诧清流之奸辅，犹豚鹜然。一列为士，名义属焉，受禄与否何较哉？天秩之伦，性植之正，周旋曲折，隐忍以全生，而耿耿清宵者不昧也，唐之亡，三士而已。公卿大夫恶足齿乎？司马子长有言："伯夷虽贤，得孔子而名益著。"三子者，降志辱身，非可望伯夷之清尘者也，而能自标举于浊乱之世，不易得也。后世无称焉。宋人责人无已而幽光掩，可胜叹哉！

四

极乎凶顽不逞之徒,皆可守吾正而御之以不迫。然则孔北海抗曹操而不胜,亦其恢廓不拘之有以致之,况裴枢、赵崇辈之以轻薄犯朱温哉?张颢、徐温公遣牙兵攻其主而杀之,庭列白刃,集将吏而胁以奉己,其暴横不在曹操、朱温下也。严可求以幕僚文笔之士,从容而进,折张颢吼怒之气,使之柔以悦从;颢之凶威,不知何以遽若春冰之消释,唯其羁靮而莫之能违。勿谓淮南小国也,杨渥非天子也,张颢无董卓、萧道成之位尊权重也。白刃当前,一叱而腰领已绝,奚必卓、道成而后能杀人哉?可求所秉者正,所忘者死,夷然委命,而不见有可惧者,即不见有可争,其视颢犹蜂虿耳,不触之,不避之,徐用其割制而怒张之气自消。朱瑾曰:"瑾横戈冲犯大敌,今乃知匹夫之勇不及公远矣。"无他,瑾虽勇于杀人,而不能无畏死之心,愤然一往,理不及而莫持其终也。

呜呼!乱世岂乏人杰哉?可求当之矣。神闲则智不穷,志正则神不迫,卒使杨隆演不丧其世家,乃至感刺客而敛刃以退。汉、唐之将亡,而得若人焉,郗虑、柳璨无所施其蠚螫,操、温之焰亦将扑矣。唐不能用可求,可求不为唐用,而小试之淮南,仅为霸府之砥柱,则何也?朝廷多尊沓浮薄之士,沮贤才而不达,而割据偏安之小国无之也。

五

高郁说马殷置"回图务"运茶于河南北,卖之于梁,易缯纩战马,而国以富,此后世茶马之始也。古无茶税,有之自唐德宗始。文宗时,王涯败,矫改其政而罢之。然则茶税非古,宜罢之乎?非也。古之所无,后不得而增,增则病民者,谓古所可有而不有者也。古不可以有,而今可有之,则通古人之意而推以立法,奚病哉?

茶者,古所无也,无茶而何税也?《周礼》仅有六饮之制。孟子亦曰"冬则饮汤,夏则饮水"而已。至汉王褒《僮约》,始有武都买茶之文,亦仅产于蜀,唯蜀饮之也。六代始行于江南,而河北犹斥之曰"酪奴"。唐乃遍天下以为济渴之用,而不能随地而有,唯蜀、楚、闽、粤依山之民,畦种而厚得其利，其利也，有十倍于耕桑之所获者矣。古之取民也，耕者十一，漆林之税则二十而五，以漆林者，非饥寒待命之需也。均为王民，不耕不桑，而逸获不赀之利，则天下将舍耕桑而竞于场圃；故厚征之，以抑末务、济国用，而宽吾南亩之氓。则使古而有茶，其必厚征之以视漆林，明矣。

府其利于仅有之乡，而天下日辇金钱丝粟以归之不稼不穑之家，其豪者笼山包阜而享封君之奉。乃天下固无茶，而民无冻馁之伤，非有大利于民，而何恤其病？诚病矣，废茶畦而不采，弗能税也；虽税之，而种者不休，采者不辍，何病之有哉？即其病也，亦病夫射利之黠民，而非病吾旦耕夕织、救死不赡之民也。则推漆林之法，重税而以易缯马于不产之乡，使三代王者生饮茶之世，未有于此而沾沾以市恩也。

故善法三代者，法所有者，问其所以有，而或可革也；法所无者，问其何以无，而或可兴也。趾遵而步效之，黠民乃骄，朴民乃困，治之者适以乱之。宽其所不可宽者，不恤其所可恤，恶足以与于先王之道乎？

六

汴、晋雌雄之势，决于河北，故李克用坐视朱温之吞唐而莫之能问，以河北未收，畏其乘己也。朱温下兖、郓以西临赵、魏，势亦便矣。乃河北者，自天宝以后，倔强自立，不可以勇力机谋猝起而收之者也。魏博为河北强悍之最，罗绍威愚骇而内猜，欲自戕其心膂。温于斯时，抚魏博而绥之，发绍威之狂谋，顺众志而逐之，择军中所悦服者授以节钺，则帅与兵交感以乐为用。以此北临镇、定，乘刘仁恭父子之乱，荡平幽、燕，则克用坐困于河东，即得不亡，为卢芳而已矣。而温固贼也，残杀之心，闻屠戮而心喜，乌合之众，忌胜己而唯恐其不亡，八千家数万人之命，黄口不免，于是而镇定、幽、燕，人忧骈死，而怨温彻骨矣。石公立曰："三尺童子，知其为人。"王镕虽愚，通国之人，无有不争死命者，罗绍威且悔而离心，王处直不待谋而自合，西迎克用，下井陉以抚赵、魏，而伪梁之亡必矣。

弱魏博以失辅者，温自取之也；激镇定以离心者，温自取之也；魏博弱而镇定无所惮者，温自取之也；隔刘守光于冀北，使骄悖而折入于晋者，温自取之也。祸莫大于乐杀人，危莫甚于杀彊以自弱，而盗以此为术，恶足以容身于天地之间哉？温之亡，不待群雏之还相翦灭也。惜乎无命世之英起而收之也。

七

不仁者不可与言，非徒谓其无益也，言之无益，国亡家败，而吾之辩说自伸于天下后世，虽弗能救，祸亦不因我而烈，则君子固有不忍缄默者。而不仁者不但然也，心之至不仁也，如膏之沸于镬也，喋之以水，而焰乃益腾。唯天下之至愚者，闻古人敢谏之风，挟在己偶然之得，起而强与之争，试身于沸镬，焚及其躬，而焰延于室，则亦可哀也已。若孙鹤之谏刘守光是已。守光囚父杀兄，据弹丸之地，而欲折李存勖，南面称帝，与朱温争长，不仁而至此极也，尚可与言哉？孙鹤怀小惠而犯其必斩之令，屡进危言，寸斩而死，鹤斩而守光之改元受册也愈坚，鹤之愚实酿之矣。

罗隐之谏钱镠，镠虽不从，而益重隐，惟其为镠也；冯涓之谏王建，建虽不从，而涓可引去，惟其为建也。镠与建犹可与言，言之无益，而二子之义自伸，镠与建犹足以保疆土而贻子孙，夫亦视其心之仁尚有存焉者否耳。至不仁者，置之不论之科，尚怀疑畏；触其怒张之气，必至横流戈矛，乘一旦之可施，死亡在眉睫而不恤。是以箕子佯狂，伯夷远避，不欲自我而益纣之恶也。况鹤与守光无君臣之大义，而以腰领试暴人之白刃乎？

且夫罗隐、冯涓之说，以义言之也；鹤之说，以势言之也。以义言，言虽不听，而义不可屈，且生其内愧之心；以势言，则彼暴人者，方与天下争势，而折之曰汝不如也，则暴人益愤矣。匹夫搏拳相控，告以不敌，而必忘其死。守光有土可据，有兵可恃，且为天子而夕死，鹤恶能谅以不能哉？鹤，小人也，不知义而偷安以侥幸之智也，徒杀其身，激守光而族灭之，与不仁者相昵，投以肺肠，则亦不仁而已矣。故曰"不仁者不可与言"。戒君子之凤远之，以勿助其恶也。

八

张承业请李存勖贺刘守光之称帝以骄之，唐高祖骄李密之故智也。密终降而授首，守光终虏而伏诛，所谓兽之搏也必蹲其足，禽之击也必戢其翼，权谋之险术，王者所弗尚也。

存勖闻守光之自尊，欲伐之矣。然则伐之为正乎？可伐之罪在彼已极，执言申讨，师则有名矣。而徒恃其名以责人之逆，反之于己，既无天与人归之实，亦无拨乱安民之志，且于固本自强之术未有得也，凭气而争，奚必胜之在己哉？

王者以义兴师，而四方攸服，非徒以其名也。唐高初定长安，残隋未翦，怒李密之妄而挑之，密且扼关以困己，而内受刘武周、薛举之逼，则唐高之事败矣。李存勖孤处河东，镇、定之交未固，朱温之势方张，空国以与狂狡之竖子争虚名于幽、蓟，镇、定疑而河中起捣其虚，则存勖之亡必矣。

由是言之，推尊以骄之，非义之所许；愤怒而攻之，抑为谋之不臧；使王者而处此，将如之何哉？王者正己而不求于人者也。彼枵然自大者，何足比数乎？脆弱者必折，暴兴者必萎，冥行者必踬，天怒人怨者必见绝于天人，知之既审，视之如蠕动之虫，无待吾之争而抑无容骄之也。其来也，以非礼加我而未甚也，姑应之以礼，而告之以正可也；其以非礼加我而不可忍也，闭关以绝其使命而已。欲犯我而我无启衅之端，欲狃我而我居是非之外，秉义以自强，固本以待时，饬边陲之守，杜小利之争，凝静不挠，而飘风疾雨坐视其消散，或人亡之而为我驱除，或恶已穷而徐申吾天讨，则两者之失亡，而贞胜之理得矣。天下莫敢不服，后世无得而訾矣。张承业何足以及此哉？克用父子之终以诈力穷而不能混一区宇，国祚不延，与假义挑兵者均之失也。

庄生曰："人莫鉴于流水，而鉴于止水。"勇而悖怒，智而诈谖，皆流水之波也。稍静以止，而得失昭然，岂难知哉？唐高姑以一纸报李密，差贤于存勖之往贺，虽非王者之道，而犹足以兴，毫厘之差，亦相悬绝矣。

九

李存勖据河东与朱温争天下，亦已久矣。所任者皆搏击之雄，无有人焉赞其大计为立国之规者也。其略用士人参帷幕者，自冯道始，沙陀之不永，四易姓而天下终裂，于此可知已。

刘守光之凶虐，触之必死，其攻易、定，犯强晋，道谏之而系狱，然免于刀锯，逸出而西奔者，何也？孙鹤之流，力争得失，是以灭身；道之谏之也，其辞必逊，且脂韦之性，素为守光所狎，而左右宵人固与无猜，是以全也。守光囚父杀兄而道不言，其有言也，皆舍大以规小，留余地以自全，而聊以避缄默之咎者也。

岂徒于守光为然哉？其更事数姓也，李存勖之灭梁而骄，狎倡优、吝粮赐也，而道不言；忌郭崇韬，激蜀兵以复反，而道不言；李从珂挑石敬瑭以速祸，而道不言；石重贵不量力固本以亟与虏争，而道不言；刘承佑狎群小、杀大臣，而道不言；数十年民之憔悴于虐政，流离死亡以濒尽，而道不言；其或言也，则摘小疵以示直，听则居功，不听而终免于斥逐，视人国之存亡，若浮云之聚散，真所谓谀谄面谀之臣也。刘守光不能杀，而谁能杀之邪？克用父子经营天下数十年，仅得一士焉，则道也，其所议之帷帟而施之天下者，概可知矣。

呜呼！人知道之堕节以臣人，不知其挟小慧以媚主，国未亡而道已仇其卖主之术，非一日矣。此数主者，颠倒背乱于巇冞，道且尸位而待焉，不知其何以导谀也？然而不传者，摘小过以炫直自饰而藏奸，世固未易察也。

十

篡弑以叨天位，操、懿以下，亦多有之，若夫恶极于无可加，而势亦易于剿绝，无有如朱温者，时无人焉，亟起而伸天讨，诚可叹也。

其弑两君也，公然为之而无所掩饰；其篡大位也，咆哮急得而并废虚文；其禽兽行遍诸子妇也，而以此为予夺；其嗜杀也，一言一笑而流血成渠；尔朱荣、高洋、安禄山之所不为者，温皆为之而无忌。乃以势言之，而抑不足以雄也。西挫于李茂贞，东折于杨行密，王建在蜀，视之蔑如也；罗绍威、马殷、钱镠、高季昌，虽暂尔屈从，而一兵尺土粒米寸丝不为之用。其地，则西不至邠、岐，东不逾许、蔡，南不过宛、邓，北不越宋、卫，自长安达兖、郓，横亘一线，界破天中，而四旁夹之者，皆拥坚城、率劲卒以相临。其将帅，则杨师厚、刘𬮱、王彦章之流，皆血勇小慧，而不知用兵之略。其辅佐，则李振、敬翔，出贼杀，入谄谀，而不知建国之方；乃至以口腹而任段凝为心膂，授之兵柄，使抗大敌而不恤败亡。取具君臣而统论之，贪食、渔色、乐杀、蔑伦，一盗而已矣。而既篡以后，日老以昏，亦禄山在东都、黄巢踞长安之势也。于是时也，矫起而扑灭之，不再举而功已就矣。所难者，犹未有内衅之可乘耳。未几，而朱友珪枭獍之刃，已剚元恶之腹，兄弟寻兵，国内大乱，则乘而薄之，尤易于反掌。然而终无其人焉，故曰诚可叹也。

李存勖方有事于幽、燕，而不遑速进，天讨之稽，有自来矣。盖存勖一将帅之才耳，平一海寓之略，讨逆诛暴之义，非其所可胜任也。使能灭朱温父子，定汴、洛，刘守光琐琐狂夫，坐穷于绝塞，将焉往哉？困吾力以与守光争胜负，朱友贞乃复以宽缓收离散之众，相持于河上，梁虽灭而存勖之精华已竭矣。

呜呼！杨行密不死于朱温淫昏之前，可与有为者，其在淮南乎？乘彼自亡之机，掩孤雏于宛、洛，存勖弗能抗也。行密死，杨渥弑，隆演寄立人上，徐温挟内夺之心，不能出睢、亳以行天讨，尚谁望哉？行密者，尚知安民固本、任将录贤，非存勖之仅以斩将搴旗为能者也。故天佑以后，天下无君，必欲与之，淮南而已。然而终弗能焉，故曰诚可叹也。

十一

夫人无一可恃者也，己恃之，人亦以名归之，名之所归，人之防之也深，御之也力，而能终有其所恃者，无有。以勇名者，人以勇御之，而死于勇；以谋名者，人以谋御之，而死于谋；二者俱自亡之道也，而谋为甚。何也？勇者，一与一相当者也，万刃林立，而所当者一二人，其他皆疏隔而不相及者也，故抑必以谋胜之，而不易以勇相御。谋则退而揣之者，尽人可测也；合千万人一得之虑，昼忖而夕度之，制之一朝，而非一朝之积也;一人有涯之机智,应无涯之事变,而欲以胜千万人之忖度乎?夫惟明于大计者,其所熟审而见为然之理势,皆可与人共知之而无所匿,持之甚坚,处之甚静,小利不争,小害不避,时或乘人之瑕,而因机以发,其谋虽奇,人且玩之而不觉,事竟功成,而人乃知其不可测也。此之谓善谋。若夫机变捷巧,自恃其智而以善谋名矣,目一瞬而人疑之,手一指而人猜之,知其静者非静而动者非动也,于是此谋方起,人之测之也已先,既已测之,无难相迎而相距,犹且自神其术曰,"吾谋不可测也"。其不败也鲜矣。

刘郭与晋兵相距于魏,郭乘虚潜去以袭晋,奇谋也。然使郭素以持重行师,御堂堂正正之众,无谖诈出没之智名,则晋人抑且与相忘,偶一用谋,而晋阳且入其彀中矣。乃郭固以谋自恃,而人以善谋之名归之也。存勖曰:"吾闻刘郭一步百计。"呜呼!斯名也,而讵可当哉!语亦人窥之,默亦人窥之,进亦人窥之,退亦人窥之,无所不用其窥,虽有九地九天之变计,无不在人心目中矣。无不见制于人,而遑足以制人乎?

是以小勇者,大勇之所不用;小智者,大智之所不事;固吾本,养吾气,立于不可胜之地,彼且自授我以胜,而我不劳,王者之用兵,无敌于天下,唯此也。故《牧誓》之戒众也,唯申以步伐之法,作其赳桓之气,而谋不与焉。夫岂但用兵为然哉?兵,险道也,而犹然;况乎君子之守身涉世,以出门而交天下,其可使人称之曰此智士也乎?

十二

夷狄之强也,以其法制之疏略,居处衣食之粗犷,养其驵悍之气,弗改其俗,而大利存焉。然而中国亦因之以免于害。一旦革而以中国之道参之,则彼之利害相半矣。其利者,可渐以雄长于中国;而其害也,彼亦自此而弱矣。

故曰:"鱼相忘于江湖,人和忘于道术。"彼自安其逐水草、习射猎、忘君臣、略婚宦、驰突无恒之素,而中国莫能制之。乃不知有城郭之可守,墟市之可利,田土之可耕,赋税之可纳,昏姻仕进之可荣,则且视中国为不可安之丛棘;而中国之人被掠以役于彼者,亦怨苦而不为之用。两相忘也，交相利也，此顺天之纪，因人之情，各安其所之道也。

中行衍说匈奴不贵汉之缯帛，而匈奴益强，然其入寇之害，亦自此杀矣。单于虽有不逞之志，而中国之玉帛子女，既为其俗之所不贵，城郭宫室，既为其居之所不安，则其名王大人至于部众，咸无所歆羡，而必不效死以为单于用。匈奴自强，而汉亦以安，此相忘之利也。

曹操迁匈奴余众于河西，婚宦寝食居处变其俗，而杂用中国之法，于是乎启怀、愍之祸；然而刘、石、慕容、苻、姚、赫连之族，亦如朝菌之荣，未久而萎。其俗易，其利失，其本先弱也。

韩延徽为刘守光所遣，入契丹，拘留不返，因教以建牙、筑城、立市、垦田、分族类、辨婚姻、称帝改元，契丹以是威服小夷，而契丹之俗变矣；阿保机之悍，亦自此而柔矣。非石敬瑭延而进之，莫能如中国何也。杂华夷而两用之，其害天下也乃烈。中国有明君良将，则夷以之衰；无人焉，则导之以中国之可欲，而人思掠夺，则中国以亡。延徽虽曰："我在此，契丹不南牧。"然其以贻毒中国者，不如中行衍之强匈奴即以安汉也。

女真之陷汴，张觳、郭药师之使之也；蒙古之灭宋，吕文焕、刘整之使之也。阿骨打、铁木真，强悍可息也，宋之叛臣以朝章国宪之辉煌赫奕者使之健羡，则彼且忘其所恃，奔欲以交靡。乱人之害，亦酷矣哉！又况许衡、虞集以圣人之道为沐猴之冠，而道丧于天下，尤可哀也夫！尤可哀也夫！

十三

刘严曰："中国纷纷，孰为天子？"此唐亡以后五十余年之定案也。严既已知之矣，而又拥海隅一曲之地，自号为帝。赵光裔、杨洞潜、李殷衡之琐琐者，冒宰辅之荣名。郑綮曰："歇后郑五为宰相，时事可知矣。"而终就之，然后乞身而去，则亦归田之相矣。自知之，自哂之，复自蹈之，苟徼一日之浮荣，为天下傯、为天下笑而已矣。

呜呼！人可不自念也哉？于人则智，自知则愚，事先则明，临事而暗，随世以迁流，则必与世而同其败，人可不自念也哉！勿论世也，且先问诸己；勿徒问之己也，必有以异乎世。桀、纣方继世以守禹、汤之明祀，而汤、武之革命不疑；周敬王方正位于成周，齐、晋且资其号令，而孔子作《春秋》，操南面命讨之权；夫岂问世哉？若其不可，则孙权劝进，而曹操犹知笑之；唐高祖推戴李密，而为光禄卿以死；皆夫人之炯鉴也。

无德而欲为君，无道而欲为师，无勇而欲为将帅，无学而欲为文人，曰：天下纷纷，皆已然矣，吾亦为之，讵不可哉？始而惭，继而疑，未几而且自信，无患乎无人之相诱以相推也。鉴于流水者，固无定影也。童子见伎人之上竿而效之，或悲之，或笑之，虽有爱之者，莫能禁也。悲夫！

十四

汤缵禹服，武反商政，王道以相师而底于成。夫汤岂但师禹，武岂但师汤哉？必师禹者其祗台，必师汤者其圣敬也，德不可降也。若夫立法创制之善者，夏、殷之嗣王，不必其贤于我，而可师者皆师也。故曰"君子不以人废言"。《尚书》录秦穆之誓，《春秋》序齐桓之绩，以为一得之贤，可以为万世法也。必规规然守一先生之言，步之趋之，外此者皆曰不足法也，何其好善之量不弘，择善之情不笃也。

唐始置枢密使以司戎事，而以宦官为之，遂覆天下。夫以军政任刑人，诚足以丧邦；而枢密之官有专司，固法之不可废者也。王建割据西川，卑卑不足与于王霸之列。而因唐之制，置枢密使以授士人，则兵权有所统，军机有所裁，人主大臣折冲于尊俎，酌唐之得失以归于正，王者复起，不能易也。于是一时僭伪之主多效之，而宋因之，建其允为王者师矣。

兵戎者，国之大事，泛然而寄之六卿一官之长，执其常不恤其变，变已极，犹恐不守其常，文书期会，烦苛琐屑，以决呼吸之安危，兵无异于无兵，掌征伐者无异于未尝掌矣。属吏各持异议，胥史亦握枢机，奏报会议喧腾于廷，间谍已输于寇，于是天子有所欲为而不敢泄者，不得不寄之阉人。故曰无异于无兵，无异于无掌征伐者也。

宋设枢密使而不救其弱丧者，童贯等擅之耳。高宗以后，惩贯之失，官虽设而权不归。藉令建炎之世，有专任恢复之事者，为韩、岳之宗主，而张俊、刘光世之俦，莫敢不听命焉，秦桧、汤思退恶得持异议以沮之哉？

宋季之虚设，犹不设也。自是以还，竟废之，而以委之次登八座、株守其职之尚书，与新进无识之职方。将无曰此唐之敝政，王建之陋术，不足取法，而吾所师者，《周官》之王道也。以之钳天下言治者之口则足矣，弱中国，孤天子，皆所弗恤。石敬瑭废之，而速亡于契丹，庸徒愈乎？

十五

宋齐邱请徐知诰除输钱代折之法，令丁税悉输谷、帛，由是江、淮旷土益辟，国民两富，其故何也？杨氏之有国也，西北不逾淮，东不过常州，南不过宣州，皆水国也。时无冬夏，日无昼夜，舟楫可通，无浃旬在道之久，无越山闸水之难，则所输粟、帛，无黦敝红朽之患，民固无推毂经时之费，无耗蠹赔偿之害，恶得而不利也？地无几，税亦有涯，上之受而藏之也，亦不致历年未放、淹滞陈腐之伤，上亦恶得而不利也？且于时天下割裂，封疆各守，战争日寻，商贾不通，民有有余之粟、帛，无可贸迁以易金钱，江、淮之间，无铜、铅之产以供鼓铸，而必待钱于异国，粟、帛滞而钱穷，取其有余，不责其不足，耕夫红女，得粒米寸丝而可应追呼，非四海一家，商贾通而金钱易得之比也。是以齐邱言之，知诰行之，因其时，就其地，以抚其人民，而国民交利，岂虚也哉？

惟然，而不可以为古今天下之通法，亦较然矣。转输于数千里之外，越崇山，逾绝险，堰涸水，犯狂涛，一石之费，动逾数倍，漂流湿坏，重责追偿，山积薮藏，不堪衣食，谓齐邱、知诰为良法而师之，民以死，国以贫，岂有爽乎？舟行而汲者以盂斟水，林居而樵者以手折薪，市廛而欲效之，其愚也，不待哂也。十亩之农，计粒而炊乃不馁，鬻蔬之子，以囊贮钱乃不失，陶、猗而欲师之，其穷也，可立待也。闻古人一得之长，据陈言而信为良法，若此类者众矣！困天下以自困，不足与有言，久矣。

十六

徐温大破钱镠，知诰请乘胜东取苏州，温念离乱久而民困，因镠之惧，戢兵息民，使两地各安其业，而曰："岂不乐哉？"蔼然仁者之言乎！自广明丧乱以来，能念此者谁邪？而不谓温以武人之能尔也。

均与人为伦，则不忍人之死，人之同心也，而习气能夺之。天方降割于民，于是数不仁之人倡之，而鼓动天下，以胥流于残忍，非必有利存焉，害且随之如影响。而汶汶逐逐，唯杀是甘，群起以相为流转。乃习气者，无根株者也。有一人焉，一念之明，一言之中，一事之顺，幸而有其成效，则相因以动，而恻隐羞恶之天良复伸于天下，随其力之大小、心之醇疵，以为其感动之远近，苟被其泽，无不见功于当时，延及于数世，则杨行密是已。

当行密之时，朱温、秦宗权、李罕之、高骈之流，凶风交扇于海内。乘权者既忘民之死，民亦自忘其死；乘权者既以杀人为乐，民亦以相杀为乐；剽夺争劫，有不自知其所以然而若不容已者，莫能解也。行密起于卒伍，亦力战以有江、淮，乃忽退而自念，为固本保邦之谋，屡胜朱温，顾且画地自全，而不急与虎狼争食。于是江、淮之寡妻弱子幸保其腰领，以授之徐温。温乃以知全民之为利，而歆动以生其不忍昧之心。盖自是江、淮之谋臣战士，乘暴兴之气，河决火延，以涂人肝脑于原野者，皆废然返矣。故抚有江、淮，至于李煜而几为乐土。温之所谓乐者，人咸喻焉而保其乐，温且几于仁者，要皆行密息浮情、敛狂气于习气炽然之中所培植而生起者也。则行密之为功于乱世，亦大矣哉！

呜呼！习气之动也，得意则骄以益盈，失势则激而妄逞，仰不见有天，俯不见有地，外不知有人，内不知有己。《易》曰："迷复，凶。"唯其迷，是以不复，有能复者，然后知其迷也。"十年不克""七日而反"，存乎一人一念而已矣。当乾坤流血之日，而温有是言，以留东南千里之生命于二十余年，虽一隅也，其所施及者广矣！极乱之世，独立以导天下于恻隐羞恶之中，勿忧其孤也，将有继起而成之者，故行密之后，必有徐温。此天地之心也，不可息焉者也。

十七

严下吏之贪，而不问上官，法益峻，贪益甚，政益乱，民益死，国乃以亡。群有司众矣，人望以廉，必不可得者也。中人可以自全，不肖有所惮而不敢，皆视上官而已。上官之虐取也，不即施于百姓，必假手下吏以为之渔猎，下吏因之以售其箠敛，然其所得于上奉之余者亦仅矣。而百姓之怨毒诅咒，乃至叩阍号诉者，唯知有下吏，而不知贼害之所自生。下吏既与上官为鹰犬，复代上官受缧绁，法之不均，情之不忍矣。

将责上官以严纠下吏之贪，可使无所容其私乎？此尤必不可者也。胥为贪，而狡者得上官之心，其虐取也尤剧，其馈献也弥丰；唯琐琐箪豆之阓吏，吝纤芥以封殖，参劾在前而不恤，顾其为蠹于民者，亦无几也。且有慎守官廉，偶一不捡而无从置辩者矣。故下吏之贪，非人主所得而治也，且非居中秉宪者之所容纠也，唯严之于上官而已矣。严之于上官，而贪息于守令，下逮于簿尉胥隶，皆喙息而不敢逞。君无苛核之过，民无讼上之愆，岂必炫明察以照穷簷哉？吏安职业，民无怨尤，而天下已平矣。

下吏散于郡邑，如彼其辽阔也，此受诛而彼固不载，巧者逃焉，幸者免焉。上官则九州之大，十数人而已，司宪者弗难知也；居中司宪者，二三人而已，天子弗难知也。顾佐洁身于台端，而天下无贪吏，握风纪之枢，以移易清浊之风者，止在一人。慎之于选任之日，奖之以君子之道，奚必察于偏方下邑而待小民之讦讼其长上乎？杨廷式按县令之受赇，请先械系张崇，而曰"崇取民财，转献都统"，归责于徐知诰也。可谓知治本矣。

十八

张承业之忠，忠于沙陀耳，或曰"唐之遗忠"。岂定论哉？李存勖得传国宝，将称帝，承业呕谏止之，欲其灭朱氏，求唐后复立之，削平吴、蜀，则天下自归，虽高祖、太宗复生，不敢复居其上，以立万世之基，此其以曹操、刘裕处存勖，而使长有天下也明甚，岂果有存唐复辟之心乎？使能求唐后以立邪？则朱温篡夺之日，可早立以收人心，承业嘿不一语，而必待朱氏既灭之后，此则何心？

恶莫大于弑君，而篡国次之。篡者，北面称臣而又攘夺之之谓也。若夫故主已亡，乘天下无君以自立，则抑可从末减矣。使沙陀灭逆贼，定天下，而退守臣服，洵忠臣之效也。沙陀即不能然，而承业以此为志，功虽不就，自不损其孤忠。乃承业不然，阳奉李氏，为沙陀欺天下之阱。藉令果如其言，朱氏灭，吴、蜀平，建不世之功，拥震主之威，然后胁赘疣之君，奉神器以归己；为之君者，柔懦而安于亡，则如晋恭帝之欣然执笔而终不免于鸩，如其挟不平以图存，则成济之刃且剚其胸，存勖之果成乎篡弑，而李氏之子，以颈血易一日之衮冕，不已惨乎？

躁人之意计，偷求一旦之尊荣；奸人之权谋，敢窃欺天之名义。承业阉人耳，尽心于沙陀，而欲欺天下，无足怪者，君子固不可罔也。存勖不从其策，犹得免于篡弑之元恶，而李氏之苗裔，不致如元魏、宇文之赤族。饰虚名以伏隐慝，犹且谓承业之忠于唐也。导天下以伪而贼仁义，必斯言也夫！

十九

朱温灭后，五姓之主中土者，皆旋夺于握兵之臣，即不能夺，而称兵以思夺者，此扑而彼兴，无他，唯无相而已。无相者，非必其时之无人也。抑非偏任武人，而相不能操国柄也。藉令有其人，欲授之国柄，固将不能。何也？崛起之日，初不与闻大计，一旦称帝，姑且求一二人以具员而置之百僚之上，如仗象然，谁从而听之哉？

李存勖之欲为帝久矣，日率将士以与朱氏争存亡，而内所任者故阉张承业，外则姑以冯道司笔墨而已。未尝一日运目游心于天下士，求一可任者，与定大谋、经画天下之治理。至于梁势将倾、众争劝进之日，乃就四镇判官求一二人以为相。大谋非所与闻。大任非所夙拟，其主虽闻名而非所矜式，其将相虽觌面而不与周旋，一旦加以枚卜之虚名，使处百僚之上。彼挟百战之功匡扶以起者，固曰：何从有此忽起在位之人居吾上邪？彼固藉我以取富贵，而恶能不唯我是从乎？汉高相萧何，乃至叱诸将之功为狗而不怒者，实有大服其心者，非一朝一夕之故也。豆卢革、卢程依戎幕以起家，恶足胜其任哉？名之曰相，实均于无相，枢密得操其行止，藩镇直视为衙官，天子孤立，心膂无托，夺之也如吹槁，弗复有难焉者矣。

天下可无相也，则亦可无君也。相轻于鸿毛，则君不能重于泰山也。故胡氏曰："人主之职，在论相而已。"大有为者，求之夙，任之重，得一二人，而子孙黎民世食其福矣。

二十

君臣、父子，人之大伦也。世衰道丧之日，有无君臣而犹有父子者，未有无父子而得有君臣者也。自朱温以至柴氏，七姓十五人，据中土而称帝，天下后世因而帝之。乃当时之臣民，固不倾心奉之以为君，劫于其威而姑号之曰天子，君臣之伦，至此而灭裂尽矣。尤可悯者，并其父子而乱之。漫取一人而子之，遂谓之子；漫推一鬼而祖考之，遂谓之祖考；于是神怒于上，人迷于下，父子之恩，以名相假，以利相蒙，其与禽兽之聚散也奚别？如是而犹望天下之有君臣也，必不可得之数矣。

沙陀夷酋耳，唐蔑天逆理而赐之姓，遂假以竟于朱温曰：吾李氏子也。存勖称帝，仍号曰唐，以高祖、太宗、懿宗、昭宗、杂朱邪执宜、朱邪赤心之中而祖之，唐之祖宗，能不恫怨于幽乎？嗣是而徐知诰者，不知为谁氏之子，乃自撰五世名讳，选吴王恪而祖之。呜呼！蔑论陇西之苗裔，犹散处于人间；天之弗佑，亡则之耳，绝则绝耳，何忍取夷狄盗贼之子而以为子孙哉？所谓辱甚于死亡也。后世史官犹从而奖之，曰：此唐也，可以绍李氏之统者也。天理无余，人心尽椓，至此而人不足以存矣。《诗》不云乎："谓他人父，终莫我顾。"逆风所煽，号为天子者且然，又何怪乎贾谧、秦熺之燏乱天常也。

二十一

李存勖不可以为天子，然固将帅之才也，知用兵之略矣，得英主而御之，与韩信齿。

奚以明其然邪？麇之走也捷于虎，卒为虎获者，数反顾也。规规恃其穴以为所据，其偶败也，急奔而护其穴，其胜也，复虑人之乘己而内荧，于是内未溃而外失可乘之机，敌且蘥之使自毙于穴中，未有不败者也。存勖知此矣。

自克用以来，太原其根本也，则泽、潞其喉吭也；太行之险一失，则井陉之道且危。存勖殚全力以图东方，澶、郓悬隔千里之外，间以赵、魏，潞州叛，泽州陷，太原内蹙，而东出之师，若脊断而不能举。于斯时也，不知兵者，必且舍澶、郓以旋师而西顾，乃一受其掣，而踉跄以返，王彦章之流，蹑其迹而乘之，太原其委命之墟矣。而存勖之计此决矣，李继韬之内叛，视若疥癣；泽州之失，唯惜裴约，而弃若赘疣；急攻杨刘，疾趋汴、洛，一战而朱氏以亡，其神矣哉！太原自克用修缮城隍以来，非旦夕可拔者，大兵集于东方，继韬虽狡，梁人虽鸷，必不敢遽尔合围，不忧归师之夹逼。敌见吾视泽、潞之乱若罔闻，则益不测吾之所为，胆先自破，沮其乘虚之计，而河上之师终恃此以为挠我之令图，则虑我之情缓，而相防之计疏。此一举而袭梁都、夷友贞、平河南，规恢之大略也。微韩信，孰足以及此？谓存勖为将帅之才，非虚加之矣。

纳其身于内，而外日陵乘而不能御；投其身于外，则内虽未固而自可无虞；大略可以不倾，则姑置之，而纵横游衍，无不可以自得，此处身之善地，即安心之妙术也。呜呼！知此者鲜矣。项羽急返西楚，而汉追之；唐置太原，听刘武周、梁师都之侵犯，以亟攻东都，而三寇皆夷；得失之机，决于此耳。庸人怙其所已得，志士忘其所已能，志量之不齐，善败之所自殊也。知此者，可与立功，可与定乱，可与进善，可与广业。明此者哲，昧此者愚，岂徒用兵为然哉？

二十二

成而不倾，败而不亡，存乎其量之所持而已，智非所及也。量者心之体，智者心之用。用者用其体，体不定，则用不足以行；体不定而用或有所当，惟其机也。机者发而可中，而不足以持久，虽成必败，苟败必亡。故曰非智所及也。项羽、李存勖战而必胜，犯大敌而不挠，非徒其勇也，知机之捷亦智矣，然而卒以倾亡者，岂智之遽穷乎？智则未有不穷者也。

项羽不足以持败，一摧于垓下，遂愤恚失守而自刭，量不足以胜之也。藉令戢悻悻之怒，渡江东以为后图，韩、彭、英布非不可移易而必忠于汉者，收余众，间群雄，更起而角死力，汉亦疲矣。而羽不能者，量止于一胜之威，败出于意外而弗能自固也。羽可以居胜而不可以持败，故败则必亡，存勖可以忍败，而不足以处胜，故胜则必倾，一也。李嗣源定入汴之策，既灭朱友贞，一入汴，而以头触嗣源曰："天下与尔共之。"卒为嗣源所迫，身死国亡，量不足以受之也。藉令忍沾沾之喜，以从容论功而行赏，人且喻于君臣之义，虽有大勋，亦分谊所当尽，嗣源虽挟不轨之心，无有为之效命者，自敛雄心以俯听。而存勖不能者，量尽于争战之中，胜出于意外而弗能自抑也。

汉高一败于彭城，再败于荥阳，跳身孤走，而神不为忱，故项羽终屈其难折之锋；宋祖端居汴京，曹彬为下江南，收六十余年割据不服数千里之疆土，而不轻授以使相，故功臣终安臣节而天下定；成大业者，在量而不在智，明矣。量者，定体于恒者也。体定于百年之长虑，而后机不失于俄顷之利钝。忧喜变迁，须臾不制，转念知非，而势已成乎莫挽，唯定体之不立故也。败则唯死而已，胜则骄淫侈靡，无所汔止，羽、存勖之以倾败终也，决于此耳。

生之与死，成之与败，皆理势之必有，相为圜转而不可测者也。既以身任天下，则死之与败，非意外之凶危；生之与成，抑固然之筹划。生而知其或死，则死而知其固可以生；败而知有可成，则成而抑思其且可以败。生死死生，成败败成，流转于时势，而皆有量以受之，如丸善走，不能逾越于盘中。其不动也如山，其决机也如水，此所谓守气也。气守而心不动，乃以得百里之地而观诸侯、有天下，传世长久而不危。岂徒介然之勇，再鼓而衰，不足恃哉？智足以制胜，而俄顷之间，大忧大喜之所乘，声音笑貌传其摇荡无主之衷，倾败即成乎莫挽。豪杰之与凡民，其大辨也在此夫！

《读通鉴论》卷二十八终

读通鉴论卷二十九

五代中

一

伐蜀之役，郭崇韬谏止段凝为帅，议正而事允矣；其复止李嗣源之行，则崇韬之自灭与灭唐也，皆在于此。

崇韬请遣继岌，固知继岌之不可独任，而必需己副之，名为继岌，实自将也。崇韬之辞镇汴州也，曰："臣富贵已极。"至此而又贪平蜀之功利，岂冒昧不止哉？盖以伐蜀为自全之计。而反以此自灭者，何也？位尊权重，其主已疑，内有艳妻，外多宵小，稍稍裁正，众方侧目，故忧内之不可久居，而欲息肩于阃外，上挟冢嗣，下结众将，相倚以安，冀可远逭人之怨以自立于不拔之地，可谓谋之已工矣。乃不知谗佞交加之日，顾离人主左右，握重兵，据腴土，成大功，媢忌益深，在廷者又以睽离不亲，心皆解散，固将益附奸邪而听其嗾噬；况乎奄有王建畜积之藏，多受降将邀欢之贿，蹑钟会之已迹而益以贪，则必罹卫瓘之网罗而弗能辩，诛死在眉睫而不悟，其工也，正其愚矣。

李嗣源有河上先归之衅，载入汴决策之功，假之以兵，资之以蜀，则且为王建，而为朱邪氏树一劲敌于西方；故崇韬身任之以抑嗣源，损其威望，而使易制，俾存勖无西乡之忧，其为存勖谋也，亦可谓工矣。而不知蚕丛一隅，以叛易，以守难，若欲窥秦、陇出剑阁以争衡于中国，则诸葛且不能得志，故曹丕曰："囚亮于山。"嗣源即怀异志，恶能度越重险以犯顺，何似擅河朔之富强，骈汴、洛之项背，建瓴南下，势无与遏邪？畏虎豹之在山林，乃驱之以居园垣之右，便其噬攫，而崇韬不知也。

朱邪氏之寇，深于腹心矣。继岌，欲使立功以定储者也，而杀崇韬者继岌；董璋、孟知祥，所倚以镇抚诸将而定蜀者也，而乱蜀者璋与知祥；抒忠而逢怒，推信而召逆，自后观之，其愚甚矣。乃一皆崇韬之夜思早作，自谓十全之远虑也。由此思之，退而全身，进而已乱，岂智计之能胜任哉？抑强止逆、弭妒消嫌之术，岂有他焉？勿尸功，勿府利，靖诸己以立于危乱之中，则猜主佞臣与震主之权，皆翕伏于镇定之下。崇韬固不足以与于斯也，祸不速于反掌，足为永鉴已！

二

受命专征，伐人之国而灭之，大功之所归，尤大利之所集也。既已据土而有国，其畜积必饶；既已有国而又亡之，其黩货而宝珠玉也，必多藏以召夺；且其权贵纳款，欲免诛夷而徼新宠，其荐贿也，必辇载以凑大帅之门；其为大利之所集也，必矣。大功不可居，而非不可居。曹彬与平西蜀，独下江南，而任兼将相，世享荣名，大功灼然在己，而岂容逊避？所以自免于危者，利耳。

且夫功成而上为主忌、下召人疑者，唯恐其得众而足以兴也。十夫之聚，必以豚酒；蛊民归己，必以私恩；笼络智谋勇力之夫，必以馈赠；兵甲刍粮之费，必以家藏。藉令功成归第之日，车还甲散，行橐萧然，游士无所觊而不蹋其门，百姓与相忘而不歆其惠，应门皆朴樕之人，宴会无珠玑之客，则虽猜主忮臣，亦谅其不足有为而坦然信之；左右佞幸，亦知其无可求索而恩怨两消；虽有震主之功名，亦何不逌然于旷夷之宇哉？

诸葛公曰："淡泊可以明志。"故薄田株桑，所以践其言而允保忠勋之誉，岂虚也哉！夫郭崇韬者，恶足以知此乎？其主既已忌之矣，哲妇壬人又争变黑白以将置之死，而灭蜀之日，货宝妓乐充牣其庭，以此而欲求免于死也，必不可得之数也。

　　呜呼！岂徒为人臣者受命专征以亡国之货宝丧其身哉？人主之不以此而贻子孙黎民之害者，盖亦鲜矣。汉高帝之入关也，秦并六国，举九州数百年之货宝，填委于咸阳，古今之大利，亦古今之至危，不可居者也。樊哙一武夫耳，知其不可据而斥之如粪土，帝听其言，为封府库，非但当时消项羽之恶怒、远害于鸿门也，且自羽焚宫以后，秦之所积，荡然四散，而关中无钩金尺帛之留，然而既有天下，古今称富者，莫汉若也。唐起太原，而东都之藏，已糜于李密、王世充之手；江都之积，又尽于宇文化及之徒；荡然一虚枵之天下，唐得之而海内之富上埒于汉。宋则坐拥郭氏世积之资，获孟昶、李煜、刘铱之积，受钱俶空国之献，其所得非汉、唐之比也；乃不数传而子孙汲汲以忧贫，进王安石、吕惠卿以夺民之锱铢，而不救其亡。合而观之，则贫者富而富者贫，审矣。

　　所以然者何也？天子以天下为藏者也。知天下之皆其藏，则无待于盈余而不忧其不足，从容调剂于上下虚盈之中，恒见有余，而用以舒而自裕。开创之主，既挟胜国之财为其私囊，愚昧之子孙，规规然曰：此吾之所世守也。以天子而仅有此，则天下皆非其天下，而任之贪窳之臣，贪者窃而窳者废，国乃果贫；则虐取于民，而民乃不免于死。侈者既轻于纵欲，吝者益竞于厚藏；侈犹可言也，至于吝而极矣。朽敝于泥土之中，乾没于戚宦之手，犹且羡前人之富而思附益之。卒有水旱，民填沟壑，或遇寇乱，势穷输挽，乃更窃窃然唯恐所司望吾私积，而蔽护益坚。若田野多藏之鄙夫，畏人之求贷而蹙额以告匮，恶知有天下之为天子哉！守其先世之宝藏以为保家之懦夫而已。匹夫而怀是心，且足以亡家而丧其躯命，况天子乎？

　　汉、唐之富，富以其无也；宋之贫，贫以其有也。国亡身戮，更留此以为后起败亡之媒，哀哉！武王散鹿台、巨桥之积，非徒以仁民也，不使腐秽之藏教子孙以侈吝也。李存勖之为君，郭崇韬之为将，斗筲耳，以利相怨，而交啮以亡，又何足算哉！

三

有一言可以致福，有一言可以召祸，听其言知其所以言，吉凶之几决矣。言固有饰为之者焉，从容拟议而撰之以言，行固不践，心固不存；又有甚者，假义以雠利，假仁以雠忍，是非不生于心，吉凶固不应也。至于危困交于身，众论摇于外，生死存亡取舍趋避间不容发之际，于此而有言，则其心无他，而言非伪饰，此则吉凶之几所自决也。李嗣源当郭崇韬、李存乂、李继麟骈首夷族之日，朱守殷戒以震主之勋，劝为远祸之策，而嗣源曰："吾心不负天地，祸福之来无可避，委之于命耳。"斯言也，可以全身，可以致福，终以奄有朱邪氏之国，不亦宜乎？

奚以知其言之从心，而非中怀毒螫姑为委命之说以欺世邪？李存勖耽乐昏昧，伶人操生死之柄，功臣之危，且不保夕。于斯时也，嗣源非暗于术者，而思惟之路已绝，旷然远念，惟有委命之一道可以自安。郭崇韬任气于先而营私于后，祸已见矣，固有以知其无可奈何之下，唯宅心镇定以不纷也。

奚以知其行之能践也？委身昏乱之廷，死亡在旦夕，终不求脱身归镇拥兵而待乱，受命讨邺，乃从容以去。唯无求去之心，故廷臣得以推毂，存勖释其猜疑，而晏然以行也。则当其正告守殷之日，嗣源之心，无疑无隐，昭然揭以示人，消无妄之灾，获陨天之福，皆非以意计幸得，而终始所守者，委命之一言也。充斯言也，即许以知道焉可矣。故其得国以后，举动多中于理。而焚香告天，求中国之生圣人，盖亦知天之所佑，必不在乘虚据位之异类，廓然曙于天命之常，而目睫之纷纭，不为目眩而心荧也。

君子于僭伪之主有取焉者，唯嗣源乎，苻坚、拓跋弘伪饰以诬天而罔人，其善也，皆其恶也，何足论哉！夫不知命而饰为之说曰"吾知命也"，有之矣；不信有命而饰为之说曰"吾委命也"，未之有也。若嗣源者，信之真，故言之决也。

四

李嗣源之不欲犯顺以攘国，非伪也。朱守殷劝其归镇而不从，赵在礼帅诸将迎奉而泣辞之，皆死生之际也。乃置身于宵小之中而不惧，跳出以集兵雪耻而不遑，固可信其立志之无他矣；然而终不免于逼君篡国之逆者，为诸将所迫，而石敬瑭其魁也。敬瑭曰："安有上将与叛卒入贼城而他日能免者？"此言出而嗣源穷矣。既不能保其腰领与妻子，而抑受从逆之罪以伏法，名实交丧，取生平而尽弃之，天高地厚，嗣源无余地以自容。敬瑭所为持其肯綮要以必从者，机深而言厉，嗣源恶得而不从邪？惟其然，而嗣源之昧于事几以失断，亦愚矣！

敬瑭之强使举兵也，岂果尽忠效死戴主帅以定大业哉？自唐亡以来，天下之称帝称王者，如春雨之蒸菌，不择地而发，虽名天子，实亦唐之节度使焉耳。李存勖灭梁而奄有之，地差大于群雄，而视刘严、钱镠、王延翰也，亦无以异。主无恒尊，臣无恒卑，民亦初无恒向，可夺也，则无不可夺也。以存勖之百战成功如此其炎炎也，不数年而已燼，则嗣源一旦卷甲犯主以横有其国，又岂有长存之理？其旋起而可旋灭，人皆知之，而敬瑭料之熟矣。嗣源不反，存勖虽亡，乌必止于他人之屋。敬瑭辈部曲偏裨，望浅力微，安能遽为弋获乎？康义诚、李绍虔、王建立、李绍英咸有此心，而敬瑭以子婿之亲，握牙之重，固将曰嗣源之后，舍我其谁邪？盖亦如史宪诚、朱希彩、朱滔之相因以夺节钺耳。嗣源亦微测之，故祝天求生圣主以绝此凌夺之逆，自知其国不可永，而敬瑭决策犯顺之邪心，必不能保之身后，顾低回顾盻无以自主，苒荏而从之，识者固怜其柔以愚也。

夫嗣源之处此，一言而决耳，斩石敬瑭以息浮议，悉力以攻赵在礼而平之，待继岌之归而定其储位，则乱亦自此而息。若存勖忌深而犹不免，则嗣源固曰"无负于天地，委之于命"，又何忧惧之有哉？

唐之乱甚而必亡也，朱温竭其奸谋十余年而后篡；朱温之虐也，存勖血战几死几生而后灭之。乍然蹶兴，不折一矢，不需旬月，而即帝于中土，自嗣源始。敬瑭、知远、郭威皆旦北面而夕黼扆，如优俳之冠冕，以成昏霾之日月，嗣源首受其恶，以成敬瑭之奸。呜呼！惟其愚也，辞大恶而不得矣。

五

李嗣源即位之初，诏诸使贡奉毋得敛于百姓，禁刺史以下不得贡奉。然则自此以前，诸使立贡奉之名以虐取于民，下至守令，亦可以财贿交于人主，久矣。

进奉始自唐德宗，至宣宗以后而愈滥。其始官有余财，小人不知散于州府之固为天子有，而以之献谀。庸主惩于播迁之贫，而恃为非常之备，因而不拒，日加甚焉。及乎官不给而索之民，贡有涯而取无艺。庞勋之乱，起于军府之虚；黄巢之乱，起于掊敛之急；垂至唐亡，天下裂，民力尽，而不能反。则其俯首剜肉以充献纳，盖不知其流祸之何若矣。乃其率天下以无忌惮，蔑上下之等，视天子若亭长三老之待食于鸡豚，则置之废之、奉之夺之、易于反掌者，亦缘此为致祸之源。何也？天子者，以绝乎臣民而尊者也，故曰"天险不可升也"。刺史以下微贱之吏，得以锱铢上交于殿陛，则所谓天子者，亦下吏交游之侪伍耳。置之废之、奉之夺之，又何忌乎？

或曰：三代之王天下也，方五十里之小国，亦得以币玉上享于王，四海交媚于一人，一人未尝轻也，进奉何病哉。曰：即此而推之，三代之法，不可挟以为名，治后世之天下，非一端而止矣。古之诸侯，虽至小弱，然皆上古以来世有其土，不以天子之革命为废兴，非大无道，弗能灭也。新王受命，虽有特建之国，亦必视此而不容独异。故天子者，亦诸侯之长耳。列国取民之制，各从其旧，而不尽奉新王之法。其与诸侯以兄弟甥舅相往来，颉颃上下，法不能伸，故唯恃礼以绥之，使其宾服，大要视今安南、缅甸之称臣奉贡而已。使享使聘，以财相接，亦王者因时服远之权宜，非可必行于万世者也。天下而既一王矣，上以禄养下而下弗能养上，揆之于理，亦法天之显道也。天养万物，而物莫能致其养，以道相临而交以绝，交绝而后法伸，法伸而后道建，清虚在上，万汇咸受其裁成。使三代王者处后世之天下，宪天出治，亦如此而已。何事龊龊然受下邑小臣之壶飧箪笥哉？

且天下之赋税，皆天子之有矣，不欲私之，而以禄赐均之于百官。既已予之，则不可夺之以归己。于是而廉隅饬焉，风教行焉。推此而定上下之章，以内临外，以尊临卑，以长临属。司宪者，秉法以纠百职，百职弗敢袭也；奉使巡宣者，衔命以行郡邑，郡邑弗敢黩也；君子之廉以奖，而小民之生以遂。故为之禁制以厚其坊，督抚监察郡守，不敢奉其壶飧；方面监司邑令，不敢呈其竿牍；以法相裁，以义相制，以廉相帅，自天子始而天下咸受裁焉。君子正而小人安，有王者起，莫能易此矣。而何得借口三代之贡享上交以训贪而启渔民之祸哉？

且三代之衰也，天子求金车，而中肩之难作；大国索裘马，而鞭尸之怨深；禹、汤、文、武承上古之流，不能遽革，其流弊亦可见矣。继此而兴者，塞源唯恐不严耳。通古之穷，乃可以御今；酌道之宜，乃可以制礼；故曰"所损益可知也"。使古有之，今遂行之，因流滥而莫之止，则唐、宋之进奉，何以遽召败亡？而嗣源之禁，其上下不交之否道乎？

六

李嗣源召术者周元豹，赵凤谏止之，曰："术者妄言，杀人灭族多矣。"伟哉！不易之论也。杀人灭族者，就谋逆不成者而言，凤有所讳而偏举之耳。谋而成，则李存勖毙于一矢、焚于乐器以亡国矣。谋而成，至于亡人之国；不成，则以自灭其族，固多有之。然天下之欲图神器者无几，而时之可乘、力之可乱者，尤不数有。则术者之害，疑于未烈，若不必严斥而厚禁之也。

虽然，奚必如元豹之许嗣源以贵不可言，导以反逆，而后为天下祸哉？举古今，尽天下，通士庶，苟信术者，无不受其陷溺；而蔑天理，裂人伦，趋利而得害，图安而得危，无有不然者也。故《王制》曰："假于时日卜筮以疑众，杀。"夫术者志尽于衣食，非有大慝焉，而使服上刑，不已过与？乃观其惑民之流害所极，而后知先王之法，以正人心、维风教，齐民以礼而全其恩义，诚至矣哉！

星相也，葬法也，壬遁时日也，《火珠林》观梅河洛之数兆也，鬻之以受愚人之濡沫，乃使婚者失其配偶，居者去其乐土，死者暴其骸骼，兄弟相疑以相害，邻里相轧以相吞，狱讼繁兴，杀伤相踵，生人之祸，至此而极，非杀之何足以当其辜哉？然则杀人灭族之祸，非徒图谋不轨者为然，身以之杀、族以之灭而不知者多矣！身幸不杀，族幸不灭，而冒昧以趋于禽行，则尽古今天下之愚者胥然也。善推赵凤之言，以极其情事之必然，术者之可畏，有如是哉！

解缙庖西封事，请废大统历建除宜忌之文，以绝术者之源，诚卓论也。凤与缙非能知道者，而秉正以拒邪，守先王之典训，贤于蔡西山远矣。

七

王环为马殷攻高季兴，大败之，薄江陵城，敛兵而退。谓荆南为四战之地，宜存季兴以为楚扞蔽，策之善者也。季兴虽存，不能复为殷患，而委靡以苟存于吴、蜀、汴、洛之交，以间隔长沙而不受兵，故殷得以保其疆土。虽然，借此而图固本自强之术，息民训兵以待天下之变，则虽大有为焉可矣。无以善其后，而徒幸兵之不我及，以安旦夕，则所谓"无敌国外患者国恒亡"也，殷之两也，非环之失计也。

天下当战争不定之世，所甚患者，受天下之冲以犯天下之难，力未完，业不及远，骤得胜而扼吭挟脊以召敌之攻，其败也可立而待，而愚者幸之以居功。越之与楚，不相及也，勾践灭吴，而后越受楚兵以亡。契丹灭而女真之祸中于汴，女真灭而蒙古之祸中于杭，皆弱不自量，撤藩篱而欣幸以召攻者。夫岂但弱者为然哉？齐桓公而知要冲之地不可争也，姑置江、黄为不侵不叛之国以隔楚，则陈、蔡、郑、许可以安于北向；急收江、黄，授楚以兵端，而二国灭，于是楚一伸臂而旋及于泗上，无所碍矣。

强弱之积，非一旦之复；偶然之胜，非持久之术；故曰"地有所不争"，非散地之谓也。散地者，敌视之如赘疣，而我收其实利，得之也可以厚吾力，而不犯敌之全力以相逼。唯夫南北之襟喉，东西之腰领，忽为我有而天下震惊，得则可兴，失则必危，兴者百一，而危者十九，竭吾财、殚吾力以保之，一仆而瓦解。策士无识，乃曰：此要地也，所必争者也。不揣而听之，致死以争之，可为寒心矣。

善用王环之谋，以养吾全力，使强敌相忘而可大得志于天下，惜乎马殷之不足以及此也，为怯而已矣。虽然，犹可以不亡，待之再世也。

八

唐亡以后，不知始于何日，禁民造曲，官造卖之以收息。既自号为帝王，而所行若此，陋无以加矣。又其甚者，禁民铸铁，官铸农器，强市于民，则尤不仁之甚者也。虽然，犹未甚也。李嗣源天成三年，听民造曲，而于秋税亩收五钱，又三年，听民铸农器，于夏秋税二亩收农具三钱，自谓宽政，而不知其贼民之益甚也。造曲者非必有田，有田者方待曲于人而不知造，无端而代鬻曲者以输税，其税之也何名？至于铸农器者，不耕而获农人之粟，哀此贫农，辍餐裭衣以博一器，而又为冶人代税。二者横征，而后农民之苦日积而月深矣。

作此俑者，其情易知也。居于上而号为帝王，则民皆惟吾所取而无不可得也。而工贾善为规避，则取之也，劳心力而不能必得。唯农民者，越陌度阡而不知所往，舍稼穑而无以为生，人虽逃而田不移，田即芜而额固存，宗族里井苟在籍者，皆可责以代输而无可避，奚暇问名之所宜、实之所允哉？简易便捷，悬桁杨以拟其项背，取盈焉而已矣。

造曲铸器者，居赢以宴处；而经年不见曲、称贷以买器者，俯首而唯其箕敛。呜呼！是尚有所控告乎？乃为之说曰：亩五钱耳，二亩三钱耳，无大损于民，而合以成多。哀哉！日益之，岁增之，不见多而已积矣。至不仁者，自矜其得利之易，合并以责之田亩。此法一立，相仍者累积而自已，明主弗能察也，惠主弗能蠲也，延及数百年，而户口盐钞桑丝钱息车船木竹之税，一洒散之于田亩。暗不能言，蹇不能去，坐受工贾山泽之征，习焉而莫测其所以，皆自嗣源始之。孰谓嗣源为有仁心而几于小康乎？

九

不能谋身而与之谋国，其愚不可瘳；不能谋国而许之以安民，则论史者之耳食而涂说者也。李嗣源胡人之铮铮者耳，其篡夺也，年已老矣，骄奢淫泆之事，以血气衰而且息，于是或一言焉，有恤民之辞，间一念焉，有苏民之志，乃其所托国者、则安重诲也。夫重诲之奸与忠勿论，而举生杀予夺一任其喜怒，胁持其主以钳制群僚，激董璋、孟知祥而唯恐不为祸先，其主厌之而不戢，上下胥切齿怨之而不忧，碎首横尸而不知祸之所自发，其谋身之愚也如此，而嗣源所与托国者，则重诲也。流血溅于宫庭，攘夺悬于眉睫，如是而欲求斯民一日之安，其可得乎？

当其时，天地闭，龙蛇争，固乏贤矣。然文臣则如任圜之尽力以忧公，张文宝之秉礼以重国，赵远之见祸于几先；武臣则如康福之外迁而宣力，姚洪之抗节以致命；善用之皆可以任大，而重诲娼疾以间之，嗣源弗能用也。孙晟、韩熙载且南走吴以思反噬。夫岂无人哉？以权谋与同起者亲之，以粗犷与相叶者狎之，故久知重诲之恶，而复与相持泣下。詹詹之智，得国而已穷；呴呴之仁，昵爱而难割。乃至从灿血重诲之刃，为从珂乞命于重诲，而幽辱无聊，血胤之不保，尚能推恻隐之心以施于邦国乎？且非徒重诲也，重诲诛，而范延光、赵延寿踵之而进，奸顽且出重诲右矣，而后国以必亡。民之死者，不知其几千万矣，尚曰可以安民也哉？

呜呼！民之有生也，恃上之不绝其生也；上能保民之生也，必先知自保其生也。忘其身之死亡，则无复念人宗社之存亡，任一往之气，乘须臾之权，何不可为也？愚者日与之居，臭味相移，则念偶动于慈柔而辄为中沮，己在陷溺之中，何暇援人之溺也？风愆稍艾，虐政稍苏，暂觉其有小康之德，而身死国乱，孽子悍婿猜争于中，而契丹乘之以入，皆自重诲启之，嗣源召之。一言一事之惠泽，杯水之于车薪，孰能许之以仁邪？

十

仁者，有生之类所必函也；生者，上天之仁所自荣也。故曰"本立而道生"。仁动于天，厚植于心，以保其天性之亲，于是而仁民爱物之德，流行于天下，人道之生也；于是而传世永久之福，垂及于百世，天道之生也；于吴越钱氏有足深取者。

钱镠与董昌为流匹，起群盗之中，其殴人争战，戕民逞志，屈志逆贼，受其伪册，与高季兴、马殷、刘严、王延政、孟知祥互有长短，而无以大异。则熠火之光，宜其速熸耳。而延及宋世，受爵王廷，保世滋永，垂及于今，犹为华族，子姓蕃衍，遍于江东，夫亦何道而致然哉？

仁莫大于亲亲，非其私之之谓也。平夷其心，视天下之生，皆与同条共贯，亦奚必我父兄子弟之必为加厚哉？此固不可深求于物理，而但还验其心之所存、与所必发者而已。均之为人，而必亲其亲者，谁使之然也？谓之天，而天未尝诏之；谓之道，而道亦待闻于讲习辩说之余矣。若其倏然而兴、怵然而觉、恻然而不能忘者，非他，所谓仁也。人之所自生，生于此念，而习焉不察耳。释氏斥之为贪爱之根，乃以贼人而绝其类。韩愈氏曰："博爱之谓仁。"言博也，则亦逐流而失其源也，博则其爱也弛矣。

有人于此，可生也，亦可杀也，见为可生，而生之也快，见为可杀，而杀之也快，即见为不可杀，而卒不能不杀也，则亦置之矣。至于父子兄弟，即不容已于杀，而必戚然以终身，如其见为可生，则必不如他人之唯力是视，尽吾道而付之无可奈何者。以此思之，仁天下也有穷，而父子兄弟之仁，则不以穷而妨其爱也。唯不仁者，舍其约以务于博，即有爱焉，亦散漫以施，而自矜其惠之溥；如其穷矣，则视父子兄弟亦博爱中之一二人而已。置之可也，杀之又奚不可哉？故与人争名，名不两归而杀心起；与人争利，利不两得而杀心起；乃至与人争国、争天下，势不两立而杀心愈燺。

呜呼！汉文帝之贤也，且以尺布斗粟致不容之怨，况下此者！于是而曹丕、刘彧、高湛、陈蒨，自不欲全其本支，而本支亦如其意焉以斩。天道之不忒，仁不仁一念之报焉耳。朱友珪、李从珂僭主中国，为不仁之倡，而徐知诰、马殷之子孙相效以自殄其族。夫此数不仁者，抑岂无爱以及人哉？爱之无择而穷矣。视其属毛离里者，皆与天下之人物无以异，无妨于己则生之，有碍于己则杀之。墨、释之邪，韩愈氏之陋，实中于不肖者之心，以为天理之贼，不可瘳也。

而钱元瓘独全友爱以待兄弟。钱镠初丧，位方未定，而元瓘与兄弟同幄行丧，无所猜忌，陆仁章以礼法裁之，乃不得已而独居一幄。其于元璙也，相让以诚，相对而泣，盖有澹忘富贵、专致恻怛者焉。故仁风扇而天性行。施及弘佽，群臣废兄立己，众将不利于其兄，而弘佽以死保之，优游得以令终。自古被废之主，昌邑而后，未有能如是者。孝友传家，延于奕世，亦盛矣哉！推其源流，皆元瓘一念之仁为之也。此一念者，爱之所凝，至约而无所穷也，非墨、释之所与知也。

十一

天人之际难言矣！饥馑讹言、日月震电、百川山冢之变，《诗》详举而深忧之；日食、地震、雪雹、星孛、石陨、鹢飞之异，《春秋》备纪而不遗；皆以纳人君于忧惧也。乃其弊也，或失之诬，或失之鬼。其诬也，则如刘子政父子分析五行以配五事，区分而凿证之，变复不惟其德而唯其占，有所倚而多所贷，宽猛徇其臆说，而政愈淫。其鬼也，依附经义以乱祀典，如董仲舒土龙祈雨之术，徒以亵天而导淫祀，长巫风，败风教，则惧以增迷，人事废而天固不可格也。夫为诬为鬼，既以资有识者之非笑，于是如康澄者，乃为之说曰："阴阳不调，三辰失行，小人讹言，山崩川涸，螟贼伤稼，不足惧也。"王安石之祸天下而得罪于名教，亦此而已矣。

夫人主立臣民之上，生杀在己，取与在己，兴革在己。而或益之以慧力，则才益其骄；或相习于昏虐，则淫荡其性；所资以息其敖辟而纳于檠括者，唯惧之一念耳。故明主之于天下，无不惧也。况灾异有凋伤之实，讹言乃播乱之媒，饥馑系生民之命，而可云不足惧乎？民情何以定而讹言永息；饿殍何以苏而饥馑不伤；三辰失轨，川决山崩，当其下者，沴气足以戕生，凶征足以召乱，何以镇抚而不逢其害；岂徒惧而已哉？又岂如《五行志》之随征修复，自诩以调燮而安其心；《春秋繁露》之媟用术法，苟求营祷而亡其实哉？

夫仲舒、子政，惟不知惧而已。谓天地鬼神之可以意为迎合，而惧心忘矣。诚知惧者，即澄所谓"畏贤人之隐，畏民业之荒，畏上下之相蒙，畏廉耻瘝而毁誉乱，忠言不进，谄谀日闻"者也。唯其惧之在彼，而后畏之在此。天人之应，非一与一相符，而可以意计揣度者也。一惧而天在人之中，万理皆由此顺矣。澄何足以与于此哉？王安石之学，外申、韩而内佛、老，亦宜其懵焉而为此无忌惮之言也。孔子曰："畏天命。"《诗》《春秋》见诸行事，非意计之能量，久矣！

十二

银、夏之乱，终宋之世，勤天下之力，困于一隅，而女真乘之以入，其祸自李彝超之拒命始。彝超之地无几，亦未能有战胜攻取之威力也，而负嵎以抗天下，挟何术以自固而能然乎？

天下而已裂矣，苟非有道之主，德威足以服远，则有无可如何之人，操甚卑甚陋之术，而智勇交受其制。高季兴以无赖名，而孤立群雄之中，处四战之地，据土不亡者两世；彝超亦用此也，而地在绝徼，为中国之所不争，士马尤彊焉，欲殄灭之，其可得乎？中国之乱也，十余年而八姓十三君，倏兴倏废，彝超父子无所归命，亦无所抗衡，东与契丹为邻，又委顺以为之间谍。不但此也，中国有反叛之臣，无论其成与不成，皆挟可左可右之势，而利其赂遗；薄侵边鄙而不深入以犯难，讨之则城守坚而不下，抚之则阳受命而不来。如是者，虽大定之世，未易治也，而况中国无君之天下，尤得以日积月累而滋大乎？是与荆南高氏仿佛略同而情势异，中国之雄桀，鄙夷而姗笑之，乃不知其窃笑群雄者之尤甚也。

夫其为术，抑有可以自立之道焉。季兴以盗掠诸国之贡享而得货，彝超以两取叛臣之贿赂而收利，其以缮城郭、修甲兵、养士卒者，皆取给于他国无名之馈遗，而不尽苦剥其民，则民得以有其生而兵不匮。君子以大义裁之，则曰此盗术也。然当生民流亡憔悴之日，僭窃以主中国者，方日括民财以养骄卒，以媚黠虏，用逞其不戢之凶威，至于釜甑皆强夺以充赏。而季兴、彝超夺彼不道之余，以苏境内之民，则亦苟焉自全之便术也，恶亦浅矣。

季兴所处，必争之地耳，不然，与彝超均渐渍以岁月，虽宋全盛之天下，得韩、范以为将相，亦衅立而不可下矣。彝超敛兵聚利，为谋已深，李嗣源位未固，势未张，遽欲挑之，其将能乎？徒以益其强固、而为百余年之大患已耳。制无赖者，非大有为之君，未易易也。

十三

李从珂之入篡也，冯道遽命速具劝进文书，卢导欲俟太后命，而道曰："事当务实。"此一语也，道终身覆载不容之恶尽之矣。

实者，何也？禽心兽行之所据也。甘食悦色，生人之情，生人之利用，皆实也。无食而纱兄臂，无妻而搂处子，务实而不为虚名所碍耳。故义者，人心之制，而曰名义；节者，天理之闲，而曰名节；教者，圣人率性以尽人之性，而曰名教；名之为用大矣哉！宰我以心安而食稻衣锦，则允为不仁；子路以正名为迂，而陷于不义；夫二子者，亦务实而以名为缓者也。一言之失，见绝于圣人。推至其极，曾元务实以复进养亲，而不可与事亲。贤者一务实，而固陋偷薄，贼天理，灭风教。况当此国危君困之际，邀荣畏死，不恤君父之死亡，而曰此实也，无事更为之名也。其恶岂有所艾哉？

夫所谓实者，理之不容已，内外交尽而无余憾之谓也。有其实，斯有其名矣。若卢导者，心摇而无所执，理不顺而无能守，然幸有此一念之羞恶，不敢以人臣司天子之废立，故欲调停掩饰以稍盖其恶，而示天下以君之不可自我而予夺，则亦实之仅存者耳。道乃并此而去之，不灭尽其实而不止。

呜呼！岂徒道之终身迷而不复哉？此言出，而天下顾锱铢之利，求俄顷之安，蒙面丧心，上不知有君，内不知有亲，公然以其贪猥亡赖、趋利耽欲之情，正告天下而不泚其颡，顾欣然自得曰：吾不为虚名所误也。亲死而委之大壑，曰吾本无葬亲之实心，勿冒孝名也；穴墙而盗邻粟，曰吾本有得粟之实情，勿冒廉名也；则人类胥为禽兽，尚何嫌乎？但务实而不知有名者，犬豕之食秽以得饱也，麋鹿之聚麀以得子也。道之恶浮于纣、祸烈于跖矣。

道死而摘之者起，顾未有穷其立念之差于务实之一言者，于是李贽之徒，推奖以大臣之名，而世教愈乱，亦憯矣哉！

十四

《节》之初九曰："不出户庭，无咎。"而夫子赞之曰："几事不密则害成。"乃所谓密者，难言之矣。缄之于心，杜之于口，筹虑既审，择老成能断之士而决之，一言而定矣。不审于此，嗫嗫嚅嚅，两三促膝，屏人窃语，夜以继日，而但不令人知其所言者何事，则戈矛丛于墙阴，猜防遍于宇内，何成之有哉？速败而已矣。

宋文帝以君臣私语彻旦不休，而逆子推刃；李从珂屏侍臣于便殿，与冯赟、卢文纪等密谈，而敬瑭速反；皆自谓密而以召祸者也。夫子固曰：

"乱之所由生，则言语以为阶。"窃窃然密谈尽日而不已者，非言语乎？使其言之于大廷而众闻之也，其机亦止此而已。终日言而人不知其何所云也，然后虽一欥一笑，人皆见为深机。是以两人闭户下帷，妇姑附耳之智，敌群策群力之交加，其不相敌，久矣。今日言之，他日更言之，所图度者未见之施行，则奸雄抑窥其言愈多而心愈惑，无能为也，必矣。故密者，缄之于心，杜之于口，审虑而决以一言，必不以窃窃之谈相萦牍者也。

石敬瑭之必反也，可抚而服之，一言而毕耳；可讨而定之，一言而毕耳。以廓达无猜抚敬瑭，而敬瑭无辞以起衅；以秉顺攻逆讨敬瑭，而敬瑭亦无挟以争。若疑若信，若勇若怯，计其所密谋者，皆迂疏纤曲，以茅缚虎、以油试火之术耳，而后从珂之死亡终不可救。宋昌拒周勃之请间，而中外帖然，斯则善于用密者与！

十五

刘知远之智，过于石敬瑭也远甚，拒段希尧、赵莹移镇之谋而亟劝敬瑭以反，其情可知也。当其时，所谓天子者，苟有万人之众、万金之畜，一旦蹶起，而即袖然南面，一李希烈、朱泚之幸成者而已。范延光、赵延寿、张敬达之流，智力皆出知远下，而知远方为敬瑭之偏裨，势不足以特兴，敬瑭反，而后知远以开国元功居诸帅之右，睨敬瑭之篡而即睨其必亡，中州不归己而奚归邪？呜呼！人之以机相制，阴阳取与伏于促膝之中，效死宣力，皆以自居胜地，而愚者不悟，偷得一日之尊荣以亡其族，亦可愍矣哉！

知远之于敬瑭，杨邠、郭威之于知远，一也。杨邠贪居于内，自速其祸耳。敬瑭不知倚知远为腹心，愚已甚也。知远知邠与威之将效己，而不早为之防，事势已然，未可急图也。知远早殂，不及施菹醢之谋耳，使天假以年，邠、威之诛，岂待郭允明哉？然而树刘崇于晋阳以延其血食，则知远之智，果远过于敬瑭矣。称臣纳土于契丹，知远固争不可，亦自为计也。故缮城治兵，屹立晋阳以观变，而徐收之。李存勖之后，其能图度大谋以自立者，唯知远耳。而终不能永其祚者，虽割据叨幸之天子，亦不可以智力取也。

十六

　　谋国而贻天下之大患，斯为天下之罪人，而有差等焉。祸在一时之天下，则一时之罪人，卢杞是也；祸及一代，则一代之罪人，李林甫是也；祸及万世，则万世之罪人，自生民以来，唯桑维翰当之。刘知远决策以劝石敬瑭之反，倚河山之险，恃士马之强，而知李从珂之浅软无难摧拉，其计定矣；而维翰急请屈节以事契丹，敬瑭智劣胆虚，遽从其策，称臣割地，授予夺之权于夷狄，知远争之而不胜。于是而生民之肝脑，五帝三王之衣冠礼乐，驱以入于狂流。契丹弱而女真乘之，女真弱而蒙古乘之，贻祸无穷，人胥为夷，非敬瑭之始念也，维翰尸之也。

　　夫维翰起家文墨，为敬瑭书记，固唐教养之士人也，何仇于李氏，而必欲灭之？何德于敬瑭，而必欲戴之为天子？敬瑭而死于从珂之手，维翰自有余地以居。敬瑭之篡已成，己抑不能为知远而相因以起。其为喜祸之奸人，姑不足责；即使必欲石氏之成乎？抑可委之刘知远辈而徐收必得之功。乃力拒群言，决意以戴犬羊族为君父也，吾不知其何心！终始重贵之廷，唯以曲媚契丹为一定不迁之策，使重贵糜天下以奉契丹，民财竭，民心解，帝昺崖山之祸，习为固然，毁夷夏之大防，为万世患，不仅重贵缧系客死穹庐而已也。论者乃以亡国之罪归景延广，不亦诬乎？

　　延广之不胜，特不幸耳；即其智小谋强，可用为咎，亦仅倾枭掠鸡侥幸之宗社，非有损于尧封禹甸之中原也。义问已昭，虽败犹荣，石氏之存亡，恶足论哉？正名义于中夏者，延广也；事虽逆而名正者，安重荣也；存中国以授于宋者，刘知远也；于当日之侪辈而有取焉，则此三人可录也。自有生民以来，覆载不容之罪，维翰当之。胡文定传《春秋》，而亟称其功，殆为秦桧之嚆矢与！

十七

　　贵奚有定哉？当世之所不能有而有之者，安富尊荣则贵也；太上以行其道，其次以席其安，其下以遂其欲，至于遂欲而已贱矣。然利在其身，施及其子孙，犹得以有其荣利，犹流俗之贵也。无此数者，当时耻与为从，后世相传为笑，身危而如卧于棘丛，子孙转昕求为庶人而不可得，则亦无可欲之甚者，然且耽耽逐逐以求得之，其狂愚不可药已。

至贵者，天子也；其次，则宰相也。朱友贞、李从珂、石敬瑭、刘知远皆自曰吾天子也。悲夫！一日立乎其位，而万矢交集于梦寐，十年之内，幸鬼祸之先及者，速病以死，全其腰领，而子姓毕血他人之刃；其未即死者，非焚则馘，一如豻狴之戮民，待秋冬而伏法耳。刑赏不得以自主，声色不得以自娱，血胤不得以相保，贱莫贱于此焉。而设深机、冒锋刃，以求一日之高居称朕。袭优俳之衮冕，抑无其缠头酒食之利赖，夫亦何乐乎此邪？于是既号为天子矣，因而有宰相焉。其宰相者，其天子之宰相也。利禄在须臾，辱戮在眉睫，亦优俳之台辅而已矣，冯道、卢文纪、姚顗、李愚、刘昫、赵莹、和凝、冯玉之流皆是也。尸禄已久，磐固自如，其君见为旧臣而不能废，其僚友方畏时艰而不与争，庸人忘死忘辱，乘气运之偶及，遂亦欣然自任曰"吾宰相也"。无不可供人姗笑也。

虽然，犹未甚也。桑维翰一节度使之掌书记耳，其去公辅之崇既悬绝矣，必不可得，而倒行逆施者无所不至，力劝石敬瑭割地称臣，受契丹之册命。迫故主以焚死，斗遗民使暴骨，导胡骑打草谷，城野为墟，收被杀之遗骸至二十余万，皆维翰一念之恶，而滔天至此，无他，求为相而已。耶律德光果告敬瑭曰："维翰效忠于汝，宜以为相。"而居然相矣。人恫于明，鬼哭于幽，后世有识者推祸始而怀余怒；即在当日者，刘知远、杜重威、景延广亦交诋其非，杨光远且欲甘心焉。荼毒已盈，卒缢杀于张彦泽之半组。计其徼契丹之宠，自号为相之日，求一日之甘食、一夕之安寝也，而不可得。而徒以残刘数十万之生灵，毁裂数千年之冠冕，以博德光之一语，且书记而夕平章，何为者邪？

夫维翰以文翰起家成进士，即不能如梁震、罗隐之保身而不辱；自可持禄容身，坐待迁除，如和凝、李崧之幸致三事。乃魂驰而不收，气盈而忘死，以骤猎不可据之浮荣，其实不如盛世之令录参佐也。而涂炭九州、陆沉千载，如此其酷焉。悲夫！天之生维翰也，使其狂猘之至于斯，千秋之戾气，集于一人，将谁怨而可哉？乞者乞人之墦，非是而不能饱；盗者穴人之室，非是而不能获。维翰不相，自可图温饱以终身；维翰即相，亦不敌李林甫、卢杞之掾史；即以流俗言之，亦甚可贱而不足贵，明矣。处大乱之世，君非君，相非相，揽镜自窥，梦回自念，乞邪，盗邪，君邪，相邪，贵邪，贱邪！徒以殃万民、祸百世，胡迷而不觉邪？

《读通鉴论》卷二十九终

读通鉴论卷三十

五代下 自石敬瑭称号之年起

一

契丹之于石敬瑭，为劳亦仅矣。解晋阳之围败张敬达者，敬达师老，而无能如晋阳何也。敬瑭南向，而耶律德光归，河南内溃，张彦泽迎敬瑭以入，初未尝资契丹之力，战胜以灭李氏而有之。且德光几舍敬瑭而立赵德钧，其待敬瑭之情，亦不固矣，曾不如突厥之于唐也。乃敬瑭坚拒众议，唯桑维翰之是听，以君父戴之，而为之辞曰信义也。呜呼！敬瑭岂知人间之有信义者哉？

古今逆臣攘夺人国者，类有伟伐以立威，而后人畏以服从而不敢动。无大功而篡者，唯萧道成、萧衍与敬瑭而已。然道成、衍遇淫昏之主，臣民不保其死，于是因众怨以兴，而为节俭宽容之饰行以结纳中外之心，天下且属心焉。李从珂无刘子业、萧宝卷之淫虐，敬瑭一庸驽之武人，杳不知治理为何物，资妇势以得节钺，其据一隅以反也，自唐季以来，如梁崇义、刘积之徒，无成而悬首阙下者非一矣，敬瑭幸得不伏其辜耳。在位八年，固无一言之几道、一政之宜民，其识量之不足以服人，自知之，桑维翰亦稔知之，即与之四海一王之天下，亦不能一朝居，而况此岌岌摇摇、不宁不令之宇，仅守国门以垂旒乘辂哉！故甫篡位而范延光、张从宾、符彦饶、李金全、安从进、安重荣蜂起以争，杨光远、张彦泽杀人于前而不能诘，刘知远且挟密谋以俟时而动，敬瑭盖惴惴焉卧丛棘之上，不能自信为天子也。

德不可恃，恃其功；功不可恃，恃其权；权不可恃，恃其力；俱无可恃，所恃以偷立乎汴邑而自谓为天子者，唯契丹之虚声以恐喝臣民而已。故三镇继起，张皇欲窜，而刘知远曰："外结强虏，鼠辈何能为？"则契丹以外，敬瑭无可依以立命也可知矣。张从宾将逼汴州，从官汹惧，而桑维翰神色自若，夫岂有谢傅围棋之雅量哉？心目之间，有一契丹隐护其脰领耳。而借口曰信义，将谁欺乎？惟其无以自主而一倚于契丹，故人即持其长短以制之。赵延寿、杜重威皆效之，而国以亡，血胤以斩，则维翰之谋，适以促其绝灭而已矣。敬瑭之窃位号也，与张邦昌，刘豫也正等，又出于安禄山、黄巢之下，宋人奖之以绍正统，无惑乎秦桧之称臣构而不怍也。

二

《礼》曰："刑不上大夫。"古之大夫，方五十里之国，有三人焉，次国倍之，大国四之。周千八百国，计为大夫者万人以上，盖视汉之亭长，今之仓巡驿递耳，而不以刑辱之，则所以养廉隅而厚君子小人之别至矣。天下恶得而不劝于善邪？

刑者，非大辟之谓也，罪在可杀，则三公不贷其死，而况大夫？唯是宫、刖、劓、墨之刑，不使夷于小人，褫衣而残肢体耳。汉以杖代肉刑，则杖之为刑亦重矣哉！匍伏之，肉袒之，隶卒之贱凌蹴而笔之，于斯时也，烦冤污辱之下，岂复有君子哉？王昶之僭号于闽也，淫虐不拟于人类，其臣黄讽诀妻子以进谏，不恤死也。至于昶欲杖之，则毅然曰："直谏被杖，臣不受也。"昶不能屈，黜之为民。充讽之志，岂黜是恤哉？触暴人而死，则死而已矣，而必不受者辱也。于此而知后世北寺之狱，残掠狼藉，廷杖之辱，号呼市朝，非徒三代以下虐政相沿，为人君者毁裂纲常之大恶；而其臣惜一死以俯受，或且以自旌忠直，他日复列清班为冠冕之望者，亦恶得而谢其咎与？

"士可杀，不可辱"，非直为君言，抑为士言也。高忠宪公于缇骑之逮，投池而死，曰："辱大臣即以辱国"，韪矣。立坊表以正君臣之义，慎遗体以顺生死之常，蔑以尚矣。其次则屏居山谷，终身不复立于人之廷可也。士大夫而能然，有王者起，必革此弊政，而明盘水加剑之礼，人道尚足以存乎！

三

刘知远之图度深密也，石敬瑭其几俎间物耳，恶足以测之哉！始而决劝敬瑭以反，为己先驱也。三镇兵起，敬瑭问计，而曰："陛下抚将相以恩，臣戢士卒以威。"盖子罕专宋之故智也。

自唐以来，人主之速趋于亡者，皆以姑息养强臣而倒授之生杀之柄，非其主刚核过甚而激之使叛也。今欲使敬瑭以呴沫之仁假借将相，则当时所宜推心信任、恣其凌轹而不问者，莫知远若矣。恩遍加于将相，而可独致猜防于知远乎？柔而召侮，躁人先凌之，以乱其心志，故安重荣之流，急起以疲敬瑭之力，知远乃乘其后席卷而收之已耳。威移于己，则三军所畏服者，知有知远而忘有敬瑭；戢兵以卫民，则百姓所仰戴者，不感敬瑭而唯感知远。兵从令而民归心，故可以安坐晋阳，而俟契丹之倦归，以受人之推戴。此知远之成算，使敬瑭入其中而不觉者也。藉令石重贵而不为契丹之俘虏邪？亦拱手而授之知远尔。

傲岸不受平章之命，重为其主之疑怒，而赵莹为之拜请，感其恩抚大臣之言也。敬瑭忍怒而使和凝就第劝谕，假借之恩宠者已素，而威不足以张也。范延光、杨光远、张彦泽骄横以速石氏之亡，知远收之也不待劳矣。契丹中起而乱之，故知远之得之也难。当桑维翰献割地称臣之计，知远已早虑之矣，虑己之难乎其夺之竖子之手也。而卒能自保，以逐夷而少息其民。故自朱温以来，许其有志略而几于豪杰者，唯知远近之矣。

四

石氏之世，君非君，将非将，内叛数起，外夷日逼，地蹙民穷，其可掩取之也，八九得也。江南李氏之臣，争劝李昇出兵以收中原，而昇曰："兵之为民害深矣！不忍复言，彼民安，吾民亦安。"其言，仁者之言；其心，量力度德保国之心也。盖杨行密、徐温息兵固国之图，昇能守之矣。

兴衰之数，不前则却。进而不能乘人者，退且为人所乘。图安退处，相习于偷，则弱之所自积也。李氏惟不能因石氏之乱而收中原，江、淮之气日弛，故宋兴而国遂亡，此盖理势之固然者；而揆之以道，则固不然。若使天下而为李氏所固有，则先祖所授，中叶而失之，因可收复之机，乘之以完故土，虽劳民以求得，弗能恤也，世守重也。非然，则争天下而殄瘁其民，仁人之所恶矣。徐知诰自诬为吴王恪之裔，虽蒙李姓，未知为谁氏之子，因徐温而有江、淮，割据立国，义在长民而已。长民者，固以保民为道者也。社稷轻而民为重，域外之争夺，尤非其所亟矣。以匹夫奄有数千里之疆，居臣民之上，揣分自全，不亦量极于此乎？苟为善，后世子孙以大有为于天下者，天也；知其弱不足立而浸以亡者，亦天也；非可以力争者也。李昇于是而几于道矣。当其时，石敬瑭虽不竞，而李氏诸臣求可为刘知远、安重荣之敌者，亦无其人。陈庆之乘拓跋之乱以入洛阳，而髡发以逃；吴明彻乘高齐之亡以拔淮北，而只轮不返；皆前事之师也。即令幸胜石氏，而北受契丹之勍敌，东启吴越之乘虚，南召马氏之争起，外成无已之争，内有空虚之害，江、淮亘立于中以撄众怒，危亡在旦夕之间，而夸功生事者谁执其咎乎？故曰量力度德，自保之令图也。

其仁民也，虽不保其果有根心之恻悱，而民受其赐以延生理，待宋之兴，全父老、长子孙、受升平之乐，不可谓非仁者之泽矣。《诗》不云乎？"民亦劳止，汔可小康。"人之情也，劳不可堪也，死愈不忍言也。杨行密、徐温、李昇予民以小康，可不谓贤哉？高季兴之猥也，天下笑其无赖，而视王曦、刘龚之贼杀其民以自尊，愈矣；况江南之奠残黎，使安枕于大乱之世，数十年民不知兵也乎！

五

江南李氏按行民田之肥瘠以定税，凡调兵兴役、非常事而猝求于民者，皆以税钱为率。宋平江南，承用其法，延及于今，一用此式，故南方之赋役所以独重，此《春秋》所谓用田赋也。

古者以九赋作民奉国，农一而已，其他皆以人为率。夫家之征，无职事者不得而逸。马牛车器，一取之商贾。役，则非士及在官者，无不役也。是先王大公至正、重本足民之大法，万世不可易者也。是故民乐有其恒产而劝于耕。苟非力不任耕、世习工贾者，皆悉安于南亩。无弃土，无游民，不俾黠巧惰淫者，舍其先畴以避征徭，而坐食耕夫之粟。民食足而习驯，无或冻馁流离而起为巨寇。财足用，器足修，兵足使，而夷狄不能为患。其为天下利亦溥矣哉！今变法而一以田税为率，已税矣，又从而赋之。非时不可测度之劳，皆积堕于农。而计田之肥瘠以为轻重，则有田不如无田，而良田不如瘠土也。是劝民以弃恒产而利其莱芜也。民恶得而不贫，恶得而不堕，恶得而不奸，国恶得而不弱，盗贼恶得而不起，戎狄恶得而不侵哉？故自宋以后，即其全盛，不能当汉、唐之十一，本计失而天下瘠也。

夫有民不役，而役以田，则等于无民。据按行之肥硗，为不易之轻重，则肥其田者祸之所集，而肥者必硗。有税有役，则加于无已，而无税则坐食游间之福，民何乐而为奉上急公之民？悖道拂经之政，且有甚于商鞅者。乃相承六百年而不革，无他，君偷吏窃，据地图税籍而易于考索。若以人为登耗，则必时加清理以调其损益，非尽心于国计民生者不能也。简便之法，易以取给，而苟且以自恣。不知天子之允为元后父母，命官分职，以共天职，将何为邪？王者起而厘正之，莫急于此矣！

六

景延广抗不称臣，挑契丹之怒，而石晋以亡，古今归罪焉，流俗之论无当于是非，若此类者众矣。

石氏之亡不亡，奚足为有无哉？即以石氏论，称臣称男，责赂无厌，丑诟相仍，名为天子，贱同仆隶，虽得不亡也奚益？重敛中国之所有，以邀一日之欢，军储不给而军怨于伍，流离载道而民怨于郊，将吏灰心，莫为捍卫，更延之数年，不南走吴、楚以息肩，则北走契丹以幸利，一夫揭竿而四方瓦解，石氏又恶保其不亡乎？石氏之亡，桑维翰实亡之，而奈何使延广代任其咎也！

称臣、割地、输币之议，维翰主之，敬瑭从之；二人以往，唯依阿苟容之冯道、安彦威而已。刘知远已异议于早，吴峦、王权或死或贬而不甘为之屈，安重荣则不难剚敬瑭之首、刲心沥血以谢万世者也。延广与知远对掌马步、为亲军之帅，知远怀异心以幸其败而不力争，延广扶孱主以耻其亡而独奋起，延广之忠愤，虽败犹荣，而可重咎之以折中国生人之气邪？

夫契丹岂真不可敌而以鸿毛试炉火哉？敬瑭所倚以灭李氏者，徒晋阳解围一战耳。又张敬达已老之师也。遇险而惧，不敢渡河而返。从珂自溃，非胡骑之果能驰突也。杨光远诱之，赵延寿导之，而中国水旱非常，上下疲于岁帑，乃敢举兵南向。然且伟王败而太原之兵遁；石重贵自将以救戚城，而溺杀过半，恸哭而逃；高行周拒之于澶洲，而一战不胜，收军北去；安审琦救皇甫，遇慕容彦超于榆林店而自惊以溃；阳城之战，符彦卿一呼以起，倾国之众，溃如山崩，弃其奚车，乘驼亟走。当是时也，中国之势亦张矣；述律有蹉跌何及之惧，气亦熸矣。而延广罢去，留守西京，悲愤无聊，唯自纵酒；桑维翰固争于重贵，复奉表称臣以示弱，然后孙方简一叛，大举入寇，而重贵为俘。由此观之，契丹何遽不可拒？延广何咎？而维翰之贻害于中国，促亡于石氏，其可以一时苟且之人情，颂其须臾之安，而贳其滔天之罪哉？

韩侂胄挟鹰犬之功，杀忠贞，逐善类，恶诚大矣，而北伐非其罪也。成败，天也；得失，人也；或成而败，或败而成，视其志力而已。宋即北伐而小挫，自可更图后效；乃以挑衅渝盟为侂胄之罪，然后人心靡，国势颓，至于亡而不复振。故延广逐而石氏之亡决，侂胄诛而赵宋之衰成。身为大帅，知有战而不知有降，其官守也。延广蒙讥，则岳鹏举之杀，其秦桧再造之功乎？

七

石敬瑭起而为天子，于是人皆可为，而人思为之。石敬瑭受契丹之册命为天子，于是人皆以天子为唯契丹之命，而求立于契丹，赵延寿、杨光远、杜重威，皆敬瑭之教也。欲为天子，而思反敬瑭之为，拒契丹以灭石氏者，安重荣耳，虽兵败身死、蒙叛臣之号，而以视延寿辈之腥污，犹有生人之气矣。

刘知远持重以待变，尤非可与敬瑭辈等伦者也。今且责知远之拥兵晋阳，不以一矢救重贵之危，而知远无辞。虽然，岂尽然哉？李守贞、杜重威、张彦泽，兵力之强，与不相上下，而交怀忮害之心；桑维翰居中持柄，怙契丹以制藩帅；石重贵轻躁以畜厚疑，前却无恒，力趋于败；天之所坏，不可支也，徒以身殉，俱碎而已。

若夫君臣之义，固有不必深求以责知远者。当日之君臣，非君臣也。知远之器识，愈于敬瑭远矣。为其偏裨，以权势而屈居其下，相与为贼，以夺李从珂之宗社，一彼一此，衰王相乘，岂尝受顾命辅重贵以保固石氏之邦家乎？敬瑭不推心以托，知远亦不引以自任也，久矣。则护河东片土，休兵息民，免于打草谷之掠杀，而待契丹之退，收拾残疆，慰安杀戮之余民，知远之于天下也，不可谓无功。杜重威、李守贞、张彦泽之恶已播而不可掩，桑维翰媚虏以虔刘天下而自杀其躯，于是人喻于从夷之凶危；而重贵已俘，国中无主，始徐起而抚之，知远之成谋决矣。摈契丹以全中夏而授之郭氏，契丹弗敢陵也。盖自朱温以来，差可许以长人者，唯知远耳。嗣子虽失，而犹延河东数十年之祀，亦其宜矣。然而不足以延者，知远亦沙陀也。于时天维地纪未全坏也，固不可以为中国主也。

八

兵聚而散之，平天下者之难也。汉光武抚千余万之降贼，使各安于井牧，遐哉！自武王戢干櫜矢之后，未有能然者矣。无仁慈之吏以抚之，无宽缓之政以绥之，无文教之兴以移之；则夫习于骄悍、狃于坐食者，使之耕耘，不耐耰锄之劳，使之工贾，不屑锱铢之获；朵颐肥甘、流连饮博之性，梦寐寄于行间；小有骚动，触其雄心，即如螽蝗之蔽日，无有能御之者矣。

河北自天宝以来，民怙乱而不安于田庐久矣。魏博之牙兵已歼，不能惩也。石晋置天威军而不可用，遂罢之。乃虽不可用，而跃冶之情，仍其土习，则一动而复兴。罢之，亦问其何所消归邪？而抑不为之处置。无赖子弟，业已袴褶自雄于乡里，无有余地可置此身，能合而不能离，为盗而已矣。梁晖起于相，王琼起于澶，其起也，契丹掠杀之虐激之；即无契丹之掠杀，亦安保其为井牧之驯民乎？敬瑭父子之为君，虚中国以媚虏，纵骄帅以称兵，而草泽之奸，能朝耕而暮织乎？

民不富，不足以容游惰之民；国无教，不足以化犷戾之俗。自非光武，则姑听其著伍以待其气之渐驯，而后使自厌戎行以思返，乃可得而徐为之所。刘知远安集民之保山谷者，定其志气以渐思本计，自是以后，盗乃渐息；集之也，故贤于散之也。

九

得国而速亡，未有如沙陀刘氏者也；反者一起，兵未血刃，众即溃，君即死，国即亡，易如吹槁，亦未有如沙陀刘氏者也。其后宋夺柴氏而尤易，亦迹此而为之耳。

刘氏之代石晋也，以视陈霸先而尤正。二萧、石、郭皆怀篡夺之谋，兴叛主之甲。知远虽不救重贵之亡，而不臣之迹未著。重贵已见俘于契丹，石氏无三尺之苗裔可以辅立者，中原无主，兆人乐推，而始称大号，以收两都，逐胡骑。然且出兵山左，思夺重贵，不克而始还。若是者，宜其可以代兴而永其祚，然而不能者，其故有二；《诗》曰："宗子维城，大宗维翰。"先王亲亲以笃天伦，而枝干相扶之道即在焉。《易》曰："开国承家，小人勿用。"先王尊贤以共天职，而心膂相依之道即在焉。汉、唐之兴，其亲也，不能如周、召之一心，而分土为侯王者，固不可拔也；其贤也，不能如伊、吕之一德，而居中为宰辅者，固不可乱也。

刘氏起于沙陀，以孤族而暴兴，承佑之外，仅一刘崇父子，而威望不能与郭威、杨邠、史弘肇相颉颃。举国之人，知孤雏一禽而其宗熸矣。郭氏亦犹是也。柴氏虽有宗党，然不能正名为皇族，亦一夫而已矣。一旦拥他姓以代之，孰相难者，而又何劳再举乎？

亲不可恃，天也，则庶几恃有贤辅以左右之耳。知远之命相，竟求之于军幕执笔之客佐，天下贱之恶之，狎而蔑之，倏起旋灭，无为太息者，尤无足怪矣。故刘氏之亡，亡于苏禹珪、苏逢吉之为相，王章之为三司使也。是郭威、杨邠、史弘肇所睥睨叱咤而使濡毫待命如胥史者也。四年而刘氏之庙荡为寒灰，尚谁拯哉？

天之下，民所仰者君也；君之下，民所仰者相也。君非君，则天不能息其乱；相非相，则君不能保其国。开国承家，小人亟用，人之所鄙，天之所弃，不能一朝居矣。二苏从幕中贱士蹴辅弼之荣，即求如敬翔、任圜、和凝而不可得，乃欲伸弱主以折强臣，其待四年而亡犹晚矣。

郭氏之相，虽德不称位，而范质、李穀之视二苏，则云泥也，是以后亡。而承佑既灭，刘崇犹能保一隅之祀者数十年，愈于郭、柴之顿斩，则同姓存亡之故也。亲贤之得失，国祚之短长，岂不一如符券与？

十

李业、郭允明导其主以杀大臣，而刘氏速亡。人心未固，主势不张，而轻用不测之威，翦推戴之臣，杨邠、史弘肇、王章虽死，郭威拥重兵，据雄藩，恩结将吏，权操威福，遽欲以一纸杀之，其以国戏也，愚不可诘矣。虽然，刘氏之存亡，恶足系天下之治乱哉？杨邠等就诛，而天下始有可安之势，则此举也，论世者之所快也。

自唐以来，强臣擅兵以思篡夺者相沿成习，无有宁岁久矣。朱温、李克用先后以得中原，而李嗣源、石敬瑭、刘知远踵之以兴。盖其间效之蹶起，或谋而不成，或几成而败者，锋刃相仍，民以荼毒也，不可胜纪。当其使为偏裨与赞逆谋也，已伏自窃之心。延及于石、刘之代，而无人不思为天子矣。安重荣、安从进、杨光远、杜重威、张彦泽、李守贞先后授首，而主臣蹀血以竞雌雄，败则族，胜则帝，皆侥幸于不可知之数。幸而伏诛，国亦因是而卒斩。流血成川，民财括尽，以仅夷一叛臣，而叛者又起。彼固曰：与我并肩而起者，资我以兴，恶能执法以操我生死之柄？况其茕茕孺子，而敢俨然帝制，秉斧钺以临我乎？

自杨邠等以羽翼刘氏之宿将，威振朝廷，权行疆内，而一旦伏尸阙下，如圈豚之就烹；于是而所谓功臣者，始知人主自有其魁柄，不待战争，而可刈权奸若当门之草。故郭氏之兴，王峻、侯益之流，不敢复萌跋扈之心；而李毂、范质、魏仁浦乃得以文臣衔天宪制阃帅之荣辱生死。柴氏承之，樊爱能等疾趋赴市，伏死欧刀，而人不惊为创举，邠、章、弘肇之诛，实倡其始也。有邠、章、弘肇之诛，而后樊爱能等之辟，伸于俄倾，而众心允服；有爱能等之戮，而后石守信辈以得释兵保禄位为幸，宋之中外载宁者三百载。呜呼！业、允明之不量而亟杀权臣也，殆天牖之以靖百年飞扬盘踞之恶习乎！抑事会已极，无往不复，自然之数也。

郭威以一头子黜王守恩，用白文珂，而盈廷不敢致诘。杨邠、史弘肇斥其主以禁声，而曰"有臣等在"。此而不诛，刘氏其足以存乎？刘氏即存，天下之分崩狂竞以日寻锋刃也，宁可小息乎？邠、章、弘肇死，于是风气以移，内难不生，而国有余力，然后吴、蜀、楚、粤可次第而平。故此举也，天下渐宁之始也。刘承佑之死生，国之存亡，不足论也。

十一

耳目口体之各有所适而求得之者，所谓欲也；君子节之，众人任之，任之而不知节，足以累德而损于物。虽然，其有所适而求得之量以任之而取足，则亦属厌而止，而德不至于凶，物不蒙其害；君子节情正性之功，未可概责之夫人也。况乎崇高富贵者，可以适其耳目口体之需，不待损于物而给，且以是别尊卑之等，而承天之佑，则如其量而适焉，于德亦未有瑕也。

天下有大恶焉，举世贸贸然趋之，古今相狃而不知其所以然，则溢乎耳目口体所适之量，而随流俗以贵重之，所谓宝器者是已。耳目口体不相为代者也，群趋于目，而口失其味、体失其安，愚矣。群趋于耳，而目亦不能为政，则其愚愈不可言也。宝之为宝，口何所甘、体何所便哉？即以悦目，而非固悦之也。唯天下之不多有，偶一有之，而或诧为奇，于是腾之天下，传之后世，而曰此宝也；因而有细人者出，摘其奇瑰以为之名，愚者歆其名，任耳役目口四体以徇传闻之说，震惊而艳称之曰此宝也。是举五官百骸心肾肺肠一任之耳，而不自知其所以贵之重之、思得而藏之之故。呜呼！其愚甚矣。

《传》曰："匹夫无罪，怀璧其罪。"孟子曰："宝珠玉者殃必及身。"何也？愚已甚，耳目口四肢不足以持权，则匹夫縻可衣可食之腴产以求易之；或且竞之于人，而戕天伦、凌孤寡，皆其所不恤。崇高富贵者，则虚府库、急税敛、夺军储以资采觅，流连把玩，危亡不系其心；"殃必及身"，非虚语也。乃试思之，声音可以穆耳乎？采色可以娱目乎？味可适口，而把玩之下，四体以安乎？于阗之玉，驰人于万里；合浦之珠，杀人于重渊；商、周之鼎彝，毁人之丘墓；岂徒累德以黩淫哉？其贻害于人也，亦已酷矣！从吠声之口，荡亡藉之心，以祸天下，而旋殃其身，愚者之不可致诘，至此而极矣。郭氏始建国，取宫中宝器悉毁之，尽万亿之值，碎之为泥沙，不知者且惜之，抑知其本与泥沙也无以异；不留之于两间以启天下之愚，亦快矣哉！

夫岂徒宝器为然乎？书取其合六书之法，形声不舛而已；画取其尽山川动植之形，宫室器服之制，知所考仿而已；典籍取其无阙无讹，俾读者不疑其解而已。晋人之字，宋、元之画，澄心堂之典籍，尽取而焚之，亦正人心、端好尚之良法也。

十二

闭籴以杀邻国之民，至不仁也；徒杀邻民而朽吾民之粟以趋于贫，至不智也。李氏淮南饥，周通籴以济之，二者之恶去矣。其后复大旱，民度淮争籴，李氏遂筑仓多籴以供军，周乃诏舟车运载者勿予。夫禁舟车而但通负担，则所及者近，而力弱不任负者死相积矣。郭氏方有吞并江、淮之计，不欲资敌粮以困之，自谓得算，而不知此斗筲之智，徒损吾仁而无益也。

旱饥即至于悬罄，岂有馁死之兵哉？所馁死者民耳。立国则必有积储矣，即不给，而民之仅存者严刑迫之，无求不得也；又不给，而坐食于民，或纵之掠夺而不禁也；则使其主多以为军食，亦以纾民之死尔。禁舟车之运，勿使籴充军食者，亦适以重困其民也，岂果于救民者之所忍为乎？

即以制胜之策言之：两敌相压，丰凶各异，所隔者一衣带水耳。淮南之民，强欲籴者，转斗而北，不可禁御，饥瘠濒死，睨饱食之乡，欲与争一旦之命，死且不恤，弱瘠无制之民且如此矣。如使兵食不继，彼且令于众曰：誓死一战，则禾粟被野者唯吾是饱。而兵之奋臂以呼，争先而进，以自救死亡，复何易捍哉？

无德于民，不足以兴；积怨于兵，则足以亡。晋惠公闭籴而秦师致死，身为俘囚。大有为者，不与人争一饥一饱之利钝也。故唯深研于人情物理之数者，而后可与尽智之川、全仁之施。郭氏固不足以及此，为德不永，而功亦不集。唯保天下者可以有天下，区区之算奚当哉！

十三

法不可以治天下者也，而至于无法，则民无以有其生，而上无以有其民。故天下之将治也，则先有制法之主，以使民知上有天子、下有吏，而己亦有守以谋其生。其始制法也，不能皆善，后世仍之，且以病民而启乱。然亦当草创之际，或矫枉太甚，或因陋就简，粗立之以俟后起者之裁成。故秦法之毒民不一矣，而乘六国纷然不定之余，为之开先，以使民知有法，然后汉人宽大之政，可因之以除繁去苛而整齐宇内。五胡荡然蔑纪，宇文氏始立法，继以苏绰之缘饰，唐乃因之为损益，亦犹是也。

自唐宣宗以后，懿、僖之无道也，逆臣盗贼，纷纭割据，天子救死不遑，大臣立身不固，天下之无法，至于郭氏称周，几百年矣。唐之善政，无一存者，其下流之蠹政，则相沿而日以增。盖所谓天子者，强则得之，弱则失之；所谓宰相者，治乱非所任，存亡非所恤，其令于民也，桎梏之以从令，渔猎之以供军；如此，则安望其有暇心以问法纪哉？叛臣而天子矣，武人而平章矣，幕客而宰相矣；则其所为庶司百尹、郡邑长吏者，举可知也。其薄涉文墨者，则亦如和凝之以淫词小藻、取誉花间而已。及郭氏之有国也，始有制法之令焉。然后为之君者，可曰：吾以治民为司者也。为之民者，亦曰：上有以治我，非徒竭我之财、轻我之生、以为之争天下者也。

夫郭氏之法，固不可以与于治者多矣。其宽盗一钱以上之死也，罢营田赋赋民而使均于民赋也，除朱温所给民牛之租也，皆除民之大蠹而苏之，亦救时之善术矣。若其给省耗于运夫，则运者苏而输者之苦未蠲也；禁民之越诉，而弗能简良守令以牧民，则奸民乍戢，而州县之墨吏逞，民弗能控告也；讼牒不能自书，必书所倩代书者姓名，以惩教讼，而讼魁持利害以胁人取贿，奸民益恣，而弱民无能控告也；其除卖牛皮者之税，令田十顷税一皮，徒宽屠贾，而移害于农、加无名之征也。凡此皆以利民而病之，图治而乱之，法之所立，弊之所生矣。

盖其为救时之善术者，去苛虐之政，而未别立一法，故善也。其因陋就简而生弊者，则皆制一法以饰前法，故弊也。法之不足以治天下，不徒在此，而若此者为尤。虽然，以视荡然无法之天下，则已异矣。君犹知有民而思治之，则虽不中而不远；民犹知有法而遵之，则虽蒙其害而相习以安。盖郭氏惩武人幕客之樵苏其民而任其荒薉，标培克之成格以虐用之于无涯，于是范质、李榖、王溥诸人进，而王峻以翼戴之元功，不能安于相位，故有革故取新之机焉。枢密不能操宰相之进止，宰相不复倚藩镇以从违，君为民之君，相为君之相，庶几乎天职之共焉。嗣是而王朴、窦俨得以修其文教，而宋乃困之以定一代之规。故曰：天下将治，先有制法之主，虽不善，贤于无法也。

汉承秦之法而损益之，故不能师三代；唐承拓跋、宇文之法而损益之，故不能及两汉；宋承郭氏、柴氏之法而损益之，故不能逾盛唐。不善之法立，民之习之已久，亦弗获已，壹志以从之矣；损其恶，益之以善，而天下遂宁。唯夫天下方乱而未已，承先代末流之稗政以益趋于下，而尽丧其善者；浸淫相袭，使袴褶刀笔之夫播恶于高位，而无为之裁革者；于是虽有哲后，而难乎其顿改，害即可除，而利不可卒兴。此汤、武之继桀、纣与高皇帝之继胡元，所以难也。有法以立政，无患其疵，当极重难反之政令，移风俗而整饬之以康兆民，岂易言哉！上无其主，则必下有其学。至正之末，刘、宋诸公修明于野，以操旋转之枢，待时而行之，其功岂浅鲜乎？

十四

无子而立族子，因昭穆之序、为子以奉宗祀，自天子达于士，一也；而天子因授以天下为尤重。异姓者不得为后，大法存焉。《春秋》莒人后鄫，而书之曰灭，至严矣。乃事有至变者焉，则郭氏是已。郭威起于卒伍，旁无支庶，年老无子，更无可立之群从；柴氏之子，既其内姻，从之鞠养，而抑贤能可以托国，求同姓之支子必不可得，舍郭荣亦将孰托哉？既立宗庙，以天子之礼祀其先，神虽不歆非类，而岂自我馁之乎？故立异姓以为后，未可为郭氏责也。

或曰：威无同姓可立之后，知荣之贤，引而置之将相之位，以国禅之而不改其族姓，仿尧、舜之道，不亦美乎？舜宗尧而祖文祖，祀亦可弗绝也。

曰：时则上古，人则圣人，在位者则皋、夔、稷、契，而后舜、禹之受禅，天下归心焉。乃欲使篡夺之君、扰乱之世，强藩睥睨以思弋获之大位，取一大贤以下之少年，遽委以受终，庸讵得哉？舜穆四门、叙百揆、雷雨弗迷，而共、驩犹猘于廷，三苗犹叛于外。若禹平水土、定九州，大勋著于天人，群后之倾心久矣，舜抑承尧之已迹而踵行之，而荣恶足以胜之？自朱、李以来，位将相而狂争者，非一人也。郭氏之兴，荣无尺寸之功，环四方而綦立者，皆履虎咥人之武人，荣虽贤，不知其贤也，孤雏视之而已。俄而将相矣，俄而天子矣，争夺者攘臂而仍之，不能一朝居也，徒为子哙、子之，而敢言尧、舜乎？

所难处者，荣既嗣立而无以处柴守礼耳。论者乃欲别为郭氏立后，而尊守礼为太上皇，则何其不审而易于言也！郭氏无可立之后明矣，将谁立邪？荣之得国，实以养子受世适之命，郭氏之恩，何遽忍忘。身非汉高自我而有天下，则不得加皇号于私亲。礼之所不许者，宋英宗且不得加于濮王，而况守礼乎！然则将如之何？守礼之为光禄卿，先朝之命也。迎养宫中，正名之曰所生父；其没也，葬以卿，祭以天子；其服，视同姓之为人后者为之期；则庶乎变而不失其常矣。外继睿宗之法，不可执也。为天子而旁无可立之支庶，古今仅一郭氏，道穷则变，变乃通也。

十五

与人俱起，血战以戴己为君，功成位定，而挟勋劳以相抗，亦武人之恒也。即虑其相仍以攘臂，自可以礼裁之，以道制之，使自戢志以宁居。遽加猜忮而诛夷之，刻薄寡恩，且抱疚于天人，汉高帝之所以不得与于纯王之道也。郭氏因群力以夺刘氏之国，而王殷无罪受诛，王峻贬窜而死，其事与高帝同，而时则异，未可以醢菹韩、彭之愿责郭氏也。

自唐天宝以来，上怀私恩而姑息，下挟私劳以骄横，拥之而兴之日，早已伏夺之之心。位枢密、任节镇者，人无不以天子为可弋获之飞虫，败者成者，乍成而旋败者，相踵以兴，无岁而兵戈得息。乃至延契丹以蹂中国，纲维裂，生民之血涂草野，极矣。李嗣源之于存勖也，石敬瑭之于嗣源也，郭威之于刘知远也，皆自以为功而相师以起者也。究不能安于其位以贻后昆，而徒辱中原之神皋天阙，为旦此夕彼之膻场。其他速败而自灭其族者，更仆而不胜数。至于郭氏有国，幸而存者鲜矣。高行周卒，慕容彦超灭，王峻辈擅国之兵，夺民之财，其以乱天下也无疑。郭氏虽不可以行天诛，而天诛不容缓矣。乱人之未绝，其乱不衰，决意行法于廷而不劳争战，事会已及，变极而复，尚奚容其迟疑乎！

殷、峻诛，而后樊爱能、何徽可伏法于牙门，武行德、李继勋可就贬于国法；乃以施于有宋，而石守信、高怀德之流，敛手以就臣服。天诛也，王章也，国之所以立、民之所借以生也。故曰不可以醢菹韩、彭之罪罪之也。百年以来，飞扬跋扈之气习为之渐息，一人死，则万人得以保其生，王殷、王峻俯首受诛，不亦快与！

十六

国家有利国便民之政，而遣专使以行，使非其人，则国与民交受其病，弗如其已之也。使者难其人而不容已，则弗如即责之所司，而饬以违令之大法，固愈于专使之病国与民远矣。

夫国家之置守令，何为者也？岂徒以催科迫民而箕敛之乎？岂徒以守因陋就简之陈格，而听其日即于废弛乎？岂徒以听民之讼，敛钧金束矢之入以为讼府，而启民于争乎？下有疾苦而不能达，则为达之，以不沮于上闻；上有德意而不能宣，则为宣之，以不穷于下逮。于是有上言便宜以拯民而益国者，参廷议而决其可行矣，即以属之守令，使进其邑之士大夫与其耆老，按行阅视，条奏其方略，而即责之以行。苟其玩上旨以违民心，专改革而违国宪，则有诛殛贬褫之法以随其后。贤者劝，不肖者惩，蔑不可举也。

夫既有悉治理以上言者，娓娓而尽其利病，贪猾暴虐之吏，固无可容其欺蔽。即有老病疲苶、怠而坐弛之守令，监司得持课程以督其不逮；监司朋比饰说以罔上，司宪之臣，得持公议以纠其不若。廷臣清，监司无枉，守令不敢失坠，有言者必有行者，取之建官分职之司而已足，夫何阻隔不宣之足虑哉！若夫言利病者，徒取给于笔舌而固不可行，则守令得详悉以上请，而仍享无事之清晏，奚用专使督行而有不得其人之忧哉！

明君之治，择守令而已；守令不易知，择司铨司宪者而已。司铨司宪者，日在天子之左右，其贤易辨也。而抑得贤宰相以持衡于上，指臂相使，纲维相挈，守令之得失，无不可通于密勿，则天子有德意而疾通于海内，何扞格之有乎！此之不谨，而恃专使以行上意，是臂不能使指，而强以绳曳之也。一委之专使，则守令监司皆卸其利国利民之责，行之不顺，国病民劳而不任其咎；即有贤者，亦以掣曳而废其职，况不肖者之徒张威福，迫促烦苛，以苟且报奉行之绩乎！

江南李氏听剌史田敬洙之请，修水利于楚州，溉田以实边，而冯延己使李德明任其事，因缘侵扰，兴力役，夺民田，而塘竟不成；巡抚诸州以问民疾苦，而使冯延鲁以浅劣轻狂任之，反为民害；徐铉、徐锴论列其委任之失，顾得贬窜。夫岂特二冯之邪佞不可任哉！使守令牧民，而别遣使以兴事，未有可焉者也。

十七

周主威疾笃，遗命鉴唐十八陵发掘之祸，令嗣主以纸衣瓦棺敛己，自谓达于厚葬之非而善全其遗体矣。其得国也不以正，既无以求福于天；其在位也，虽贤于乱君，而固无德于天下，以大服于人；惴惴然朽骨之是忧，而教其臣子使不能尽一日之心力以效于君亲，其智也，正其愚也。尤可哂者，令刻石陵前，以纸衣瓦棺正告天下后世，吾恶知其非厚葬而故以欺天下邪？则乱兵盗贼欲发掘者，抑必疑其欺己，愈疑而愈思发之。汉文令薄葬，而霸陵之发，宝玉充焉。言其可信，人其以言相信邪？

陵墓之发，自嬴政始。骊山之藏，非直厚葬已也，金银宝玉，鼎彝镜剑，玉以为匣，汞以为池，皆非生平待养之资，而藏之百年，愈为珍贵者，是以招寇。若夫古之慎终厚葬、以尽人子之心者，敛襚之衣无算，遣车明器祭器柳衣茵翣赠帛，见于《士丧礼》者，如彼其备。等而上之，至于天子，所以用其材而极孝养必具之物者，礼虽无考，而萃万国之力以葬一人，其厚可知也。然皆先骨而朽，出于藏而不适于用。则人子之忧以舒，而终鲜发掘之患。先王之虑之也周，取义也正，而广仁孝以尽臣子之情也至；不可过也，抑不可不及也。周主威不学无术，奚足以知此哉！墨氏无父，夷人道于禽兽，唯薄葬为其恶之大者。借口安亲而以济其吝物寡恩之恶，禽道也。为君父者，以遗命倡之，亦不仁矣。

十八

高平之战，决志亲行，群臣皆欲止之，冯道持之尤坚，乃至面折之曰："未审陛下能为唐太宗否？"夫谓其君为不能为尧、舜者，贼其君者也。唐太宗一躬帅六师之能，而大声疾呼，绝其君以攀跻之路，小人之无忌惮也，一至此哉！道之心，路人知之矣，周主之责樊爱能等曰："欲卖朕与刘崇。"道之心，亦此而已。习于朱友贞、李从珂之脑缩困溃而亡，己不难袖劝进之表以迎新君，而己愈重，卖之而得利，又何恤焉？周主惮于其虚名而不能即斩道以徇，然不旋踵而道死矣，道不死，恐不能免于英君之窜逐也。

若夫高平之战，则治乱之枢机，岂但刘、郭之兴亡乎？郭氏夺人之国，失之而非其固有；刘氏兴报仇之师，得之而非其不义；乃其系天下治乱之枢机者，何也？朱友贞、李存勖、李从珂、石重贵、刘承祐之亡，皆非外寇之亡之也。骄帅挟不定之心，利人之亡，而因售其不轨之志；其战不力，一败而溃，反戈内向，殪故主以迎仇雠，因以居功，擅兵拥土，尸位将相，立不拔之基以图度非分；樊爱能等犹是心也，冯道亦犹是心也。况周主者，尤非郭氏之苗裔，未有大功于国，王峻辈忌而思夺之夙矣。峻虽死，其怀峻之邪心者实繁有徒。使此一役也，不以身先而坐守汴都，仰诸军以御患，小战不胜，崩溃而南，郭从谦、朱守殷之于李存勖，康义诚之于李从厚，赵德钧之于李从珂，杜重威、张彦泽之于石重贵，侯益、刘铢之于刘承祐，皆秉钺而出，倒戈而反，寇未入而孤立之君殨，周主亦如是而已矣。

且不徒长逆臣之恶、以习乱于不已也，刘崇方挟契丹以入，周师溃，周国亡，草谷之毒再试，而黎民无孑遗，德光且留不去，而中国无天子，刘崇者，又岂能保其不为刘豫？而靖康汴梁、祥兴海上之祸，在此役矣。夫冯道亦逆知有此而固不以动其心，不失其为瀛王者，而抑又何求哉？唯周主决志亲征，而后已溃之右军，不足以摇众志；溃掠之逃将，不足以劫宫阙；身立血战之功，而樊爱能等七十人之伏辜，无敢为之请命。于是主乃成乎其为主，臣乃成乎其为臣，契丹不战而奔，中国乃成乎其为中国。周主之为天子，非郭氏授之，自以死生为生民请命而得焉者也。何遽不能为唐太宗，而岂冯道之老奸所可测哉？

十九

盗非可一时猝捕而弭者也，故汉武帝分遣绣衣持节逐捕而盗愈甚。盍亦思盗之所以能为盗者乎？以为倏聚倏散、出鬼人魅者，从其为盗之顷、见其如此耳。其必有居也，必与民而杂处；其劫夺而衣食之也，必有所资于市易；其日游行而无忌也，必与其乡之人而相往来；其不能以盗自居、必有托以自名也，必附于农工商贾技术之流，而曰所业在是。故乡之人知其盗也，郡邑之胥吏，莫不知其盗也；所不知者，朝廷猝遣之使，行芒芒原野之中，阅穰穰群居之众，尽智殚威，只以累疑似之民，而终不知盗之所在耳。使臣逐捕之，则守令坐委之曰：天子之使如此其严威，无可如何，而何易责之我邪？则盗益游行自得而罔所忌畏。以秦皇、汉武之威，大索天下，而一夫不可获，况使臣哉！

盗者，天子之所不能治，而守令任治之；守令之所不能知，而胥役知之；胥役之所不尽知，而乡里知之。乡里有所畏而不与为难，胥役有所利而为之藏奸。乃乡里者，守令之教化可行；而胥役者，守令之法纪可饬者也。盗亦其民，胥役亦其胥役，舍此勿责，而欲使使者以偶见之旌旐、驰虚声而早使之规避，则徒为民扰而盗不戢，其自贻之矣。周主知其然，罢巡检使臣，专委节镇州县，诚治盗之要术也。

二十

王朴画平一天下之策，先下江南，收岭南，次巴蜀，次幽、燕，而后及于河东。其后宋平诸国，次第略同，而先蜀后江南，晚收河东，而置幽、燕于不复，与朴说异。折中理势以为定论，互有得失，而朴之失小，宋之失大也。

以势言之，先江南而后蜀，非策也。江南虽下，巫峡、夔门之险，水陆两困，仰而攻之，虽克而兵之死伤也必甚。故秦灭楚、晋灭吴、隋灭陈，必先举巴蜀，顺流以击吴之腰脊，兵不劳而迅若疾风之扫叶，得势故也。

以道言之，江南虽云割据，而自杨氏、徐氏以来，以休兵息民保其国土，不随群雄力竞以争中夏。李璟父子未有善政，而无殄兆民、绝彝伦、淫虐之巨慝；严可求、李建勋皆贤者也，先后辅相之；冯延己辈虽佞，而恶不大播于百姓；生聚完，文教兴，犹然彼都人士之余风也。孟知祥据土以叛君，阻兵而无保民之志，至于昶，骄淫侈肆，纵嬖倖以虐民也，殆无人理。则兴问罪之师以拯民于水火，固不容旦夕缓也。岭南刘氏积恶三世，民怨已盈，殆倍于孟昶；而县隔岭峤，江南未平，姑俟诸其后，则势之弗容迫图者耳。

先吴后蜀，理势之两诎者也。此宋之用兵，贤于王朴之策也。若夫河东之与幽、燕，则朴之策善矣。

刘知远之自立也，在契丹横行之日，中土无君而为之主，以拒悍夷，于华夏不为无功。刘崇父子量力自守，苟延血食，志既可矜；郭氏既夺其国，而又欲殄灭其宗祀，则天理之绝已尽；抚心自问，不可以遽加之兵，固矣。虽在宋世，犹有可悯者存也。契丹乘石敬瑭之逆，阑入塞内，据十六州以灭裂我冠裳，天下之大防，义之所不容隳者，莫此为甚，驱之以复吾禹甸，乃可以为天下君。以理言之，急幽、燕而缓河东，必矣。

即以势言，契丹之据幽、燕也未久，其主固居朔漠，以庐帐为便安，视幽、燕为赘土，未尝厚食其利而歆之也。而唐之遗民犹有存者，思华风，厌膻俗，如吴峦、王权之不忍陷身污秽者，固吞声翘首以望王师，则取之也易。迟之又久，而契丹已恋为膏腴，据为世守，故老已亡，人习于夷，且不知身为谁氏之余民，画地以为契丹效死，是急攻则易而缓图则难也。幽、燕举，则河东失左臂之援，入飞狐、天井而夹攻之，师无俟于再举，又势之所必然者。王朴之谋，理势均得，平一天下之大略，斯其允矣。

宋祖有志焉，而不能追惟王朴之伟论，遂绌曹翰之成谋，以力敝于河东，置幽、燕于膜外，则赵普之邪说蛊之也。普，蓟人也，有乡人为之居间，以受契丹之饵，而偷为其姻亚乡邻免兵戈之警，席犬豕以駒睡，奸谋进而贻祸无穷。惜哉！其不遇周主，使不得试樊爱能之欧刀也。

二十一

一日而欲挽数千年之波流，一人而欲拯群天下之陷溺，难矣哉！杨、墨之贼道也，兴于春秋之世，至孟子而仅及百年，且为之徒者，唯强力慧辨之士，能习之者亦寡矣，士或淫而民固无有信从之者。韩愈氏曰："孟子辞而辟之，廓如也。"抑亦易为廓如矣。浮屠之入中国，至唐、宋之际，几千年矣。信从之者，自天子达于比户，贫寡之民、老稚妇女，皆翕然焉。拓跋氏、宇文氏、唐武宗凡三禁之，威令已迫，天下顾为之怨愤，不旋踵而复张，无惑乎愚者之言曰：是圣教之不可蔑者也。周主荣废无额寺院，禁私度僧尼，而存寺尚二千有奇，僧尼犹六万，说者或病其不力为铲除，乃不知周主之渐而杀其滔天之势也，为得其理。使有继起者踵而行之，数十年而其邪必衰止。固非严刑酷令，凭一朝之怒所可胜者也。

浮屠之惑天下也有三：士之慧而失教者，闻有性命之说，心仪其必有可以测知而不知所从，浮屠以浮动乍静之同光示之，遂若有所依据；而名利之劳役已疲，从之以乍息其心旌，若劳极而荫于林，因谓为吾宅也，熟寐而不知其倚于荆棘也。然而如此者，十不得一。其次则畏死患贫、负疚逃刑之顽夫，或觊其即得，或望之身后，自无道以致福，无力以求安，而侥幸于不然之域，遂竭心力资财以贩贸之。又其下则目炫于塔庙形像之辉煌，耳淫于钟磬鼓钹之鞺鞳，心侈于千人之聚、百人之集、焚香稽首之殷勤，贸贸然而乐为其徒者，尽天下而皆然；非知有所谓浮屠之法也，知寺院僧尼而已。而避役之罢民，逃伍之溃卒，叛逆之臧获，营生不给，求偶不得，无藉之惰氓，利其徒众之繁有，可以抗勾索、匿姓名、仰食而偷生。若此者，其势杀，其额有限，其为之师者，辽戾寒凉而不振，则翕然夸耀之情移，萧散以几于衰灭。然后宽徭省罚以安小人，明道正谊以教君子，百年之内，可使萍散而冰消也。急诛之而激以兴，缓图之而焰以熸，此制胜之善术，禹之所以抑洪水者，唯其渐而已矣。

拓跋、宇文固不足以及此，唐武之后，继以宣宗，抑流急必逆之势然也。周主行裁损之法，得之矣，而宗社旋移；宋太宗天伦既致，怀疢不宁，冀获庇覆于心忘罪灭之邪说，是以法立未久，旋复嚣张。呜呼！道丧不复，抑生人之不幸与！而导以猖狂者，李遵勖、杨亿之为世教蟊贼，亦不可胜诛也。赵抃、张九成皆清节之士也，而以身导其狂流，于是而终不可遏，岂周主除邪不尽之过乎？

二十二

周主立二税征限，夏税以六月，秋税以八月，两税既行，无有便于此矣。急于此，则民病，易知也；缓于此，则民亦病，未易知也。

夫惟富人之求而无不给也，则急之与缓勿择也。贫民者，岁之所获，仅此而已矣，急之则称贷而倍偿，固也；获之有量，而须用者无方，乘其方有之日，使以其应输者输官，则所余为私家之养者，或足或乏，皆可经度以节一岁之用。六月而蚕织成矣，十月而禾黍登矣，而上无期以限之，愚民忘他日之催科，妇子艳丝粟之有羡，游食之工贾，乡邻之醵会，相与糜其盈余，室已如县而征求始迫，于是移来岁未审之丰歉，倍息以贷，而求免于桁杨。上且曰：吾已缓之，而犹不我应，民之顽也。乃不知缓之正所以迫之也哉！

情不可不谅也，时不可不知也，役车其休之后，予以从容谋生之计，而暇豫以图，方春于耜之劳，民不能自度，上为度之。而当其缓也不容急，当其急也不容缓，忧民之忧者，不可不察也。以六月征者，期成于八月；以十月征者，期尽于一冬。力可供，则必之以速完；贫不可支，则蠲除于限末。严豪民玩上之罚，开贫寡自全之路，一岁毕一岁之征，民习而安焉。王者复起，不能易也。

二十三

文信公奉使不屈，从容就死，推忠贞者，莫之能逾也。求其先信国而兴者，颜鲁公而外，孙晟其无愧焉。

信国以儒臣起义，事中国之共主，败而不挠，亡而不屈。而晟捐其故国，自北徂南，投身危邦，事割据之主，则出身次第不若信公之大正。江南非四海兆人之元后，而为之效死，盖亦褊矣，而未可以此短晟也。晟虽非江南之人士，然其南奔也，石、刘二氏以沙陀部落而僭大号，且进契丹以入践中原，君劣臣离，上下荡然无纪，虽云故土，固志节之士所不忍一日居也。江南承天下无君之乏，保境息民，颇知文教，士不幸生于其世，无可致身之地，则择地而蹈，能用我者，为尽臣节，委诚以舍命，初非叛故主、附新君、仅酬国士之知者，此亦奚足以此病晟哉！

乃若晟之奉表于周，请奉正朔，与信公之祈请于蒙古也，其事略同；而折中于义，则晟愈焉。江南之与同齿也，小役大，弱役强，役焉而可保其宗社，则宗社重矣。宋之于蒙古，人禽之大辨也，屈志以祈请，虽幸而存，为犬豕之附庸，生不如其死，存不如其亡，而宗社抑轻矣。然则信公之为赵氏宗社谋也则忠，而为自谋其所以效忠者则失也。海上扁舟，犹存中华之一线，等死耳，择死所而死之，固不如张、陆之径行以自遂矣。晟之屈己以请命，志士之所弗堪，固劳臣之所必效。幸得当而延李氏一日之宗祊，屈不足以为辱；但不以其私屈焉，而志已光昭矣。此晟之死，视信公为尤正焉。若其坚贞之操，从容之度，前有鲁公，后有信公，雁行而翔于天步，均也，又何多让与！

二十四

宝俨论相之说，非也。天子之职，择相而已矣。百为之得失，百尹之贞邪，莫不以择相为之本。为天下之元后父母，仅此二三密勿之大臣，为宗社生民效其敬慎，不知自择，而安之前在此位者，以举所知而任之，不知天之与以天下、而天下戴之以为大君，何为者邪？既云令宰相举所知矣，是信其有知人之明、靖国之忠也；又责以保任，而举非其人，责其举者，是何其辱朝廷而羞当世之士邪？保任之法，用之于庶官，且徒滋比阿覆蔽之奸；况举天下以授之调燮，而但恃缘坐举主之峻法乎？又况人不易知，不保其往，乃以追责耆旧归田之故老，借使王安石蒙坏法之谴，文潞公且被褫夺，秦桧正误国之刑，胡文定与坐戮尸乎？

俨又云："姑试以本官权知政事，察其职业之堪否而后实授。"则尤谬甚。以此法试始进之士，使宰一邑、司一职者，子产犹曰"美锦不以学制"。与天子坐而论道、为天下臣民所倚赖之一二人，乃使循职业以课能否而用舍之，知有耻者，亦不愿立于其廷；况其以道事君，进退在己，而不以天子之喜怒为进退者哉？此法行，则惟兢兢患失之鄙夫，忍隐以守章程、充于廉陛而已。

夫人臣出身事主而至于相，非一日之遽得之也；人君登进草莱之士而至于相，非一日骤予之也。或自牧守，或自卿贰，或自词臣，业已为群情所歆厌，而数蒙人主之顾问。兵农礼乐，皆足以见其才；出处取与，皆足以征其守；议论设施，皆足以测其量；荐拔论劾，皆足以试其交。而待诸已入纶扉、将宣麻敕之日，始以职业考其优劣而进退之乎？甚矣！俨之罔于君人之道也。苛细以亵天职，猜疑以解士心，长君之偷，劝臣之党，而能尊主庇民，未之有也。漠然不相信之人，一人誉之，即引而置之百僚之上，与谋宗社生民之大，使其歆实授而饰迹以求荣，天下其得有心膂之臣乎？

盖自唐昭宗处倾危之世，廉耻道丧，桢干已亏，而昭宗躁竞，奖浮薄之风，故张濬、朱朴之流，卒然拔起以尸政府，而所谓宰相者贱矣。俨习于陋俗之泛滥，固将曰：此朝廷执笔以守典章之掾史耳，姑试之而以程限黜陟之，奚不可哉？洵如其言，天下恶得而定邪！

二十五

周主南伐江南，劳师三载，躬亲三驾，履行阵，冒矢石，数十战以极兵力，必得江北而后止。江北既献，无难席卷以渡江，而修好休兵，馈盐还俘，置之若忘。呜呼！此其所以明于定纷乱之天下而得用兵之略也。盖周主之志，不在江南而在契丹也。

当时中原之所急者，莫有大于契丹也。石敬瑭割地以使为主于塞内，南向而俯临中夏，有建瓴之势焉。叛臣降将，道以窃中国之政令，而民且奉之为主。德光死，兀欲、述律交相戕贼，至是而其势亦衰矣，是可乘之机也。然其控弦驰马犷悍之力，犹未易折箠以驱之出塞。且自朱温以来，所号为中国主者，仅横亘一线于雍、豫、兖、青之中，地狭力微，不足以逞志。而立国之形，犬牙互入，未能截然有其四封，以保其内而应乎外。则不收淮南、江北之地，中国不成其中国。守不固，兵不强，食不裕，强起而问无云之故壤，石重贵之覆轨，念之而寒心矣。

然而契丹不北走，十六州不南归，天下终不可得而宁。而欲勤外略，必靖内讧。乃孟氏之在蜀，刘氏之在粤，淫虐已甚，下之也易，而要不足以厚吾力、张吾威也。唯江南之立国也固矣，杨、徐、李阅三姓，而保境息民之谋不改。李璟虽庸，人心尚固，求以胜之也较难。唯其难也，是以胜其兵而足以取威，得其众而足以效用，有其土而足以阜财，受其降而足以息乱。且使兵习于战，以屡胜而张其势；将试于敌，以功罪而择其才。割地画江，无南顾之忧，粤人且遥为效顺。于是逾年而自将以伐契丹，其志乃大白于天下。而中国之威，因以大振。其有疾而竟不克者天也，其略则实足以天下而绍汉、唐者也。王朴先蜀、粤而后幽、燕之策非也，屡试而骄以疲矣。威方张而未竭，周主殂之，天假之年，中原其底定乎！

二十六

古乐之亡，自暴秦始。其后大乱相寻，王莽、赤眉、五胡、安、史、黄巢之乱，遗器焚毁，不可复见者多矣。至于柴氏之世，仅有存者，又皆汉以后之各以意仿佛效为者；于是周主荣锐意修复，以属之王朴。朴之说非必合于古也，而指归之要，庶几得之矣。至宋而胡安定、范蜀公、司马温公之聚讼又兴，蔡西山掇拾而著之篇，持之确，析之精。虽然，未见其见诸行事者可以用之也。

孔子曰："大乐必简。"律吕之制，所以括两间繁有之声而归之于简也。朴之言曰："十二律旋相为宫，以生七调，为一均；凡十二均、八十四调而大备。"朴之所谓八十四调者，其归十二调而已。计其鸿细、长短、高下、清浊之数，从长九寸径三分之律，就中而损之，旋相生以相益，而已极乎繁密。九九之数，尽于八十一，过此则目不能察，手不能循，耳不能审，心不能知，虚立至密至赜之差等，亦将焉用之也？蔡氏黄钟之数，十七万七千一百四十七，推而施之大钟大镈，且有不能以度量权衡分析之者，而小者勿论矣。尽其数于九九八十一而止，升降损益，其精极矣。取其能合之调为十二均足矣。故王朴律准从九寸而下，次第施柱，以备十二律，未为疏也。然自唐以降，能用此者犹鲜。过此以推之于十七万七千一百四十七之密，夫谁能用之哉？大乐必简，繁则必乱，况乎其徒繁而无实邪？

夫两间之声，而欲极其至赜之变，则抑岂但十七万七千一百四十七而已乎？今以人声验之，举一时四海之人，其唇、舌、腭、喉、齿、鼻，举相似也；引气发声，其用均也；乃其人之众，为十七万七千一百四十七者，不知凡几也。虽甚肖者，隔垣而可别，乍相逼以相聆，似矣，而父母妻子则辨之也无有同者。是知天下之声，无涯无算，以十七万七千一百四十七该之，谓之至密，而固不能尽其万一，则其为法也，抑隘甚矣。

天地之生，声也、色也、臭也、味也、质也、性也、才也，若有定也，实至无定也；若有涯也，实至无涯也。唯夫人之所为，以范围天地之化而用之者，则虽至圣至神、研几精义之极至，而皆如其量。圣者之作，明者之述，就其量之大端，约而略之，使相叶以成用，则大中、至和、厚生、利用、正德之道全矣。其有残缺不修，纷杂相间，以成乎乱者，皆即此至简之法不能尽合耳。故古之作乐者，以人声之无涯也，则以八音节之，而使合于有限之音。抑以八音之无准也，则以十二律节之，而合于有限之律。朴之衍为七调，合为十二均，数可循，度可测，响可别，目得而见之，耳得而审之，心得而知之，物可使从心以制，音可使大概而分，其不细也，乃以不淫人之心志也；过此以往，奚所用哉？

呜呼！王朴极其思虑，裁以大纲，乐可自是而兴矣。至靖康之变，法器复亡，淫声胡乐，爁乱天下之耳，且不知古乐之为何等也。有制作之圣、建中和之极者出焉，将奚所取正哉？如朴之说，固可采也。九寸之黄钟，以累黍得其度数，有一定之则矣。而上下损益，尽之十二变而止。而用黄钟以成众乐也，不限于九寸，因而高之，因而下之，皆可叶乎黄钟之律。则九其九而黄钟之繁变皆在焉，则十一律、七调、十二均之繁变皆在焉。巧足以制其器，明足以察其微，聪足以清其纪，心足以穷其理，约举之而义自弘，古乐亦岂终不可复哉？若苟细烦密之说，有名有数，而不能有实，只以荧人之心志，而使不敢言乐，京房以下之所以为乐之赘疣也。折中以成必简之元声，尚以俟之来哲。

《读通鉴论》卷三十终

读通鉴论卷末

叙论一

论之不及正统者，何也？曰：正统之说，不知其所自昉也。自汉之亡，曹氏、司马氏乘之以窃天下，而为之名曰禅。于是为之说曰："必有所承以为统，而后可以为天子。"义不相授受，而强相缀系以掩篡夺之迹；抑假邹衍五德之邪说与刘歆历家之绪论，文其诐辞；要岂事理之实然哉？

统之为言，合而并之之谓也，因而续之之谓也。而天下之不合与不续也多矣！盖尝上推数千年中国之治乱以迄于今，凡三变矣。当其未变，固不知后之变也奚若，虽圣人弗能知也。商、周以上，有不可考者。而据三代以言之，其时万国各有其君，而天子特为之长，王畿之外，刑赏不听命，赋税不上供，天下虽合而固未合也。王者以义正名而合之。此一变也。而汤之代夏，武之代殷，未尝一日无共主焉。及乎春秋之世，齐、晋、秦、楚各据所属之从诸侯以分裂天下；至战国而强秦、六国交相为从衡，赧王朝秦，而天下并无共主之号，岂复有所谓统哉？此一合一离之始也。汉亡，而蜀汉、魏、吴三分；晋东渡，而十六国与拓跋、高氏、宇文裂土以自帝；唐亡，而汴、晋、江南、吴越、蜀、粤、楚、闽、荆南、河东各帝制以自崇。土其土，民其民，或迹示臣属而终不相维系也，无所统也。六国离，而秦苟合以及汉；三国离，而晋乍合之，非固合也。五胡起，南北离，而隋苟合之以及唐；五代离，而宋乃合之。此一合一离之局一变也。至于宋亡以迄于今，则当其治也，则中国有共主；当其乱也，中国并无一隅分据之主。盖所谓统者绝而不续，此又一变也。夫统者，合而不离、续而不绝之谓也。离矣，而恶乎统之？绝矣，而固不相承以为统。崛起以一中夏者，奚用承彼不连之系乎？

天下之生，一治一乱。当其治，无不正者以相干，而何有于正？当其乱，既不正矣，而又孰为正？有离，有绝，固无统也，而又何正不正邪？以天下论者，必循天下之公，天下非一姓之私也。惟为其臣子者，必私其君父，则宗社已亡，而必不忍戴异姓异族以为君。若夫立乎百世以后，持百世以上大公之论，则五帝、三王之大德，天命已改，不能强系之以存。故杞不足以延夏，宋不足以延商。夫岂忘禹、汤之大泽哉？非五子不能为夏而歌洛汭，非箕子不能为商而吟麦秀也。故昭烈亦自君其国于蜀，可为汉之余裔；而拟诸光武，为九州兆姓之大君，不亦诬乎？充其义类，将欲使汉至今存而后快，则又何以处三王之明德，降苗裔于编氓邪？

蜀汉正矣，已亡而统在晋。晋自篡魏，岂承汉而兴者？唐承隋，而隋抑何承？承之陈，则隋不因灭陈而始为君；承之宇文氏，则天下之大防已乱，何统之足云乎？无所承，无所统，正不正存乎其人而已矣。正不正，人也；一治一乱，天也；犹日之有昼夜，月之有朔、弦、望、晦也。非其臣子以德之顺逆定天命之去留；而詹詹然为已亡无道之国延消谢之运，何为者邪？宋亡而天下无统，又奚说焉？

近世有李槃者，以宇文氏所臣属之萧岿，为篡弑之萧衍延苟全之祀，而使之统陈。沙陀夷族之朱邪存勗，不知所出之徐知诰，冒李唐之宗，而使之统分据之天下。父子君臣之伦大紊，而自矜为义，有识者一哂而已。若邹衍五德之说，尤妖妄而不经，君子辟之，断断如也。

叙论二

天下有大公至正之是非焉，匹夫匹妇之与知，圣人莫能违也。然而君子之是非，终不与匹夫匹妇争鸣，以口说为名教，故其是非一出而天下莫敢不服。流俗之相沿也，习非为是，虽覆载不容之恶而视之若常，非秉明赫之威以正之，则恶不知惩。善亦犹是也，流俗之所非，而大美存焉；事迹之所阂，而天良在焉；非秉日月之明以显之，则善不加劝。故《春秋》之作，游、夏不能赞一辞，而岂灌灌谆谆，取匹夫匹妇已有定论之褒贬，曼衍长言，以求快俗流之心目哉？庄生曰："《春秋》经世之书，圣人议而不辩。"若华督、宋万、楚商臣、蔡般，当春秋之世，习为故常而不讨，乃大书曰"弑其君"。然止此而已，弗俟辩也。以此义推之，若王莽、曹操、朱温辈之为大恶也，昭然见于史策，匹夫匹妇得以诟厉之于千载之下，而又何俟论史者之喋喋哉？

今有人于此，杀人而既服刑于司寇矣，而旁观者又大声疾呼以号于人曰：此宜杀者。非匹夫匹妇之褊躁，孰暇为此？孟子曰："《春秋》成而乱臣贼子惧。"惟其片言而折，不待繁言而彼诈遁之游辞不能复逞。使圣人取中肩之逆、称王之僭，申明不已，而自谓穷乱贼之奸；彼奸逆者且笑曰：是匹夫匹妇之巷议也，而又奚畏焉。

萧、曹、房、杜之治也；刘向、朱云、李固、杜乔、张九龄、陆贽之贞也；孔融、王经、段秀实之烈也；反此而为权奸、为宦寺、为外戚、为佞倖、为掊克之恶以败亡人国家也；汉文、景、光武、唐太宗之安定天下也；其后世之骄奢淫泆自贻败亡也：汉高之兴，项羽之亡，八王之乱，李、郭之功；史已详纪之，匹夫匹妇闻而与知之。极词以赞而不为加益，闻者不足以兴；极词以贬而不为加损，闻者不足以戒。唯匹夫匹妇悻悻之怒、沾沾之喜，繁词累说，自鸣其达于古者，乐得而称述之。曾君子诱掖人之善而示以从人之津，弭止人之恶而穷其陷溺之实，屑屑一时之快论，与道听涂说者同其纷哤乎？故编中于大美大恶、昭然耳目、前有定论者，皆略而不赘。推其所以然之由，辨其不尽然之实，均于善而醇疵分，均于恶而轻重别，因其时，度其势，察其心，穷其效，所由与胡致堂诸子之有以异也。

叙论三

论史者有二弊焉：放于道而非道之中，依于法而非法之审，褒其所不待褒，而君子不以为荣，贬其所不胜贬，而奸邪顾以为笑，此既浅中无当之失矣；乃其为弊，尚无伤于教、无贼于民也。抑有纤曲嵬琐之说出焉，谋尚其诈，谏尚其谲，徼功而行险，干誉而违道，奖诡随为中庸，夸偷生为明哲，以挑达摇人之精爽而使浮，以机巧裂人之名义而使枉；此其于世教与民生也，灾愈于洪水，恶烈于猛兽矣。

盖尝论之：史之为书，见诸行事之征也。则必推之而可行，战而克，守而固，行法而民以为便，进谏而君听以从，无取于似仁似义之浮谈，只以致悔吝而无成者也。则智有所尚，谋有所详，人情有所必近，时势有所必因，以成与得为期，而败与失为戒，所固然矣。然因是而卑污之说进焉，以其纤曲之小慧，乐与跳荡游移、阴匿钩距之术而相取；以其躁动之客气，迫与轻挑忮忿、武健驰突之能而相依；以其妇姑之小慈，易与狐媚猫驯、澳涩柔巽之情而相昵。闻其说者，震其奇诡，歆其纤利，惊其决裂，利其响呕；而人心以蛊，风俗以淫，彝伦以斁，廉耻以堕。若近世李贽、钟惺之流，导天下于邪淫，以酿中夏衣冠之祸，岂非逾于洪水、烈于猛兽者乎？

溯其所由，则司马迁、班固喜为恢奇震耀之言，实有以导之矣。读项羽之破王离，则须眉皆奋而杀机动；览田延年之责霍光，则胆魄皆张而戾气生。与市侩里魁同慕汲黯、包拯之绞急，则和平之道丧；与词人游客共叹苏轼、苏辙之浮夸，则惇笃之心离。谏而尚谲，则俳优且贤于《伊训》；谋而尚诈，则《甘誓》不齿于孙、吴。高允、翟黑子之言，只以奖老奸之小信；李克用三垂冈之叹，抑以侈盗贼之雄心。甚至推胡广之贪庸以抑忠直，而惬鄙夫之志；伸冯道之逆窃以进夷盗，而顺无赖之欲。轻薄之夫，妄以为慷慨悲歌之助；雕虫之子，喜以为放言饰说之资。若此之流，允为残贼，此编所述，不敢姑容。刻志兢兢，求安于心，求顺于理，求适于用。顾惟不逮，用自惭恧；而志则已严，窃有以异于彼也。

叙论四

一

治道之极致，上稽《尚书》，折以孔子之言，而蔑以尚矣。其枢，则君心之敬肆也；其戒，则怠荒刻核，不及者倦，过者欲速也；其大用，用贤而兴教也；其施及于民，仁爱而锡以极也。以治唐、虞，以治三代，以治秦、汉而下，迄至于今，无不可以此理推而行也；以理铨选，以均赋役，以诘戎兵，以饬刑罚，以定典式，无不待此以得其宜也。至于设为规画，措之科条，《尚书》不言，孔子不言，岂遗其实而弗求详哉？以古之制，治古之天下，而未可概之今日者，君子不以立事；以今之宜，治今之天下，而非可必之后日者，君子不以垂法。故封建、井田、朝会、征伐、建官、颁禄之制，《尚书》不言，孔子不言。岂德不如舜、禹、孔子者，而敢以记诵所得者断万世之大经乎？

《夏书》之有《禹贡》，实也，而系之以禹，则夏后一代之法，固不行于商、周；《周书》之有《周官》，实也，而系之以周，则成周一代之规，初不上因于商、夏。孔子曰："足食，足兵，民信之矣。"何以足，何以信，岂靳言哉？言所以足，而即启不足之阶；言所以信，而且致不信之咎也。

孟子之言异是，何也？战国者，古今一大变革之会也。侯王分土，各自为政，而皆以放恣渔猎之情，听耕战刑名殃民之说，与《尚书》、孔子之言，背道而驰。勿暇论其存主之敬怠仁暴，而所行者，一令出而生民即趋入于死亡。三王之遗泽，存十一于千百，而可以稍苏，则抑不能预谋汉、唐已后之天下，势异局迁，而通变以使民不倦者奚若。盖救焚拯溺，一时之所迫，于是有"徒善不足为政"之说，而未成乎郡县之天下，犹有可遵先王之理势，所由与《尚书》、孔子之言异也。要非以参万世而咸可率由也。

编中所论，推本得失之原，勉自竭以求合于圣治之本；而就事论法，因其时而酌其宜，即一代而各有弛张，均一事而互有伸诎，宁为无定之言，不敢执一以贼道。有自相蹢躠者矣，无强天下以必从其独见者也。若井田、封建、乡举、里选、寓兵于农、舍笞杖而行肉刑诸法，先儒有欲必行之者矣。袭《周官》之名迹，而适以成乎狄道者，宇文氏也；据《禹贡》以导河，而适以益其溃决者，李仲昌也。尽破天下之成规，骇万物而从其记诵之所得，浸使为之，吾恶知其所终哉！

二

旨深哉！司马氏之名是编也。曰"资治"者，非知治知乱而已也，所以为力行求治之资也。览往代之治而快然，览往代之乱而愀然，知其有以致治而治，则称说其美；知其有以召乱而乱，则诟厉其恶；言已终，卷已掩，好恶之情已竭，颓然若忘，临事而仍用其故心，闻见虽多，辨证虽详，亦程子所谓"玩物丧志"也。

夫治之所资，法之所著也。善于彼者，未必其善于此也。君以柔嘉为则，而汉元帝失制以酿乱；臣以戆直为忠，而刘栖楚碎首以藏奸。攘夷复中原，大义也，而梁武以败；含怒杀将帅，危道也，而周主以兴。无不可为治之资者，无不可为乱之媒。然则治之所资者，一心而已矣。以心驭政，则凡政皆可以宜民，莫匪治之资；而善取资者，变通以成乎可久。设身于古之时势，为己之所躬逢；研虑于古之谋为，为己之所身任。取古人宗社之安危，代为之忧患，而己之去危以即安者在矣；取古昔民情之利病，代为之斟酌，而今之兴利以除害者在矣。得可资，失亦可资也；同可资，异亦可资也。故治之所资，惟在一心，而史特其鉴也。

"鉴"者，能别人之妍媸，而整衣冠、尊瞻视者，可就正焉。顾衣冠之整，瞻视之尊，鉴岂能为功于我哉！故论鉴者，于其得也，而必推其所以得；于其失也，而必推其所以失。其得也，必思易其迹而何以亦得；其失也，必思就其偏而何以救失；乃可为治之资，而不仅如鉴之徒县于室、无与炤之者也。

其曰"通"者，何也？君道在焉，国是在焉，民情在焉，边防在焉，臣谊在焉，臣节在焉，士之行己以无辱者在焉，学之守正而不陂者在焉。虽扼穷独处，而可以自淑，可以诲人，可以知道而乐，故曰"通"也。

引而伸之，是以有论；浚而求之，是以有论；博而证之，是以有论；协而一之，是以有论；心得而可以资人之通，是以有论。道无方，以位物于有方；道无体，以成事之有体。鉴之者明，通之也广，资之也深，人自取之，而治身治世、肆应而不穷。抑岂曰此所论者立一成之俪，而终古不易也哉！

《读通鉴论》卷末终

《读通鉴论》全书终